Gunter Gebauer
Sven Rücker

**Vom Sog
der Massen und
der neuen Macht
der Einzelnen**

Gunter Gebauer
Sven Rücker

Vom Sog
der Massen und
der neuen Macht
der Einzelnen

Deutsche Verlags-Anstalt

Sollte diese Publikation Links auf Webseiten Dritter enthalten, so übernehmen wir für deren Inhalte keine Haftung, da wir uns diese nicht zu eigen machen, sondern lediglich auf deren Stand zum Zeitpunkt der Erstveröffentlichung verweisen.

Verlagsgruppe Random House FSC® N001967
1. Auflage
Copyright © 2019 Deutsche Verlags-Anstalt, München, in der Verlagsgruppe Random House GmbH,
Neumarkter Straße 28, 81673 München
Alle Rechte vorbehalten
Satz: Buch-Werkstatt GmbH, Bad Aibling
Umschlaggestaltung: Büro Jorge Schmidt, München
Umschlagmotiv: © Arthimedes/shutterstock
Druck und Bindung: GGP Media GmbH, Pößneck
Printed in Germany
ISBN 978-3-421-04813-4

www.dva.de

Dieses Buch ist auch als E-Book erhältlich.

Inhalt

Einleitung 9
Historische Einteilung 12 – Zum Konzept der Masse 27 –
Über die Anfänge des Massenbegriffs 32

I Wie entsteht eine Masse? 41
Der Angriff der Vogelmasse (Alfred Hitchcock) 42 –
In einer Station der Metro 45 – Masse und Massen-
bewusstsein (Berlin 1966) 49 – »Paris s'éveille«, Paris erwacht
(Mai 1968) 54 – Die Herausforderung des Staats durch das
Volk (DDR 1989) 58 – Die Individuen in der Masse 67

II Wie funktionieren Massen? 73
Le Bon und die Massen-Hypnose 74 – Freuds Massen-
Psychologie: Hypnose und Libido 80 – Zu Freuds Konzept
der Bindung der Masse an Autorität 86 – Die »Masse in mir«.
Massenerfahrungen am eigenen Leib 91 – Das neue Wir der
Massen 94 – Fragen der Methode 101

III Doppel-Massen 107
Wir und Die. Stabilisierung durch Abgrenzung 107 –
Die oder Wir. Das Agonale und die mimetische
Konkurrenz 111 – Wer gehört zum Wir? 117 – Ordnung
gegen Chaos. *Metropolis, M – Eine Stadt sucht einen
Mörder* 119 – Chaos gegen Ordnung. Der Mythos
»Schwarzer Block« 123 – Die mimetische Struktur der
Doppel-Masse 127

IV Populismus 133
Politik der Bilder, Rhetorik der Gefahr 133 – Das »Wir«
des Populismus und seine Gegner 136 – Das »wahre Volk«
und die Zerstörung der Repräsentation 139 – Neue Mitte,
neue Ränder und die harte Hand 145 – Etablierte und
Außenseiter 148 – Die »liebenden Massen« 156

V Masse und Raum 161
Historische Raumkämpfe 161 – Der Erscheinungsraum des
Politischen 166 – Heilige Räume und der Einbruch des Profanen 170 – Das Recht auf Gewöhnlichkeit – Ortega y Gasset
und der Massentourismus 176 – Massenkatastrophen 181

**VI Eros und Isolation. Beschreibungen der Masse
in der Großstadt** 187
Der Blick von oben: *Des Vetters Eckfenster* 188 – Der Blick
von der Seite: *Der Mann der Menge* 194 – Friedrich Engels
und die Abwesenheit des Eros 202 – Der Blick aus der Mitte:
Multitude – Solitude 210

VII Virtuelle Massen 215
Massenmedien I: Der Film 216 – Massenmedien II:
Das Internet 222 – Die Öffentlichkeit im Plural 227 –
Social Media. Die Masse und das Publikum 233

VIII Kritik der Massenkultur 241
Individualismus als Massenphänomen 241 – Das »Man« 249 –
Der »Arbeiter« 254 – Hanns Eisler: Kunstlied vs. Kampf-
lied 261 – Variationen des Massebegriffs: Schwärme, Schäume,
Multitude 265

IX Strukturen der Masse 271

Masse und Mob 278 – Die Milieus der Massen in der
Gegenwart 282 – Emotionale Resonanz 287 – Fanatische
Massen I: Fußballfans und Ultras 289 – Fanatische Massen II:
Terror und Thanatopie 293 – Kirchliche Massenevents:
Ereignis und Struktur 296

Abschließende Überlegungen 301

Die Einzelnen in der Masse: das Gefühl von Sicherheit und
Macht 302 – Die direkte Beziehung zur Macht 304 –
Handlungssinn und Existenzgefühl 307 – Homogenisierung
und Pluralisierung 311

Literatur 315
Filmographie 323
Anmerkungen 325
Register 340

Einleitung

Wir leben in einer Gesellschaft der Individuen. Gegenüber den subjektiven Lebensentwürfen der Einzelnen erschien der Begriff der Masse lange Zeit wie ein Überrest aus der Vergangenheit. Die Zeiten, als Massen mobilisiert wurden, sich auf den Straßen versammelten und mit Macht historische Veränderungen herbeiführten, schienen endgültig vorbei zu sein. Das Zeitalter des Individualismus hatte begonnen. In den Sozialwissenschaften wandte man sich den Individuen in ihrer Einzigartigkeit zu. Mittlerweile wissen wir, wie voreilig diese Annahme war. Von den »Occupy«-Protesten über die Revolten des Arabischen Frühlings bis zu den Demonstrationen in Kiew, Istanbul, Seoul, in letzter Zeit London und Berlin war das letzte Jahrzehnt geprägt von vielfältigen Massenbewegungen. Tatsächlich sind die Massen, entgegen der gängigen Annahme eines neuen Zeitalters des Individualismus, nie verschwunden. Seit Langem sind jedoch *neue Massen* entstanden, die man nur nicht *als Massen* wahrgenommen hat – vermutlich weil sie so gar nicht dem Bild glichen, das die klassischen Theorien Gustave Le Bons und Gabriel de Tardes von der Masse gezeichnet haben. Die neuen Massen haben sich überall in der Kultur, in der Politik, in Pop und Sport, im Konsum verbreitet. Hier treten sie nicht als zerstörerische Masse und wütender Mob auf, sondern als protestierende, enthusiastische oder hedonistische Massen. Ihre Mitglieder nehmen sich als selbstbestimmte Individuen, wenn nicht sogar als »Singularitäten«[1] wahr.

Seit der »Flüchtlingskrise« 2015 sind die Menschen in den europäischen Staaten wieder mit Massen konfrontiert worden, die den alten Vorstellungen zu entsprechen scheinen. Im Angesicht der

Flüchtlingsströme aus Syrien, Afghanistan und den Krisengebieten
Afrikas sind die alten Ängste vor den Massen zurückgekehrt. Emotionale Abwehr gegen Massen haben schon die frühen Theoretiker dieses Phänomens zu Anfang des 20. Jahrhunderts angetrieben.
Gustave Le Bon befürchtete in seiner 1895 erschienenen *Psychologie
der Massen*, sie würden jede Form der Kultur und Zivilisation zerstören.[2] José Ortega y Gasset warnte 1929 vor einem »Aufstand der
Massen«.[3] Die frühen Massenbeschreibungen setzten den Ton, der
in der gegenwärtigen Wahrnehmung von Massen nachhallt. Gerade
weil die Massen so lange aus dem theoretischen Blickfeld geraten
waren, trifft die Wucht ihres Erscheinens die Gesellschaft und
Politik unvorbereitet. Insbesondere in Ostdeutschland richten sich
populistische Massen unterschiedslos gegen Massen, die von außen
kommen, gegen Flüchtlinge, Ausländer, Muslime, Nicht-Deutsche.
Jede Gelegenheit ist recht, um etliche Tausend Protestierer (aus Ost
und West) auf die Straße zu treiben, die sich aggressiv gegen Über-
fremdung, Bevormundung, Islamisierung wenden. Als im letzten
Sommer bei einem Stadtfest in Chemnitz ein Deutsch-Kubaner
unter bisher nicht geklärten Umständen erstochen wurde, woraufhin
zwei Flüchtlinge in Verdacht gerieten, rief noch »bevor es die erste
offizielle Mitteilung« der Polizei gibt, (…) die Hooligan-Gruppe
›New Society 2004‹ auf Facebook zum Protest auf«. Der Slogan der
sofort losmarschierenden Ansammlung von 800 Menschen lautet:
»Lasst uns zusammen zeigen, wer in der Stadt das Sagen hat!«[4] Am
nächsten Abend mobilisiert das rechte Bündnis »Pro Chemnitz«
6000 Menschen. Neben den *neuen* Massen, die wir kaum als solche wahrnehmen, scheint es eine Rückentwicklung zu *populistischen*
Massen zu geben, die sich von ihnen deutlich unterscheiden.

Bisher sind kaum neue sozialwissenschaftliche Theorien entwickelt worden, die diesen Wandel beschreiben. Wir stehen vor
dem doppelten Problem, mit Massenereignissen konfrontiert zu
sein *und* keine adäquate Theorie zu ihrer Beschreibung zu haben.

Uns fehlt es an analytischen Instrumenten, um die gegenwärtigen Massenphänomene theoretisch zu erfassen. Die klassischen Massentheorien lassen sich nur begrenzt auf sie anwenden. »Die Mehrheit der Soziologen«, schreibt Peter Sloterdijk, lässt sich von den veränderten Erscheinungsformen der Masse »zu der Meinung verführen, dass das Zeitalter der Massen abgelaufen sei, in dem die Regie der Masse das Zentralproblem moderner Politik und Kultur darstellte. Nichts könnte falscher sein als diese Ansicht. Allerdings sind die Medienmassen unter dem Einfluss der Massenmedien zu bunten oder molekularen Massen geworden.«[5]

Unter der Bezeichnung »Massen« fassen wir die alten und die neuen Erscheinungen zusammen, unterscheiden aber zwischen *neuen* und *populistischen* Massen. Wir heben jedoch für beide hervor, dass sie sich auf besondere Aggregatzustände menschlicher Gemeinschaften beziehen. Sie entstehen dann, wenn viele Menschen an einem (wirklichen oder virtuellen) Ort zusammenkommen und ein gemeinsames Ziel ihres Handelns verfolgen, das sie hier und jetzt erreichen wollen. Aus dieser Situation des gerichteten Miteinanders entsteht eine Übereinstimmung von Aktion, Haltung, Stimmung und Spontaneität. Die *neuen* Massen unterscheiden sich von den *populistischen* durch die unterschiedliche Rolle der beteiligten Individuen: Diese lösen sich nicht, wie von den früheren Theorien behauptet, in einem Kollektivsubjekt Masse auf. Die Vorstellung einer bewusstlos agierenden Masse muss heute zurechtgerückt werden. Der Subjektbegriff hat sich zu einem Handelnden mit beschränkter Autonomie verändert, auf der anderen Seite lassen sich die neuen Massen nicht als epidemisches Geschehen zwischen Menschen ohne Bewusstsein auffassen.

In den letzten Jahrzehnten hat sich das Massenphänomen diversifiziert. Zum einen ist es aus dem Bereich des Politischen in die meisten Felder der Lebensstile vorgedrungen. Nahezu überall, in Freizeit, in Mode, Kunst, hat sich eine »Massenkultur« entwickelt,[6] die mit Selbstbewusstsein jetzt jene Orte besetzt, die zuvor nur wenigen vorbehalten waren. Neue Massen entstehen zum anderen im Zusammenwirken von digitalen Medien und realer Aktion. Mithilfe der neuen Medien können Massen spontaner agieren, mobiler handeln, schneller wachsen als die klassischen Massen; sie können zeitgleich an verschiedenen Orten erscheinen. Manchmal blitzen sie nur flüchtig auf wie ein *flashmob*, manchmal nehmen sie mit Wucht die Straßen ein, wie bei politischen Demonstrationen von Radikalen.

Wie können die gesellschaftliche Rolle und politische Bedeutung dieser veränderten Massen beschrieben und beurteilt werden? Antworten auf diese Fragen können bei der Entstehung von Massen ansetzen. Dass die frühen Massentheorien bis heute nachwirken, liegt nicht zuletzt daran, dass Aufstände und Revolten in der Gegenwart nach ähnlichen Schemata zu verlaufen scheinen wie von Le Bon und Tarde angegeben. Diese Auffassung werden wir am Beispiel der Entstehung von realen Massen in unserer Zeit prüfen: Wie entstehen aus unscheinbaren Anfängen große Massenbewegungen, die historische Veränderungen herbeiführen? Die klassischen Theoretiker sind in dieser Frage unzuverlässig – sie projizieren ihre Vorurteile auf das Massengeschehen. Es stellt sich daher die Aufgabe, die Entstehung und das Funktionieren von Massen neu zu beschreiben, insbesondere unter dem Aspekt der veränderten Beziehung zwischen der Masse und den Individuen, aus denen sie sich zusammensetzt.

Historische Einteilung

Zum Zweck unserer Darstellung unterscheiden wir drei Zeiträume, in denen sowohl die Massen als auch deren theoretische Konzeptionalisierung unterschiedlich ausgeprägt sind. Ausgangsereignis der Theorien der Masse ist die Französische Revolution, gefolgt von den

HISTORISCHE EINTEILUNG 13

späteren Revolutionen in Frankreich. Auf sie beziehen sich die frühen Theoretiker Gustave Le Bon und Gabriel Tarde. Ihre Überlegungen zielen auf ihre aktuelle Gegenwart um 1900 und die prognostizierte weitere Entwicklung. – Eine grundlegende Veränderung des Massenkonzepts tritt in den USA in den 1930/40er-Jahren ein, die sich im Europa der 1950er-Jahre unter den Bedingungen der Nachkriegszeit auf ähnliche Weise vollzieht. Massen werden nicht mehr als Kräfte von gewaltsamen Umstürzen, sondern als kulturelle Dominanz von Durchschnittsmenschen gesehen, die in friedlichen Verhältnissen eine konformistische Existenz führen. – Ab Mitte der 1960er-Jahre entstehen insbesondere in studentischen Milieus der USA und einer Reihe europäischer Länder neue Massenbewegungen. Sie richten sich gegen die vermeintlich konformistische Existenz der »Massengesellschaft« und organisieren sich als jugendlicher Protest gegen Politik, Konservatismus und Enge der gesellschaftlichen Spielräume. Es geht ihnen um die Suche nach neuen Lebensformen, die über eine längere Lebensspanne hinweg erhalten und weiterentwickelt werden können.

Die Aufeinanderfolge dieser Phasen ist nicht so zu verstehen, dass die eine die andere vollständig ersetzt. In den 50er-Jahren, inmitten der Massengesellschaft amerikanischer Prägung, gab es Jugendrevolten, deren ziellose destruktive Energie den umstürzlerischen Massen der ersten Phase ähnelten. Zur selben Zeit, als in den USA die moderne Konsummasse entstand, formierten sich in Europa die faschistischen Massen. Im Sinne einer »Gleichzeitigkeit des Ungleichzeitigen« (Ernst Bloch) können frühere und spätere Phasen nebeneinander existieren. Im Folgenden werden die drei Phasen kurz gekennzeichnet.

Die erste Phase: Die große Zeit der klassischen Massen und ihrer Theoretisierung war die erste Hälfte des 20. Jahrhunderts. Gegen Ende des 19. Jahrhunderts, als die Masse Gegenstand der Theoriebildung wurde, beschleunigten und radikalisierten sich die technologischen Innovationen und gesellschaftlichen Umwälzungen. Jede der neuen Entwicklungen hatte Auswirkungen auf die Entstehung großer Massen: die forcierte Produktion von Konsumgütern und Massenwaren; die städtebaulichen Erneuerungen der Kapitalen in der zweiten Hälfte des 19. Jahrhunderts, die durch den Bau breiter Straßen und großer Plätze überhaupt Räume für die Bildung von Massen schufen; die sich herausbildende Populärkultur mit ihren neuen Medien wie der Photographie und dem Film; der moderne Massenkrieg, dessen Ende zum Zusammenbruch der Monarchien in Österreich-Ungarn, Russland und Deutschland sowie zur Entstehung von politischen Massenbewegungen und von Parteidiktaturen führte. Vieles davon war bereits am Horizont sichtbar, als Le Bon 1895 das »Zeitalter der Massen« ausrief.

Was macht die Masse so einzigartig, dass ihr Le Bon sogar die Prägung eines neuen Zeitalters zutraut? Mit dem Konzept der Masse macht er auf eine *neue soziale Formation* aufmerksam. Im Unterschied zu den etablierten Kollektivbegriffen, wie Stand, Klasse, Schicht, Gruppe, Gemeinschaft, Verein, Corps/Korporation, Gilde, Klan, Verwandtschaft, ist die Beteiligung an einer Masse frei von Voraussetzungen. An ihr kann sich grundsätzlich jeder beteiligen. Wenn die einzelnen Teilnehmer überhaupt an Regeln gebunden sind, haben diese eher rituellen Charakter (z.B. das Versammeln an einem bestimmten Ort zu einer bestimmten Zeit). Die meisten Aktionen der Masse geschehen spontan und mit allgemeiner Übereinstimmung, die keine besonderen Akte erfordert. Für Tarde entstehen Massen aus einer Verstärkung jener Fähigkeiten, die den Menschen zu einem sozialen Wesen machen: aus der Nachahmung und der Kommunikation.[7] Die frühen Massentheorien berufen sich auf geschichtliche Erfahrungen insbesondere aus der Zeit der Französischen Revolution. Auf verlässliche Quellen stützen sie sich nicht, vielmehr auf Schilderungen mit klar erkennbarem ideologischen Charakter. Bei ihnen ist eine Unterscheidung zwischen wirklichem

Geschehen und Erfindung nicht möglich. Daher ist es problematisch, diese Massentheorien nun ihrerseits als Quellen zu gebrauchen. Wenn die Theoretiker Massen als ein homogenes kollektives Phänomen deuten, heißt das nicht, dass Massen damals tatsächlich so funktionierten, sondern nur dass sie so wahrgenommen wurden. Aus heutiger Sicht ist nicht entscheidbar, ob der Blick der Theoretiker *von außen* so eingestellt war, dass er Individuen nicht erfassen konnte, oder ob das Massenhandeln alle Individualität vernichtete. Vieles spricht aber dafür, dass es sich zu großen Teilen um Projektionen handelt, die hauptsächlich von *Emotionen,* von einem Konglomerat aus Wünschen und Ängsten, angetrieben wurden. Wenn wir also von »alten oder traditionellen Massen« reden, tun wir dies mit Blick auf ihre Theoretisierung und nicht in Hinsicht auf ihre tatsächliche historische Erscheinungsform.

In den Massenereignissen sehen Le Bon und Tarde eine Dynamik der Gewalt, insbesondere ein Zerbrechen gesellschaftlicher Ordnung durch Aufstände. Dennoch spricht ihnen Tarde eine konstruktive Rolle zu; dies ist allerdings der am wenigsten bemerkte Aspekt seines Werks. Die meisten Auseinandersetzungen mit dem Massenphänomen orientieren sich an Le Bon. Die gewaltsamen Massenereignisse der Zeit vor dem Ersten Weltkrieg und in noch stärkerem Maße nach 1913 bis zum Ende des Zweiten Weltkriegs festigen die Überzeugung der Öffentlichkeit, dass Massen eine durch und durch destruktive, ordnungsvernichtende Kraft sind. Ihr Zerstörungswerk richtet sich gegen *alle* Strukturierungen der Gesellschaft und deren symbolische Repräsentanzen: gegen die Hierarchie der Adelsgesellschaft, gegen die Religion mit ihren Würdenträgern, Zeremonien und Feiertagen, gegen die sozialen Institutionen des Rechts, des Besitzes, der Bildung. Auch die revolutionären Massen in späteren Zeiten greifen die »intermediären Strukturen« an, die zwischen ihnen und der höchsten Macht stehen.[8] So beginnt die französische Studentenbewegung im Mai 1968 mit der

Forderung nach Abschaffung von Prüfungen und weitet sich zur Forderung nach Abschaffung des Kapitalismus in Frankreich aus. In den Sozialwissenschaften gibt es keinen anderen Begriff außer dem der »Masse«, der die handelnde Instanz von *direkten kollektiven Aktionen* bezeichnet. Mit Blick auf die historischen Beispiele sind die Machthaber in autoritären Staaten beunruhigt, wenn sich an einem symbolischen Ort ihres Herrschaftsbereichs eine Masse bildet, und sei es, um einen Park zu schützen oder einen zentralen Platz der Hauptstadt zu besetzen. In Istanbul, Kairo und Seoul zeigt sich, dass man eine Masse nicht dadurch beseitigt, dass man sie im polizeitechnischen Sinn auflöst. Massen wirken weiter, auch wenn der Ort ihrer Demonstration geräumt ist. Auf alle diese Erscheinungen – und erst recht auf die neueren populistischen Massen – lassen sich zumindest einige der Konzepte der klassischen Massentheorie übertragen. Wenn sie auch wenig entwickelt sind, machen sie doch auf die Dynamik und Emotionalität des Massengeschehens aufmerksam. Daher kann unsere Darstellung bei ihnen ansetzen, um eine angemessenere Beschreibungsform zu entwickeln.

Die zweite Phase: In der amerikanischen Massengesellschaft dreht sich das Leben der Mehrheit der Bürger um den Erwerb und Erhalt der Mittelklassestandards, die als Verwirklichung des *American Dream* gelten. Sie arbeiten daran, materiellen Wohlstand zu erreichen und diesen zu demonstrieren. Homogenität entsteht hier nicht – wie in der ersten Phase – als gewalttätige Zerstörung von Individualität, sondern als Summe des konformistischen Verhaltens. Frühe theoretische Antizipationen dieser Massengesellschaft sind Martin Heideggers »Man« und Ernst Jüngers »Arbeiter«; auf sie werden wir ausführlich zu sprechen kommen. Ein zentrales Merkmal dieser Massengesellschaft ist Serialität: Die meisten amerikanischen Kleinstädte – Main Street America –, die überall gleich aussehen, legen davon ebenso Zeugnis ab wie die maßgeblich in den USA entwickelte, serielle Pop-Art. Durch das serielle Prinzip ändern sich im Vergleich zur ersten Phase die Entstehungsweise und die Gestalt von Gleichheit. Die neuen Medien wie das Fernsehen machen es nicht mehr nötig, dass sich Menschen versammeln, um ihr Verhalten zu synchronisieren. Es reicht, wenn sie vor dem heimischen Bildschirm die gleichen Nachrichten, Fernsehshows und Werbespots sehen.

So entsteht ein neues Verhältnis von Masse und Einzelnen, dessen Hauptmerkmal aber weiterhin die Homogenität bleibt. In der Massengesellschaft verschmelzen die Individuen nicht miteinander; sie vereinzeln sich hinter den gleich aussehenden Hausfassaden. War das Massenereignis zuvor eine Wendung des Privaten ins Öffentliche, so wandert nun umgekehrt das Öffentliche ins Private. Das Massenhandeln wird verinnerlicht. Das Subjekt verliert sich nicht in der Masse, sondern handelt nach seinen Interessen an sozialem Aufstieg oder Statuserhalt, an persönlichem Glück und Konsum. Die Masse ist hier eine Organisationsform der alltäglichen Existenz. Insofern alle Mitglieder einer Massengesellschaft nach den gleichen Zielen streben, kommt es zu einer stillen, verbissenen Konkurrenz mit den Nachbarn. Die amerikanische Mittelschicht dieser Zeit ist eine um ihren sozialen Status kämpfende Masse von Individuen, die ihre Anstrengungen *auf sich selbst* richten: Was die eine Familie durch Askese und Arbeitseifer erreicht, wird durch die Anstrengungen der Nachbarn wieder relativiert. Zwar unterscheidet sich die Massengesellschaft fundamental von den klassischen Massen, ihre Mitglieder sind jedoch ebenfalls keine souveränen Subjekte. Während die klassische Masse ihre revoltierenden Aktivitäten zu einer gemeinsamen Stoßrichtung *nach außen* bündelt, führt das Streben nach individuellem Wohlstand nicht zu dem gewünschten Ziel, insofern alle Konkurrenten gleichartige Einsätze in das soziale Rennen werfen.

Der restaurative Charakter der Massengesellschaft spiegelt sich nicht nur in realistischen amerikanischen Romanen wider; er wird auch in unzähligen Filmen ins Bild gesetzt. Ein besonders böses Beispiel ist der Film *Stepford Wives*, wo die männlichen Einwohner einer amerikanischen Kleinstadt der 1950er-Jahre alle ihre Frauen durch Roboter ersetzen: Niemand bemerkt den Unterschied. Soziologisch wird er in David Riesmans Sozialstudie *The Lonely Crowd* analysiert, dessen Titel schon einen melancholischen Akzent setzt.[9] Die amerikanische Massengesellschaft der 50er-Jahre ist eine *lonely crowd*, eine einsame Masse: Sie besteht aus einer Vielzahl konformer Vereinzelter; sie besitzt kein Ziel und daher auch keinen energetischen Impuls mehr. Weder ist sie Trägerin von Versprechen oder Hoffnungen, noch trachtet sie danach, die bestehenden Verhältnisse zu verändern. Auf ähnlich melancholische Weise analysiert auch Günther Anders die »Antiquiertheit der Masse«[10] und sieht in dem »vereinzelten Masseneremiten« die moderne Existenz schlechthin.

In unserer Darstellung werden wir auf diese Zeit nur insofern eingehen, als sie Anlass gibt, das negative Urteil über die Massen zu verfestigen. Im Übrigen gilt für diese zweite Phase das Gleiche wie für die erste: Auch die – meistens kulturpessimistisch inspirierte – Kritik der Massengesellschaft wird von Projektionen und eigenen Interessen der Kritiker beeinflusst, sodass sich schwer entscheiden lässt, wo die faktische Beschreibung aufhört und die Wertung einsetzt. So konformistisch, wie sie im Rückblick gemacht wird, war diese Phase, jedenfalls in den 50er-Jahren, bei näherer Betrachtung nicht.

Dass sich die Gesellschaft in den 1950er/60er-Jahre zu verändern beginnt und sich in diesen Wandlungsprozessen Massen neuen Typs herausbilden, zeigt sich zuerst an Randphänomenen. So entstehen in den 50er-Jahren Vorläufer der späteren Jugendkulturen. Ihr wichtigstes Merkmal ist die Verachtung der Massengesellschaft – eine Verachtung, die sich selber zu einer Massenbewegung ausweiten wird. In der Beat-Literatur und ihrer Glorifizierung der nicht konformistischen freien Existenz *on the road* (Jack Kerouac) gewinnt sie einen eigenen Ausdruck. Sie verschafft sich Luft durch revoltierende

Ausbrüche bei Rock'n'Roll-Konzerten, nach denen gelegentlich das Mobiliar zerschlagen wird. Repräsentiert wird sie durch junge Filmhelden (James Dean, Marlon Brando); sie verkörpern einen neuen Massentypus des männlichen Jugendlichen, der in Deutschland das Etikett »Halbstarker« erhält und das bürgerliche Publikum tief verstört. Exemplarisch für diesen Typus steht der Titel des 1955 erschienenen James-Dean-Films: *Rebel without a Cause* (in der deutschen Fassung: *Denn sie wissen nicht, was sie tun*). Die grundlose Rebellion der Jugend setzt kein Ideal an die Stelle des alten. Sie verweigert soziale Anpassung, konformes Verhalten und idealisiert die Abweichung. Damit wird die zentrale Funktionsweise der Massengesellschaft angegriffen. In *Rebel without a Cause* wird dieses Problem am Bruch zwischen den Generationen dargestellt: Die väterliche Autorität ist hier gleichbedeutend mit dem Konformitätsdruck der Massengesellschaft; auf sie richtet sich alle Wut, von ihr geht auch alles Leiden aus.

In Deutschland beginnen Ende der 50er-Jahre die Demonstrationen gegen die atomare Bewaffnung der Bundesrepublik, die »Ostermärsche«, aus deren Teilnehmern sich u. a. die Gründungsgeneration der späteren Partei der Grünen rekrutiert. Mit der Studentenbewegung, die von den Demonstrationen gegen den Vietnamkrieg vorbereitet werden, beginnt sich eine Abkehr von den traditionellen Lebensweisen abzuzeichnen. Der Wandel gegenüber ihren Vorläufern, den Jugendkulturen der 50er-Jahre, lässt sich daran ablesen, auf welche Weise deren Helden zitiert und zugleich variiert werden. In Anspielung auf den *Rebel without a Cause* James Dean druckt man in den 60er-Jahren Plakate mit dem Gesicht von Bob Dylan, einem der Wortführer der neuen politischen Massenbewegung der Jugend, und versieht sie mit dem Schriftzug: »Rebel *with* a Cause«. Genügte sich der Rebell »without a cause« in der Verkörperung nicht-konformen Verhaltens, suchen die neuen Rebellen »with a cause« nach neuen Normen, die die alten ersetzen sollen. Insofern sie nicht nur die massenhafte Auflehnung der Individuen gegen den Konformitätsdruck zeigen, sondern nach neuen kollektiven Ausdrucksformen suchen, verstehen sie sich selber als eine Avantgarde der Massen. Sie rebellieren im Namen aller und zugleich in ihrem eigenen Namen.

Die dritte Phase: Der Schwerpunkt unserer Arbeit liegt auf der Diversifizierung der Massen und auf dem neuartigen Verhältnis von Masse und Subjekt seit den 1960/70er-Jahren. In dieser Zeit hat sich in Deutschland und vergleichbaren Ländern eine Gesellschaft der Einzelnen oder »Singularitäten«, wie Pierre Rosanvallon (2011) schreibt,[11] *und* ihre Verbindung mit Massenphänomenen herausgebildet. Dass dieses Zusammengehen in den soziologischen Theorien so gut wie nicht auftaucht, zeigt, wie sehr diese auf die Kategorie des Individuums fixiert sind. Die Theoretiker erliegen einer bestimmten Illusion *(illusio)*, die Pierre Bourdieu als *scholastic fallacy*, scholastischen Fehlschluss analysiert:[12] Sie halten die Situation der von ihnen beobachteten Personen für die gleiche wie ihre eigene individuelle Situation. Sie schließen unbewusst von sich (von ihrem Bewusstsein als Individuen) auf ihre Untersuchungspersonen. Ihnen entgeht dabei das Weiterwirken kollektiver Phänomene, die mit dem gesellschaftlichen Wandel nicht einfach abgeschüttelt wurden. Die Wirkungen dieser »Ungleichzeitigkeit« werden in gesellschaftlichen Krisenmomenten sichtbar, in denen mit einem Mal eine massenhafte Panik oder eine Revolte eintritt. So geschah es während der Bankenkrise nach dem Zusammenbruch des Finanzmarktes, der Griechenlandkrise, die den Euro bedrohte, und der Krise der französischen Innenpolitik vor den Präsidentschaftswahlen 2017. Banker, Devisenhändler, Politiker und Bankkunden bildeten vorübergehend eine Panikmasse.

Auf die Massenphänomene der Gegenwart lassen sich die Beschreibungen der klassischen Massentheorie nur begrenzt und mit Vorsicht anwenden. Allerdings erleben wir heute einen hemmungslosen Gebrauch der alten Massenrhetorik durch Politiker, die im

HISTORISCHE EINTEILUNG 21

Namen des Volkes die Aufnahme von Flüchtlingen aus anderen Kulturen verhindern wollen. Von Neuem scheinen bei vielen Wählern die Mechanismen vom Beginn des 20. Jahrhunderts zu wirken. Selbst wenn sich in der zweiten Hälfte des 20. Jahrhunderts das Massenphänomen verändert hat, gibt es auch heute noch Erscheinungen, die an frühere Zeiten erinnern: das gerichtete Miteinander vieler Menschen und deren Übereinstimmung von Aktion, Haltung und Stimmung. Diese »Intensitätsform des Sozialen«[13] ist das Merkmal, das die alten wie die neuen Massen kennzeichnet. Es gibt nicht viele andere Eigenschaften, die beide Massenerscheinungen gemeinsam haben; aber diese Erlebnisqualität ist im Vergleich zu anderen Alltagsphänomenen so eindrucksvoll, dass man bei aller Bemühung um Abgrenzung eine profunde Ähnlichkeit nicht leugnen kann.

Trotz dieser Ähnlichkeit sind die neuen Massen anders beschaffen als die früheren Formationen zu Zeiten Le Bons und Tardes. Dies gilt zumindest für jene Länder, in denen die Menschen mit Wahlrecht, mit einer freien Medienlandschaft, einer wachen Öffentlichkeit, mit Zugang zum Internet und zu sozialen Netzwerken ausgestattet sind – Länder also, in denen die Einzelnen eine Stimme und die Chance haben, gehört zu werden. Eine Masse von Individuen in der *pluralistischen Gesellschaft*, die über diese rechtlichen und informationellen Möglichkeiten sowie über Meinungs- und Versammlungsfreiheit verfügt, kann sich an einem bestimmten Ort, zu einer bestimmten Zeit mit körperlich-sinnlicher Präsenz zusammenfinden. Ihr Auftreten kann in Realzeit in alle Welt gemeldet, als Bild verschickt, mit Nachrichten und Forderungen versehen werden. Alle Empfänger dieser Botschaften sollen wissen: Hier, an diesem Ort, hat sich eine Masse gebildet; sie hat einen Anlass und ein bestimmtes Ziel. Die Existenz einer solchen Masse ist schon für sich genommen eine Nachricht von Gewicht.

In den neuen Massen der gewandelten Gesellschaft werden Einzelne sichtbar – Wortführer, Organisatoren, Antreiber, Originale,

Komödianten, Kommunikationstalente. Aus dem Massengeschehen heraus artikulieren die Mitglieder ein Bewusstsein ihrer Beteiligung. Nicht zuletzt verändern auch die Beobachter ihren Blickpunkt: Schauten sie früher von außen auf die Massen, sind sie heute meistens teilnehmende Beobachter. Die neuen Medien, die es jedem Einzelnen erlauben, das Geschehen mit dem Handy zu filmen und das Gefilmte sogleich zu verschicken, ermöglichen *Innensichten* aus der Masse, von den Beteiligten selbst. Früher blickten die herausgehobenen Einzelnen von der Feldherrnperspektive, von oben, auf die Massen. Heute blickt man *aus der Masse heraus,* auch wenn man nur virtuell an ihr beteiligt ist. Es sind nun die Blicke *Einzelner,* die von *allen* geteilt werden können. Umgekehrt können sich die Einzelnen in der Masse ihrer Massenwirkung versichern, indem sie Nachrichten von außen erhalten. Oftmals lassen sich Beobachter und Akteure gar nicht mehr voneinander trennen. Beim G20-Gipfel in Hamburg 2017 versuchte die Polizei permanent, diese Trennung herbeizuführen, indem sie mit Lautsprecherdurchsagen die Masse filmender Menschen aufforderte, sich »von den Gewalttätern räumlich zu distanzieren«. Diese Entmischung gelang nicht, was ein Grund dafür war, dass die Krawalle eine solche Intensität annehmen konnten. Die Beobachter wurden zu Akteuren; ebenso wie die Akteure zu Beobachtern wurden, indem sie ihre eigenen Aktionen filmten und ins Netz stellten.

Heute sind Massen nicht mehr, wie die Kulturkritik mit Blick auf die klassischen Massen behauptete, ein Unterschichtphänomen. Neue Massen rekrutieren sich zu großen Teilen aus den Mittelschichten. Dazu gehören als Erstes *kulturelle Massen.* Ihre Mitglieder sind weit davon entfernt, sich für Teile einer Masse zu halten – sie sind Einzelne, die massenhaft auftreten, bei Kulturereignissen mit Kultcharakter, Kunstevents, Konzertsensationen, in weltbekannten Museen und an hoch bewerteten Tourismuszielen. Sie alle streben nach kultureller Beteiligung, alle mit der gleichen Absicht, alle

HISTORISCHE EINTEILUNG 23

informiert durch dieselben Massenmedien. Sie haben ihre Wünsche
weitgehend angeglichen; ihnen ist bewusst, dass sie dieselben Werte
schätzen und das Event genießen – sie sind ein Fragment der Masse
der Gleichen. Andere strömen von ihren Stars, Helden, Sportmann-
schaften, Kultdirigenten magisch angezogen zusammen und bilden
Massen der Verehrung.

Seit den legendären Musikfestivals von Woodstock und Monte-
rey haben sich die großen *Massenevents* vervielfältigt und diversifiziert in Rock, Jazz, Folk, Heavy Metal etc. Massen bilden sich
hier aus individuell anreisenden Gruppen, Paaren, Einzelgängern,
Motorrad- und Mitfahrgemeinschaften, untergebracht in Zelten,
Gemeindezentren, bei privaten Gastgebern, unter freiem Himmel.
Alle aber kommen dahin, wo auch die anderen sind, angetrieben und
vereint durch den gleichen Musikgeschmack, die gleichen Rhyth-
men und Körperbewegungen. Zwischen den verschiedenen Massen gibt es Differenzen bis zur Unverträglichkeit. Die Teilnehmer
des Folk-Roots-Festivals Rudolstadt würden niemals zu einer Love
Parade gehen und umgekehrt; die Fans des Berliner Jazzfests meiden »Rock am Ring«. Ebenso verhält es sich mit den Massen, die
ihre Verkleidungen vorführen und feiern: Die Fans des Cosplay mit
ihren Verkleidungen als japanische Mangafiguren würden nicht auf
einem alemannischen Fasnetsumzug auftreten.

Die Teilnehmer solcher Massen feiern gerade ihre Individualität
und ihr Recht auf das Ausleben des eigenen Geschmacks. Sie machen
sich selbst zu einem individuellen Spektakel, das zur Darbietung
ihrer Masse insgesamt beiträgt: Die Einzelnen bilden als Fragmente
die ganze Masse ab; diese nimmt den Charakter eines Individuums
an. Aus der Vereinigung aller Beteiligten durch dieselben kulturellen Vorlieben, den gleichen sozialen Geschmack entsteht die Macht
der Einzelnen *und* der neuen Massen. In der pluralisierten Gesellschaft bringen sie die Gemeinsamkeit, die sie (in ihren Augen) auszeichnet, nachhaltig zur Geltung. Die Masse der Gleichen verleiht

ihrem Auftreten, ja ihrer Person Sicherheit. Sie lässt die Beteiligten auch noch die absurdesten Verkleidungen des Cosplay, das stundenlange Stampfen der Beats auf der Love Parade, die brutalen Sprüche der Ultras im Fußball, die bis zur Ohnmacht gehende Verzückung der Verehrerinnen von Justin Bieber für den selbstverständlichen Ausdruck eines mit anderen geteilten Geschmacks halten. Würden sie sich nicht von ihrer besonderen Masse umgeben, geschützt und geradezu angefeuert fühlen, wären sie einem permanenten Rechtfertigungsdruck gegenüber anderen Menschen für ihr absonderliches Verhalten ausgesetzt. So reicht der Hinweis auf die besondere Masse, der jemand angehört – *ich bin Ultra, ich bin Justin-Bieber-Fan, wir fahren zu einem Manga-Festival* etc. –, um gegenüber der Umwelt das eigene Verhalten verständlich zu machen. Es ist, als würde die Masse eine Lizenz für abweichendes Verhalten erteilen, anstatt einen Konformitätsdruck auf ihre Mitglieder auszuüben.

Tatsächlich aber ist nicht nur eine Konformitätserwartung vorhanden; die Diversifizierung der Massen fügt sogar noch den Entscheidungsdruck hinzu, zu welcher der vielen Massen man sich zugehörig fühlt. Die Existenz konkurrierender ähnlicher Massen zwingt die je eigene dazu, ihre Einzigartigkeit permanent auszustellen, und erhöht so die Verpflichtung ihrer Mitglieder, sich von der Umwelt abzugrenzen. Die Lizenz zur Abweichung wird nicht ohne Bedingungen vergeben. In der Zeichentrickserie *South Park* formulieren die nonkonformistischen Abweichler, wenn sie sich in ihrer Ecke des Pausenhofs versammeln, diese Bedingung so: »Wenn du Nonkonformist sein willst, dann musst du genauso aussehen und dieselbe Musik hören wie wir.« In dem Film *Das Leben des Brian* der Monty Python Gruppe appelliert Brian an seine »Jünger«, die er wieder loswerden will: »Ihr seid doch alle Individuen!« Worauf die Masse gleichzeitig roboterhaft antwortet: »Wir sind alle Individuen.« Der Einzige, der mit einem schüchternen »Ich nicht« aufmuckt, wird sofort zum Schweigen gebracht.

HISTORISCHE EINTEILUNG   25

Die neuen Massenphänomene stellen keine Befreiung der Einzelnen aus kollektiven Zwängen dar. Eine solche Auffassung würde nur den Widerspruch zwischen Einzelnem und Masse unter neuen Vorzeichen fortschreiben. Die *pluralistische Gesellschaft* führt vielmehr zu einer *Pluralisierung der Massen*. Es gibt nicht mehr die »eine«, konformistische Masse, wie die Rede von der Massengesellschaft behauptet hat. Es gibt aber auch nicht nur solitäre Einzelne. Stattdessen haben wir es mit einer Vielzahl einzelner Massen zu tun, die sich zum einen von anderen Massen abgrenzen, zum anderen Strategien entwickeln müssen, die interne Homogenität herstellen – Strategien, die den Einzelnen nicht auslöschen, sondern ihm die Möglichkeit geben, sich so zu zeigen, wie er sich selber sieht oder von anderen gesehen werden möchte.

Was für die neuen kulturellen Massen gilt, findet man ebenso in *politischen* Massen. Auch sie konkurrieren mit anderen Massen um Aufmerksamkeit, auch sie sind von der Pluralisierung und Diversifizierung der Massen betroffen. Heute ist keine größere politische Demonstration mehr denkbar, die sich nicht selber wieder in unterschiedliche »Blöcke« aufteilt: in den »internationalistischen Block«, den »antifaschistischen Block«, den »queer-feministischen Block« und so weiter und so fort. Erst recht kann sich keine größere politische Masse bilden, ohne zugleich die Bildung einer anderen zu provozieren. Den Befürwortern der katalanischen Unabhängigkeit folgen, wenn sie sich auf den Straßen versammelt haben, deren Gegner. Der Ankündigung von populistischen Versammlungen folgt sofort der Aufruf zu Gegenprotesten. Die Teilmassen des politischen Feldes befinden sich in einem Verhältnis permanenter Interaktion, Konfrontation und Konkurrenz.

Trotz ihrer Diversifizierung erregen politische Massen bei Vertretern des Establishments den Verdacht eines destruktiven Potenzials. Nach demokratischem Verständnis wird politische Willensbildung, Kritik und Widerstand von politischen *Institutionen* organisiert und artikuliert, von Parteien, Gewerkschaften, Medien, Parlamenten, Bürgerversammlungen etc. Sie sind ausdrücklich keine Massen. Daneben haben sich seit den 1960er-Jahren neue Formen direkter Beteiligung an Politik entwickelt, wie Bürgerinitiativen, Stadtteil-Foren und Aktivitäten für einen Volksentscheid. Eine Masse bildet sich von dem Moment an, in dem die Initiatoren zu einer Demonstration, Kundgebung, einem Protestmarsch oder anderen Formen öffentlichen Widerstands (zu einer Blockade, einem Studentenstreik) aufrufen. Die Initiative kann im Internet vorbereitet werden – der entscheidende Moment ist jedoch das gemeinsame Erscheinen der Beteiligten auf den Straßen und Plätzen. Entscheidend ist er, weil die politische Masse auf Polizeikräfte stößt, die den Ausbruch von Gewalt verhindern sollen. Es ist eine viel diskutierte Frage, wie sich die Polizei taktisch am besten verhalten sollte. Wird sie die Demonstranten in der Perspektive der klassischen Massentheorien als potenziell gewaltbereit einschätzen? In diesem Fall stellt sie sich den Protestierern als eine zweite Masse gegenüber, um so den möglichen Ausbruch von Gewalt zu verhindern. Auf diese Weise bildet sich eine *Doppel-Masse*: Die Polizei verfolgt eine Strategie der Einschüchterung, die Demonstranten fühlen sich provoziert. Beide Seiten reagieren auf die Handlungen der jeweils anderen Seite, wodurch jene Gewalt entsteht, die eigentlich verhindert werden soll. Neuere Polizeitaktiken wenden erfolgreich Konzepte der Deeskalation an, die allerdings von den Boulevardmedien (die insbesondere mit Gewaltdarstellungen Auflage machen) heftig kritisiert werden. Mit dem Konzept der Doppel-Masse lässt sich die Entstehung von symmetrischer Gewalt aufklären; wir diskutieren dies am Beispiel der Ereignisse anlässlich des G20-Gipfels in Hamburg 2017.

Zum Konzept der Masse

Auf der Baustelle der Massentheorie hat es seit Elias Canettis Studie *Masse und Macht* von 1960, deren Ursprünge in den 20er- und 30er-Jahren lagen, keine wesentlichen neuen Beiträge gegeben. Was nach den klassischen Massentheorien von Le Bon, Tarde, Freud und Ortega erschien, reproduzierte deren Theoreme und passte sie höchstens den neuen historischen Bedingungen an. Ein typisches Beispiel ist die 1952 erschienene *Deutsche Geschichte im Zeitalter der Massen* von Carl Misch: Das Zeitalter der Massen wird vom Kollektivismus der Sowjetunion fortgeführt. Alles Negative, das die traditionellen Theorien den Massen zuschrieben, wird nun auf den »Osten« projiziert: Der »Westen« wendet sich, von der Geschichte belehrt, hin zu individueller »Freiheit« und einem »rationalen« Politikstil. Drüben, auf der anderen Seite des »Eisernen Vorhangs«. Die Differenz von Individuum und Masse wird geopolitisch verstanden und zum Kampf zweier Ideologien umgeformt.

Es liegt auf der Hand, dass so kein unbefangener Blick auf die Massen zu gewinnen ist. Schon die klassischen Theorien fassen den Ausdruck »Masse« durchweg normativ auf und scheren sich wenig um begriffliche Präzision. Die begriffliche Unklarheit liegt zum Teil allerdings auch in der Sache selbst. Auch in rein beschreibender Verwendung lässt sich keine klare Grenze zwischen Masse und anderen Kollektivbegriffen, wie Menge, Haufen, Vielheit, Gemeinschaft, Gruppe, *multitudo*, ziehen. Es gibt eine Reihe von Fällen, in denen diese Bezeichnungen austauschbar sind (so werden wir an manchen Stellen dieses Buches »Menge« anstelle von »Masse« verwenden). Im Bereich qualitativer Bestimmungen gehört die Unschärfe von Begriffen zum normalen Sprachgebrauch, wie Ludwig Wittgenstein zeigt. Ob wir eine Ansammlung von Menschen als Masse bezeichnen, hängt davon ab, wie wir die Situation wahrnehmen und bewerten. Diese Einschätzung ist zwar subjektiv, aber keineswegs willkürlich, sondern kann sich auf bestimmte Merkmale stützen. Wenn es sich um Sonntagsspaziergänger handelt, die über den Platz promenieren, sich auf Bänken niedersetzen, in den Cafés verweilen, würde wir diese Ansammlung von Menschen wohl nicht als »Masse« bezeichnen. Anders ist es, wenn wir sehen, wie große Menschenmengen mit Rollkoffern den Platz überqueren, andere die Stühle des Cafés im Sturm besetzen und wieder andere sich am Eingang einer Kirche zusammendrängen. Anhand bestimmter Merkmale kann man Massen von gewöhnlichen Ansammlungen von Menschen unterscheiden. In diesem Fall ist es eine Mobilisierung vieler Menschen und eine Gemeinsamkeit der Intentionalität ihrer Handlungen,[14] das heißt eine gemeinsame Gerichtetheit ihrer Bewegungen und Absicht ihres Handelns. Im folgenden werden einige wichtige Kriterien angegeben, mit deren Hilfe wir Massen von gewöhnlichen Menschenhaufen unterscheiden; sie treffen sowohl auf die alten als auch auf die neuen Massen zu.

Mobilisierung: Typisch für den Zustand in der Masse ist eine Erregung, eine innere Unruhe oder Spannung der Beteiligten, die sich auch an ihrem äußeren Verhalten zeigt. Diesen ungewöhnlichen Zustand können sie auf bestimmte Gründe zurückführen. Einmal in Bewegung generiert die Masse mehr Bewegung. Sie mobilisiert auch ihre Gegner. Die Mobilisierung umfasst nur eine bestimmte Zeitdauer. Spätestens wenn die Gründe ihrer Mobilisierung weggefallen sind, endet das Massengeschehen.

Intentionalität: Die Handlungen der Massenmitglieder sind auf ein gemeinsames Ziel gerichtet. Das unterscheidet sie von einer Ansammlung von Wartenden und jeder anderen zufällig sich ergebenden Ko-Präsenz vieler Menschen an demselben Ort. Die Ziele können räumlicher Art sein (z. B. der Justizpalast), bestimmte Personen (z. B. ein unwillkommener Staatsgast) oder eine feindliche Masse (Polizei vs. Schwarzer Block). Die Zielrichtung kann sich in gemeinsamer Vorwärtsbewegung (z. B. von Touristen), in öffentlich vorgebrachten Forderungen, in Slogans, Gesängen (bei politischem Protest), in gemeinsamer Suche nach Vergnügen, Musik- und Tanzgenuss, Erotik, Körpernähe, Verkleidung (Karneval, Love Parade, Musikfestivals), im Miterleben eines sportlichen Kampfes äußern.

Verwandlung: Im Zustand der Masse befinden sich die Beteiligten in einer anderen Stimmung und emotionalen Verfassung als in ihrem Alltagsleben. Diese kann aggressiv, gereizt, festlich ausgelassen, oder auch zeremoniell, voll ritueller Strenge sein. Ihr ungewöhnlicher Zustand wird von den Beteiligten als eine Verwandlung erfahren, und wie Verwandelte erscheinen sie auch den Beobachtern. Diese Veränderung bleibt jedoch temporär. Zudem erfasst sie nicht die gesamte Persönlichkeit.

Spontaneität: Eine Masse bildet sich meistens spontan. Darin unterscheidet sie sich von einer Gruppe oder Gemeinschaft, deren Entstehung bestimmte Vorläufer hat wie Vertrautheit, Nähe, Zusammenleben, Gemeinsamkeiten. Anders als diese stiftet eine Masse auch nur selten dauerhafte Beziehungen der Mitglieder untereinander. Eine Masse reagiert sehr sensibel auf ihre Umgebung. Kleinste Ereignisse, wenn Polizisten ihre Helme aufsetzen, wenn jemand eine Fahne schwenkt, können zu heftigen spontanen (wenngleich nicht regellosen) Reaktionen führen. Dem spontanen Agieren von Massen geht meist ein langer Gärungsprozess im jeweils individuellen Leben voraus. Er zeichnet sich durch eine Mobilisierung und Emotionalisierung Einzelner aus, die erst im Privaten stattfindet, dann vielleicht im näheren sozialen Umfeld auf vergleichbare Prozesse stößt und schließlich zu einer öffentlichen, kollektiven Aktion führt. Außer diesem Gärungsprozess, den jeder von ihnen auch allein durchlaufen kann, müssen die Teilnehmer einer Masse nichts gemeinsam haben.

Körperlichkeit: Beteiligung an einem Massengeschehen besteht in körperlichem Handeln. Reflektieren, Schreiben, Kommunizieren mögen wichtige Tätigkeiten für die Vorbereitung einer Masse sein. Im Massengeschehen kommt es auf heftige gemeinsame Bewegungen, wirkungsvolle Sprechchöre, kraftvolles Auftreten an. Eine Masse will gehört oder sogar gefürchtet werden.

Soziale Mischung: Im Massenhandeln spielt die Zugehörigkeit zu einer bestimmten sozialen Klasse eine viel geringere Rolle als bei anderen Zusammenschlüssen. In der Masse mischen sich die sozialen Schichten. Insofern sie die Grenzen zwischen diesen vorübergehend aufhebt, herrscht in ihr *relative Gleichheit.* Die Unterschiede, die Menschen in ihrem Alltagsleben trennen, haben keine große Bedeutung mehr, verschwinden aber auch nicht vollständig.

Emotionalität: Die spontane Mobilisierung einer Masse geschieht zum einen aus Anlässen, die die Mitglieder bewegen. Zum anderen löst das Massengeschehen selbst intensive Gefühle aus. Eine Masse lässt niemanden »kalt« – sie erzwingt durch ihre bloße Existenz emotionale Reaktionen, ob diese nun in Solidaritätsbekundungen oder in Abwehrreaktionen bestehen.

Abgrenzung und relative Offenheit: Im Vergleich mit anderen Kollektiven ist der Zugang zu Massen weniger reglementiert. Eine Masse kennt keine formellen Prüfungen und Wartezeiten. Die Offenheit begünstigt ihr schnelles Wachstum und zeigt sich auch an der geringen Bedeutung sozialer Distinktionsmechanismen. Aber selbst wenn eine Masse offen für neue Beteiligte ist, richtet sie sich auf ein Ziel und stößt dadurch alle jene ab, die dieses verteidigen wollen. Die Grenzziehung ist im Fall von Doppel-Massen offensichtlich, in anderen Fällen weniger evident, aber immer richtet sich eine Masse zumindest indirekt gegen Personengruppen, die anders sind als sie selbst.

Gewalt: In der öffentlichen Wahrnehmung wird das Erscheinen von Massen mit Gewalt verknüpft. Es gibt genügend historische Beispiele, die dies bestätigen. Nicht jede Masse ist gewaltbereit. Dennoch wird eine mobilisierte Masse von außenstehenden oft als Bedrohung erlebt. Dieser Eindruck entsteht aufgrund ihrer körperlichen Präsenz, der großen Zahl der Beteiligten und ihrer Zielgerichtetheit. Auch die Mitglieder selbst empfinden diese Wirkung auf andere als ein Gefühl der Macht. Dies gilt auch für harmlose Massen von Bewunderern und Fans im Fußball und in der Popkultur. Anders als zum Beispiel im Falle von Wahlen übertragen die Mitglieder ihre Macht nicht auf andere, sondern bleiben in das Geschehen involviert. Sie erfahren die Wirkung ihrer – durch die anderen Teilnehmer verstärkten und vervielfachten – Macht direkt.

Ambivalenz: Das Schwanken zwischen Extremen ist charakteristisch für die Wahrnehmung und Erfahrung von Massen. Eine Masse kann zum einen als marodierende Aufständische, zum anderen als Befreiungsbewegung, einmal als Zerstörerin von Individualität, dann wieder als politisches Subjekt wahrgenommen werden. Das kann an unterschiedlichen Deutungen liegen, aber auch an ihrem wechselhaften Verhalten. Massen haben ein Doppelgesicht, eine helle und eine dunkle Seite.

Mit dieser Angabe von Merkmalen haben wir das Massenkonzept in Umrissen gekennzeichnet, sodass wir unsere Arbeit auf die Beschreibungen und Analyse von Massen konzentrieren können. Wir werden dabei Beispiele unterschiedlicher Herkunft betrachten, die einerseits Differenzen zwischen Massen, aber auch Übereinstimmungen sichtbar machen. Als Erstes werden wir die Entstehung verschiedener Massen detailliert darstellen und uns dann der kritischen Betrachtung der klassischen Theorien zuwenden. Wir werden ihr Ungenügen feststellen, das insbesondere darin begründet ist, dass ihnen eine soziologische und sozialphilosophische Betrachtungsweise fehlt. Dies betrifft nicht nur die älteren Klassiker, sondern auch Elias Canetti, der eine überzeitliche fundamental-anthropologische Sichtweise entwickelt. Von modernen soziologischen Konzeptionen lässt sich die Rolle der Individuen in der Masse anders bestimmen als von den klassischen Theorien. Ein ausgeformtes soziales Subjekt, also ein Mensch im Erwachsenenalter wird in der

Masse nicht zu einem gänzlich anderen Subjekt. Auf der Grundlage von Pierre Bourdieus Habituskonzept werden wir zeigen, was sich an Menschen in der Masse verändern kann und welche Persistenz ihr Habitus hat. Unterstützung erfahren wir dabei von literarischen und filmischen Darstellungen der Masse, die sich stark vom theoretischen Zugriff unterscheiden. Die ästhetischen Sichtweisen auf Massen zeigen unter anderem auch lustvolle Aspekte der Massenbildung, die ansonsten gegenüber Gewalt-, Zerstörungs- und Autoritätsphantasien in den Hintergrund gerückt werden.

Es wäre jedoch zu einfach, die klassischen Theorien mit überlegener Geste beiseitezulegen. Sie vermitteln uns noch heute einige Einsichten, die wir herausarbeiten und weiterentwickeln wollen. Elias Canettis Konzept der Doppel-Massen machen wir zum Ausgangspunkt eigener Reflexionen. Von Gabriel Tarde übernehmen wir die Vorstellung der Festmasse, die »in sich selbst verliebt« ist und sich »um ihrer selbst willen versammelt«, von Sigmund Freud den libidinösen Aspekt der Beziehung zum Führer und von Gustave Le Bon den Gedanken der Emergenz: dass die Masse mehr ist als die Summe ihrer Teile. Es geht uns jedoch nicht darum, zu klären, was Massen »denken« oder »wollen«. Der größte Fehler, den man in diesem Zusammenhang machen kann, besteht darin, *im Namen der Massen* zu sprechen. Was wir über Massen sagen, geht hingegen in vielen Fälle auf *individuelle* Erfahrungen mit Massen zurück. Genau dies unterscheidet die neuen von den alten Massen.

Über die Anfänge des Massenbegriffs

Der Begriff der Masse hat eine Entstehungsgeschichte, die weit hinter das Erscheinen moderner sozialer Massen zurückreicht. Die begriffliche Arbeit mit dem Massenkonzept verlangt auch eine Antwort darauf, wie das *Konzept der Masse* entstanden ist. Historisch stammt der Ausdruck aus einem spezifischen Kontext, der auf den ersten Blick nichts mit Menschenansammlungen zu tun hat. Das altgriechische Wort »maza« bezeichnete einen gekneteten Teig aus Gerstenmehl, der zu einem Brot verbacken wurde. Von dieser ursprünglichen Bedeutung scheint kein Weg zu den modernen sozialen Massen zu führen. Dennoch ist es kein Zufall, dass die Bedeutungsgeschichte des Wortes »Masse« von hier ihren Ausgang nimmt.

Folgt man der ursprünglichen Bedeutung von Masse als Teig, dann kann ein Blick in Kochbücher hilfreich sein, um zu erfahren, wie man sich gewöhnlich die Entstehung einer Masse vorstellt. Wir lesen dort als Standardformel: »... bis alles zu einer konsistenten Masse verrührt ist«. Von Masse wird hier gesprochen, wenn die einzelnen Zutaten nicht mehr unterscheidbar sind, wenn sie eine einheitliche Teigmenge bilden, in der sie sich untrennbar vermischt haben. Es ist diese innere Gleichartigkeit, die eine Masse ausmacht. Als ein Zusammengerührt-Werden im Teig bezeichnet auch Elias Canetti die Massenerfahrung: »Ich habe die Masse erlebt«, schreibt er in seiner Autobiographie, »ich war selbst wie Teig.«[15] Der Einzelne erfährt sich in der Masse als formbar, geknetet und gepresst von anonymen Kräften und als vermengt und verklebt mit anderen Körpern. Allerdings sprechen wir nicht bei jeder beliebigen Menschenansammlung von einer Masse, wenn sie nicht das nötige Maß an innerer Gleichförmigkeit besitzen. So ist das *Publikum* zu individuell und heterogen, um als Masse bezeichnet zu werden.

Auch der aus dem griechischen Wort gebildete lateinische Ausdruck »massa«, von dem sich der moderne Begriff »Masse« ableitet, benennt noch einen zusammengekneteten Klumpen oder »Teig«; er wächst aber zugleich über seine spezifische Bedeutung hinaus und wird zu einer allgemeinen Metapher. In der römischen Dichtung wird »massa« bereits im übertragenen Sinne als Synonym für »Chaos« gebraucht. Ein chaotischer Zustand wird als ein Massenzustand, als

Ver*mengung* vorgestellt. Wie die (Teig-)Masse ist das Chaos durch innere Gleichförmigkeit charakterisiert. Ein besonders markantes Beispiel für die Verknüpfung von Masse, Chaos und Vermengung sind Ovids *Metamorphosen*. Ovid beschreibt dort die Entstehung der Welt als den Übergang vom Chaos, einer gestaltlosen Masse, zur Ordnung:»Die gesamte Welt zeigte ein einziges Antlitz. Chaos wurde es genannt: eine rohe gestaltlose Masse, nichts als träges Gewicht und (...) Keime der Dinge, zusammengehäuft in wirrem Gemenge. (...) Seine Form blieb keinem erhalten: Eines stand dem Anderen im Weg.«[16] Die Existenz der Welt beginnt in dem Augenblick, in dem sie aufhört, eine bloße Masse zu sein. Der Eingriff der göttlichen Ordnungsmacht erzeugt, ähnlich wie in der biblischen Genesis, Unterscheidungen und damit Identitäten. Kosmische Ordnung ist an Erkennbarkeit geknüpft; diese wiederum erfordert Differenz. Die Römer kannten eine eigene Gottheit der Grenze, *terminus*, zu der sie beteten, während die chaotische Masse umgekehrt durch die Abwesenheit der göttlichen Grenzziehungen charakterisiert ist.»Vom Chaos zum Kosmos« heißt so viel wie: von der Masse zur Person. Durch die Verknüpfung von Chaos und Masse im Zeichen der Vermengung war der Ton gesetzt, der die Wahrnehmung von Massen fortan bestimmen sollte.

Schon diese angedeutete Wortgeschichte macht deutlich, dass eine Masse nicht ein beliebiges Konglomerat von Körpern ist, sondern kollektive Zustände der Vermischung und Vermengung bezeichnet. Was bei Ovid der Ausgangspunkt der Genese der Welt war, wird hier auf die Entstehung sozialer Massen übertragen. Diese wesentlichen Eigenschaften der Masse lassen sich auch positiv formulieren: Innerhalb der Masse herrscht Gleichheit als Folge eines Auflösens von sozialen Distanzen. So konnte die Masse historisch (zum ersten Mal verwirklicht in der *levée en masse*, der Erhebung der Massen während der Französischen Revolution) zur Trägerin eines *Gleichheitsversprechens* werden: der *fraternité*. »Alle Menschen

ÜBER DIE ANFÄNGE DES MASSENBEGRIFFS

werden Brüder« – dieser ideale Anspruch schien sich am besten in der Homogenität der revolutionären Massen zu verkörpern.

So macht sich die Ambivalenz der Wahrnehmung und Erfahrung von Massen, die für ihre Begriffsgeschichte charakteristisch ist, bereits bei ihrer Entstehung bemerkbar. Dass eine Masse als Zerstörerin von Individualität und dann wieder als politisches Subjekt wahrgenommen werden kann, geht auf die unterschiedliche Auslegung der Homogenität zurück. Die Differenz der Interpretationen drückt sich in der Differenz der Wahrnehmung von Massen aus. Die Masse und ihre Tendenz zur »Gleichheit« werden einmal als marodierender Mob und dann wieder als Befreiungsbewegung wahrgenommen. Oft zeigt sich ihr Doppelgesicht sogar in ein- und derselben Interpretation: Wer die Masse diffamiert, tut dies meist, indem er zugleich eine andere, eine »gute« Masse entwirft. So veröffentlicht Alfred Hugenberg, als Pressetycoon und Vorsitzender der Deutschnationalen Partei, im Bündnis mit Hitler einer der Totengräber der Weimarer Republik, 1928 im Berliner Lokalanzeiger einen Text mit dem programmatischen Titel: »Brei oder Block?« Hugenberg votiert für den nationalen Block: Er wolle »lieber einen kleineren Block als einen größeren Brei« befehligen. Die Ablehnung der Masse als Einheitsbrei korrespondiert mit der Bejahung der Masse als hartem Block. Der Block ist ein zu hart gewordener, der Brei ein zu weich gebliebener Teig. In beiden extremen Varianten der Masse spielt der Einzelne keine Rolle. Sowohl die Gleichschaltung per Befehlskette als auch das Zusammenrühren zu einem Brei hebt die Differenzen zwischen den Beteiligten auf und zerstört ihre Individualität. Dazu aber reicht die Vermischung allein nicht aus. Ein zweites Merkmal muss hinzukommen, damit die »Auflösung aller Distanzen«[17] stattfinden kann: eine Verdichtung, ein Zusammendrücken der Körper.

Auch dieses zweite Merkmal der Masse hat sich in ihre Wortgeschichte eingeprägt. Die englische »crowd« ist mit dem mittelhochdeutschen »kroten« verwandt, was »pressen« bedeutet. Der französische Ausdruck für Masse, »foules«, leitet sich vom lateinischen »fullo« her, das den Walker bezeichnet. Die sprachgeschichtliche Verwandtschaft von Masse und Walken deutet auf den *gewaltsamen* Aspekt der Massenbildung hin: Walken stellt eine Verformung von Werkstoffen dar. Bei der Lederverarbeitung wird die nasse Haut dabei extrem gespannt, damit sie ihre Form bekommt; beim mittelalterlichen Tuchwalken wird unter fließendem Wasser mit Hämmern auf den Stoff eingeschlagen oder mit Füßen auf ihm herumgetrampelt. Ziel dieser Gewalt ist stets eine Komprimierung des Stoffs: Pressen bei der »crowd«, Kneten bei den »foules«. Das althochdeutsche »walchan« bedeutet genau dies, »Kneten« – ebenso wie die Sprachwurzel von »Masse«, das altgriechische Verb »massein«: (den Teig) »kneten«. Noch heute klingt dieses im Wort »massieren« nach.

Die traditionellen Massentheorien Le Bons und Tardes nehmen diese alten Vorstellungen auf und radikalisieren sie zu einer Art sozialen Physik: Der Masse wird eine Verdichtung zugeschrieben, die sich bis zur »Verschmelzung« steigert. Beide Theoretiker übersehen, dass jede Massenbildung eine Entstehungs*geschichte* hat; ihre soziale Physik vermag die historische Genese einer Masse nicht zu erfassen.

Historisch entstanden menschliche Massen zuerst in großen Wanderungsbewegungen, wie der Auszug des Volks Israel aus Ägypten, in Eroberungszügen, in der Bildung von Heeren, in Aufständen, Hungerrevolten, im Widerstand gegen Unterdrückung. Ihre Vorbilder mögen nicht-menschliche Massen gewesen sein. Noch bevor Menschen an einem Ort zahlreich genug waren, um sich zu großen Einheiten zusammenzuschließen, konnten sie die Entstehung von Massen bei Tieren beobachten: Wildrudel, Fisch- und Vogelschwärme, Herdenzüge großer Tiere, Invasionen von Heuschrecken. Von solchen Erscheinungen geht unweigerlich eine

Faszination aus – aufgrund der riesigen Menge nicht-menschlicher Lebewesen und ihrer unbegreiflichen Organisation, ihrer Aggression gegen menschliche Kulturen (wie von Heuschrecken) und der Unerkennbarkeit ihrer Absichten. Einzelne Tiere aus diesen Massen kann man einfangen, aber aus dem isolierten Teil einer riesigen Masse gewinnt man kein Verständnis für das Ganze. Erscheinungen von Massen in der Natur lösen durch ihre für Menschen unbegreifliche Gewalt Ängste aus. Das gilt nicht nur für Tiere, sondern auch für andere Naturereignisse, die als Massensymbole angesehen werden – Feuer, Erdbeben, Lawinen, Fluten. In mythischen Erzählungen stehen sie als Zeichen für Katastrophen und verdeutlichen zugleich die menschliche Fragilität.

Exemplarisch schildert die biblische Erzählung vom Auszug des Volks Israel aus Ägypten, eine der ersten Geschichten menschlicher Wanderungsbewegungen überhaupt, eine Konstellation von menschlicher und natürlicher Masse im Zeichen der Katastrophe. Weil der Pharao den Auszug der Israeliten aus Ägypten verweigert, schickt Gott seinem Land alle nur denkbaren schrecklichen Massen: Fünf der zehn Plagen – die Frösche, die Stechmücken, die Stechfliegen, der Hagel, die Heuschrecken – sind natürliche, meist tierische Massen. Auch die anderen Plagen – die Viehpest, die Geschwüre, die Finsternis und der Tod aller Erstgeborenen – lassen sich in einem erweiterten Sinne als Massenphänomene deuten. Während das gottlose Ägypten von natürlichen Massen heimgesucht wird, triumphieren die Israeliten mit ihrem schließlich vollzogenen Massen-Exodus über sie. Moses erweist sich als Gebieter der natürlichen Massen: Er *teilt* die Wassermassen, sodass sein Volk das Meer durchqueren kann, während über die nachfolgenden Krieger des Pharaos die Fluten hereinbrechen. In vielen Horror- und Katastrophenfilmen werden noch heute, meist in Kombination miteinander, verschiedene natürliche Massen dargestellt, um apokalyptische Visionen der Menschheit ins Bild zu setzen.

Die große Flutwelle ist eines der eindrucksvollsten Beispiele einer von natürlichen Massen hervorgerufenen Katastrophe. Das Szenario der Entstehung menschlicher Massen ist jedoch ein anderes als bei einem Tsunami, der durch ein Seebeben ausgelöst wird. Bei der großen Welle kennen wir die Ereignisfolge nicht, die von tektonischen Verschiebungen der Erdplatten, von den unterirdischen Kräften und Druckwellen ausgelöst wird. Die Phänomenologie des Tsunami erfasst nur die Riesenwelle, die sich urplötzlich aus der Tiefe des Meeres emporwölbt. Sie lässt das Szenario gleichsam ohne Vorgeschichte beginnen. Insofern bietet sie ein *unvollständiges* Bild, das gern als Modell für die plötzliche Eruption einer revolutionären Massenbewegung verwendet wird. Die neueren Arbeiten anlässlich des hundertsten Jahrestages der Russischen Revolution(en) von 1917 haben gezeigt, dass das Bild, jedenfalls für *dieses* historische Ereignis, falsch ist. Die Entstehung der an den Ereignissen beteiligten revolutionären Massen folgt nicht dem Szenario einer Urkatastrophe. Sie ähnelt eher dem allmählichen Eindringen des Wassers, das Hans Magnus Enzensberger im *Untergang der Titanic* beschreibt:

»Es ist nicht wie ein Gemetzel, wie eine Bombe; ... es ist nur so, dass es mehr und mehr wird, dass es überall hinwill, dass alles sich wellt; kleine Perlen bilden sich, Rinnsale; es ist so, dass es dir die Schuhsohlen netzt, dass es in die Manschetten sickert, dass dir der Kragen klamm wird im Nacken; es leckt an der Brille, in die Safes rieselt es, an den Stuckrosetten bilden sich dumpfe Flecken; es ist nämlich so, dass alles nach seinem Geruch, der geruchlos ist, riecht; dass es tropft, spritzt, strömt, sprudelt, nicht einfach eins nach dem anderen, sondern blindlings und durcheinander, dass es den Zwieback nässt, den Filzhut, die Unterhosen, dass es schweißig und seicht an die Räder des Rollstuhls rührt, dass es in den Pissoirs steht, brackig, und in den Bratröhren gluckst; dann wieder liegt es nur da, nass, dunkel, ruhig, unbewegt, und steigt einfach, langsam, langsam, hebt kleine Sachen auf, Spielsachen, Wertsachen, ... schwemmt sie mit, achtlos, spült sie trudelnd fort, ... so lang, bis du es selber fühlst, in deinem Brustkorb, wie es sich dringend, salzig, geduldig einmischt, wie es, kalt und gewaltlos, erst an die Kniekehlen, dann an die Hüften rührt, ... bis es dir endlich am Hals steht, bis du es trinkst, bis du fühlst, ... wie das Wasser gierig den Mund sucht; wie es alles ausfüllen, wie es verschluckt werden, und verschlucken will.«[18]

Die gerade nicht an einschlägige Hollywoodfilme angelehnte Dramaturgie Enzensbergers mit ihrem unspektakulären Ablauf beschreibt die Entstehung von Massen besser als die Katastrophenbilder: kein gewaltsamer Einbruch, stattdessen bescheidene Anfänge, ein diskretes Wachstum. Die Wassermassen kommen nicht als Sturzflut; sie sickern in einem langsamen Prozess ein. Wann die »kritische Masse« erreicht ist und das Wachstum eine reißende Flut hervorbringen wird, lässt sich nicht angeben. Zuerst langsam und geduldig, dann plötzlich und sprunghaft hat die Masse die Tendenz, größer zu werden. »Der Drang zu wachsen, ist die erste und oberste Eigenschaft der Masse«[19], schreibt Elias Canetti in *Masse und Macht*. Das Wachstum der Masse erinnert an ihre erste Bedeutung als Teig. Wenn man der Teigmasse Hefe hinzufügt, gärt sie und beginnt im Backofen zu wachsen. Auch den Menschenmassen geht ein mehr oder weniger langer Gärungsprozess voraus.

Wenn die »fertige« Masse scheinbar plötzlich erscheint, bleibt sie in einem dauerhaften Prozess der Umformung. Wie die Tierherden, das hereinströmende Wasser und die Wolkenformationen ist die Masse immer *in Bewegung*. Entgegen eines verbreiteten Vorurteils ist sie nicht »träge«. Die Teilnehmer von Massenprotesten verstehen sich als Angehörige einer »Bewegung«. Canetti bezeichnet nicht zu Unrecht das Ziel, auf das das Wachstum der Masse zuläuft, als »Entladung«, ein Freiwerden von Energie. Sie treibt die Masse an, sie macht aus einem losen Haufen eine »Bewegung« – sie wächst und verdichtet sich zugleich. Eine Grenze ihres Wachstums kann nicht angegeben werden.

I

Wie entsteht eine Masse?

Jeder weiß, was eine Masse ist. Es ist jedoch unmöglich, mit einer rein quantitativen Bestimmung die Besonderheiten von Massen anzugeben. Es müssen sich nicht einmal besonders viele Menschen versammeln, um eine Masse zu bilden. Selbst eine kleine Gruppe Fußballfans im Zug auf der Heimfahrt von einem Fußballspiel erscheint anderen Reisenden, die sich in ihrer Ruhe gestört fühlen, als Masse. Eine Masse entsteht aus einer Verknüpfung von materiellen Ereignissen, Absichten, Emotionen und Bewertungen. Das materielle Ereignis ist die Kopräsenz vieler Körper an demselben Ort. Teilnehmer wie Beobachter nehmen wahr, wie sie groß und immer größer wird. Dabei ist die *Innensicht* von der *Außensicht* zu unterscheiden. In der Wahrnehmung eines Individuums, das zur Masse gehört, nimmt mit dem Anwachsen der Masse das Gefühl der Macht zu. In der Sicht von außen provoziert die Bewegung des Anschwellens eher Gefühle der Beklemmung oder geradezu der Angst.

Diese drei Aspekte von Ereignis, Handlungsabsicht und Emotionen sowie die beiden Sichtweisen von innen und von außen sind immer in ihrer Verknüpfung miteinander zu betrachten. Das ist nicht in allen Fällen ohne Weiteres möglich, wenn beispielsweise Hinweise auf das emotionale Erleben oder auf die Innensicht von Mitgliedern einer Masse fehlen oder nicht entschlüsselt werden können. Eine Masse, deren Innensicht den Betrachtern unbekannt ist, weil diese die Sprache ihrer Mitglieder nicht verstehen, kann schnell feindlich wirken. Wenn die Masse über gar keine Sprache verfügt, wenn sie stumm ist und ihre Mitglieder nur Geräusche erzeugen, ist sie unheimlich. Eine solche Masse zeigt Hitchcock in seinem

Meisterwerk *Die Vögel*. Er stellt die Vögel als eigenständige Akteure dar. Sie sprechen nicht, scheinen aber einem geheimnisvollen Plan zu folgen. Ohne Sprache gibt es für die Menschen kein Verstehen, keinen Zugang zur Innensicht der Masse, keine Deutungsmöglichkeit ihrer offensichtlich feindseligen Handlungen. An den stummen Tieren kann man das Entstehen von Angst auslösenden Massen exemplarisch beobachten.

Der Angriff der Vogelmasse (Alfred Hitchcock)

Während ein Schwarm eine aus tierischen Instinkten entspringende, geheime, in die Luft gezeichnete Ordnung darstellt, bieten wild durcheinanderfliegende Vögel, Käfer, Insekten, Heuschrecken Bilder des Chaos. In mythischen Texten, wie dem der zehn Plagen Ägyptens, stürzen ihre Angriffe auf menschliche Kulturen, ihr Beißen, Stechen, Hacken, Zerfressen von Ernten eine Gesellschaft in die Krise. Das regellose Verhalten der Tiere bedroht die menschliche Ordnung der Gemeinschaft. In Daphne du Mauriers Novelle,[1] die die Vorlage zu Hitchcocks Film *Die Vögel* darstellt, erkennen die Menschen den Umsturz der Ordnung in der Vogelwelt daran, dass sich die Vogelarten bei ihren Angriffen mischen.[2] Das sei widernatürlich, sagt die im Film auftretende Ornithologin, die dem Bericht über die Vogel-Aggression zunächst keinen Glauben schenkt.

Hitchcock zeigt den ersten Angriff eines Vogels auf einen Menschen als zunächst singuläres Ereignis: Als die reiche, schöne Melanie, die dem begehrten Rechtsanwalt Mitch nach Bodega Bay gefolgt ist, in einem Motorboot die Bucht überquert (um ihm zwei Vögel in einem Käfig zu bringen), jagt plötzlich eine Möwe vom Himmel und bohrt den Schnabel in ihren Kopf. Das aggressive Tier ist Vorbote einer grauenhaften Vogelmasse, die in die Region einfällt.

DER ANGRIFF DER VOGELMASSE (ALFRED HITCHCOCK)   43

Die künftige Entwicklung wird durch eine weitere Szene
angekündigt, die als eine Art Urbild einer bedrohlichen Masse gelten kann: Melanie, die seit dem Möwenangriff tief beunruhigt ist,
fährt zur Schule, um Mitchs kleine Schwester abzuholen und auf
schnellstem Weg nach Hause zu bringen. Die Schulstunde ist noch
nicht beendet. Aus dem Schulgebäude hört man die Kinder singen. Melanie setzt sich auf eine Bank neben dem Schulhaus; hinter
ihr steht ein Turngerüst. Nervös zündet sie sich eine Zigarette an.
Ohne dass sie es bemerkt, kommt lautlos ein großer Rabe herangeflogen und setzt sich auf das Gerüst. Melanie zieht an ihrer Zigarette; die Kinder singen Strophe um Strophe eines Kinderliedes nach
Art eines Abzählreims (»Risselty, Rosselty«). Der Gesang der Kinder
scheint endlos zu sein. Aus großer Höhe kommt ein anderer Rabe
herangeflogen. Melanie verfolgt ihn mit Blicken, der Vogel fliegt in
ihre Nähe. Sie dreht sich um und erblickt mit einem Mal das Turngerüst direkt hinter ihr: Auf den Stangen hockt eine dicht an dicht
gedrängte Menge Raben. In der ganzen Umgebung der Schule hat
sich eine riesige Masse Vögel niedergelassen. Das Unheimliche des
Anblicks der Vogelmasse wird durch den eintönigen Gesang der
Kinder verstärkt. Es herrscht eine geradezu verstörende Ruhe, die
durch ein gelegentliches Flügelflattern verstärkt wird. Mit einem
Mal fliegen die Raben hoch. Melanie springt von Panik ergriffen
auf, jagt in den Klassenraum, warnt in höchster Angst die Lehrerin und hilft die Kinder zu evakuieren. Gemeinsam rennen alle die
Straße hinunter. Kaum haben sie sich in Bewegung gesetzt, greifen
die Vögel mit wildem Kreischen an und hacken auf die panisch
schreienden Menschen ein.

Dies ist der erste große Angriff der Vögel. In der Folge werden
sie Häuser verwüsten und Bewohner von Bodega Bay (darunter die
Lehrerin) töten. Am Ende des Films, nach einer Albtraumnacht, in
der Mitch und seine Familie eine Attacke der Vögel gegen ihr Haus
gerade noch abwehren konnten, beschließen sie, im Auto zu flüchten.

Als sie am Ende des Films die Tür des Hauses öffnen, sehen sie vor sich die ganze Ebene mit dicht an dicht sitzenden Vögeln bedeckt. Der ungeheure bewegungslose Schwarm scheint stumm auf etwas zu warten. Worauf, das lässt der Film offen. Man sieht den Wagen auf einem gewundenen Weg unter einem magisch leuchtenden Himmel davonfahren. Die beklemmende Ruhe wird von einem untergründigen leisen Summen noch verstärkt. Hitchcock sagt über die Schlussszene: Es ist »eine Stille, aber nicht irgendeine Stille, sondern von einer Monotonie … In den Vogeldialog übersetzt bedeutet dieser Ton künstliche Stille: ›Wir sind noch nicht ganz so weit, euch anzugreifen, aber wir bereiten uns vor. Wir sind wie ein brummender Motor. Gleich werden wir anspringen …‹«[3]

Das Filmgeschehen zeigt, wie eine Masse im ersten Schritt durch die Einnahme eines Ortes entsteht, der sichtbar ist und strategische Bedeutung besitzt. In Hitchcocks Film wird die Massenbildung der Vögel in dem Moment deutlich, in dem sie auf unerklärliche Weise einen Ort der Menschen als *ihren* Ort besetzen, den Platz vor der Schule. Hitchcock sagt darüber zu Truffaut: »Ich zeige nur die Raben, alle zusammen, und ich bleibe ohne Schnitt und ohne, dass irgendetwas passiert, dreißig Sekunden auf ihnen.«[4] Das regungslose Starren der Tiere ruft den Eindruck von Entschlossenheit hervor. Es ist der Moment der Sammlung in jener Minute, bevor die Masse mit äußerster Wucht zuschlägt. Hitchcock zögert diesen Moment absichtlich hinaus, indem er die wartende Melanie zeigt. Die sprunghafte Zunahme der Masse der Vögel verändert alles. Weil sie so viele sind, kann man sie nicht mehr verscheuchen. Offensichtlich haben sie eine Art Selbstbewusstsein bekommen, das sie so angriffslustig macht. Dies ist umso bemerkenswerter, als die hier versammelten Vögel keine besonders gefährlichen Tierarten sind – Hitchcock sagt ausdrücklich im Gespräch mit Francois Truffaut, ihm habe »gefallen, dass es um ganz gewöhnliche Vögel ging«, Spatzen, Möwen, Krähen und Raben.[5] Sie sind viele, sie werden immer mehr, sie richten sich gegen die Menschen, was diese Vogelarten für gewöhnlich *nicht* tun. Der Film setzt den Horror frei, den die extreme Dichte aggressiver Lebewesen auslöst. Die Masse der Vögel erhält dadurch eine quasi-mythische Kraft, die sich durch die Steigerung ihrer Angriffe noch verstärkt: Immer mehr Vögel stürzen sich auf die Menschen und vertreiben sie aus ihren Räumen.

Sich mit vielen anderen An-*einem*-Ort-Befinden ist die erste Stufe der Massenbildung. »Wo versammeln sich Leute? Leute versammeln sich, wo sich schon Leute versammeln«, stellt der junge Peter Handke in einem Text mit dem Titel »Ratschläge für einen Amoklauf« lakonisch fest.[6] Dass sich Leute dort versammeln, wo sich Leute schon versammelt haben, bringt die Selbstbezüglichkeit des Massenhandelns auf eine prägnante Formel. Dieses rekursive Moment erzeugt eine Anziehungskraft – Massen bilden einen Sog. Sie ziehen automatisch die Blicke und die Schritte an, je mehr Körper, je mehr Masse sie bereits enthalten. Elias Canetti bemerkt: In der Masse »kam es mir vor, als ginge es hier um etwas, das in der Physik als Gravitation bekannt ist«.[7] Aus der mehr oder weniger zufällig entstandenen Menge wird eine Masse durch ihre zügige, unaufhaltsame Vermehrung, durch die gleiche Ausrichtung ihrer Körper und Blicke auf ein Gegenüber.

In einer Station der Metro

Die zweite Stufe in der Entwicklung einer Masse ist die Bewegung der vielen in *eine* Richtung. Aus ihr wird eine kollektive Eigenbewegung. Die einfachste Massenformation ist die von Menschen, die in *eine* Richtung rennen. Wer mitzurennen beginnt, fühlt sich innerhalb kürzester Zeit Teil einer Masse werden. Auch der unbeteiligte Beobachter nimmt einen rennenden Pulk als Masse wahr. Ihre Bewegungsrichtung weist auf dasselbe Ziel hin. Ein gemeinsames Voranstürzen kann bei einem einzelnen Menschen, der sich in der Gegenrichtung bewegt, Angst auslösen. Das ist die Erfahrung, die man im U-Bahnhof einer Metropole während der *rush hour* machen kann.

Sieben Uhr morgens in Paris. Aus den Vororten treffen die Arbeiter und Angestellten auf den großen Metrostationen ein; aus den Wagentüren quellen Menschen hervor. Auf der Treppe bewegt sich eine dichte Menge von Körpern nach oben. Ein Passant, der von oben auf die dunklen Körper hinabschaut, sieht die sich auf und ab bewegenden Köpfe, von denen er kein Detail angeben könnte. Nur die Gesichter leuchten als helle Flecken von der dunklen Treppe herauf. Sie sind das Menschliche an dieser Masse. Wenn man das Weiße ihrer Augen sieht, erhalten die Massenindividuen für den Beobachter etwas Fragiles. Ein Gedicht von Ezra Pound beschreibt die aus einem Metroschacht erscheinenden Gesichter. Die ursprünglich viele Strophen umfassenden früheren Fassungen hat er durch immer neue Kürzungen auf eine minimalistische poetische Form reduziert.[8]

In a Station of the Metro
The apparition of these faces in the crowd:
Petals on a wet black bow.

In einer Station der Metro
Das Erscheinen dieser Gesichter in der Menge:
Blütenblätter auf einem nassen, schwarzen Ast.

Die wichtigste Wirkung der Masse, die Aufhebung der Abstände zwischen den Menschen, zeigt dieses Gedicht exemplarisch mit seiner dichten Form. Die Masse hat hier nichts Gefährliches. Ihr Charakter ist eher flüchtig – wie Blütenblätter, die der Wind in alle Richtungen auseinanderweht. Zwischen dem Aussteigen aus der einfahrenden Metro, dem Moment der Bildung einer Masse und dem ihrer Auflösung liegen nur wenige Minuten. Aber in dieser kurzen Zeitspanne ereignet sich eine Gemeinsamkeit, ein geteiltes Leben der arbeitenden Menschen, die am frühen Morgen aus den Vororten in das Zentrum von Paris strömen. Ein wichtiges Merkmal der Masse ist ihre Zeitstruktur. Sie vollzieht sich im Zyklus von Entstehen, Wachsen, Ausbreiten, Vorwärtsbewegen und Auseinanderfallen – ein Leben in der Zeit wie bei einem Organismus. Daher ist die Masse oft mit biologischen Metaphern beschrieben worden, als Infektion oder Ansteckung, die sich über die Einzelnen hinaus auf viele andere Körper verbreitet. Ihre Macht hängt von der Dynamik ihrer Ausbreitung ab. Eine schnell wachsende Menge versetzt die bis dahin Unbeteiligten in eine Stimmung zwischen Anziehung und Furcht. Sie kann innerhalb kurzer Zeit schon aufgrund der Geschwindigkeit ihres Anwachsens eine Regierung destabilisieren, ja stürzen (wie im Arabischen Frühling). Es sind typisch menschliche Verhaltensweisen und Fähigkeiten, die eine »Ansteckung« bewirken: die mimetische Orientierung an anderen, die gemeinsame Zielrichtung und Absicht des Massenhandelns.[9]

Aus der gemeinsamen Bewegung der vielen in dieselbe Richtung kann, anders als bei den Passanten in der Metro, ein stummes Einverständnis entstehen, das zu einer Gewissheit werden kann: Zusammen bilden sie eine gewaltige Masse von Individuen, die eine in sich wachsende Macht spüren. Wenn es sich um eine politisch motivierte Masse handelt, wird sie sich nicht mit einem einfachen Protest zufriedengeben. So lange sie zusammenbleibt, ist sie für die Machthaber eine Gefahr. Wer wird länger aushalten? Wer ist stärker? Wird dem Machthaber nur der Rückzug bleiben? Für den Fall, dass er durchhält und die Masse ihre Energie verliert, kann er sich retten. Seine Autorität wird jedoch unvermeidlich beschädigt sein.

Viele Massen entstehen aus einem ungefährlich erscheinenden Anfangsstadium, dem man die spätere Entwicklung noch nicht ansieht. Zum frühen Zeitpunkt der Bildung einer Masse hat sie für die Teilnehmer oft keine klare Bestimmung. Noch verbindet sie wenig miteinander, es sei denn das Interesse daran, andere Menschen anziehen, immer mehr, bis sich auch Unbeteiligte ihrer Aktion anschließen. Im gemeinschaftlichen Handeln beginnen die Beteiligten ein Bewusstsein und eine Vorstellung ihrer eigenen Masse zu bilden. Sie ist nun nicht nur in den realen Handlungen, in den körperlichen Bewegungen und Parolen vorhanden – sie entsteht *auch in der Einbildungskraft*. Dies ist der *dritte Schritt* der Bildung einer Masse. Sie wird zu einer *Masse in Gedanken*. Zuerst reichen diese noch nicht sehr weit. Niemand könnte sie gleich zu Beginn der Ereignisse formulieren. Sie entwickeln sich mit der Zeit zu Absichten und Zielen. In der Retrospektive werden sie oft anders wahrgenommen als während ihres Ablaufs. Spätere Berichte und Analysen des Geschehens übersehen oft den *zeitlichen Aspekt* der Massenbildung.

In dem Moment, in dem sich die Handlungen mit den Gedanken verbinden, kann die Masse ein politisches Potenzial gewinnen. Die Entstehung des Bewusstseins der Beteiligten, dass sie Teil einer Masse sind, die etwas verändern kann, ist der *vierte Schritt* der Massenbildung. Bewusst sind nicht nur die gemeinsame Bewegung und das gemeinsame Ziel, sondern auch eine von allen geteilte Entschlossenheit, die von Selbstsicherheit und Risikobereitschaft begleitet wird. Die Beteiligten wollen von diesem Moment an *mehr* als nur Aktionen. Sie beginnen, sich eine grundlegende Veränderung der Verhältnisse, die sie erreichen wollen, vorzustellen. Dieser Gedanke bleibt lebendig, so lange die Masse mächtig bleibt. Wenn sie sich auflöst, verfliegen auch ihre Vorstellungen. Sie verlieren ihre Lebendigkeit und verblassen im Laufe der Zeit. Es bleiben die Erinnerungen an Hoffnungen, Zukunftsentwürfe, an die

Gemeinsamkeit, die Stimmung und die Haltung, die ihre Mitglieder während des Geschehens gewonnen hatten. Sie äußern sich nicht mehr in spontanen Aktionen, können aber als Potenzial von Entrüstung und Widerständigkeit fortwirken.

Masse und Massenbewusstsein (Berlin 1966)

Ein Beispiel für die Entstehung einer Masse, die während ihrer Aktionen ein Bewusstsein von sich selbst gewonnen hat, ist das erste »Sit-in« in Deutschland an der Freien Universität Berlin 1966. In der späteren Rekonstruktion hat es eine überdimensionierte politische Deutung erhalten. Auch solche übertreibenden Erinnerungen, die sich ihre Version der Ereignisse zurechtschneiden, sind Teil des Massenphänomens.

Über das Ereignis schreibt der Berliner *Tagesspiegel* 2016 im Rückblick:[10] Am 22. Juni 1966 »versammelten sich 3000 Studenten vor und im Henry-Ford-Bau zu einem ›Sit-in‹, dem sich ein sogenanntes Teach-in anschloss.« Der Bericht erweckt den Anschein, eine Masse sei vor das zentrale Gebäude der FU gezogen, mit der Absicht, neue Formen des politischen Protests auszuprobieren. Die ganze Veranstaltung sei schon vorher in der Zeitschrift des Sozialistischen Studentenbundes (SDS) *Neue Kritik* durchdacht worden. Hier habe sich endlich eine »Gelegenheit zu ihrer praktischen Erprobung« ergeben. So hört es sich in der Aussage eines ehemaligen Mitglieds des SDS an, der als Augenzeuge befragt wurde: Die Theorie sei unmittelbar in politische Praxis umgesetzt worden, der alle Studenten gefolgt seien. Dies ist die verklärende Sicht eines Beteiligten aus einem Abstand von 50 Jahren.

Im Henry-Ford-Bau tagte damals der Akademische Senat (AS), das höchste politische Gremium der FU, das sich weitgehend aus Professoren zusammensetzte. Zwischen dem AS und der Vertretung der Studentenschaft, dem Allgemeinen Studentenausschuss (AStA), war ein schwerer Dissens in Fragen der Prüfungsordnung der Juristischen Fakultät entstanden. In dieser Situation hatte sich der AStA entschlossen, durch die Präsenz möglichst vieler Studenten vor dem Gebäude Druck auf den Senat auszuüben. Proteste und Demonstrationen mit hoher studentischer Beteiligung waren in Zeiten des Vietnamkriegs nicht selten. FU-Studenten waren zudem relativ leicht mobilisierbar.

Gegen 15 Uhr hatte sich eine beträchtliche Anzahl Studenten am Ort des Geschehens versammelt und saß erwartungsvoll auf dem Rasen.[11] Der AStA brachte seine Protestbotschaften vor: Als Erstes die Forderung nach Abschaffung der an der juristischen Fakultät neu eingeführten Zwangsexmatrikulation nach Ablauf der Regelstudienzeit, was für manche Studierenden eine existenzielle Bedrohung darstellte. Als Zweites kam das ungleich kühnere Verlangen nach einer grundlegenden Umgestaltung der Machtverteilung an der Universität: Durch eine neue Besetzung ihrer Gremien sollte die Macht, die bis dahin allein bei den Professoren lag, zwischen diesen, den Assistenten und den Studenten gleichermaßen verteilt werden (»Drittelparität«). Mehrfach wurden Delegierte von den Protestierenden in die Senatssitzung entsandt. Der Rektor der Universität, der den Studenten grundsätzlich gewogen war (jedenfalls bis zu diesem Zeitpunkt), vertröstete sie auf später. Die anwesenden Studenten begannen, auch unter dem Eindruck ihrer ständig anwachsenden Menge, sich als eine Art basisdemokratische Versammlung anzusehen, die für ihre weitreichende hochschulpolitische Forderung eine gewisse legitime Berechtigung habe. Die hinhaltende Antwort des Rektors wurde von den Studenten als Ausdruck einer unausgesprochenen Gegnerschaft des konservativen Akademischen Senats gedeutet. Aus dem Protest wurde allmählich eine Konfrontation des AStA mit den im Gebäude versammelten Repräsentanten der Professorenschaft.

Der Umschlag von einer zunächst lockeren in eine immer gespanntere Versammlung trat ein, als diese gegen 17 Uhr in einer spontanen gemeinsamen Aktion ins Innere des Henry-Ford-Baus in unmittelbare Nähe des tagenden Senats zogen und sich praktisch vor dessen Tür setzten. Durch einfaches Sich-Niedersetzen, eine gewaltlose Protestform, die in der amerikanischen Bürgerrechtsbewegung entwickelt worden war, entstand eine gegen den Senat gerichtete symbolische politische Aktion. Es mag sein, dass einige der Beteiligten eine solche Aktion von vornherein im Sinn hatten. Tatsächlich kam sie erst dadurch zustande, dass die Beteiligten mutig genug wurden, sich spontan in eine Konfrontation mit dem Akademischen Senat zu begeben. Mit dieser Aktion wurden die Protestierenden auch gedanklich zu einer Masse. Allerdings wurde der Ausdruck »Masse« nicht verwendet. Er war durch seinen Gebrauch als abwertender Begriff zu sehr belastet. Als »Masse« wurde alles diffamiert, was die Studentenschaft gerade verhindern wollte: Massenkultur, Massenuniversität, Massenkonsum, kurz alles, was qualitätslos, gedankenlos und Verweigerung von Politik war. Sowohl die konservative Kulturkritik von Ortega y Gasset bis Gehlen und Schelsky als auch die linke Theorie der Frankfurter Schule lehnte alles Massenhafte ab. Die Bezeichnung »Sit-in«, die sofort zu kursieren begann, stellte hingegen den Anschluss an die amerikanische Bürgerrechtsbewegung her.[12]

Im akademischen Raum der Freien Universität bekam das beharrliche Sitzenbleiben als Aktion gegen die Aufforderung des Rektors, den Weg frei zu machen, eine ganz andere Bedeutung als im Protest gegen den Rassismus in den USA: Aus dem Sit-in wurde ein Teach-in. Von den studentischen Wortführern wurde eine improvisierte Diskussion mit Tagesordnung und Rednerliste organisiert. Bereits in diesem frühen Stadium gab es also Versuche, der spontanen Versammlung bestimmte Organisationsformen zu geben. Die Veranstaltung erhielt eine »Rednertribüne«, auf der die

verschiedensten Sprecher das Wort ergriffen, darunter auch Vertreter
der Assistentenschaft, die sich mit den studentischen Aktionen
solidarisch erklärten. Gegen Abend erschien Rektor Lieber in Person. Er versprach eine Antwort auf die studentischen Forderungen,
lehnte aber eine unmittelbare Stellungnahme ab. Stattdessen bat er,
die Versammlung möge sich auflösen. Vergeblich, die studentische
Masse blieb sitzen, in dem Bewusstsein, dass sie gegen den akademischen Senat einen »Sieg« erringen könnte. Zunehmend euphorisiert wurde die Rednerliste fortgesetzt. Prominente Professoren,
die von dem Geschehen gehört hatten, trafen ein, mischten sich
unter die Sitzenden, einige von ihnen ergriffen unter großem Beifall das Wort. Gegen Mitternacht trafen Glückwunschtelegramme
von Studentenschaften anderer Universitäten ein. Unter Jubel wurde
ein Telegramm von Studenten aus Berkeley verlesen, von jener Universität, die als erste das Teach-in als studentische Form des Widerstands gegen den Staat eingeführt hatte: Sie erkannten jetzt die
FU-Studenten als ihre transatlantischen politischen Verbündeten an.

»Theoretisch vorbereitet«, wie der Tagesspiegel schreibt, war
nur der Protest gegen den Akademischen Senat, nicht jedoch das
Massenereignis selbst. Der entscheidende Schritt, die Verlegung
der Versammlung in den Henry-Ford-Bau und die spontane Organisation des Teach-in, die Solidaritätsadressen von Professoren
und Studentenschaften befreundeter Universitäten, die ständige
Zunahme der Zahl der Anwesenden, der steigende Stimmungspegel,
das Gefühl der Einigkeit, die Gewissheit, dass für die Studentenschaft
ein wichtiger Machtgewinn erreicht wurde: aus all diesen Ereignissen und Bewertungen entstand eine für Massen typische Dynamik. Einzelne Persönlichkeiten taten sich bei der Ad-hoc-Organisation des Ereignisses hervor, indem sie bei ihren Reden packende
Worte fanden. Von dem Gefühl der eigenen Bedeutung und der
mit einem Schlag entstandenen symbolischen Macht getragen,
setzten die Anwesenden auch nach dem Ereignis ihr politisches

MASSE UND MASSENBEWUSSTSEIN (BERLIN 1966)   53

Engagement fort. Es blieb als Ansporn, Ermutigung, nicht zuletzt auch eine die Phantasie prägende Erfahrung von der Veränderbarkeit gesellschaftlicher Verhältnisse durch eigene Aktionen. Die später in Gewalt überschießende Selbstermächtigung war eine nachträgliche exzessive Ausdeutung des Gewinns symbolischer Macht durch studentische Aktionen. Für viele Beteiligte war es eine grundlegende »Erfahrung zu erleben, dass wir plötzlich so viele waren, die es wagten, gegen die Maßregelungen der Universitätsbürokratie zu protestieren«, sagt, heute noch begeistert, einer der Teilnehmer im *Tagesspiegel.* Ein anderer, der Versammlungsleiter, sieht im Sit-in von 1966 »den Beginn des Aufbruchs, der letztlich zu einer tief greifenden Veränderung der deutschen Nachkriegsgeschichte führte. Es wehte fortan ein neuer Wind durch Westdeutschlands Universitäten.« Es war nicht untypisch für eine Studentenschaft, die spontan zu einer Masse wurde, dass sie die Veränderungen von Strukturen ihrer Universitäten mit einem Umbruch der Gesellschaft gleichsetzte.

Tatsächlich waren das Sit-in und Teach-in Ergebnisse einer Kette von ungesteuerten Ereignissen, die sich im zeitlichen Ablauf nacheinander ergaben. Vom Anfang her betrachtet war nicht vorauszusehen, wie aus dem einen Schritt der nächste folgen würde. Im Massenhandeln an der FU 1966 sind keine großen Linien eines Plans erkennbar. Sein Ablauf und seine Folgen waren von niemandem vorherzusehen. Eine unvorhersehbare Dynamik findet man auch bei anderen Massenereignissen der letzten Jahrzehnte, bei den studentischen Protesten 1968 in Paris, bei den Leipziger Montagsdemonstrationen 1989, im Arabischen Frühling mit seinen unübersehbaren Folgen für die Länder des südlichen Mittelmeerraums, der von der Selbstverbrennung eines tunesischen Gemüsehändlers ausgelöst wurde. In allen diesen Fällen entsteht aus Ansammlungen von Menschen, die sich zu Protesten an markanten Orten zusammenfinden, ihre Demonstrationen regelmäßig wiederholen und von Mal zu Mal unaufhaltsam anwachsen, eine selbstbewusste Masse, die die politische Macht herausfordert. In Berlin gelangte die Bewegung von der Freien Universität in Dahlem, am Rand des westlichen Teils der Stadt gelegen, ein Jahr später, 1967, auf den Kurfürstendamm. Das Bewusstsein, einer Massenbewegung anzugehören, war bei den Studenten 1968 in Frankreich ungleich ausgeprägter als in Berlin. Das hinzutretende qualitativ Neue, das die Beteiligten veränderte, war die Einsicht, dass man dabei war, eine Schwelle zu überschreiten, hinter der alles anders werden würde. Dieser Moment war bei dem Dahlemer Sit-in der noch völlig harmlose Akt des Eindringens in das zentrale Universitätsgebäude. Der provokatorische Gehalt dieser Aktion war gering, die Antwort der Autorität nicht auf totale Konfrontationen gerichtet. Entsprechend dem niedrigen Einsatz der Kräfte auf beiden Seiten war der Machtgewinn für die Masse der Protestierenden bescheiden, wenngleich durchaus fühlbar. Zum ersten Mal gelang an einer modernen Universität in Deutschland so etwas wie kollektiver Widerstand. Hinter der verfassten Studentenschaft auf dem Papier (dem AStA), die mit geringen Rechten ausgestattet war, erschienen hier die Studenten zum ersten Mal als reale Masse.

»Paris s'éveille«, Paris erwacht (Mai 1968)

Die Ereignisse in Frankreich in der ersten Hälfte des Jahres 1968 entfalten eine ungleich größere Massendynamik als alle studentischen Aktionen zuvor. Anfangs unbedeutende Geschehnisse, nahmen sie wirklich revolutionäre Ausmaße an. Über die Beschreibung der Ursachen der Ereignisse und die Interpretation ihrer politischen, soziologischen, historischen Bedeutung und ihrer Folgen wird bis heute gestritten. Wir können jedoch an diesem Beispiel erkennen, wie sich aus lokalen Anlässen eine Masse hoch aktiver und aktionsfreudiger Studierender aus sogenannten »weichen« Fächern

(Sozialwissenschaften) bildet, die in dem Maße immer militanter wird, wie sie auf harte bis brutale Gewalt der Autoritäten trifft. Gleich nach den Ereignissen, im Juli 1968, konstatiert ein luzider Beobachter wie Edgar Morin, dass die üblichen Zeugenaussagen und Berichte deformiert, einseitig und unzureichend waren.[13] Der ursprüngliche Anlass ist ein marginales Ereignis. Am 8. Januar weiht der Jugend- und Sportminister Joseph Misoffe an der Université Nanterre ein Schwimmbad ein. Nanterre ist eine neue Universität, 1964 außerhalb von Paris gegründet, wohin man einige ungeliebte Fächer aus dem Quartier Latin abgeschoben hat.[14] Es kommt zu Protesten und Aktionen gegen den Minister durch die aktive Studentenschaft. Die Universität ruft die Polizei zu Hilfe, einige Studenten werden verhaftet. Gegen die Demonstrationen, die die Freilassung der Inhaftierten verlangen, wird wiederholt mit Polizeieinsätzen reagiert. Der Konflikt verschärft sich und weitet sich mit allgemeinen Forderungen nach Verbesserung der Studienbedingungen aus. Aufgrund der harten polizeilichen Reaktionen und des Verlangens nach einer Reform des Studiums entsteht eine Solidarisierung der Studierenden untereinander. Der Umschlag in die Bildung einer Masse ereignet sich am 22. März, als über hundert Studenten das Verwaltungsgebäude der Universität besetzen. Noch ist die Zahl der Aktivisten recht gering, aber das ändert sich schlagartig durch die Reaktion der Hochschulleitung: Sie lässt die gesamte Universität kurz vor den Prüfungen für einen Monat schließen. In der Masse der Demonstranten wächst die Entschlossenheit, der Staatsmacht die Stirn zu bieten. Der Konflikt wird ins Zentrum von Paris, in das Quartier Latin und die Sorbonne getragen. Die ersten Maitage sind frühlingshaft warm; es herrscht eine erwartungsvolle Stimmung, wie aus eigener Erfahrung berichtet werden kann. France Inter spielt jeden Morgen den Hit der Saison von Jacques Dutronc *Paris s'éveille*, »Paris erwacht«, der keine politische Konnotationen hat, aber im Laufe des Monats die Ereignisse grundiert.

Am 3. Mai versammeln sich mehrere studentische Organisationen in der Sorbonne, um ein gemeinsames Vorgehen abzusprechen. Wie in Nanterre ruft der Rektor die Polizei zu Hilfe und lässt die Universität räumen. Gegen diese Maßnahme kommt es zu einer spontanen Massendemonstration. Die Polizei geht brutal gegen die Studenten vor, die ihrerseits Barrikaden errichten. In der Nacht kommt es zu einem Kampf mit Verletzten und zu Verhaftungen. Gleich am folgenden Tage werden 13 Studenten aufgrund polizeilicher Zeugenaussagen zu drakonischen Strafen verurteilt. In Paris und anderen Städten kommt es zu immer neuen Demonstrationen gegen die Polizeigewalt. Die Masse der Beteiligten vergrößert sich über die akademischen Kreise hinaus: Für den 8. Mai wird ein eintägiger Generalstreik für Westfrankreich ausgerufen. In Paris spitzt sich die Auseinandersetzung zu. Gegen die studentischen Protestierer werden Spezialkräfte der Polizei eingesetzt. In der Nacht vom 10. zum 11. Mai ziehen sich Zehntausende Demonstranten in den alten Kern des Quartier Latin zurück, das gute Verteidigungsmöglichkeiten bietet. In der folgenden Straßenschlacht brechen sie den Straßenbelag auf, graben die darunter liegenden Pflastersteine aus und errichten Barrikaden. Der Widerstand gegen die Polizeigewalt hält die ganze Nacht hindurch. Es gibt Hunderte von Verletzten. Der Widerstand stärkt das Selbstbewusstsein der Studenten: Sie können offensichtlich der Macht des Staates entgegentreten.

Als der von einem Staatsbesuch aus dem Iran zurückgekehrte Premierminister Georges Pompidou die Öffnung der Sorbonne und die Freilassung der Inhaftierten anordnet, ist es zu spät. Die Sorbonne sowie andere Universitäten landesweit werden von Studenten besetzt und für alle Interessierten geöffnet. In diesem Moment greifen die Gewerkschaftsführer in die Auseinandersetzung ein: Die von der kommunistischen CGT dominierten Gewerkschaften rufen zu einem auf einen Tag befristeten Generalstreik auf, der auf breiter Front befolgt wird. Der Grund für diese Wendung der

Gewerkschaften, die sich bis dahin eher feindlich gegenüber den Studenten verhalten haben, liegt in ihrer Befürchtung, dass sie die Kontrolle über die mit den Studenten sympathisierende Arbeiterschaft verlieren könnten.

Den Gewerkschaften entgleitet die Kontrolle über den Generalstreik. Überall in Frankreich breiten sich zwischen dem 15. und 20. Mai Streiks und Betriebsbesetzungen aus. Auch die Arbeiter diskutieren in spontan gebildeten Komitees ihre gegenwärtige und zukünftige Lage. Zwischen ihnen und den Studenten gibt es zwar Unterschiede der Sichtweisen und Interessen, aber der Widerstand gegen die aktuelle politische und soziale Situation Frankreichs gibt beiden Gruppen für eine kurze Zeit den Eindruck, eine große vereinte Masse zu sein. Staatspräsident De Gaulle versucht vergeblich, »sein Volk« mit dem Versprechen, an Universitäten und in Betrieben Mitbestimmung einzuführen, zur Umkehr zu bewegen. Die Massen haben in diesem Moment eine Autonomie der Organisation und des Handelns erreicht, die vielen Beteiligten die Illusion gibt, dass sie ihre Betriebe und Bildungseinrichtungen selbstverwaltet weiterbetreiben könnten. Am 20. Mai kommt es zum totalen Stillstand im ganzen Land. Er wird bis zum Ende des Monats anhalten.

Der Traum von Selbstbestimmung und Autonomie wird von zwei Kräften beendet. Zum einen von der kommunistischen Gewerkschaft, die ein Ende des Streiks herbeiführt, um ihre Rolle als Arbeiterführer und Ansprechpartner der Regierung zurückzugewinnen. Auf der anderen Seite gelingt es dem Premierminister Pompidou, das konservative Bürgertum zu einer machtvollen Gegendemonstration auf den Champs Elysées zu versammeln. Von den studentischen Demonstranten wird der Zusammenbruch des Generalstreiks als Niederlage, von ihren Gegnern als Beginn der Wiedereroberung der Macht angesehen. Die lange andauernde Hoffnung der am studentischen Aufstand Beteiligten, die Geschichte würde ihnen eine neue Gelegenheit bieten, hat sich nie erfüllt.

Die Herausforderung des Staats durch das Volk (DDR 1989)

In der jüngsten deutschen Geschichte ereignete sich 1989 eines der eindrucksvollsten Beispiele erfolgreichen Massenhandelns. In der DDR führten anhaltende Proteste von immer größer werdenden und sich in alle Landesteile ausbreitenden Massen in einer erstaunlich kurzen Zeit zum Zusammenbruch der politischen Strukturen von Partei und Staat. Im Anfangsstadium »passten die Protestierer in ein paar Kirchen« (Wolfgang Thierse in einem persönlichen Gespräch), einige Wochen später, am 4. November 1989 versammelte sich eine halbe Million Menschen auf dem Berliner Alexanderplatz. Angesichts der Eskalation des Widerstands fiel die Staatsführung in eine Schockstarre. Unfähig zu reagieren, wurde sie von dem massenhaft auftretenden Volk geradezu überrollt. Fünf Tage später fiel die Mauer.[15]

Wie bei anderen Massenbewegungen gibt es auch hier keinen absoluten Anfang der Bewegung. In einigen Kirchen in Berlin und Leipzig hatten sich seit 1988 Protestgruppen gebildet (u.a. das Neue Forum). Wenn man ein Ausgangsdatum mit einem gewissen Symbolwert benennen will, sind es die Tage um den 7. Oktober 1989 herum, dem 40. Jahrestag des Bestehens der DDR. Am Abend zuvor waren 100 000 Jugendliche an Erich Honecker und der Politikprominenz aus den sozialistischen Staaten vorbeigezogen. Am späteren Nachmittag des Jahrestages versammeln sich kleinere protestierende Gruppen vor dem Palast der Republik, wo die Staatsgäste, darunter Michael Gorbatschow, das Ereignis feierlich begehen, und rufen »Gorbi, Gorbi«, »Wir sind das Volk« und »Gorbi, hilf uns«.[16] Um 18 Uhr setzt sich ein Demonstrationszug mit mehreren Tausend Teilnehmern in Richtung Gethsemanekirche in Bewegung, wo eine Mahnwache für politische Gefangene abgehalten wird. Umgehend riegelt die Polizei die Umgebung des nahe gelegenen Bahnhofs Schönhauser Allee hermetisch ab. Gegen Mitternacht wird der

Befehl zum Losschlagen gegen die Demonstranten gegeben. Auch
in anderen Städten der DDR werden politische Demonstrationen
mit Polizeigewalt aufgelöst.

Am 8. Oktober versammeln sich in Dresden rund 5000 Menschen
zu einem Protest des Neuen Forums gegen das brutale Vorgehen
der Polizei an den Vortagen. Am folgenden Tag sind es in Leipzig
70 000, die bei der allwöchentlichen Montagsdemo durch die Innenstadt ziehen.[17] Es ist die größte Protestaktion in der DDR seit dem
17. Juni 1953. Über den Stadtfunk wird eine Erklärung verbreitet:
»Wir alle brauchen freien Meinungsaustausch über die Weiter-
führung des Sozialismus in unserem Land.«[18] Die Unterzeichner
sind drei Sekretäre der SED-Bezirksleitung, der Dirigent Kurt
Masur, der Pfarrer Peter Zimmermann und der Kabarettist Bernd
Lutz Lange. Die Erklärung ist ein Aufruf zur Ruhe gegenüber den
Demonstranten; sie weist zugleich die Politik auf die Notwendig-
keit von Veränderungen hin.

Immer mehr bekannte Persönlichkeiten aus Kirche, Kultur und
Wissenschaft beteiligen sich an den Protesten. Die Aufrufe sind
maßvoll und reflektiert. Sie zielen darauf, den Sozialismus zukunftsfähig zu machen durch Reform des Wahlrechts, Gewaltenteilung,
unabhängige Gewerkschaften mit Streikrecht, Mitbestimmung der
Beschäftigten. Das Politbüro reagiert mit einer halbherzigen Dialog-
ankündigung (11. Oktober). Vonseiten des Innenministeriums wird
versucht, den seit Monaten anschwellenden Strom der Ausreisen
über die CSSR zu stoppen: Am 12. Oktober gibt es bekannt, dass nur
noch Rentner und Invaliden Anträge auf Reisen dorthin stellen dürfen. Am selben Tag ruft der für Wissenschaft und Kultur zuständige
ZK-Sekretär Kurt Hager (der »Chefideologe« der Partei) zur »Diskussion über die Lösung der Probleme des Landes« auf. Eine Reihe
festgenommener Demonstranten wird frei gelassen (15. Oktober). In
der Berliner Erlöserkirche findet ein »Konzert gegen Gewalt« statt.
Sänger und Schriftsteller rufen zu grundlegenden Reformen auf.

Der Schriftsteller Christoph Hein fordert einen Untersuchungsausschuss »für den offenbar gelenkten Exzess der Sicherheitskräfte«.[19] In Plauen demonstrieren 20 000 für einen radikalen Wandel, ebenso in Halle mit der gleichen Anzahl von Demonstranten. In Leipzig werden (am 16. Oktober) die Montagsdemonstrationen mit mehr Teilnehmern als je zuvor fortgesetzt (120 000). Pfarrer Turek von der Nikolaikirchengemeinde erklärt, warum sich die Zahl der Demonstranten von Woche zu Woche gewaltig erhöht: »Mit Appellen, Polizeieinsätzen und anderen Repressionen lässt sich nichts aufhalten. Weil die Demonstrationen durch niemand organisiert sind, kann man auch nicht an sie appellieren, einzugreifen und etwas zu verhindern.«[20] Die nicht hierarchisch gegliederte Bewegung funktioniert grundsätzlich anders als die auf Befehlsketten beruhenden staatlichen Ordnungskräfte.

Die Massendemonstrationen zeigen tief greifende Wirkungen: Am 18. Oktober erfährt die Öffentlichkeit, dass der Generalsekretär der SED Erich Honecker zurückgetreten ist. Sein Nachfolger wird Egon Krenz. Wichtige Mitglieder des Politbüros sind abberufen worden (Günter Mittag und Joachim Herrmann). »Damit ist die eigentliche Machtbasis Erich Honeckers zerschlagen, eine ganze Epoche in der Geschichte der DDR beendet.«[21] Der Austausch an der Spitze der SED reicht jedoch nicht mehr aus, um die Proteste zu beenden – im ganzen Land gehen die Demonstrationen weiter. Das Mitglied des Politbüros Günter Schabowski und der Berliner Oberbürgermeister Erhard Krack stellen sich der Diskussion mit Demonstranten. Aber der versuchte direkte Dialog kann die politischen Konflikte nicht mehr entschärfen. In Leipzig kommt es am 22. Oktober zu einer öffentlichen Aussprache im Gewandhaus. Kurt Masur, der entscheidend zu einem gewaltlosen Verlauf der Demonstration am 9. Oktober beigetragen hat, nennt Leipzig einen »Modellfall« für friedliche Diskussionen. Die Themen Umgestaltung der politischen Verhältnisse, Reform des Bildungswesens, Ökologie und Stadtentwicklung sollen »unter Beteiligung aller Interessierter beraten werden ...«, um dann konkrete Beschlußempfehlungen zu geben«.[22] An der folgenden Montagsdemonstration auf dem Ring um die Altstadt am 23. Oktober beteiligen sich 300 000 Menschen. In 20 weiteren Städten gehen Zehntausende auf die Straße.

Am 24. Oktober wird Egon Krenz von der Volkskammer zum Staatsratsvorsitzenden und zum Vorsitzenden des Nationalen Verteidigungsrats gewählt. Erstmalig ist die Wahl zum Staatschef nicht einstimmig; es gibt Gegenstimmen und Enthaltungen. Über die aktuellen Vorgänge berichten die DDR-Medien mit erstaunlicher Offenheit. Die Initiatoren des Neuen Forums Bärbel Bohley, Jens Reich und Sebastian Pflugbeil werden von Günter Schabowski zum Gespräch empfangen. Ähnliche Treffen finden in Rostock, Gera und Dresden statt. Die SED will die Lage entschärfen. Am Abend spricht Schabowski in der Humboldt Universität. Er sagt: »Die eingeleiteten Veränderungen in der DDR sind sehr spät gekommen, aber nicht zu spät.«[23] Möglicherweise ist dies eine Anspielung auf Gorbatschows Bemerkung zum Reformunwillen der DDR-Führung.

Am 27. Oktober beschließt der Staatsrat eine Amnestie für illegal ausgereiste DDR-Bürger. Damit wird eine der Forderungen der Demonstranten erfüllt. Auf einer Großveranstaltung stellen sich DDR-Spitzenpolitiker der Diskussion mit der Bevölkerung. Sie müssen sich Vorwürfe gegen die Staatssicherheit, die Polizei, das Politbüro, die Politbürosiedlung Wandlitz anhören. In Leipzig beteiligen sich wieder mehrere Hunderttausend an der Montagsdemonstration. Gegen den Kurs von Egon Krenz wird am 3. November ein von der SED Dresden unter Leitung von Hans Modrow verfasstes Positionspapier veröffentlicht. Es lässt deutlich eine Reihe von Reformansätzen erkennen. Krenz selbst wendet sich am Abend in einer vom Fernsehen und Radio verbreiteten Rede an alle Bürger. Er kündigt weitgehende Reformen und den Rücktritt von Politikern an, die das Leben in der DDR maßgeblich beeinflusst haben, darunter Erich Mielke (Stasi-Chef), Kurt Hager (ZK-Sekretär für Ideologie), Hermann Axen (ZK-Sekretär für Außenpolitik). Die in Aussicht gestellten Neuerungen sehen unter anderem die Einrichtung eines Verfassungsgerichtshofs und eine umfassende Reform des politischen Systems, der Verwaltung und der Wirtschaft vor.

Die Rede von Krenz ist vor dem Hintergrund der angekündigten und genehmigten Großdemonstration zu sehen, die von Theaterleuten und Künstlern vorbereitet wird. Die Manifestation des 4. November wird von den Beteiligten heute als das entscheidende Ereignis des Widerstands gegen die Staatsführung der DDR angesehen. Es vereinigt die größte Protestmasse, die es jemals in der Geschichte der DDR gegeben hat. Die Zahl der Beteiligten wird auf über eine halbe Million Menschen geschätzt. Das Ereignis wird live vom Staatsfernsehen übertragen. »Mit der Volkspolizei wurde eine Sicherheitspartnerschaft verabredet. Uniformierte sind fast nirgends zu sehen.«[24] Die Einsatzkräfte werden »in deutlicher Distanz zum Demonstrationsort im Hintergrund gehalten«.[25] Zu den Sprechern auf der Abschlusskundgebung auf dem Berliner Alexanderplatz gehören prominente Intellektuelle, Schriftsteller, Schauspieler, Künstler, Bürgerrechtler, u. a. Stefan Heym, Christa Wolf, Christoph Hein, und sogar hohe SED-Funktionäre wie Günter Schabowski. Die große Demonstration markiert eine endgültige Wende (der Ausdruck wurde bereits damals gebraucht): »Von nun an geht es nicht mehr zurück.«[26] Von den Rednern wie von den meisten Beteiligten wird jedoch keineswegs die Auflösung der DDR angestrebt. Es geht ihnen vielmehr darum, diese in einen modernisierten, menschenfreundlichen sozialistischen Staat umzuformen.

Am Montag, dem 6. November wird der Entwurf eines neuen Reisegesetzes veröffentlicht. Es löst bei den Demonstranten Verärgerung aus – die Bearbeitungszeiten für die Ausreisedokumente werden als viel zu lang empfunden. Der Entwurf zeige, so ihre Kritik, die Unfähigkeit der Staatsführung, grundlegende Veränderungen herbeizuführen. Bei der Montagsdemo in Leipzig skandieren Hunderttausende Teilnehmer »Zu spät, zu spät!« Sie lassen sich nicht mehr mit Versprechungen hinhalten; ihre Forderungen werden immer radikaler: »Wir brauchen keine Gesetze – die Mauer muss weg!« und »Die SED muss weg«. Am nächsten Tag lehnt der Rechtsausschuss der Volkskammer den Gesetzentwurf als unzureichend ab. Die Regierung tritt zurück. Angesichts der ungeklärten Ausreisefrage setzt sich der Ausreisestrom über die CSSR unvermindert fort. Am Vormittag des 8. November tagt das ZK-Plenum der SED. Man erwartet weitreichende personelle Veränderungen. Mittags meldet der Rundfunk, dass das Politbüro geschlossen zurückgetreten ist – ein vollkommen neues Ereignis in der Geschichte der DDR. Egon Krenz wird als Generalsekretär wiedergewählt. Vor der SED-Zentrale versammeln sich 50 000 Mitglieder der Parteibasis. Zum ersten Mal tritt hier eine demonstrierende Gegen-Masse in Erscheinung und rechnet verbittert mit der alten Führung ab. Zur Absetzung von Erich Honecker sagt einer der Redner vor dem ZK-Gebäude, dass dieser »am 9. Oktober bereits den Befehl erteilt hätte, die Massendemonstration in Leipzig mit allen Mitteln zu unterbinden. An diesem Tag hätte die DDR vor dem Bürgerkrieg gestanden.«[27] Christa Wolf verliest im Namen zahlreicher Künstler und Vertreter oppositioneller Gruppen im DDR-Fernsehen einen Appell an alle Ausreisewilligen, im Land zu bleiben.

Der entscheidende 9. November: Das SED-Zentralkomitee setzt seine Plenartagung fort. Vor der internationalen Presse berichtet Günter Schabowski die Ergebnisse der Tagung. Er ist vom Sitzungsmarathon der letzten Tage offensichtlich übermüdet und von der Situation überfordert.[28] Unbeabsichtigt oder nicht, teilt er kurz vor Ende der Pressekonferenz (exakt um 19.07 Uhr) mit, »daß die DDR die Grenzen geöffnet habe«. Er »zieht einen Zettel hervor und verliest folgenden Text: ›Privatreisen nach dem Ausland können ohne Vorliegen von Voraussetzungen (Reiseanlässe und

Verwandtschaftsverhältnisse) beantragt werden.‹ Ab morgen früh
8 Uhr könne sich jeder sein Visum bei den zuständigen Behörden
abholen.«[29] Im Saal weiß keiner, auch nicht Schabowski, genau, was
diese Aussage bedeutet. Ihr wird jedoch durch anwesende Journalisten ein eindeutiger Sinn zugeschrieben und damit zu einem
Faktum gemacht: Die Grenze zu Westberlin wird geöffnet. Der
Chefreporter des amerikanischen Fernsehsenders NBC, Tom
Brokaw, stellt sich unmittelbar danach vor die Mauer am Brandenburger Tor und berichtet live in die USA: »Dies ist eine historische Nacht. Die ostdeutsche Regierung hat soeben erklärt, daß die
ostdeutschen Bürger von morgen früh an die Mauer durchqueren
können – ohne Einschränkungen.«[30] An verschiedenen Grenzübergängen beginnen sich Menschenmassen zu stauen, die in den Westen wollen. Die Befehlsmechanismen des Staates funktionieren nicht
mehr; die Grenzsoldaten erhalten keine eindeutigen Weisungen und
wissen nicht, wie sie sich angesichts des bedrohlichen Anwachsens
der Massen verhalten sollen. »Um Mitternacht entschließen sich
einzelne Grenzkommandanten, die Tore einfach zu öffnen.«[31] In
der Nacht und am nächsten Tag drängen gewaltige Schlangen von
DDR-Bürgern in Richtung Westteil, wo sie von jubelnden West-
Berlinern empfangen werden.[32]

Mit der Maueröffnung verändert die Massenbewegung, die eine
Reform der DDR verlangt hatte, ihren Charakter. Im Laufe der folgenden Monate entsteht eine ungleich größere Bewegung als während der Proteste. Ab 10. November drängeln sich an den Melde-
stellen der Volkspolizei die Menschen, die nach einem Reisevisum
anstehen. Die Ereignisse haben die Macht der DDR-Führung
von Grund auf erschüttert. Zwar sendet sie Zeichen aus, dass sie
die Reformforderungen umzusetzen gedenkt, besitzt aber keiner-
lei Glaubwürdigkeit mehr. Wenn einem Staat das Volk davonläuft,
werden Reformen von oben sinnlos. Aber auch die von der Protestmasse ursprünglich beabsichtigten Reformen von unten können

unter diesen Bedingungen nicht mehr funktionieren. Begünstigt durch das Fortströmen der eigenen Bevölkerung (selbst wenn sie abends wieder heimkehrt) und die weitere Erosion der staatlichen Strukturen gewinnt die westdeutsche Politik zunehmend an Einfluss auf die Ereignisse in der DDR. Von Bonn telefoniert Kanzler Helmut Kohl mit Michail Gorbatschow. »Er begrüße den Beginn der Reformen in der DDR und wünsche ihrer Durchführung eine ruhige Atmosphäre, teilte Kohl dem sowjetischen Parteichef mit. Dann versicherte er Gorbatschow, dass er ›jegliche Radikalisierung ab(lehne) und (…) keine Destabilisierung der Lage in der DDR (wünsche)‹. Gorbatschow bittet den Kanzler nachdrücklich, der ›Wende‹ der SED Zeit zu lassen und ihr nicht durch ungeschickte Aktionen Schaden zuzufügen.‹[33] Als am Nachmittag desselben Tages der West-Berliner Polizeipräsident mit dem stellvertretenden Kommandeur des Grenzkommandos Mitte am Checkpoint Charlie zusammentraf, »war die Gefahr einer militärischen Aktion und eines Blutvergießens an der Grenze gebannt«.[34] Damit aber endete die Zeit der selbstbewussten Protestmasse, die spontan agiert und sich eigene Organisationsformen geschaffen hatte. Die folgenden Ereignisse, die die »Wende« in die »Einheit« verwandelten, fanden vor allem unter der Regie globaler Politik und ihrer Aushandlungsprozesse statt.

Der unblutige Umsturz des SED-Regimes durch eine Massenbewegung erscheint ungewöhnlich. Singulär ist er jedoch nicht, wie beispielsweise die Nelkenrevolution 1974 in Portugal zeigt. Für eine solche Entwicklung bedarf es besonderer Umstände, insbesondere einer schon zuvor begonnenen Erosion des Machtapparats einer Partei, eines Staats oder einer regierenden Clique von innen. In Seoul gelang es 2016 engagierten Kritikern der autoritär regierenden Präsidentin Park Geun-hye, eine ständig wachsende Zahl von Demonstranten im Zentrum der Stadt zu mobilisieren. Ursprünglich begannen die Proteste gegen die offenkundige Korruption der

Regierungschefin und ihrer Vertrauten Choi als wiederholte friedliche Demonstrationen von Intellektuellen, Künstlern, Studenten und Vertretern der Zivilgesellschaft. In zunehmend größerer Zahl versammelten sie sich Woche für Woche auf der riesigen Straßenkreuzung am Gwanghwamun-Tor im Zentrum von Seoul zu Kundgebungen, die wie im Pariser Mai '68 den Charakter von großen Straßenfesten annahmen. Mit Kerzen in der Hand forderten die Demonstranten, darunter viele Familien mit Kindern, die Präsidentin zum Rücktritt auf. Auf einer riesigen Bühne traten Sprecher auf; ihre Reden wurden auf Großleinwänden übertragen. In einem Erfahrungsbericht beschreibt der Schriftsteller David Wagner seine Eindrücke, die sich mit unseren Beobachtungen decken: »Ich sehe selbstbewusste, glückliche, ergriffene und viele sehr entschlossene Gesichter. Gesichter, die sagen: Wir werden hier sitzen, wir werden hier stehen, bis wir erreichen, was wir wollen. Wenn es sein muss, nächste Woche wieder. Und danach auch. Und ich verstehe: Hier feiert sich die Freiheit, überhaupt demonstrieren zu dürfen.«[35] Lange Zeit war befürchtet worden, dass Park, der Tochter des ehemaligen Diktators, die von Gefolgsleuten ihres Vaters umgeben war, militärische Kräfte zu Hilfe kommen würden. Als sich herausstellte, dass sich Polizei und Militär zurückhalten würden, begriff die Masse der Demonstranten, dass sie die Partei der Präsidentin für die Unterstützung eines Amtsenthebungsverfahrens gewinnen könnte. Die Demonstranten feierten, bis ihre Zahl auf zwei Millionen geschätzt wurde und die Präsidentin die einsamste Frau Koreas geworden war. Von ihrer Partei und den Verbündeten ihres Vaters verlassen, ohne Rückhalt im Parlament, wurde sie aus dem Amt gejagt und vor Gericht gestellt. Aus den Berichten, die wir von den Beteiligten erhalten, spricht Selbstbewusstsein und Stolz auf die neu errungene demokratische koreanische Protestkultur.

Die Individuen in der Masse

Wenn wir die Genese und den Verlauf von Massenbewegungen anhand ausgewählter Beispiele etwas ausführlicher dargestellt haben, so deshalb, weil sie zeigen, wie einseitig die älteren Theorien der Masse (Le Bon, Tarde, Freud, Canetti) sind, wenn man sie mit neuen Massenbewegungen konfrontiert. Dieser Gedanke wird unsere weiteren Darstellungen neuer Massen und unsere Kritik an den älteren Massentheorien leiten. Aus den Darstellungen von Teilnehmern der geschilderten Ereignisse geht eindeutig hervor, dass kaum jemand von ihnen im Massenerleben, wie von diesen behauptet, sein Ich verloren hat. Es wird im Gegenteil gerade die Ich-Stärke deutlich, die sie mit dem Moment der Massenbildung erlebt haben: die Erfahrung des Muts, der Gemeinsamkeit, das Gefühl kollektiver Wirksamkeit und des eigenen Ichs. Ob Berlin 1966, Paris 1968, Leipzig 1989 oder Seoul 2016, wenn man mit den an diesen Ereignissen Beteiligten spricht, hört man aus ihren Erzählungen den Stolz heraus, dabei gewesen zu sein. Sie bringen eine Grunderfahrung zum Ausdruck: Es ist auch *mein* Ereignis gewesen. Sie bewahren ihre intensiven Erfahrungen des Massengeschehens in ihrem späteren Leben – nicht nur als Erinnerung, sondern als Bestandteil ihres Ichs. Nichtteilnahme erscheint dann wie eine verpasste Chance. Unbestreitbar führt die Teilnahme an einem historischen Massenereignis in der individuellen Erinnerung, ob berechtigt oder nicht, zu einer Steigerung der Bedeutsamkeit der eigenen Person. Tatsächlich hatte jedoch keine der beteiligten Personen einen erkennbaren Einfluss auf das Massengeschehen. Niemand hätte dieses lenken können. Die Nicht-Erkennbarkeit der Beiträge von Individuen heben die Kritiker von Massenphänomenen hervor. Offenkundig wird ihr Geschichtsbild von der Figur der großen Einzelnen geprägt, die angeblich fähig seien, historische Prozesse zu lenken.

Die einfache Kontrastierung von »bewusstlosen Massenindividuen« und strategisch planenden Führern kann – jedenfalls für die neuen Massen, die seit den 1960er-/-70er-Jahren auftreten – nicht aufrechterhalten werden. Weder sind die Führer souverän handelnde autonome Subjekte noch folgen ihnen die Individuen in der Masse blind. Die hauptsächlichen Merkmale, die eine führerlose von einer Masse mit Führer unterscheiden, bestehen in der unterschiedlichen sozialen Beschaffenheit beider Massen. Im ersten Fall bildet sich die Masse *spontan* und besitzt *keine dauerhafte Struktur*. Im zweiten Fall ist sie *strukturiert* und zumeist *institutionalisiert*. Im Unterschied zu den spontanen Massen ermöglicht die Struktur den institutionalisierten Massen eine Dauer über einen längeren Zeitraum. Auf den ersten Blick hat es den Anschein, als könne man beide Typen eindeutig voneinander unterscheiden. Bei näherem Hinsehen zeigt sich, dass auch die spontane Masse – allerdings nur episodisch – bestimmten Regeln folgen kann. Sie kann sogar recht strenge Strukturen besitzen. So bilden die Fußballfans eines Vereins einen gegliederten Massenkorpus mit Anführern, die während des Spiels mit Unterstützung altgedienter, erfahrener Fans auf die Einhaltung der Rituale achten. Spontane Massen fordern oft rituell eine strengere Regelbeachtung als die institutionalisierten Massen. Spontane Massen ohne jede interne Struktur sind eher selten, prägen aber durch Bilder, die sie als Flucht- und Panikmassen zeigen, die Vorstellungen der Öffentlichkeit.

Institutionalisierte hierarchische Massen erscheinen in ihren Aktionen oft weniger strukturiert als anzunehmen. So zeigen sich bei militärischen Massen im Ernstfall, anders als bei Truppenparaden, oft Störungen in den Formationen, die die geplanten Operationen durcheinanderbringen. Nach den Idealvorstellungen soll in Kampfhandlungen mit hoher Disziplin eine strenge Ordnung aufrechterhalten werden, sodass jede Abteilung bei einem Angriff, gleichsam vom zentralen Kommando ferngesteuert, in einem

DIE INDIVIDUEN IN DER MASSE 69

zugewiesenen Abschnitt eingesetzt wird und sich eine koordinierte Gesamtbewegung sämtlicher Operationen ergibt. In der Realität einer Schlacht können jedoch selbst bei einem erprobten Heer die ausgeklügelten Kampfpläne über den Haufen geworfen werden, sodass es wie eine chaotische Masse agiert. Exemplarisch für diese Betrachtung ist Leo Tolstois Darstellung der großen Schlachten während Napoleons Russlandfeldzug in *Krieg und Frieden*. Sein Roman kann als eine groß angelegte epische Beschreibung des Scheiterns formierter Massen gelesen werden. Im Massenhandeln mischen sich unzählige Handlungen, verbinden und verstärken sich gegenseitig, aber hemmen einander auch, sodass etwas gänzlich Unvorhersehbares entsteht. Wie sich beide Tendenzen zueinander verhalten, ist das große Thema von Tolstois geschichtsphilosophischen Reflexionen über die Konfrontation der riesigen Militärmassen Napoleons und des Heeres des russischen Zaren während des Russlandfeldzugs.

Auf Tolstois Überlegungen verweist Jacques Rancière, einer der wichtigen französischen Intellektuellen des Pariser Mai 1968, in seinem Essay »Auf dem Schlachtfeld. Tolstoi, die Literatur, die Geschichte«.[36] Tolstoi demonstriert in seinem Roman, so Rancière, die vollkommene Wirkungslosigkeit der großen Militärstrategen im Geschehen auf dem Schlachtfeld. Nicht von ihnen hängen die Bewegungen in der Schlacht ab – diese vollziehen sich vielmehr durch Zufälle, Irrtümer, Missverständnisse, Angst und Unkenntnis der wahren Situation. »Die unüberlegte Handlung dessen, der ohne Befehl oder fast aus Zerstreutheit angreift, kann sich als wirksamer erweisen als alle geordneten Strategien.«[37] Das Wissen der großen Strategen spielt in der Schlacht kaum eine Rolle. Es »ist hingegen wertvoll als Trugbild«.[38] Die Geschichtsschreiber schreiben die Schlacht in der Weise um, dass sie nachträglich »die tatsächlichen Ereignisse der Schlacht in die Begriffe der Strategie zurückübersetzen und so die offizielle Fiktion vervollständigen«.[39]

In Wirklichkeit bricht »das ganze Modell vom geordneten Handeln nach Zwecken ... zusammen«.[40] Der wahre Sieger ist der Stratege Kutusow, der »weiß, dass, wie man im folgenden Jahrhundert sagen wird, die Massen die wahrhaften Helden sind«.[41] Aber die Massen treten nicht an die Stelle der großen Heroen, sondern sie sind Helden »gerade aufgrund ihres Mangels an Heroismus«.

Tolstoi kommt in seinen Überlegungen zu dem Schluss, dass die Masse in den Napoleonischen Kriegen zwar ein historisches Subjekt geworden ist, dass sie sich aber für die klassische Geschichtsschreibung der großen Männer, der erfolgreichen Strategen nicht eignet. Die realistische Darstellung der Dynamiken historischer Massenerscheinungen unterläuft das Verlangen des Historikers nach Ordnung, Vorhersehbarkeit und Planung. Die Unübersichtlichkeit der Ereignisse und die Unmöglichkeit, ihre Verursacher zu identifizieren, sind Gründe dafür, Massen als irrational abzuqualifizieren. Tolstois Einschätzung ist keine Apotheose der Massen, sondern eine realistische Sichtweise. Wenn es auch zwecklos ist, die Massen zu kontrollieren, kann man doch auf den Moment warten, in dem das Ergebnis ihres spontanen Handelns von Vorteil für die eigene Sache ist.

Wer Tolstoi gelesen hat, begreift, dass es keine Gründe dafür gibt, warum im Krieg bestimmte Erfolge erzielt werden und warum man diese gerade durch eine bestimmte Strategie erreicht. Dies gilt nicht nur für die Kriege zu Beginn des 19. Jahrhunderts, sondern auch für jene in der zweiten Hälfte des 20. Jahrhunderts, in der hochgerüstete Armeen und Generäle mit bester Ausbildung immer wieder an Gegnern scheiterten, die den strategischen Normen nicht entsprachen, insbesondere in Kriegen einer Invasionsarmee gegen die Bevölkerung eines überfallenen Landes. Von Tolstoi werden die Ereignisse an den »Rändern der Schlachtfelder« (auf die Stendhal und Victor Hugo ihr Augenmerk gerichtet hatten) als das Zentrum der Schlacht betrachtet, wo die wahre Entscheidung fällt. »Nicht nur setzen sich die großen Handlungen aus einer Unendlichkeit kleiner Zufallsbewegungen zusammen, sondern Handeln und Nicht-Handeln werden ununterscheidbar.«[42] Die Unmöglichkeit, zwischen Eingreifen und Unterlassung des Eingreifens unterscheiden zu können, zeigt sich am Wirken des Generals Kutusow, des »antistrategischen Strategen, der die Schlachten gewinnt, indem er die Pläne missachtet und den Zufall und die Massen ihr Werk vollbringen und die wahre Macht, die die Geschichte gestaltet, sich durchsetzen lässt«.[43] Der Sieg fällt dem zu, der an die Macht des Zufalls glaubt. Wer den Kontrollverlust akzeptiert, hat Vertrauen in die Eigendynamik des Geschehens. Er glaubt mit Nietzsche an die »Unschuld des Werdens«, das durch keinen Befehl, durch keine Sprache geformt werden kann.

Am Ende sind es nicht die Sieger, die die Geschichte schreiben. Es ist die stumme und anonyme Vielheit kontingenter Mikro-Ereignisse, die sich zwischen den späteren »Siegern« und »Verlierern« vollziehen. Von der offiziellen Geschichtsschreibung, die sich am Handeln der großen Individuen orientiert, wird sie in die »Welt der Zwecke« (Nietzsche) übersetzt. Auf diese Weise erhält sie einen »Sinn« und wird für die Nachwelt verstehbar. Die wirkliche Geschichte wird nicht von »den Sekretären der Macht« geschrieben. Sie ist eine »Geschichte der Massen, die ausgehend von den Zeugnissen der Handlungen der Stillen geschrieben wird«. Von Marc Bloch und Lucien Febvre wird sie zu der Konzeption einer »Geschichte der Massen und der langen Zyklen des materiellen Lebens« weiterentwickelt.[44] Sie begründet die einflussreiche französische Historikerschule der »Annales«.

II

Wie funktionieren Massen?

In der Geschichtsschreibung gab es lange Zeit nur einen Begriff, der eine große Zahl von Menschen unabhängig von ihrem Stand umfasste und durch gemeinsame Merkmale kennzeichnete: das Volk. In der Zeit vor der Romantik waren solche Merkmale noch nicht die gemeinsame Geschichte, Sprache, Kultur, Werte, Charaktereigenschaften, sondern die Tatsache, dass es ein abgegrenztes Gebiet besiedelt und bestimmte Rechtsgüter, Verträge, Herrschaftsverhältnisse und Traditionen anerkennt. Michel Foucault zeigt, dass die Regierenden im 17./18. Jahrhundert daraus die besondere Kategorie der *Bevölkerung* bildeten, eine herrschaftstechnische Bezeichnung, die die Menge der Einwohner eines Landes in Beziehung zu dessen Produktivität und Stärke setzte.[1] Daneben gab es, gleichsam als Restkategorie, die abschätzig verwendeten Bezeichnungen »Pöbel«, »populace«, »canaille« für den Bodensatz der Bevölkerung, der aus den Bindungen des Volks herausfiel und als eine Art Kollektivbezeichnung für unqualifizierte, haltlose Individuen aufgefasst wurde. In heutiger Sprechweise würde man sie als unsozialisierbar bezeichnen.

Mit der Französischen Revolution von 1789 ändert sich der Blick auf die an den historischen Geschehnissen beteiligten Menschen: Es sind nun die Massen, die in den Beschreibungen revolutionärer Ereignisse zu einer historischen Kraft, aber nicht zu einem Kollektivsubjekt mit klar erkennbaren Absichten und Zielen werden. Sie sind vielmehr auflodernden Feuern vergleichbar, die sich unvorhersehbar und oft aus unbegreiflichen Gründen entzünden. Was an den Massen fasziniert, ist ihre Spontaneität und die Wucht ihrer Aktionen. In historischen Beschreibungen wird ihr Einfluss auf den Lauf der Dinge dramatisch bis zur Übersteigerung beschrieben. Außerhalb der Historie gab es jedoch keine Wissenschaft, die sie als gesellschaftliches, psychologisches und politisches Phänomen zu analysieren vermochte. Erst am Ende des 19. Jahrhunderts, als sich die neu gegründeten Disziplinen Psychologie und Soziologie etablierten, begannen zwei Franzosen, zwei Wissenschaftler aus dem Land, in dem sowohl die Massen am eindrucksvollsten in Erscheinung getreten als auch die neuen Wissenschaften am weitesten entwickelt waren, dieses Phänomen zu analysieren: Gabriel Tarde und Gustave Le Bon. »Masse« wurde nicht nur als Kollektivbezeichnung für große Ansammlungen von Menschen angesehen, sondern auch für einen virulenten, dynamischen sozialen und psychischen Zustand, der enorme politische Wirkungen hervorzurufen vermag. Ihre erste Frage ist die nach der besonderen Beschaffenheit von Massen: Welche sozialen und psychischen Dynamiken führen zur Bildung einer Masse?

Le Bon und die Massen-Hypnose

Wenn sich eine Masse bildet, entsteht zwischen den Individuen ein neuer sozialer und psychischer Zustand. Die Situation des Individuums in der Masse verändert dieses selbst und seine Beziehungen zu den anderen anwesenden Menschen. Mit der Entstehung einer Masse tritt ein neuer sozialer Aggregatzustand ein, der mit einer psychischen Dynamik aufgeladen ist. Le Bon hat diese Einsicht zwar nicht als Erster formuliert; zeitlich vor ihm haben Scipio Sighele und Gabriel Tarde ähnliche Gedanken dargestellt – dafür hat er sie aber mit den kraftvollsten Behauptungen untermalt. Seine Wirkung verdankt er in erster Linie der Behauptung, die Massen seien die welthistorische Größe der Zukunft; die Menschheit stehe vor einem »Zeitalter der Massen«.[2] Er hat die Bedeutung dieser neuen gesellschaftlichen Kraft für die Zukunft, insbesondere für die Politik begriffen und ihre Wirkungsweise detailliert beschrieben. Wesentliche Anregungen erhielt er von Tardes Theorie der sozialen Nachahmung und von der aufregenden Entdeckung der Hypnose durch die französische Psychologie.

Damit hält Le Bon zwei Erklärungsansätze in der Hand, die er zu einer einzigen Konzeption miteinander verbindet und als erste wissenschaftliche Beschreibung des Massenphänomens ausgibt: Der psychische Zustand der Masse ist dem Zustand von Menschen unter Hypnose vergleichbar. Durch Nachahmung verbreitet er sich auf viele Menschen. Vertieft und verstärkt wird diese Verbindung durch zwei Analogien, die Le Bon seinem Konzept hinzufügt: Wie der Psychologe seine Versuchsperson in der Hypnose manipuliert, so erzeugt ein Volkstribun bei seinen Zuhörern einen Massen-Zustand. Dieser verbreitet sich durch soziale Nachahmung. Sie wirkt bei einer großen Menge von Menschen wie die Ansteckung durch Krankheitskeime – mit dem Unterschied, dass sich bei Massenbildung nicht Krankheiten, sondern Emotionen ausbreiten. Von der Individualpsychologie überträgt Le Bon das Konzept der Hypnose auf große Menschenmengen und erweitert es auf diese Weise zu einer Sozialpsychologie. Auf den Platz des Hypnotiseurs stellt er die Figur des Führers: Wie bei einer Hypnose wird die Masse in einen anderen Zustand versetzt, der einen Verlust des Bewusstseins bewirkt.

Etwa zeitgleich entwickelt der Soziologe Emile Durkheim – im Unterschied zu Tarde und Le Bon auf der *empirischen* Basis von ethnologischen Beobachtungen – eine Soziologie des Religiösen mit Konzepten, die wissenschaftlich folgenreich werden sollten.[3] Gewöhnlich werden die beiden Theorierichtungen Massen- und Religionssoziologie separat behandelt. Tatsächlich aber haben sie einen großen Überschneidungsbereich. Durkheim betrachtet das

Religiöse als eine Form sozial erzeugter Magie, die darum funktioniert, weil die Beteiligten sie in gemeinschaftlichen rituellen Handlungen hervorbringen: Sie erzeugen einen außergewöhnlichen körperlichen Zustand, der ihr Inneres zum Brodeln *(effervescence)* bringt, die ganze Gemeinschaft erfasst, bei ihren Mitgliedern ein neuartiges Fühlen entstehen lässt und ihr Denken nachhaltig beeinflusst. Es sind Prozesse, die bis heute in großen religiösen Feiern mit ihren sinnlichen Eindrücken und emotionalen Wirkungen durch Zeremonien, durch Kollektivbewegungen des Niederkniens, Aufstehens, Betens, durch Körperhaltungen der Demut, gemeinsamen Gesang und durch feierliche Akte des Segnens entstehen. Die gesellschaftliche Rolle des Religiösen war um 1900 erkannt, allerdings bis dahin nicht als *soziologisches* Phänomen erklärt worden. Durkheims Versuch einer wissenschaftlichen Analyse stellt einen Bruch mit der Überzeugung von der Unerklärbarkeit und Einzigartigkeit des Heiligen dar.

Le Bon beabsichtigt (allerdings ohne Bezug auf Durkheim), einen ähnlich kraftvollen Schlag gegen überkommene Vorstellungen zu führen: Er will neben das Bild des rational handelnden Europäers mit seinem vernunftgesteuerten Handeln ein zweites Bild stellen, das diesen als irrational zeigt. Wie Durkheim betrachtet er das Religiöse als entscheidendes Moment der Vergemeinschaftung und Emotionalisierung der Massen – allerdings aus ganz anderen Gründen. Er behauptet, dass *alle* Überzeugungen der Masse eine religiöse Form haben. Aufgrund ihrer »Anbetung eines vermeintlich höheren Wesens« werde die Masse durch religiöse Gefühle beherrscht und unterwerfe sich blind aus »Furcht vor der Gewalt, die ihm zugeschrieben wird«, seinen Befehlen.[4] Das Massenhandeln werde von einem kollektiven Glauben und einer »Massenseele« getragen.[5]

Le Bons Kennzeichnung der Masse ist offenkundig von zeitgenössischen ethnologischen Behauptungen über das Denken der »Wilden« beeinflusst. In strikt eurozentrischer Sicht wurde dieses als unzusammenhängende begriffslose, a-rationale Denkformen gedeutet, die den untersten Stufen der geistigen Entwicklung von Kindern entsprächen und unfähig seien, ein kohärentes Bewusstsein auszubilden. Insbesondere das Fehlen von Selbst-Bewusstsein ist nach Le Bon ein hervorstechendes Merkmal »der Wilden« wie auch der Menschen in der Masse: Ihr Zustand ist wesentlich emotional, hat große Intensität und ermöglicht eine gegenseitige Annäherung der Menschen – ein weit von Rationalität entfernter Ausnahmezustand. Wie beim Hypnotisierten sind die Hauptmerkmale des Einzelnen in der Masse: »Schwinden der bewußten Persönlichkeit, Vorherrschaft des unbewußten Wesens, Leitung der Gedanken und Gefühle durch Beeinflussung und Übertragung in der gleichen Richtung, Neigung zu unverzüglichen Verwirklichung der eingeflößter. Ideen. Der einzelne ist nicht mehr er selbst, er ist ein Automat geworden, dessen Betrieb sein Wille nicht mehr in der Gewalt hat.«[6] Nicht nur einzelne Menschen, sondern auch große Gruppen, ja ganze Nationen können in diesen Zustand zurückfallen. Welche Ursache eine solche Regression hat, lässt Le Bon zunächst offen. Er sagt nur, dass sie von Ereignissen oder besonderen Umständen ausgelöst werden können. Einmal in moderne »Wilde« verwandelt, stecken die Massenmitglieder wie von einer gefährlichen Infektionskrankheit befallen mit hoher Geschwindigkeit unzählige Individuen an. Le Bons Bezeichnung für diesen Prozess, *contagion mentale*, emotionale Ansteckung, entspricht recht genau dem heutigen sozialpsychologischen Begriff der *emotional contagion*. Sich Anstecken ist ein Geschehen, das einem bewusstlos widerfährt.

Die Kennzeichnung der auf diese Weise entstandenen emotionalen und infantilisierten Masse hat viele Vorbilder in den Beschreibungen revolutionärer Bewegungen in Frankreich. Le Bon und Tarde führen diese Berichte bevorzugt als Beispiele an. Was die Ethnologie über die »Wilden« sagt, überführen sie in die eigene historische Tradition: Die Masse ist der innere Wilde der modernen Zivilisation. In den Darstellungen der Französischen Revolution wird immer wieder hervorgehoben, dass sämtliche kulturellen und moralischen Halterungen weggebrochen seien. Das Volk habe sich Verführern ausgeliefert, die es nach ihrem Willen bewegt hätten. Die Massen-Existenz wird als ein Untergangsphänomen dramatisiert, ein Endzustand der Kultur. Aus seinen historischen »Quellen« (die nicht mehr sind als sensationslüsterne Beschreibungen von Ungeheuerlichkeiten) destilliert Le Bon einen weiteren Gedanken: Die Masse ist in ihrem besinnungslosen Treiben zwar eine Kraft, die Ereignisse in Gang setzt, aber sie ist kein Akteur der Geschichte. Der Grund ist, dass sie sich nicht selbst führen kann. Sie kann ihrer Bewegung keine einheitliche Richtung und keine Dauer geben. Immer wieder erweist sich, dass sie ziellos dahintreibt und trotz aller Macht, die sie zwischenzeitlich gewonnen haben mag, zerfällt, sobald sie sich selbst überlassen ist. Sie bedarf eines Führers, wenn ihrer Bewegung Dauer und nachhaltige Wirkung zukommen soll. In den Händen einer Persönlichkeit, die sich ihrer Mechanismen zu bedienen versteht – Le Bons historisches Vorbild ist Napoleon –, wird sie zu einem brandgefährlichen Machtinstrument. Diese Behauptung hat Le Bons schmales Buch, trotz aller Inkohärenzen und spekulativen Deutungen, im 20. Jahrhundert zu einer der folgenreichsten Schriften werden lassen. Obwohl nicht mit dieser Absicht verfasst, diente es als eine Art Anleitung für Diktatoren. Mussolini, Hitler und Stalin haben es nicht nur gelesen, sondern konsequent in ihrem eigenen Handeln angewendet. Auch heute noch scheint es dem Sinn nach die Handlungen von Populisten zu bestimmen.

Für die Diktatoren hält Le Bon zwei weitere Einsichten bereit. Die kollektive Hypnose, unter der sich die Masse befindet, löscht in der menschlichen Psyche nur die bewussten Teile aus, sie stärkt hingegen einen anderen Teil, der sich im individuellen Leben weniger bemerkbar macht: das *Wir-Gefühl*, das Gefühl der Zugehörigkeit zu einer großen Gemeinschaft. Das kollektive *Wir* tritt an die Stelle des individuellen *Ichs*: Für Le Bon ist die Masse nicht die Addition ihrer Elemente, sondern bildet eine neue Qualität. Bei Tarde, der eine ähnliche Beschreibung gibt, findet man den Hinweis auf den mimetischen Charakter des menschlichen Denkens und Handelns. Die gesellschaftliche Konstitution des Menschen ist in der Neigung und Fähigkeit zu sozialer Nachahmung begründet. Die Entstehung eines *Wir-Gefühls* könnte man als eine Spiegelung der anderen im *Ich* beschreiben: An die Stelle des *Ichs* setzt sich mit dem *Wir* eine kollektive Form des personalen Seins. Das *Wir* der Massen hält Le Bon für eine regredierte Form des individuellen *Ichs*. Es ist ein intern ungegliedertes, bewusstloses Kollektiv in Erwartung eines Führers, der kraft seiner Autorität und seines Geschicks der Masse Richtung und Willen gibt.

Le Bons Beschreibungen beruhen nicht auf teilnehmender Beobachtung. Der beobachtete Gegenstand ist ihm fremd. Er beruft sich auf keine ethnographischen oder soziologischen Daten, die man empirisch prüfen könnte. Offensichtlich hat er sich auch nie im Aktionsfeld einer Masse aufgehalten. So fehlt ihm der *Blick aus dem Inneren* der Masse. Allerdings ist dieser nur möglich, wenn man keine Furcht vor Berührung mit der Masse hat. Anstatt sich seinem Gegenstand methodisch anzunähern, reklamiert Le Bon moralische Autorität.

Von seinem Platz oberhalb des Geschehens meint Le Bon zu erfassen, worauf die Beeinflussungen des Führers zielen: auf das »Unbewußte« des *Wir*. Mit markanten Worten und rhetorischen Bildern dringen die Führer in das Innere der Massenmitglieder ein und suggerieren ihnen bestimmte »Ideen«. »Hat sich aber eine Idee endlich in die Seele der Massen eingegraben, dann entwickelt sie eine unwiderstehliche Macht.«[7] Sie besetzt die Einbildungskraft der »Massenseele«. Die so entflammte Imagination stellt Le Bon als

den wahren Antrieb des Massenhandelns dar. Mithilfe von Massenmedien verstärkt und vervielfältigt der Führer seine Rede. Gegenüber seiner eigenen Zivilisation erweist sich Le Bon als scharf-
sichtiger Beobachter:»... nicht die Tatsachen als solche erregen die
Volksseele, sondern die Art und Weise, wie sie sich vollziehen. Sie
müssen durch Verdichtung ... ein packendes Bild hervorbringen, das
den Geist erfüllt und ergreift. Die Kunst, die Einbildungskraft der
Massen zu erregen, ist die Kunst, sie zu regieren.«[8]

So hellsichtig diese Überlegungen Le Bons auch erscheinen –
mit seinem *Blick von oben* kann er nicht erklären, wie die Individuen in der Masse funktionieren. In seinen Bemerkungen über das
Unbewusste muss er sich mit Hinweisen auf dessen wichtige Rolle
für die Einbildungskraft von Massen bescheiden. Zu seiner Zeit
ist die Sozialpsychologie noch nicht entwickelt. Einsichten über
die Psychodynamik des Massenverhaltens stehen ihm noch nicht
zur Verfügung. Sigmund Freud wird die Ansätze Le Bons in seiner
Schrift *Massenpsychologie und Ich-Analyse* von 1921 aufgreifen und für
seine psychoanalytische Massentheorie verwenden.

Freuds Massen-Psychologie: Hypnose und Libido

Sigmund Freud nimmt das Phänomen der Masse zum Anlass,
seine für die individuelle Psyche gewonnenen Einsichten auf große
Menschengruppen auszuweiten. In seiner Arbeit *Massenpsychologie
und Ich-Analyse*[9] entwickelt er eine an die klassische Theorie von
Tarde und Le Bon anknüpfende, aber in entscheidenden Teilen
völlig andere Konzeption der Masse. Freud stellt seine Aufgabe
so dar: Wie kann man den Prozess, der aus vielen an einem Ort
versammelten *Ichs* ein gemeinsames *Wir* erzeugt, psychologisch
erfassen? Den Gedanken einer »Massenseele« verwirft er. Er wendet
sich der individuellen Psyche zu und zeigt ihre inneren Dispositionen

zur Massenbildung. Dafür entwickelt er eine neue Perspektive, die seine Vorgänger noch nicht erschlossen haben: den *Blick von innen*. Die Grundlage seiner Überlegungen ist der komplexe Entwurf der menschlichen Psyche, den er in früheren Schriften erarbeitet hat.

Wie Tarde und Le Bon nimmt Freud an, dass in der Masse die Psyche der Individuen durch Hypnose verändert wird. Er zeigt sich für diesen Gedanken schon deshalb offen, weil er die in Frankreich gemachten Experimente mit größtem Interesse, teilweise vor Ort in Paris, verfolgt hat. Auslöser für Freuds Projekt einer Massentheorie ist eine Überlegung Le Bons, die er jedoch auf andere Weise fortsetzt: Aufgrund des Zusammenseins vieler Menschen wird das *Ich* ein anderes, insofern es vom Unbewussten gelenkt wird. Freud bemerkt dazu, das Individuum erhalte in der Masse *keine* neuen Eigenschaften. Es sind »eben Äußerungen dieses Unbewussten, in dem ja alles Böse der Menschenseele in der Anlage enthalten ist«.[10] Man könne jedoch annehmen, dass in der Masse andere psychische Kräfte wirkten als im individuellen Leben, ja sogar, dass die Psyche in der Masse anders funktionieren würde als im Normalzustand: »Wir würden sagen, der psychische Oberbau, der sich bei den Einzelnen so verschiedenartig entwickelt hat, wird abgetragen, entkräftet und das bei allen gleichartige Fundament wird bloßgelegt (wirksam gemacht).«[11] Das »Fundament« ist für Freud die bei allen Individuen gleichermaßen vorhandene Anlage zu einem gesellschaftlichen Wesen. Um die Vorgänge in der Masse zu beschreiben, braucht man keinen sozialen Trieb anzunehmen. Die Individualpsychologie ist »von Anfang an auch gleichzeitig Sozialpsychologie«.[12] Seine Massenpsychologie, schreibt Freud an Romain Rolland, gibt einen Weg an »von der Analyse des Individuums zum Verständnis der Gesellschaft«.[13]

In einem ersten Schritt baut Freud seine Konzeption der Hypnose in die Massentheorie ein: Diese ist als ein Geschehen aufzufassen, das sich in der Masse bei jedem einzelnen Individuum

ereignet. Erklärungsbedürftig ist jedoch das »Bindemittel«,[14] das den
Einzelnen mit den vielen anderen verbindet, die ihm sonst fremd
sind. Aus dieser Ausgangsstellung ergeben sich zwei Aufgaben, die
sich Freud nacheinander vornimmt: Der Vorgang der Hypnose ist
aufzuklären, insbesondere die Aspekte, durch welche die individuelle
Psyche eine Bereitschaft zur Suggestion entwickelt. Es ist zu zeigen,
welche Veränderungen sich dabei in der Psyche ereignen. Als Zweites soll herausgefunden werden, wie die vielen unter die Suggestion
durch einen Hypnotiseur, einen »Führer«, geraten und wie sie diese
als einen *gemeinsamen* Zustand erleben.

Den Ansatzpunkt seines Unternehmens sieht Freud in einer
temporären Veränderung des Ich-Aufbaus. In der Faszination des
Massenerlebens bleiben zwar wichtige Teile der Grundstruktur der
Psyche erhalten; sie wird jedoch in einem begrenzten Teil temporär umgestaltet. Freud sieht dies als einen Prozess an, der seine
Wurzel in der Menschheitsgeschichte hat und einen in der Vorzeit
angelegten Mechanismus reaktiviert. Von Le Bon übernimmt er die
Beschreibung der widersprüchlichen Leistungen und Verhaltensweisen der Massen: Zerstörungswut und Irrationalität auf der einen
Seite, Sittlichkeit und die Fähigkeit zu »genialen geistigen Schöp-
fungen« auf der anderen.[15] Man kann aber diese Widersprüche
beseitigen, wenn man die Massen entsprechend ihrer jeweiligen Formation unterscheidet. Le Bon und Tarde haben Massen »kurzlebiger
Art« im Blick, die »aus verschiedenartigen Individuen zusammen-
geballt werden«. Es gibt jedoch andere Beispiele. Sie »stammen aus
der Würdigung jener stabilen Massen oder Vergesellschaftungen, in
denen Menschen ihr Leben zubringen, die sich in den Institutionen
der Gesellschaft verkörpern«. Als Beispiele nennt Freud die Kirche
und die Armee. An ihrem Vorbild wird er seine Theorie entwickeln.
Es geht ihm um institutionell geschaffene, strukturierte, dauerhafte
Massen mit hierarchischer Struktur und einem Führer. In seinen
Beispielen sind dies Christus und der Feldherr.

In der Beschäftigung mit William McDougalls Buch *The Group Mind* von 1920 findet Freud den Durchbruch zu seiner eigenen Theorie: Das »wichtigste Phänomen der Massenbildung ist nun die bei jedem Einzelnen hervorgerufene Steigerung der Affektivität«.[16] Von McDougall übernimmt er diese Einschätzung, nicht jedoch dessen Annahme, Massen seien durch Affektsteigerung bei gleichzeitiger Denkhemmung gekennzeichnet. Diese Veränderung bezieht sich auf einzelne Individuen, nicht aber auf die kollektive Entität insgesamt. Der Einzelne wird in der Masse so verändert, dass er sich den anderen angleicht. Aus der psychoanalytischen Theorie der Gefühlsbindung führt Freud einen Begriff ein, »der uns im Studium der Psychoneurosen so gute Dienste geleistet hat«, die *Libido*.[17] Mit diesem Zug macht Freud die affektive Aufladung der Masse zum zentralen Thema seiner Massentheorie. Die Bildung von Massen und die Gemeinsamkeit von Menschen in der Masse sind in einem Trieb zur Vereinigung gegründet. Primär wirkt der Trieb in der Geschlechtsliebe. Die ursprünglich nach geschlechtlicher Vereinigung drängenden Triebe können vom »sexuellen Ziel abgedrängt oder in der Erreichung desselben aufgehalten« zu anderen sozialen Formen führen.[18]

Freud schneidet das Massenphänomen zu einem Anwendungsfeld seiner *Libido*-Theorie zurecht: Mit dem Fokus auf organisierte Massen fallen die von Tarde und Le Bon beschriebenen wilden Massenerscheinungen aus der Untersuchung heraus; sie werden auch später von Freud nicht mehr erwähnt, obwohl diese Gewalt ebenfalls einen lustvollen Charakter haben kann. Der Vorteil von Freuds restriktiver Betrachtung ist die Schärfung des analytischen Blicks für alle jene Massen, die von Begeisterung, Liebe und Zuneigung bewegt werden, die ihren Führern gelten und auf alle in der Situation anwesenden Einzelnen überfließen. In den strukturierten Führermassen gibt es die Illusion, »dass ein Oberhaupt da ist – in der katholischen Kirche Christus, in der Armee der Feldherr –, das alle

Einzelnen der Masse mit der gleichen Liebe liebt. An dieser Illusion hängt alles; ließe man sie fallen, so zerfielen sofort, soweit der äußere Zwang es gestattet, Kirche wie Heer.«[19] Es kommt Freud auf die libidinöse Struktur beider Führermassen an:»… jeder Einzelne (ist) einerseits an den Führer (…), andererseits an die anderen Massenindividuen libidinös gebunden.«[20]

Mit dem Hinweis auf die konstitutive Rolle der Gefühlsbindungen für die Existenz von Massen hat Freud wichtige Einsichten gewonnen, die für deren Einschätzung bis heute bedeutend sind: Die Einzelnen haben von der Masse, sofern sie sich in ihr aufgehoben fühlen, eine positive Einschätzung (wie sich heute insbesondere bei Massen in der populären Kultur beobachten lässt). In einer libidinösen Beziehung erwarten Menschen von dem Objekt ihrer Zuneigung eine angemessene Antwort, die Beachtung und Zuwendung ausdrückt. Die Libido der Masse stellt also an die Führer die Forderung, sie wahrzunehmen und angemessen zu beantworten. Alle Massenindividuen schwingen mit den gleichen Resonanzen; sie werden sich im Massengeschehen ähnlich oder gleichen sich einander in jenen Persönlichkeitszügen an, auf die es in der Situation ankommt.

Im nächsten Schritt seiner Analyse geht Freud auf eine »früheste Äußerung« der Gefühlsbindung zurück, auf die Identifizierung des kleinen Jungen mit dem Vater: auf seinen Wunsch, dessen Stelle zu besetzen. Er nimmt »den Vater zu seinem Ideal« und strebt danach, »das eigene Ich ähnlich zu gestalten wie das andere zum ›Vorbild‹ genommene«.[21] Das Ich übernimmt das Objekt der Libido als eine verinnerlichte idealisierte Instanz, als »Ichideal«, das so zu einem Teil des Ichs wird. Freud beschreibt diesen Vorgang ganz bildlich: Das Ich »zerfällt« »in zwei Stücke« – in Ich und Ichideal. In vielen Fällen wird das Ichideal zu einem (inneren) Gegenspieler des Ichs. Es kann diesem gegenüber Selbstbeobachtung und Zensur ausüben. Auf die Massentheorie übertragen besagt dieser Gedanke, dass das verinnerlichte Objekt, also der Führer der Masse, »*an die Stelle des Ichideals gesetzt*« wird.[22]

Wie der Hypnotiseur bringt der Massenführer die von ihm Faszinierten dazu, ihn an die Stelle des Ichideals zu setzen. Mit diesem Zug erhält die Bildung und der innere Zusammenhang von Massen eine theoretische Grundlage. So verwandelt der Führer die ihm libidinös verbundene Masse: »Die hypnotische Beziehung ist eine uneingeschränkte verliebte Hingabe bei Ausschluss sexueller Befriedigung, während eine solche bei der Verliebtheit doch nur zeitweilig zurückgeschoben ist und als spätere Zielmöglichkeit im Hintergrund verbleibt.«[23]

Anders als Elias Canetti, der die Massenbildung gerade im gemeinsamen Prozess der »Entladung«, also einer wirklichen affektiven Erfüllung sieht, ist es bei Freud der *Aufschub* dieser Erfüllung, der die Massenbindung herstellt. Libidinöse Erfüllung würde die feste Struktur einer institutionellen Masse zerstören. Canetti betrachtet hingegen flüchtige Massen, die nach der gemeinsamen Entladung zerfallen. Eben dieser Prozess wird bei Freud durch die Zielhemmung aufgehalten. Das Begehren wird auf Dauer gestellt, indem seine Erfüllung aufgeschoben wird.

Die Bindungen, die Freud neben dem libidinösen Verhältnis zum Führer interessieren, sind die Beziehungen der Massenindividuen untereinander. Im Angesicht des Führers, ihrem idealisierten Objekt, sind alle Massenindividuen gleich. *Als Gleiche* identifizieren sie sich in ihren Beziehungen untereinander:[24] Sie richten ihre Gefühle auf dasselbe Objekt, machen dieses zu ihrem Ichideal und *identifizieren sich »infolgedessen in ihrem Ich miteinander«*.[25]

Freud gibt allerdings zu, dass seine anscheinend »glatte« Lösung des hypnotischen Phänomens noch vieles »unverstanden« lässt. So kann sich das moralische Gewissen des Hypnotisierten, selbst wenn dieser ansonsten gefügig ist, »resistent zeigen«.[26] Diesen für die moralische Beurteilung der Massensubjekte außerordentlich wichtigen Gedanken verfolgt Freud nicht weiter. Seine Aufmerksamkeit richtet sich darauf, den »Zustand der Regression zu einer primitiven Seelentätigkeit« als ein »Wiederaufleben der Urhorde« zu deuten. Den Weg hatte er in seiner Abhandlung *Totem und Tabu* vorgezeichnet: Gruppen werden durch *libidinöse Beziehungen* der männlichen Mitglieder zur väterlichen Autorität *und* durch eine gleichzeitig wirkende *solidarische Bindung* untereinander zusammengehalten.[27] Der »Vater« ist das Urbild des Führers. Die »Söhne«, in ihrer Nachfolge die Massenmitglieder, sind durch eine in ihrer Psyche wirkende Instanz gegenüber einer nicht hintergehbaren Autorität, dem »Vater« oder dem »Gesetz«, verpflichtet. Ihre »Solidarität« versteht Freud als eine im Inneren der Gruppe wirkende *Verkettung* der Mitglieder untereinander. Bei der Übertragung seiner Gedanken aus *Totem und Tabu* auf die Massenthematik kommt er zu dem Schluss: »Der Führer der Masse ist noch immer der gefürchtete Urvater, die Masse will immer noch von unbeschränkter Gewalt beherrscht werden.«[28] Nach dieser Deutung entsteht die Massenbildung aus »Erbniederschlägen aus der Phylogenese der menschlichen Libido«.[29]

Zu Freuds Konzept der Bindung der Masse an Autorität

Die Bindung der Masse an die Figur eines Führers ist der heute am wenigsten einleuchtende Teil von Freuds Massentheorie. In dieser Hinsicht fällt er hinter seinen Vorgänger Tarde zurück, der bereits vor ihm führerlose Massen beschrieben hat.[30] Warum die libidinösen Beziehungen der Massenindividuen untereinander den Umweg über einen Führer nehmen müssen, ergibt sich für Freud aus dem komplexen Projekt, die Psychologie der Massen auf der Psychologie des Individuums aufzubauen. Tardes Konstellation ist einfacher, daher auch eleganter: Die emotionale Kraft, die die Masse dem Einzelnen verleiht, entsteht aus dem sinnlichen Massenerlebnis.

Das Zusammengehörigkeitsgefühl wird als performatives Phänomen erzeugt; es ist ein Effekt der Tatsache, dass man mit den vielen anderen Teilnehmern gemeinsam handelt und das gleiche Erlebnis teilt. Freud hingegen postuliert aufgrund seiner Fixierung auf Autorität: Es *muss* den Urvater gegeben haben, der sein Gesetz als ein Vermächtnis über seine Söhne verhängt hat. So wirkt er über seinen Tod hinaus. Man entkommt seiner Autorität auch dann nicht, wenn man ihn tötet, wie die »brüderlichen« Horden während der Französischen Revolution. Der König fiel – seine Stelle blieb nicht leer; sie wurde von der Konzeption der Nation besetzt, die daher *Grande Nation* heißt.

Ein weiterer kritischer Punkt ist der Gedanke, dass die Gleichheit unter den Massenmitgliedern durch den Bezug auf den autoritären Führer hergestellt wird. Es gibt jedoch auch *nicht*-hierarchische Massen, die gleichwohl strukturiert sind, jedoch horizontal, nicht vertikal. Sie können sich aus selbstständigen performativen Akten von Menschenansammlungen entwickeln. In einer vaterlosen Brüderhorde kann sich auf der Grundlage von Gleichheit eine Arbeitsteilung ihrer Mitglieder für bestimmte Aufgaben herausbilden. So haben die Ereignisse des Arabischen Frühlings 2010/11 gezeigt, dass Aufstände gegen einen autoritären Staat auch ohne politische Anführer – zumindest temporär – erfolgreich sein können, wenn sich die Revoltierenden in sozialen Netzwerken über ihre Handlungen verständigen können. So geschah es bei den Aktionen auf dem Tahrir-Platz in Kairo, die vorübergehend von einem Angestellten der Kommunikationsfirma Vodafon koordiniert wurden. Mit einem Mobiltelefon in der Hand und einem entsprechend großen Netzwerk können vollkommen unbekannte, aber talentierte Kommunikatoren kurzfristig zu Anführern werden, um danach wieder in der Masse zu verschwinden. Die Tatsache, dass die politische Bewegung von der ägyptischen Armee auf ihre Zwecke umgelenkt worden ist, beweist nicht ihre Folgenlosigkeit. Es spricht einiges dafür, dass die starken Emotionen, die von den gewaltigen politischen Demonstrationen *und* der dadurch bewirkten vorübergehenden Zerstörung des Machtgefüges ausgelöst wurden, in den Beteiligten nachleben und zu einer Neuorientierung ihres Handelns und Denkens führen können. Nach der Analyse des tunesischen Soziologen Mohamed Kerrou haben die Ereignisse zur Bildung eines *politischen* öffentlichen Raums in den arabischen Ländern geführt:»Der ›arabische Frühling‹ sollte zuerst und vor allem als Besetzung des öffentlichen Raums durch ein Volk gelesen werden, das nationalstaatlich verfasst ist und aus Individuen besteht, die zwischen individueller Selbstbestimmung und kollektiven Zugehörigkeiten hin und hergerissen sind. Dieser öffentliche Raum reduziert sich ganz im Gegensatz zu dem, was die Medien allzu oft mit dem Klischee der ›arabischen Straße‹ suggerieren, keineswegs auf einen Schauplatz für die Herdeninstinkte einer unbestimmten Masse, die einer Logik des Ressentiments folgt. Vielmehr ist er ein Ort politischer Debatten, er ist (…) ein Raum für Versammlungen und Diskussionen, Feste und Feiern, von Individuen erfüllt, die nach Freiheit streben. Erzeugt wird diese Öffentlichkeit von alten und neuen gesellschaftlichen Akteuren: Menschenrechtsaktivisten, Gewerkschaftern, Feministinnen, Cyberaktivisten und Mitgliedern politischer Parteien, von freien, autonomen Individuen, deren kategoriale Beschreibung nicht von Staat und freiheitlicher Demokratie zu trennen ist.«[31]

Allerdings können sich die positiven Wirkungen des Massengeschehens ins Negative verkehren und zu Selbstüberschätzung, angemaßter Bedeutsamkeit und zu einem aufgeblasenen Selbstbewusstsein führen. In seinem Nachwort zur deutschen Ausgabe von Serge Moscovicis Buch *Das Zeitalter der Massen* schreibt Carl Friedrich Graumann über die klassische Massenpsychologie: »… all das, was für uns Fortschritt und Demokratie bedeutet – die Zusammenziehung der Bevölkerungen in Städten, der Aufschwung der Kommunikations- und Produktionsmittel – führt ihr zufolge

ZU FREUDS KONZEPT DER BINDUNG DER MASSE AN AUTORITÄT

zu einem neuen Aufblühen der Autorität und deren Konzentration in den Händen eines einzelnen.«[32] Graumanns Prognose ist Realität geworden. In den neuen Massenerscheinungen, wie den sozialen Netzwerken, den Blogs, den Kommentaren zu Medienberichten, maßen sich Massenindividuen oft eine Macht an, die weit über ihre wirkliche soziale Rolle und Kompetenz hinausgeht. »Mit einem Facebook- oder Twitterprofil hat heute jeder ein Mikrofon in der Hand.«[33] Die Massenindividuen dieses Typs binden sich nicht mehr affektiv an einen Führer. Heute kann jeder mit einer großen Zahl an »Followern« als eine Art Führer auftreten und auf seine Gefolgschaft verweisen. Dieser Entwicklung entsprechen Freuds Gedanken über die Vereinigung der von den Zwängen des Ichideals befreiten Individuen zu einer Festmasse: Ihr Verhalten ist »Ausdruck einer Selbstliebe, ein Narzissmus …, der seine Selbstbehauptung anstrebt«.[34] Um Selbstliebe handelt es sich deshalb, weil Ich und Ichideal, Führer und Geführter hier in eins fallen. Abweichungen von der individuell vorgegebenen Verhaltenslinie wird nicht geduldet.

Reaktionsweisen dieser Art finden sich in den Abgrenzungen gegenüber anderen Massen, die von Städterivalität über »Fanfeindschaften« im Fußball bis zum Nationalismus reichen. Selbstliebe und Aggression gegen eine feindliche Masse können sich zu der fanatischen Bereitschaft verbinden, die Gegner zu vernichten. Eine explosive Mischung aus Liebe zu den Gleichen und Tötungsbereitschaft gegenüber den anderen kennzeichnete die Stimmung in den verfeindeten Nationen zu Beginn des Ersten Weltkriegs. Stefan Zweig hat die Begeisterung über die Kriegserklärung Österreichs 1914 als Entladung einer fanatischen Masse aus der Innensicht beschrieben:

»Um der Wahrheit die Ehre zu geben, muss ich bekennen, dass in diesem ersten Aufbruch der Massen etwas Großartiges, Hinreißendes und sogar Verführerisches lag, dem man sich schwer entziehen konnte. … Wie nie fühlten die Tausende und Hunderttausende

Menschen, was sie besser im Frieden hätten fühlen sollen: dass sie zusammengehörten. ... Alle Unterschiede der Stände, der Sprachen, der Klassen, der Religionen waren überflutet für diesen einen Augenblick von dem strömenden Gefühl der Brüderlichkeit. Fremde sprachen sich an auf der Straße. Menschen, die sich jahrelang ausgewichen, schüttelten einander die Hände, überall sah man belebte Gesichter. Jeder Einzelne erlebte eine Steigerung seines Ichs, er war nicht mehr der isolierte Mensch von früher, er war eingetan in eine Masse, er war Volk, und seine Person, seine sonst unbeachtete Person hatte einen Sinn bekommen.«[35]

Das kollektive *Wir* der Masse wirkt als Verstärkung des *Ichs*. Zweig spricht von einer »Steigerung«, die der »sonst unbeachteten Person« einen »Sinn« gibt. Im Rückblick nennt er die in der Massenbildung zum Ausdruck kommende Einstellung eine »kindlich-naive Gläubigkeit«, die sich zu einem unbedenklichen Vertrauen in seine Autoritäten formte. Mit diesen Worten zensiert Zweig sich im Nachhinein selbst. Sprach er zunächst von einem »Überfluten« des »Unterschieds der Stände und Klassen«, also von der Auflösung des überkommenen Autoritätsmodells, sieht er in der Massenbildung später den Ausdruck eines »unbedenklichen Vertrauens« in die Autoritäten. Er bindet also das spontane, hierarchie- und formauflösende Massenerlebnis nachträglich an die hierarchischen Strukturen zurück.[36]

Der nationalistische Rausch bei Kriegsausbruch 1914 war nicht vorrangig das Werk autoritärer Herrschaft. Die kriegerische »Festmasse«, die Zweig beschreibt, entstand nicht allein durch die libidinöse Bindung an den Kaiser. Tatsächlich versuchten die Herrschenden, wie man aus den Briefwechseln der Akteure weiß, die Eskalation im letzten Moment noch zu stoppen.[37] Die *Eigendynamik* der Massenprozesse in den beteiligten Ländern ließ dies aber nicht mehr zu. Der massenhafte Jubel zum Ausbruch des Ersten Weltkriegs scheint auf den ersten Blick eine Bestätigung von Freuds führerfixierter Massenanalyse zu sein. Tatsächlich aber markiert er

den Moment, in dem den Herrschenden die Lage endgültig entglitt
und sie selbst zu Getriebenen der Massenbewegung wurden. Mit
den alten Herrschaftstechniken waren diese Erregungskollektive
nicht mehr steuerbar.[38]

Die »Masse in mir«. Massenerfahrungen am eigenen Leib

Entgegen den frühen autoritätsfixierten Massenkonzepten haben
wir gezeigt, wie sich das Individuum in der Masse verwandelt, wie
sein Selbst gesteigert und gestärkt wird. Im Folgenden wollen wir
die Beziehung von Masse und Individuum von einer anderen Seite
her beleuchten: Wie die Masse Individuen enthält, so enthält jedes
Individuum die Masse in sich. Dies erscheint zunächst kontrain-
tuitiv. In diese Richtung verweist jedoch Freuds Einsicht, die psychische Verwandlung bei der Massenbildung vollziehe sich *innerhalb jedes einzelnen* Individuums. Für Friedrich Nietzsche ist das
Ich im Sinne einer fixierten personalen Identität nichts anderes als
eine Konstruktion aus einer Vielheit von inneren Kräften, die in mir
um die Macht ringen. Identität entsteht als Produkt dieser Kämpfe
entweder dadurch, dass eine Kraft sich gegen die anderen durch-
setzt, oder dadurch, dass diese miteinander interagieren. *Ich* ist nicht
ein anderer, sondern eine Vielheit. Die Bildung eines identischen
Ichs geschieht nach dem Muster der Massenbildung. Entweder entsteht ein beherrschender Trieb, gleichsam als Massenführer, oder
die innere Masse strukturiert sich selbst, indem sich »Koalitionen«
von Trieben bilden. *Ich* bin selber das Resultat einer bestimmten
Massenkonstellation. Diese Vorstellung widerspricht der additiven
Auffassung von der Masse, der zufolge die soziale Welt aus Einzel-
subjekten besteht, die aus besonderen Anlässen eine Masse bilden
können. Nietzsche und die poststrukturalistische Kritik der Subjektphilosophie bestreiten in dieser Sicht, dass die Masse gegenüber dem

Ich ein sekundäres Konstrukt ist. Sie ist selber Teil des Entstehungsprozesses des *Ichs*.

Nietzsche geht noch einen Schritt weiter.[39] Er erklärt die von einer Masse Kraftquanten gebildete subjektlose Gefühls- und Triebwelt zur wirklichen Welt. Das *Ich* ist nichts als eine Konstruktion, die mithilfe der Sprache erzeugt wird. Der Umgang mit dieser Einsicht unterscheidet die »großen Einzelnen« von den »Herdenmenschen«. Während sich die gemeinen Menschen in der Masse verlieren, nimmt der große Einzelne diese in sich auf. Er inkorporiert die Masse und gibt sich selbst eine Vielzahl von Persönlichkeiten: Es ist sein Vorrecht, in einem Leben viele Individuen zu sein, viele Personen verkörpern zu können. Indem er in sich als eine Vielheit bildet, ist er fähig, die Welt aus vielen verschiedenen Perspektiven zu betrachten. Nietzsches Perspektivismus ist nach als Überzeugung die einzige Möglichkeit zu produktiver Erkenntnis, die der Philosophie nach der Aufgabe des emphatischen Wahrheitsbegriffs bleibt. Das *Ich* des großen Menschen verschmilzt nicht mit der Masse – es expandiert, bis es groß genug ist, selber eine Masse zu bilden.

Nietzsches beunruhigende These lautet: Massen bilden das *Ich*. Elias Canetti, ein aufmerksamer Leser Nietzsches und Freuds, hat diesen Satz auf die Formel von der »Masse in mir« gebracht. Sie wird von den Arbeiten über die Masse meistens übersehen, vielleicht weil sie nicht aus dem Hauptwerk Canettis, das die Masse im Titel trägt, stammt, sondern aus seinem einzigem Roman, *Die Blendung*:

»(…) Bildung ist ein Festungsgürtel des Individuums gegen die *Masse in ihm selbst*. Den sogenannten Lebenskampf führen wir, nicht weniger als um Hunger und Liebe, um die Ertötung der Masse in uns. (…) Die ›Menschheit‹ bestand schon lange, bevor sie begrifflich erfunden und verwässert wurde, als Masse. Sie brodelt, ein ungeheures, wildes (…) Tier in uns allen, sehr tief, viel tiefer als die Mütter. (…) Noch pflegt sie bald zu zerfallen, und wir sind dann wieder wir, arme, einsame Teufel. (…) Indessen rüstet sich die Masse in uns zu einem neuen Angriff. Einmal wird sie nicht zerfallen, vielleicht in einem Land erst, und von diesem aus um sich fressen, bis niemand an ihr zweifeln kann, weil es kein Ich, Du, Er mehr gibt, sondern nur noch sie, die Masse.«[40]

In Canettis düsterem Zitat läuft der »Sieg« der Masse auf die Auflösung der Individuen hinaus. Doch die Masse steht dem Einzelnen nicht gegenüber und bedroht ihn von außen; sie ist das »Tier«, die Vor-Kultur, die *in* jedem Einzelnen lauert. Kien, die neurotische Hauptfigur des Romans, will sich gegen die Bedrohung von außen durch eine Mauer aus Büchern schützen, die er als eine Gegen-Masse in Position bringt. Schließlich aber bricht die »Masse in ihm« auf und zerstört seine bürgerliche und gelehrte Identität. Die Bedrohung durch die innere Masse treibt Kien in den Wahnsinn. Auch bei Canetti wird der Massenzustand pathologisiert: Das Zitat ist Teil eines inneren Monologs von Kiens Bruder, einem Irrenarzt. Ob die Masse sich mir gegenüber oder in meinem Inneren befindet – in jedem Fall wird sie, einmal aktiviert, meine personale Identität zerstören.

Die frühen Massentheoretiker sind auf die personale Identität fixiert. Eine Person ohne fest umrissene Identität ist für sie beunruhigend. Ein Verlust von Identität, und sei er nur von kurzer Dauer, gilt ihnen als ein unannehmbarer Zustand. Welches Problem entsteht aber durch eine temporäre Suspension des *Ichs?* Welche Gefahr liegt in enthusiastischen Zuständen, die mich zu bestimmten Anlässen aus den gewohnten Bahnen meines *Ichs* herausreißen? Die klassische Antwort: Das *Ich* verliert seine rationale Kontrolle über sich. Aber gerade weil die Identität beständig an die Einheit des Subjekts gebunden ist, kann ihre temporäre Suspension Freiräume erzeugen. In einer Festmasse, in Fußballstadien, bei Konzerten, kann ich mich meinen Gefühlen überlassen; ich muss mich nicht in ständiger Übereinstimmung mit mir selbst verhalten. Nicht der temporäre Selbstverlust ist pathologisch, sondern die übersteigerte

Angst davor. Im Massenerlebnis kann man Zustände erfahren, die das gewöhnliche *Ich* transzendieren, ohne dass man sich an sie verliert. Anders als zum Beispiel eine Sekte fordert die Masse keine unbedingte und dauerhafte Gefolgschaft. Es ist gerade ihre Offenheit, die eine Masse von anderen sozialen Aggregierungen unterscheidet. Sie zwingt niemandem eine Identität auf, sondern gibt die Möglichkeit, für einen begrenzten Zeitraum auf Distanz zu seiner Identität zu gehen. So sind für Jugendliche die Festmassen der Popkultur und des Sports eine Gelegenheit, sich für eine gewisse Zeit aus ihren familiären Bindungen zu lösen. Massen versammeln sich manchmal um Autoritäten herum; sie sammeln sich aber auch auf der Flucht vor diesen. Die Erhöhung des Einzelnen in der Masse ist – das macht ihre Nähe zur Mystik aus – eine Entgrenzungserfahrung. Im klassischen Massen-Narrativ wird sie mit Chaos, Gewalt und Auflösung gleichgesetzt, doch man kann sie auch positiv bewerten, wenn man bedenkt, dass Identität selbst eine Form der Gewalt sein kann. Wir können ihr nicht entkommen, ohne uns selbst zu entkommen. Es ist zumindest irreführend, eine absolute Opposition von *Ich* und Masse anzunehmen. Wie Massen eine Entstehungs*geschichte* haben, so entsteht auch der Gegensatz von *Ich* und Masse in einem Entwicklungsgeschehen, in dem sich beide wechselseitig hervorbringen.

Das neue Wir der Massen

Eine andere Konzeption des Individuums in der Masse als Tarde, Le Bon und Freud entwirft Norbert Elias in seiner Arbeit *Die Gesellschaft der Individuen*. Er setzt bei den Beziehungen der Menschen untereinander im gewöhnlichen Leben an: Selbst wenn sie »scheinbar beziehungslos aneinander vorbeigehen, sind sie doch wie »durch eine Fülle von unsichtbaren Ketten an andere Menschen

DAS NEUE WIR DER MASSEN 95

gebunden«.[41] Sie formen eine im Umgang mit anderen ausgeprägte
»Verflechtungsfigur«. In einem Netz gegenseitiger Beziehungen
bildet das Individuum gleichsam als Produkt der Verflechtung
eine »Selbststeuerung« heraus.[42] Sein Verhalten wird durch seine
Zugehörigkeit zu einer gesellschaftlichen Gruppe oder Schicht
indirekt reguliert und aufgrund von »Modellierung« an deren Normen gebunden.[44] Den »Menschenverband«, in dem die Individuen
gelernt haben, ihre Beziehungen zu steuern, bezeichnen sie in seiner Gesamtheit als ein *Wir*. In der Masse scheint es, als würden
die erworbenen sozialen Steuerungen nicht mehr funktionieren.
Im Heer und in der Kirche geben die Mitglieder die ursprünglich
erworbenen Grundstrukturen ihrer Persönlichkeit und die erlernten
Verhaltensweisen jedoch nicht vollkommen auf, selbst wenn sie durch
neue Anforderungen und Befehlsstrukturen überformt werden. Die
von Elias beschriebene Fähigkeit der Selbststeuerung umfasst die
Möglichkeit, mit neuen Situationen fertigzuwerden, auf die das
Individuum nicht vorbereitet ist. Ethisches Verhalten, Loyalität zu
Ranghöheren, Gehorsam sind geradezu die Voraussetzung für den
Eintritt und das Erwähltwerden für eine Karriere in beiden Insti-
tutionen. Die *strukturierte* Masse leitet erworbene Bindungen und
Strukturen in neue Figuren des Gehorsams und Glaubens um. In
der traditionellen Erziehung sind sie in der Kindheit eingeübt wor-
den; sie werden nun auf die organisierte, hierarchische Masse des
Heeres oder der Kirche übertragen.

In *unstrukturierten* Massen kann es schon eher zur Auflösung tra-
ditioneller Ordnungen kommen. Sie können Strukturen von Familie oder Clan, von sozialen Hierarchien und öffentlicher Ordnung
durch andere Formen sozialer Bindungen ersetzen. Allerdings entsteht der Gegensatz von unstrukturierter und strukturierter Masse
in idealtypischen Beschreibungen. In der Wirklichkeit kommen sie
fast nie in Reinform vor. Auch in revolutionären Massen gibt es
autoritäre hierarchische Strukturen, die in Befehl und Gehorsam

zum Ausdruck kommen. Ebenso können in strukturierten Massen dunkle Bereiche der Anomie entstehen, beispielsweise durch verdeckte parallele Strukturen, die von der Hierarchie nicht erfasst werden.

Die in gewöhnlichen Lebensverhältnissen ausgeprägten Verflechtungsfiguren bilden in vielen Fällen eine Grundlage für die interne Hierarchie einer strukturierten Masse, selbst wenn in dieser ganz andere Handlungsweisen gefordert werden. Kirche und Militär werden durch externe Hierarchien mitgestaltet, die traditionell auch an der Gliederung der Gesellschaft beteiligt sind, wie Herkunft, Bildung, Besitz, soziale Beziehungen u. Ä. Die Hierarchie der Gesellschaft wirkt zumindest teilweise in die Gliederung von Kirche und Militär hinein. So werden in beide Massen wesentliche Steuerungselemente integriert, die das soziale Leben der Individuen gestalten. Auch bei anderen Massen lässt sich Ähnliches beobachten: In einem Karnevalszug haben die Honoratioren der Stadt und Bürger mit hohem Ansehen oder bedeutenden Vermögen hervorgehobene Positionen am Kopf des Zuges und auf den Ehrentribünen inne. Bei den Fußballfans haben die Anführer, die die Gesänge und Anfeuerungen der Fanmasse steuern, besondere Eigenschaften, die sie zu herausragenden Mitgliedern der ebenfalls hierarchisch geordneten Jugendkultur machen. Bei politischen Protesten marschieren die bekanntesten Politiker, Journalisten, Aktivisten, Schriftsteller, Liedermacher an der Spitze des Demonstrationszuges und sie sind es, die auf der Abschlusskundgebung als Erste sprechen.

In der Masse geht also das Besondere, das in der Gesellschaft spezifische soziale Stellungen verschafft, nicht verloren. Wer gewohnt ist, andere mit seiner Autorität zu führen, behält diese Fähigkeiten auch in den meisten Massenformationen bei. Hier sind die sozialen Zusammenhänge zwar andere als im gewöhnlichen Leben, aber auch sie sind als gesellschaftliche Figurationen (N. Elias) organisiert, in denen die Fähigkeit, Macht auszuüben, Führung zu erlangen, für ein Kollektiv zu sprechen, Ziele zu definieren, entscheidende Eigenschaften sind, die für herausragende Positionen qualifizieren. In der unstrukturierten Masse erringen sie ihren Einfluss jedoch auf eine andere Weise als in der Gesellschaft üblich: durch entschlossene Ausgabe von Parolen, Geistesgegenwart, energisches körperliches Handeln. Eine Eigenschaft, die für den Einfluss auf Massen besonders wichtig ist, besteht in der Fähigkeit, den Wunsch nach *Gemeinsamkeit* aufzunehmen und in gemeinschaftlichen Aktionen auszudrücken – die Fähigkeit, ein *Wir* zu bilden. Es ist ein anderes *Wir* als jenes in Parteien, Vereinen, Klubs, speziellen Gruppen und Zirkeln. Die für diese Aufgaben geeigneten Massenindividuen bündeln die Wünsche, Stimmungen, Absichten der Masse in besonderen Sprechakten, die ein *Wir* als handelndes Subjekt entstehen lassen, das Forderungen erhebt, Ziele formuliert, Gegner benennt.

In strukturierten institutionellen Massen wird ebenfalls ein *Wir* gebildet. Dies geschieht vom Eintritt in die Masse an in mehreren einzelnen Schritten. Mit dem ersten, entscheidenden Schritt wird das neue Mitglied einer Initiation unterworfen. In der Kirche ist dies, je nach Konfession, die Kommunion oder Konfirmation, die von einer religiösen Instruktion wie in einem Schulunterricht vorbereitet wird. Im Heer ist es der Grundwehrdienst und die Offiziersausbildung, in denen aus dem »Zivilisten« ein »Soldat« gemacht wird. In beiden Fällen findet eine Umformung der Person statt; sie wird mit Ritualen der Aufnahme in die kirchliche beziehungsweise militärische Institution abgeschlossen.

In unstrukturierten Massen vollzieht sich die Umformung spontan, ohne Rituale und Zeremonien, innerhalb kürzester Zeit. So wird aus einem unzufriedenen Bürger ein wütender Demonstrant in dem Moment, in dem er am Ort einer Demonstration eintrifft, sich an den Aktionen beteiligt, die Parolen der Protestierer übernimmt und sich von einem massiven Polizeiaufgebot bedroht sieht.

Dies war der Ausgangspunkt der Auseinandersetzungen um das Projekt »Stuttgart 21«, den Bau eines unterirdischen Bahnhofs in der Stuttgarter Innenstadt, der mit der Rodung alter Bäume im Schlossgarten begann. Am Anfang stand ein gering politisierter Protest von Naturschützern gegen die Abholzung. Eine unbegreiflich brutale Polizeiaktion, deren Objekt vornehmlich protestierende Gymnasiasten war, löste eine heftige Gegenwehr Stuttgarter Bürger aus. Das Brodeln des Zorns ließ eine explosive Situation der Revolte entstehen. Émile Durkheim bezeichnet dieses Stadium der *effervescence* als einen Gärungszustand, der zur Veränderung eines Stoffes führt.[44] Schon wenn die »Gärung« begonnen hat, ist der Prozess des Brodelns nur noch schwer zu kontrollieren, sodass er am Ende ein unvorhersehbares Resultat hervorbringen kann.

Zum Überkochen kam es in Stuttgart, als ein alter offensichtlich honoriger Bürger, vom Strahl eines Wasserwerfers getroffen, mit blutigen Augenhöhlen durch den Schlossgarten geführt wurde. Aus dem ursprünglich harmlosen Protest entstand kollektive Wut. Spontan bildete sich innerhalb kürzester Zeit eine entschlossene Formation gegen eine Masse von Polizisten, die der Polizeichef zur Unterdrückung der Proteste aufgeboten hatte. Aus dem Gärungsprozess entstand das *Wir* einer Gegen-Masse. Sie umfasste alle im Protest im Schlossgarten versammelten Personen und unzählige Sympathisanten, die von den Ereignissen durch die Medien erfahren hatten. Das *Wir* setzte sich ein klares Ziel, das über die Verteidigung der Bäume weit hinausging: Widerstand gegen die Polizei und Widerstand gegen das von politischen und wirtschaftlichen Autoritäten erzwungene Bauvorhaben, schließlich Widerstand gegen die politische Autorität, die hinter der Polizeimasse und dem Projekt stand. Aus harmlosen Bürgern, die sich für den Erhalt des Schlossgartens und des alten Bahnhofs eingesetzt hatten, wurde eine Masse von »Wutbürgern«. Das *Wir* stellte sich in pathetischen Selbstbeschreibungen als fundamentaler Widerstand gegen einen außer

Kontrolle geratenen Staat dar. Die Verwandlung führte dazu, dass die Medien nahezu geschlossen die Sicht der Masse übernahmen. In der Folge verlor die regierende CDU ihre für unerschütterlich gehaltene Vorherrschaft in Baden-Württemberg.

Durkheims Theorie des »Gärungsprozesses« kann vom Feld der Religion auf die Aktion von Massen übertragen werden. Möglich ist dies, weil er einen sehr weiten Begriff des Religiösen verwendet. Es geht ihm dabei nicht um Glauben, Offenbarung oder spirituelle Prozesse, sondern um die Verwandlung von Alltäglichkeit in einen außer-alltäglichen Zustand. Im sozialen Gärungsprozess einer Masse entsteht für ihre Mitglieder das Bewusstsein einer quasi-religiösen Berufung. Ihre Aktionen erhalten in der Selbstwahrnehmung eine Art höherer Weihe. Wofür die institutionalisierte Masse viele Schritte benötigt, das erreicht die spontane Masse innerhalb kürzester Zeit. Die libidinösen Beziehungen umfassen nicht nur die Masse als ein Ganzes (als ein *Wir),* sondern auch die vielen je individuellen *Ichs* mit ihren Beziehungen untereinander. Eine Protestmasse braucht keinen Führer, sondern kann aus gemeinsam geteilten Emotionen und aus vereinten Handlungen gegen einen klar definierten Gegner entstehen. In diesem Handlungs- und Gefühlskontext erleben sich die einzelnen *Ichs* als handlungsmächtig und wertvoll.

Wenn in einem Gärungsprozess ein *Wir* entsteht, kann dieses eine quasi-religiöse Grundierung erhalten. Es ist ein einschließendes, inkludierendes *Wir.* Im Gegensatz zum exkludierenden *Wir* schließt es nicht Individuen oder Gruppen aufgrund bestimmter Merkmale aus. Wer sich an seinen Protesten beteiligt, *gehört dazu,* unabhängig von Herkunft, Religion, Hautfarbe, sexueller Orientierung etc. Die durch den Gärungsprozess veränderten Massenindividuen leben ihre Verwandlung lustvoll aus: Zum einen erfüllt sich im *Wir* der Masse ihr Wunsch nach Gemeinschaft und Übereinstimmung mit den anderen. Ihre Verwandlung lässt sie zum anderen eine Berufung, eine *Vokation* erfahren. Sie sind keine profanen Individuen mehr, sondern erleben das Gefühl eines erhobenen Status. Ihre Aufwertung drücken sie im Pathos ihrer Selbstdarstellung, in ihrer Selbstsicherheit und im Glauben an ihre »Mission« aus.

Gerade der Blick auf neuere Protestmassen zeigt das Defizit der traditionellen Vorstellungen über die Masse. Für diese bildet sich das kollektive *Wir* aus einer Minderung des *Ichs* ihrer Mitglieder: »*Wir* = (− *Ich* − *Ich* − *Ich* …).« In den neuen Massen entsteht das *Wir* weder aus einer Substraktion noch aus einer einfachen Addition der alltäglichen *Ichs*. Es ist mehr als die Summe ihrer Teile, weil *jeder einzelne* Teilnehmer *mehr* geworden, stärker gemacht und erhöht worden ist. In der neuen Masse erfahren die Einzelnen eine individuelle Bereicherung ihrer Person; sie kann schematisch wie folgt angegeben werden: »*Wir* = *Ich** + *Ich** + *Ich** …«

Ich bin es, der sich in einer Masse aufgehoben fühlt, der sich als stärker und mächtiger empfindet als im gewöhnlichen Leben (was durch das hochgestellte Sternchen symbolisiert wird). Wenn wir annehmen, dass die Massenbildung in bestimmten Fällen zu einer Steigerung des Selbstbewusstseins *(Ich*)* führt, wird die Bereitschaft zur Massenbildung verständlich. Würde sie, wie nach dem alten Schema, zu einer Auslöschung der *Ichs* führen, wäre dies angesichts des Werts, den die Ich-Identität heute besitzt, weitgehend unverständlich.

Erklärungsbedürftig erscheint unter solchen Voraussetzungen eher die Verachtung der Massen. Sie war (und ist es immer noch) für konservative Gesellschaftstheoretiker geradezu selbstverständlich. Sie würde auch dann nicht verschwinden, wenn diese Denker der These einer Erhöhung des Selbst in der Masse zustimmen würden. Für sie bliebe die Tatsache bestehen, dass die Erhöhung der einzelnen *Ichs* nicht durch eigene Leistung errungen wird. Der Einzelne ist nicht Urheber seines gesteigerten Selbstbewusstseins, sondern benötigt ein kollektives *Wir*, um sich selbst eine Bedeutung zu geben. Aber der verächtliche Blick braucht seinerseits die Existenz von Massen, um sich kritisch von ihnen abzugrenzen und sich dadurch »besser« und »höher« zu fühlen. Auch für ihre Verächter führt die Auseinandersetzung mit den Massen zu einer individuellen Bereicherung.

Fragen der Methode

Wie wir schon bei Freud bemerkt haben, sind Gefühle bei Weitem nicht immer Auslöser für die Beteiligung an einer Masse. Bei modernen Massen veranlasst oft der Wunsch nach Teilhabe an einer großen Bewegung das Individuum, sich ihr anzuschließen. In der Masse bewegt man sich mit vielen anderen auf das gleiche Ziel hin. Die mit ihnen gemeinsam geteilte Absicht lässt die individuellen Differenzen zwischen den Beteiligten in den Hintergrund treten. Unterschiede der Lebensverläufe, Herkunft und Bildung, des Berufs und Alters werden irrelevant. Ihre Erwähnung würde in einer Massensituation als störend empfunden werden. Ein solches Desinteresse an der spezifischen Individualität der Handelnden stellt jene Anonymität her, die man dem Geschehen in der Masse gewöhnlich zuschreibt. Alles, was die Person aus ihrer persönlichen Vergangenheit mit sich schleppt, wird relativ bedeutungslos gegenüber der Unmittelbarkeit und Direktheit des Erlebens in der Masse. Nur das zählt, was die Handelnden in der absoluten Präsenz gemeinsam tun und fühlen.[45]

Das Miteinander in der Dichte der Masse erzeugt für das emotionale Geschehen eine extrem hohe Leitfähigkeit. Die Teilnehmer sind eher durch ein kommunikatives emotionales Netz miteinander verbunden als durch ein gemeinsames Ichideal. Im Verlauf der Interaktion wird es immer weiter verbreitet und immer stärker aufgeladen. Im emotionalen Netz der Masse gibt es keine spannungslosen neutralen Positionen. Zwischen den Individuen entsteht eine Resonanz des Fühlens und Handelns. In der Situation der direkten Präsenz aller Beteiligten werden ihre Absichten und Gefühle von den Beteiligten empathisch mitempfunden. Tarde bezeichnet eine solche Übernahme fremder Intentionen und Emotionen als *imitation*,[46] was man im Deutschen besser mit mimetisch oder nachahmend ausdrücken kann.[47]

Die Begegnungen in einer zielgerichteten Masse werden von der Massenkritik, insofern keine Meinungen ausgetauscht und keine rationalen Gründe vorgebracht werden, als oberflächlich oder sogar irrational angesehen. Bei der Kommunikation der Gefühle und ihres Ausdrucks kommt es jedoch im Tiefenbereich der Person zu einer Übereinstimmung der emotionalen Verfasstheit der Beteiligten. Sie ist zwar an die Situation gebunden und kann mit deren Abschluss erlöschen. In der Erinnerung ermöglicht sie aber dem Subjekt einen leichten Zugang zu anderen Beteiligten, mit denen es seine Emotionen bei einem großen Massenereignis geteilt hat. Die Kommunikation, die nach Verlassen der Situation abgerissen ist, kann über das Erinnern »großer Momente« wieder aufgenommen werden. Daher kommt es, dass intensive Erlebnisse bei Fußballspielen, Musikevents oder politischen Demonstrationen noch Jahre später eine mühelose Verständigung zwischen ehemals Beteiligten erzeugt.

Für die Soziologie stellt das Massenphänomen ein schwer zu bearbeitendes Feld dar. Soziologische Forschung interessiert sich für Strukturen und Regeln von Interaktionen und Institutionen. Massenhandeln lässt sich zwar äußerlich erfassen, aber kaum systematisieren. Es gibt nur selten legitimierte Sprecher, die die Meinung der gesamten Masse artikulieren können. »Gesetze« des Massenhandelns werden gern propagiert, können aber schnell durch Ereignisse falsifiziert werden. Prognosen über zukünftiges Verhalten von Massen sind in den meisten Fällen höchst unsicher. Es ist auch nicht ausgemacht, in welches Schubfach der Soziologie die Erforschung von Massen gehört, ja, ob es überhaupt ein solches gibt. Vielmehr kreuzen sich in der Erforschung von Massen die

FRAGEN DER METHODE

Wege unterschiedlicher Teildisziplinen – der Verhaltens- und Handlungstheorie, der Interaktionssoziologie, Sozialpsychologie und Kommunikationstheorie. Hinzu kommt, dass Massen keine klaren Ränder haben, weder räumliche noch zeitliche. Die Ausdehnung einer Masse lässt sich ebenso wenig bestimmen wie ihr zeitlicher Anfang und ihr Ende. Auch die Struktur und Ausdehnung des kommunikativen Netzes lässt sich nicht eindeutig erfassen. Wir können einzig feststellen, dass die Beteiligten unterschiedliche Motive für ihre Teilnahme am Massengeschehen haben. Aber gerade diese Differenzen werden durch das Massenerlebnis unwichtig.

Massen sind in einem Prozess ständigen Werdens. Sie erreichen nie einen abgeschlossenen, fertigen Zustand. Sie weisen aber eine Reihe gemeinsamer Merkmale auf und haben in unserer Gesellschaft eine zu große Bedeutung, als dass man sie einfach als ungeklärtes Randphänomen beiseitelassen könnte. In der Gegenwart gibt es viele Massenphänomene, die *dies gerade nicht sind*. Alle wichtigen Kommunikationssysteme unserer Gesellschaft funktionieren aufgrund massenhafter Beteiligung – sie werden von Massen in Gang gehalten und, zumindest indirekt, durch Preisgabe persönlicher Daten von ihnen finanziert. Dadurch dass die großen sozialen Systeme weltweite Massen mobilisieren, dass sie deren Daten organisieren, verkaufen und für Analyse- und Prognosezwecke weitergeben, entsteht bei Firmen wie Facebook ein immenser Reichtum, ohne dass sie irgendetwas produzieren oder irgendwelche Inhalte erzeugen. Das methodische Instrument, mit dem sie die Massen beschreibbar, sogar berechenbar machen, sind ihre Algorithmen. Dies ist deswegen möglich, weil sie »ihre« Massen selbst produzieren und aufgrund des Verhaltens der Nutzer in den sozialen Netzwerken klassifizieren, in Verbindung miteinander bringen, in Kohorten von Konsumenten einteilen *und entsprechend* ihrer ökonomischen Interessen organisieren.[48] Die Soziologie kann so nicht vorgehen: Sie muss die Massen unter wissenschaftlichen Gesichtspunkten analysieren. Strenge Methoden sind dabei nicht anwendbar, weil die Identität von Massen nicht definiert werden kann. Dennoch sind sie wiedererkennbar – nicht als bestimmte Objekte, sondern als komplexe Bündel von Verhaltensweisen, die phänomenal und strukturell gekennzeichnet werden können. Dies alles ergibt ein Geschehen, das auf der Oberfläche einfach erscheint, aber in eine vielschichtige Tiefe reicht.

Für ein Beschreibungsmodell moderner Massen ist als Erstes festzuhalten, dass die Subjekte im Massengeschehen – gleichsam unterhalb des gemeinsamen *Wir* – mit ihren individuellen Perspektiven weiterbestehen. Innerhalb einer Masse entsteht aufgrund der Vielzahl von Einzelperspektiven eine *plurale Ontologie:* Sie bereichert die Mitglieder von Massen, können aber bei nachlassender Bindungskraft auch ihre Einheit gefährden. So beginnen enttäuschte Anhänger einer Fußballmannschaft, wenn absehbar ist, dass ihre Elf keine Chance mehr auf den Sieg hat, das Stadion weit vor Spielende zu verlassen. So lange die Faszination eines Massengeschehens andauert, werden ihre Mitglieder von dessen Unmittelbarkeit gefesselt. Sie sind nicht fähig oder willens, einen übergeordneten Blickpunkt einzunehmen und ihre Situation in der Masse *bewusst* einzuschätzen. Die *Einschließung in die Präsenz* ist typisch für nicht-strukturierte Massen.

Massen können sehr unterschiedlich funktionieren. Es erscheint daher sinnvoll, sie entsprechend ihrer Struktur zu unterscheiden, zu klassifizieren, die Merkmale ihres Funktionierens zu beschreiben, ihre Ereignisstrukturen und ihre Morphologie zu kennzeichnen. Diesen Weg hat Canetti in Ansätzen beschritten. Kritisch kann gegen ihn vorgebracht werden, dass er die Strukturen von Massen für überzeitlich und für unabhängig von der jeweiligen Gesellschaft hält: »Die Masse ist sich überall gleich; in den verschiedenen Zeitaltern und Kulturen, unter Menschen aller Herkunft, Sprache und Erziehung ist sie im Wesentlichen dieselbe.«[49] Das *Wir* der neuen Massen ist jedoch kein anthropologisches, sondern ein soziales. Es hebt Unterschiede nicht auf, sondern integriert sie als Strukturmomente. Moderne Massen, schreibt Gerd Hortleder in seiner Kritik an Canetti, sind gekennzeichnet »durch die permanente Überschneidung von individuellem und Massenhandeln«.[50] Wer Massen adäquat beschreiben will, muss an diesen Schnittstellen ansetzen.

III

Doppel-Massen

Wir und Die. Stabilisierung durch Abgrenzung

Gewöhnlich wird eine Masse als ein monolithischer Block aufgefasst, der nicht in sich teilbar ist. Ein Außen nehmen Massen nur wahr als Hindernis ihres Wachstums oder als Gelegenheit zu weiterem Wachstum: »Leute, lasst das Glotzen sein,/reiht euch in die Demo ein«, lautet einer der beliebtesten Sprechchöre auf Demonstrationen. Die Anerkennung eines Außen fehlt einer solchen Masse völlig: »Sobald sie besteht, will sie aus *mehr* bestehen. (…) Die natürliche Masse ist die *offene* Masse; ihrem Wachstum ist überhaupt keine Grenze gesetzt. Häuser, Türen und Schlösser erkennt sie nicht an«,[1] schreibt Elias Canetti. Die Nicht-Anerkennung von Außengrenzen entspricht spiegelbildlich dem Fehlen von Binnendifferenzen. »In der Masse herrscht Gleichheit.«[2] Weil in der Masse alle gleich sind, macht die Masse *alles sich selbst* gleich. Ihr Bezug zu einem Außen besteht in dessen Zerstörung oder Einverleibung. In beiden Fällen wird das, was vorher trennend und teilend wirkte, jetzt zu einem Ganzen.

Diese Behauptung macht den Ausnahmefall zur Regel. Nur selten ist eine Masse ein solcher Allesfresser, der sich das, was sich ihm in den Weg stellt, einverleibt und anverwandelt. Vielmehr bilden sich die meisten Massen nach dem Prinzip der Ausgrenzung, also durch die Erzeugung von Ungleichheit: *Wir sind nicht Die.* Die Teilung ist keine nachträgliche Projektion, sondern ein Organisationsprinzip von Massen: Massen bilden sich *gegen andere Massen.* Sie brauchen einen Gegner oder Widerpart, der ihren Zusammenschluss rechtfertigt oder in den Augen der Teilnehmer sogar notwendig macht. Eine solche Masse, die sich auf eine andere Masse bezieht und ihre Existenz mit dieser verbindet, bildet gemeinsam mit ihr eine Doppel-Masse. Wir werden im Folgenden zeigen, dass es sich dabei einerseits um eine *spezielle* Art der Masse handelt. Sie besitzt andererseits eine Dynamik, die Massen *generell* zu eigen ist.

Das Prinzip der Bildung von Doppel-Massen ist aus der Philosophiegeschichte wohlbekannt. An der Grenze und durch die Grenze wird etwas zu dem, was es ist. Diese Einsicht Hegels findet sich vorformuliert in Spinozas Satz: *Omne determinatio est negatio.* Jede Bestimmung ist Verneinung. Diesem Schema entspricht das Prinzip »Wir sind nicht die«. Auch hier gewinnt das Eigene seine Identität durch die Abgrenzung von anderem. Es gibt allerdings einen gewichtigen Unterschied: Aus der logischen Operation wird nun eine *praktische* Handlungsweise realer Körper.

Der erste Akt der Bildung einer Doppel-Masse ist eine Teilung: In Berlin 1966 scheren protestierende Studenten aus der vorgeblichen Gemeinschaft der Lehrenden und Lernenden aus, indem sie an die Universitätsleitung Forderungen nach Mitbestimmung richten. In Paris stellen sie sich 1968 gegen die konservative *Éducation nationale*, die dem Staat die Hoheit über die Universitäten und Schulen gibt. In der DDR protestiert das Volk gegen die Partei und ihre Funktionäre, die vorgeben, exemplarisch als *das Volk* zu handeln und zu sprechen. Durch die Spaltung entsteht eine Doppel-Masse, deren beide Teile sich als Gegner ansehen. Sie wirkt im Inneren der Teilmassen stabilisierend und gibt ihren Mitgliedern Orientierung.

Als Welterklärungssystem findet sich die Vorstellung der Doppel-Masse bereits in der altpersischen Lehre des Zarathustra, der die Welt als Kampfplatz zweier feindlicher Prinzipien, des Guten und des Bösen, beschreibt. Seit der Antike treten Doppel-Massen in verschiedensten Konstellationen auf, deren Bildung oft von einer Gruppe, einer Partei, einer Religion oder einer Kulturgemeinschaft (bei den Griechen) ausgeht. In den traditionellen Religionen hat die Zweiteilung der Welt in Heiliges und Profanes oft einen ambivalenten Charakter: Die Masse der Lebenden ist darauf angewiesen, sich mit der Masse der Toten gut zu stellen, sich ihres Wohlwollens und ihrer Hilfe zu versichern. Nicht nur Lebende und Tote, auch Menschen und Tiere können eine Doppel-Masse bilden; sie hat dann oft die Form Mensch gegen Kreatur, wie in Hitchcocks *Die Vögel* oder Melvilles *Moby Dick.*

In der Moderne werden Doppel-Massen zu einem Prinzip von ethischen und politischen Teilungen der Gesellschaft, von Gut und Böse, Leistung und Korruption, Ordnungsgewalt und Verbrechen, Kultur und Geschmacklosigkeit, Askese und Sichgehenlassen, Geist und Unbildung, von schweigender Mehrheit und »Agitatoren« etc. Alle diese Gegensätze werden von speziellen Massen repräsentiert, die in einem antagonistischen Verhältnis zueinander stehen, wie Etablierte und Außenseiter, Konservative und Fortschrittliche, Linientreue und Protestierer, Ordnungshüter und Gesetzesübertreter. Bei einigen Theoretikern wird die Doppel-Masse zu einem *Ideal.* Sie steht für eine verloren gegangene Übersichtlichkeit und für die Sehnsucht nach Identität. Besonders deutlich wird dies im Politikbegriff Carl Schmitts. Durch die Teilung der politischen Welt in Freund und Feind (eine politische Theologie, die die Gedankenstruktur Zarathustras wieder aufnimmt) sollen Gesellschaften gestärkt und stabilisiert werden. Elias Canetti bezeichnet in *Masse und Macht* die Doppel-Masse als wichtigste Form der Massenbildung: »Die sicherste und oft die einzige Möglichkeit für die Masse, sich zu *erhalten*, ist das Vorhandensein einer zweiten Masse, auf die sie sich bezieht. Sei es, dass sie im Spiel einander gegenübertreten und sich messen, sei es, dass sie einander ernsthaft bedrohen, der Anblick oder die starke Vorstellung einer zweiten Masse erlaubt der ersten, nicht zu zerfallen.«[3]

Es ist gewiss kein Zufall, dass Canetti diese Theorie im Zeitalter des Kalten Krieges vollendete, als die gesamte Welt in zwei große Machtblöcke zerfiel, die einander feindlich gegenüberstanden, aber sich gerade dadurch in einem jahrzehntelang austarierten »Gleichgewicht des Schreckens« befanden. Die ganze Welt wurde als eine einzige große Doppel-Masse wahrgenommen. Der Kalte Krieg wirkt im Rückblick als ein historischer Beleg der These, dass eine Masse nur dann Stabilität und Dauer gewinnt, wenn sie sich auf eine andere Masse bezieht. Die eigene Masse erhält ihren Sinn, wenn sie sich als Feind der anderen Masse ansieht. Sie markiert eine Grenze, bildet damit einen festen Ort und gibt der eigenen Masse – durch Abgrenzung – eine Identität. Die Differenz von *Wir-hier* und *Die-dort* ist die Grundunterscheidung, die beiden Massen eine stabile Existenz sichert. Nach dem Prinzip der Doppel-Masse gestalten sich ganze politische Systeme. Vor allem das traditionelle Zwei-Parteien-System angelsächsischer Prägung folgt diesem Muster. Im englischen Unterhaus sitzen sich die beiden Teilmassen auf zwei Tribünen direkt gegenüber und bekämpfen einander mit scharfen Wortgefechten. Autoritäre politische Regimes verfolgen die Strategie, innere Einheit durch die Beschwörung eines *äußeren* Feindes herzustellen.

Es ist also nicht in erster Linie ihre innere Homogenität, sondern das außer ihr liegende andere, das die Masse stabilisiert. Wie ein Doppelsternsystem, in dem sich zwei Massen gegenseitig anziehen, durch Gravitation ihre Bahnen stabilisieren, einander umkreisen und schließlich ineinander zusammenstürzen, bewegen sich zwei politische Massen umeinander. Sie bedingen und verstärken sich und können sich gegenseitig vernichten. »HOGESA«, »Hooligans gegen Salafisten«, jene Masse, die im Oktober 2014 randalierend durch Köln marschierte, hat sich selbst den Namen einer solchen Doppel-Masse gegeben. Die andere Masse und die Phantasien ihrer Gefährlichkeit ist offensichtlich wichtig, um die eigene Masse zu bilden und zu mobilisieren.

Die Figur der Doppel-Masse ist in den letzten Jahren erneut

politisch virulent geworden. Man kann in ihr eine Reaktion auf das hegemoniale Politikverständnis sehen, das sich in der Behauptung Angela Merkels ausdrückte, ihre Politik sei »alternativlos«. Diese Entwicklung negiert ein wesentliches demokratisches Grundprinzip, die Wahlmöglichkeit. Mit der Doppel-Masse kehrt das Prinzip der Wahlmöglichkeit mit aller Wucht in die Politik zurück: *Wir oder Die* – Du musst dich entscheiden, sonst wird es bald zu spät sein. So erzeugt die Doppel-Masse eine dringliche Entscheidungssituation, ähnlich der Gesetzgebung in den antiken griechischen Stadtstaaten, die den Bürgern der Polis verbot, im Bürgerkrieg *nicht* Partei zu ergreifen. Wer sich für keine Bürgerkriegspartei entschied, wurde nach Beendigung des Bürgerkriegs geächtet und vom politischen Leben ausgeschlossen. Die Doppel-Masse ist im Wortsinn ein Krisenphänomen – Krise, *krisis* heißt Differenz, Scheiden in zwei Hälften. Die Krise fordert dazu auf, sich für die eine oder andere zu entscheiden. In der Situation der Doppel-Masse gibt es keine Mitte, erst recht keine »Neue Mitte«, wie sie Schröder und Blair vorschwebte. Es gibt nur die Extreme, die einander gegenüberstehen. Ihre Gravitationskräfte sind so groß, dass sie alles, was in der Mitte liegt, schlucken oder zerreiben. Die Doppel-Masse versöhnt nicht, sie spaltet.

Die oder Wir. Das Agonale und die mimetische Konkurrenz

Stabilisierung ist das *eine* Element, das Canetti an der Doppel-Masse hervorhebt; es gibt noch ein *zweites*, ebenso wichtiges Merkmal. Mit der Doppel-Masse verweist er auf das *agonale*, kämpferische Prinzip der Massenbildung. Beide Teilmassen liegen miteinander im Wettstreit: »Sei es, dass sie im Spiel einander gegenübertreten und sich messen, sei es dass sie sich ernsthaft bedrohen …«[4] – in beiden Fällen stehen sie in einer direkten Konkurrenz zueinander. Der Kampf mit dem Gegner ermöglicht den Teilmassen, eine spannungsvolle Identität als Konkurrenten zu gewinnen. Bereits im 19. Jahrhundert hat Georges Sorel in seinen Reflexionen über Gewalt die agonale Doppel-Masse zum Sinn- und Identitätsstifter verklärt. Sorel bejaht die Gewalt, weil sie zu einer Scheidung oder Differenzierung der Klassen führt und damit der Herstellung einer Entscheidungssituation dient. In Versuchen der Einhegung von Gewalt und in liberalen Inklusionsmodellen wittert er eine unheilvolle Vermischung der Klassengrenzen und -interessen, die den revolutionären Gang der Geschichte kompliziert, wenn nicht unmöglich macht. Das liberale »Jeder gegen jeden und jeder für sich« fordert zu permanentem Kampf auf –, ohne einen klaren Feind zu benennen. Revolutionäre Gewaltanwendung bildet dagegen eine eindeutige Kampffront heraus und sorgt dafür, dass sich die Klassen »rein« gegenüberstehen und den Klassenantagonismus wieder deutlich sichtbar machen (eine Strategie, die später auch die RAF verfolgte). Gewalt soll klare Verhältnisse schaffen. Gekämpft wird schon dafür, dass der Kampf überhaupt möglich wird. Der Kampf wird zur Existenzform – zu einem todernsten Spiel. Weil der Kampf ontologisiert, das heißt: zu einer Existenzform gemacht wird, gewinnt der Feind eine existenzielle Bedeutung: *Wir* oder *Die*. Ich werde im Namen meines Feindes getauft. Am Ende steht die Verwandlung des Sozialen in *eine einzige* agonale Doppel-Masse: »die Scheidung der Gesellschaft in zwei gegnerische Armeen«.[5]

An diesen Gedanken schließt der rechtskonservative Intellektuelle Carl Schmitt mit seinem »Freund-Feind-Schema« an. Auch er weist, in den 20er-Jahren, auf die identitätsstiftende Funktion des Agonalen hin: Der Feind »ist unsere eigene Frage als Gestalt«.[6] Um welche Frage handelt es sich? Einerseits um die Hamlet-Frage nach *Sein oder Nicht-Sein*, andererseits um die Frage an mich selbst: Wer bin ich? In dieser Hinsicht ist der Feind nicht nur das Objekt der Frage – er ist auch die Antwort: Ich bin der Feind meines Feindes. Durch meine Feindschaft definiere ich mein eigenes Selbst. Der Feind gibt mir

DIE ODER WIR. DAS AGONALE UND DIE MIMETISCHE KONKURRENZ 113

erst meine Identität. Auf diese Weise entsteht eine Entscheidungssituation, die Schmitt für das Politische selbst hält: Keine Halbheiten,
keine Mitte, keine Kompromisse. Wer nicht für uns ist, ist gegen uns.
Nur scheinbar ist die Struktur dieser Doppel-Masse widersprüchlich:
Was ich zerstören will, bedingt mich zugleich.

Schmitt denkt ausschließlich vom Ernstfall her. Er ist blind für
eine Differenzierung, die Canetti innerhalb der agonalen Doppel-
Masse vornimmt: Massen treten nicht nur im Ernst, sondern auch
im Spiel einander gegenüber. Anders als Schmitt ist Canetti zu dieser Differenzierung fähig, weil er das gesamte Konzept der Doppel-
Masse – die zentrale Innovation von »Masse und Macht« – vom
Sport her denkt. Eine Stelle aus seiner Autobiographie gibt Aufschluss darüber, wie er zu seiner Konzeption von Doppel-Massen
gekommen ist: In der Nähe seines Zimmer befand sich der Sport-
platz des Fußballvereins Rapid. »An Feiertagen strömten große
Menschenmengen hin, die sich ein Match dieser berühmten Mannschaft nicht leicht entgehen ließen. Ich hatte wenig darauf geachtet,
da mich Fußball nicht interessierte. Aber an einem Sonntag … hörte
ich plötzlich den Aufschrei der Masse. (…) Nun rührte ich mich
nicht von der Stelle und hörte dem ganzen Match zu. Die Triumph-
rufe galten einem Tor, das geschossen wurde, und kamen von der
siegreichen Seite. Es war auch, er tönte anders, ein Aufschrei der
Enttäuschung zu vernehmen. (…) Während der sechs Jahre, die
ich dieses Zimmer bewohnte, versäumte ich keine Gelegenheit,
diese Laute zu hören. (…) Es fällt mir schwer, die Spannung zu
beschreiben, mit der ich dem unsichtbaren Match aus der Ferne
folgte. Ich war nicht Partei, da ich die Parteien nicht kannte. Es
waren zwei Massen, das war alles, was ich wußte, von gleicher Erregbarkeit beide und sie sprachen dieselbe Sprache. Damals (…) bekam
ich ein Gefühl für das, was ich später als Doppel-Masse begriff und
zu schildern versuchte.«[7]
Anders als bei Schmitt inspiriert Canetti nicht der Krieg zu der

Figur der agonalen Doppel-Masse. Es ist der sportliche Wettkampf, der zum Initiationsereignis dieses Phänomens wird. Als distanzierter Mensch, den gerade darum die Aufhebung der Distanz in der Masse faszinierte, hat Canetti nie ein Sportstadion besucht. Vielleicht aber kann nur jemand, der nicht Partei ergreift, das Geschehen in der Doppel-Masse als Ganzes erfassen, während die Beteiligten blind gegen die Funktionsweise der Doppel-Masse bleiben müssen. Obwohl Canetti Wert darauf legt, das Geschehen nur gehört, nicht gesehen zu haben, und so Distanz zum Phänomen wahrt (»Fußball hat mich nie interessiert«), erscheint seine biographische Herleitung des Prinzips erstaunlich aktuell. Doppel-Massen bilden die Grundstruktur der aktuell populärsten Sportarten: Zwei Mannschaften stellen sich gegeneinander auf und kämpfen um den Sieg. Mannschaften selbst sind zwar noch keine Massen. Sie bewirken jedoch durch die Mitwirkung ihrer Anhänger, die sich für sie engagieren und sie anfeuern, die Bildung von zwei Teilmassen. Wenn ihre Fans sich im Stadion, auf dem Weg zum Spiel oder danach gegenseitig beschimpfen und verhöhnen, entsteht eine Aufführung rivalisierender Teilmassen. Auch wenn sie als kriegerische Auseinandersetzung inszeniert wird, sind die anderen in der Regel keine ernsthaften Feinde, sondern Gegner in einem mehr oder weniger geregelten Spiel.

Auf diese Spur gebracht, klingen auch Passagen aus Canettis theoretischem Hauptwerk *Masse und Macht*, in dem der Fußball nicht einmal erwähnt wird, mit einem Mal anders: »Während die Beine auf der einen Seite dicht beisammenstehen, sind die Augen auf andere Augen gegenüber gerichtet. Während die Arme sich hier nach einem gemeinsamen Rhythmus bewegen, horchen die Ohren auf den Schrei, den sie von der anderen Seite erwarten.«[8] Ein Echo des frühen Hörerlebnisses, dass Canetti in seinem autobiographischen Werk *Die Fackel im Ohr* beschrieben hat. Er zeichnet das Bild der Doppel-Masse, als würde er gegnerische Fanmassen in Fußballstadien beschreiben: ihr gemeinsames rhythmisches

Anfeuern, Klatschen und Hüpfen, ihre Choreographien. Das Stadion ist ein Ort, an dem sich die Masse mit ihrer ganzen Körperlichkeit aufführt. Darum ist der vehemente Kampf, den die Fans mit den Funktionären um die Beibehaltung von Stehplätzen führen, mehr als bloße Nostalgie. Es geht um die Ablehnung einer Rezeptionshaltung, die für die Hochkultur typisch ist – des stillen, andachtsvollen Sitzens wie im Theater oder Konzert mit einer Körperhaltung, die innere Sammlung ausdrückt. Sitzplätze schränken die gemeinsame Bewegung stark ein – sie verwandeln eine bewegte Masse in vereinzelte Zuschauer.

In Canettis Zitat geht es aber nicht nur um die Rhythmisierung der vielen Körper in der Masse, sondern auch um deren Konfrontation mit den gegnerischen Fans. Beide Teilmassen wetteifern darin, die jeweils andere zu übertreffen. Sie agieren nach dem Prinzip mimetischer Reziprozität: Die Schmähgesänge der rivalisierenden Fans in ihrem Block werden mit noch aggressiveren Schmähgesängen aus dem jeweils anderen Block beantwortet und so weiter. Die sich steigernde Angleichung der gegnerischen Hälften ist typisch für Doppel-Massen. Sie führt gerade nicht zur Aufhebung von Differenzen, sondern setzt auf Differenz durch Überbietung. Die Aktionen des Gegners werden auf gleiche Weise beantwortet, nur lauter, härter, gemeiner.

Rivalität ist nur so lange möglich, wie sich beide Teilmassen voneinander unterscheiden. Canetti bezeichnet diese grundlegende Differenz als den notwendigen Abstand, der die Doppel-Masse in zwei Teilmassen trennt: »Man ist mit den eigenen Leuten … beisammen und agiert mit ihnen in vertrauter und natürlicher Einheit. Alle Neugier und Erwartung indessen … ist auf eine zweite Häufung von Menschen gerichtet, die durch einen klaren Abstand von einem getrennt sind.«[9] Diese Trennung wird räumlich wie ästhetisch markiert – jede Fanmasse hat ihre Kurve, ihre Farben, ihre Gesänge und Choreographien, die sich im Prinzip gleichen, aber ausschließlich auf den eigenen Verein bezogen sind. Ohne diese Differenz würde die Doppelung und damit die Parteilichkeit verschwinden. Es gäbe einfach eine Masse von Sportbegeisterten, wie man sie aus den Individualsportarten kennt. Eine Identität durch Abgrenzung von einer anderen Teilmasse wäre dann nicht mehr möglich.

Im Fußballstadion wird der räumliche Abstand zwischen den rivalisierenden Fanmassen nie so groß, dass man den Gegner nicht mehr im Blick hat. Die Augen der Fans richten sich nicht nur auf das Spiel, sondern immer auch auf die anderen im Fanblock gegenüber. Sie beobachten die gegnerische Fanmasse genau, um auf sie mimetisch zu reagieren oder sie zu bestimmten Reaktionen zu provozieren. Moderne Sportstadien sind wie Arenen und nicht wie die Theater der Antike so konstruiert, dass die gegnerischen Fans einander sehen können. Die Zuschauer werden hier sich selbst zum Spektakel. Auf das Geschehen in einer Doppel-Masse trifft das zu, was Martin Heidegger über die Entfernung sagt: Das Ent-fernen bringt das Ferne in die Nähe, aber so, dass es gleichwohl auf Abstand bleibt.[10] Sportarenen begünstigen einerseits das Aufeinandertreffen der Fanmassen, erfüllen aber andererseits auch die Erfordernisse der *crowd-control*. Die gegnerischen Fanmassen sollen sich sehen können, müssen aber unbedingt durch Absperrungen voneinander geschieden werden. Nur so kann sichergestellt werden, dass es bei einem Spiel bleibt und kein Kampf entsteht.

Tatsächlich bewegen sich die Fanmassen in einer Spannung zwischen spielerischer Rivalität und ernsthafter Herausforderung. Es kann sogar einen eigentümlichen Reiz ausmachen, dass bei den Fans Spiel und Ernst nicht klar voneinander unterschieden werden können. Der symbolische Wettstreit im Spiel kann schnell eine offene aggressive Masse entstehen lassen. Von Leuchtraketen, die in die gegnerischen Blöcke geschossen werden, über das Niederreißen von Absperrungen und das Erstürmen des gegnerischen Blocks oder Verabredungen zur Massenprügelei reichen die Varianten des Umschlagens von Spiel in Ernst. Verlieren die Teilmassen ihre Abstände, büßen sie auch ihre konstruktive Funktion ein, die Identitäten beider Teilmassen hervorzubringen und zu stärken.

Wer gehört zum Wir?

Betrachten wir die Devise der Protestbewegung in der DDR 1989 »Wir sind das Volk« unter dem Gesichtspunkt des Konzepts der Doppel-Masse. Eine so prägnante, historisch bedeutsame Parole bietet sich für nachträgliche Neudeutungen und Neuverwendungen geradezu an. Überspitzt gesagt kondensiert sich in ihr und ihren späteren Varianten die deutsche Geschichte der Wende und der Zeit danach bis heute. Zunächst scheint die Parole gerade das Gegenteil einer Doppel-Masse zu behaupten. Sie enthält ein »Wir«, das sich selbst in den gemeinsamen Demonstrationen als »das Volk« identifiziert. Diese Art der Massenbildung lässt sich als ein *inklusives* Modell bezeichnen, das alle Beteiligten gemeinsam annehmen:

Ich + Ich + Ich + Ich … = Wir = das Volk.

Das *Wir* umfasste eine einheitliche, nicht in sich geteilte Masse. Insofern es sich aber nicht nur gegen die SED und ihre Institutionen, sondern auch gegen die Masse ihrer politischen Repräsentanten richtete, hatte das *Wir* keinen inklusiven, sondern einen *ausschließenden* Charakter. Wenn man den Satz »Wir sind das Volk« nicht liest, sondern *hört*, wird dieser Unterschied sofort deutlich. In Leipzig wurde die Parole von einer gewaltigen Menschenmenge mit deutlicher Betonung auf dem *Wir* skandiert. Die Selbstreferenz von *Wir = das Volk* gab dem Slogan seinen ebenso anklagenden wie fordernden Tonfall, der *Die* erreichen sollte, die gerade *nicht* Teil des *Wir* waren, aber im Namen des Volkes gesprochen haben. Sie war eine performative Selbstermächtigung des Volks *gegen* ihre falschen Sprecher. Der vermeintlich inklusive Slogan ruft also eigentlich

eine agonale Doppel-Masse hervor: Das *Wir* der Masse führte die
große Zahl und die breite Zustimmung der Bevölkerung für sich ins
Feld gegen *Die* der politischen Führung und ihrer willigen Helfer.
Anders als in Canettis Konzept war die Doppel-Masse 1989 nicht
symmetrisch: Hier waren die machtlosen, unzählbar vielen, dort
die wenigen, denen aber alle Machtmittel zur Verfügung standen.
Gerade die gewaltige Überzahl der Demonstranten gegenüber den
Repräsentanten von Partei und Staat verlieh der Massenbewegung
ihre Legitimation. Die Unverhältnismäßigkeit beider Teile machte
die Doppel-Masse allerdings auch instabil. Nachdem der Kampf
entschieden war, zerfielen beide Teilmassen; der Staatsapparat löste
sich binnen kurzer Zeit auf; auch das gemeinsame *Wir* auf den Straßen verlief sich im buchstäblichen Sinne.

Als die Parole »Wir sind das Volk« im Dresden des Jahres 2015 von
der Pegida-Bewegung wieder aufgenommen und später in den trotzigen Slogan »Wir sind das Pack« umformuliert wurde, waren Mut
und Stolz schon lange verflogen. Das *Wir* bezog sich nur noch auf
die Gruppe der Protestierer selbst. Ihre Funktion von 1989 aber, eine
Doppel-Masse zu bilden, wurde von der Erinnerung wieder aktiviert. In diesem Satz, der böse Doppelgänger seines Originals, hallt
das Pathos der Wendebewegung als verzerrter Ton nach. Inzwischen
war die Parole Teil des Gründungsmythos der neuen Bundesrepublik geworden. Von der Pegida-Bewegung wurde sie nun für ein
Gegen-Narrativ vereinnahmt: Die Vereinigung sei eine Unterwerfung
gewesen, die die ehemaligen DDR-Bürger zu einem »Pack« abwertete.
Das Wort »Pack« war ein Zitat aus einer Tirade des von unflätigen
Anwürfen entnervten Vizekanzlers Sigmar Gabriel. Die Selbstkenn-
zeichnung als »Pack« übernimmt die Ausgrenzung durch andere als
Merkmal der eigenen Identität. Die affirmative Verwendung einer
negativen Zuschreibung ist ein Verfahren, das in anderen Kontexten
gut funktioniert hat. Schwarze Hip-Hop-Sänger in den USA mach-
ten sich das übelste Schimpfwort von Weißen gegenüber Schwarzen,

»Nigger«, zu eigen. Innerhalb der schwarzen Gegenkultur wurde es als trotzige Selbstbeschreibung einer Minderheit verwendet.

In einer Ansprache zum Tag der Deutschen Einheit 2016 nahm Bundeskanzlerin Merkel die frühere Devise »Wir sind das Volk« wieder auf und formulierte sie zu dem Satz um: »*Alle* sind das Volk.« Auf den ersten Blick scheint diese Formulierung die ursprüngliche Bedeutung des Slogans wieder aufzunehmen. Allerdings haben wir schon gesehen, dass dieser 1989 keineswegs inklusiv gemeint, sondern gegen die Partei und die Politiker der DDR gerichtet war. Übersieht Merkel mit ihrer Formulierung diese ausschließende Bedeutung?[11] Tatsächlich verkündet sie keineswegs naiv eine universale Inklusion, sondern richtet sich *gegen* die Interpretation der Devise von 1989 durch die Pegida-Demonstranten. Aus ihrer Perspektive ist ihre Zurückweisung dringend nötig – in Dresden haben sich 2015 beängstigende Zeichen einer beginnenden Entfremdung zwischen der aus Ostdeutschland stammenden Kanzlerin und Teilen der ostdeutschen Bevölkerung gezeigt. Mit ihrer Neuformulierung des Slogans von 1989 sagt Merkel indirekt: *Ihr* stellt euch *außerhalb* des nationalen Konsenses, der das Deutschland nach der Wende konstituiert hat. *Ihr* seid kein Teil von *allen*, ihr gehört nicht zu uns! Was in Angela Merkels Rede zunächst wie ein alle einschließendes Modell erscheint, ist nach dem Muster der Doppel-Masse gebildet.

Ordnung gegen Chaos.
Metropolis, M – Eine Stadt sucht einen Mörder

Nach G. Le Bon können zwei entgegengesetzte Erscheinungsformen der Masse unterschieden werden: Es gibt die formierte und die chaotische Masse. Als formierte Masse, zu der ihre institutionalisierte Erscheinung gehört, taktet sie die Individuen in eine kollektive Bewegung ein; sie synchronisiert sie. Sie entsteht aus der Einschreibung einer kollektiven Ordnung in die Körper. In den Taktungen der Fabrikarbeit wie auch des Militärs führt die Masse Ordnung ein: die Synchronisierung und Gleichschaltung der Einzelnen. Das technische Analogon der formierten Masse ist die Maschine. Auf der anderen Seite steht die chaotische Masse. Sie verweigert jegliche Ordnung; ihre Erscheinungsform ist die alle mitreißende Bewegung. Sie kennt keine Grenzen; ihre Bewegung ist auf das Überschreiten gerichtet. Zwischen beiden Extremen gibt es keine Mitte.

Das Doppelgesicht der Masse, die in der Konfrontation ihrer zwei Hälften eine agonale Doppel-Masse bildet, führt Fritz Langs Film *Metropolis* (1924) vor. Die Handlung spielt in einer futuristischen Stadt, die in Unter- und Oberstadt geteilt ist. Ganz oben residiert die Oberschicht in paradiesischen Gärten, ganz unten hausen die ausgebeuteten Arbeiter. Räumlich ist diese Stadt also zunächst das Sinnbild eines Doppel-Massen-Systems. Es gibt aber noch einen mittleren Bereich. Dort agiert die getaktete Masse der Arbeiter an den Maschinen. Während die Oberstadt als Symbol der alten aristokratischen Ordnung die Kultivierung des Einzelnen betreibt (und daher von dem lebenserhaltenden Funktionieren der Maschinen abhängig bleibt), zeigen sich im mittleren und unteren Bereich die beiden Gesichter der Masse. In ihrer Konfrontation – für die die parasitär existierende Oberstadt keine Rolle spielt – entscheidet sich im Verlauf des Films die Gestalt einer neuen Ordnung.

Den zwei unteren Stadthälften ist je eine der beiden Teilmassen zugeordnet. In der einen Hälfte agiert die getaktete Masse der Arbeiter an den Maschinen. Durch ihre regelmäßigen und synchronisierten Bewegungen bilden die Arbeiter selbst eine Megamaschine. Das beherrschende Bild ist die Uhr und das Metronom, durch ihr regelmäßiges Pendeln Sinnbild der Taktung. In der Unterstadt wütet dagegen die revolutionäre Masse, die chaotisch durch die

Straßen driftet und zerstörerisch alle Grenzen und Absperrungen überschreitet. Ihr Erscheinen geht einher mit einer Flut, die die gesamte Stadt überschwemmen wird. Der Antagonismus von formierter und chaotischer Masse verkörpert sich in der »doppelten Maria«, die sowohl Maschine als auch Mensch ist. Als Mensch ist sie die religiös verklärte, sanfte Stimme des Leidens der Arbeiter, die von ferner Erlösung predigt. Als Maschine wird sie zum Instrument des explosiven Ernstfalls. Der Machthaber Fredersen lässt einen Roboter als Doppelgänger Marias bauen, um Einfluss auf die Massen zu gewinnen, während ihr Erbauer Rotwang sie zur Zerstörung von Metropolis benutzen will. Verdoppelt in Mensch und Maschine, die sich feindlich gegenüberstehen, ist Maria die Verkörperung der Doppel-Masse: Als Revolutionsführerin *und* Werkzeug disparater Machtinteressen hetzt sie fortan die Massen auf; als Heilige re-formiert sie am Ende die Massen und schwört sie von Neuem auf die Ordnung ein.

Dass der Film mit einer Versöhnung endet, mit der Vereinigung der antagonistischen Doppel-Masse zu einem organizistischen Gesellschaftsmodell, ist ihm schon kurz nach seinem Anlaufen in den Kinos vorgeworfen worden. »Mittler zwischen Hirn und Hand muss immer das Herz sein«, heißt es am Ende des Films. Mit der »wahren« Maria (als Verkörperung der guten, formierten Masse) in ihrer Mitte, reichen sich Arbeiterführer und Präsident der Oberstadt die Hand. Die Affekte der Masse werden nun zu Gefühlen (das »Herz«), die feindlichen Teilmassen zu Organen des Gesellschaftskörpers (»Hirn« und »Hand«). Der weibliche Roboter, der falsche Messias des Massen- und Maschinenzeitalters, der die Massen zur Revolution aufgestachelt hat, weicht dem »wahren Messias«: Es ist der alte. Im organischen Gesellschaftskörper soll die agonale Doppel-Masse noch einmal durch Zwang zusammengebunden werden. Diese falsche Versöhnung zeigt unfreiwillig, gegen die ideologischen Absichten des Films, die Gewalt, mit der sie zustande gebracht werden soll. Als Dystopie überzeugt der Film: Er reagiert auf die Kämpfe extremistischer Massen in der Weimarer Republik. Als Utopie kann er dagegen nicht überzeugen.

Wenige Jahre später, in seinem 1932 erschienenen Film *M – Eine Stadt sucht einen Mörder*, korrigiert sich Fritz Lang, schreibt zugleich aber auch *Metropolis* fort. In *M* agiert eine Doppel-Masse ganz anderer Art. Zwei organisierte Massen, die Polizei und die Verbrechersyndikate einer Stadt, schließen sich zu einer Doppel-Masse zusammen. Die Kooperation der beiden antagonistischen Massenorganisationen wird durch einen gemeinsamen Feind, einen Kindesmörder, hervorgerufen. Es entsteht eine doppelte »Hetzmeute« (E. Canetti), die sich auf die Jagd nach dem Mörder macht und ihn schließlich zur Strecke bringt.

In dieser Doppel-Masse gibt es jedoch wichtige Binnendifferenzen. Die Polizei wird als eine hierarchische und merkwürdig subjektlose Organisation dargestellt; ihre Jagd ist technisiert. Angetrieben wird sie durch die Presse und die aufbrechende Massenpanik in der Stadtbevölkerung. Den Verbrecherorganisationen geht es dagegen um Abgrenzung vom Kindesmörder durch ihren Ehrbegriff. Ehrenhafte Verbrecher, die in Ruhe ihre Arbeit machen wollen, sind nicht wie der »tierische« Triebtäter. Ihre Verbrechen sind rational geplant. Sie handeln wie moderne Subjekte, ihre Interessen kalkulierend und einem gemeinsamen Kodex folgend. In *ihren* Augen sind auch sie eine Ordnungsmacht. Polizei und Verbrecher, Ordnung und Gegen-Ordnung schließen sich zusammen. Das Chaos wird in Gestalt des triebhaften Kindsmörders ausgelagert. Er wird als »Feind der Gesellschaft« naturalisiert, halb mitleidloser Killer, halb leidende Kreatur. *Metropolis* hatte hingegen noch nicht den Zusammenschluss der Ordnungsmächte gezeigt; allenfalls deutete das Ende auf eine Transformation der Doppel-Masse in diese Richtung hin: auf eine neue, umgreifende Gesellschaftsordnung.

Chaos gegen Ordnung. Der Mythos »Schwarzer Block«

»Chaos gegen Ordnung« – so heißt ein Punksong, der sich bei links-
radikalen Demonstrationen großer Beliebtheit erfreut. Auch er handelt vom Antagonismus zwischen formierter und chaotischer Masse,
kehrt aber die übliche Wertung der beiden Massehälften um. Nun ist
es die Ordnung, von der die Bedrohung ausgeht; das Chaos wird als
befreiendes Moment begrüßt. Der Antagonismus zwischen beiden
bleibt jedoch bestehen. Weiterhin führt eine Doppel-Masse ihr
Agon auf – und folgt dabei bestimmten, rituellen Aufführungsregeln.

Dass sich beim Aufeinandertreffen von Fanblöcken im Fußball
rituelle Strukturen zeigen, ist in der Welt des Spiels nicht verwunder-
lich. Sie finden sich aber nicht weniger deutlich auch bei Demonstrationen, insbesondere wenn diese zu Massenkrawallen führen. Die
militanten Handlungen folgen rituellen Regeln. Die Krawalle am
1. Mai in Berlin basieren auf dem Mythos der Entstehung dieser
rituellen Gewalt: Seit dem 1. Mai 1987, als es Demonstranten gelang,
die Polizei für Stunden aus dem Viertel zu vertreiben, werden in
Kreuzberg jedes Jahr von Neuem – wenn auch mit wechselnder
Intensität – Kämpfe zwischen Polizei und ihren Herausforderern
aufgeführt. Die Gewalt folgt hier einer symbolischen Ordnung. Als
Aufführungsritual und öffentliche Inszenierung der Gewalt ist die
militante Demonstration weder ein bloßer Exzess noch ist sie ausschließlich ein Zeichen des Widerstands oder der Auflehnung. Stattdessen zeigt sich hier das Doppelgesicht der Gewalt: Die Ordnungsmacht und ihr Widerpart stehen sich gegenüber – und sehen sich in
der jeweils anderen Formation gespiegelt.

Das Bild militanter politischer Demonstrationen wird durch den
»Schwarzen Block« bestimmt. Seine Teilnehmer sind alle gleich
schwarz gekleidet. Die Kapuze und Vermummung machen zudem die
individuellen Gesichter unkenntlich. Ursprünglich hervorgegangen
aus der Hausbesetzer-Szene, ist der Schwarze Block spätestens seit

seinem Auftreten auf dem G8-Gipfel 2007 in Heiligendamm auch in Deutschland zu einem Mythos anarchischer Gewalt geworden. Seitdem wird über die Gesichter hinter der Vermummung spekuliert. Was sind das für Personen, warum sind sie so zornig, was macht sie zu Gewalttätern? Das Interesse ist auch deshalb so groß, weil es den Beteiligten gerade darum geht, hinter der Vermummung ihre Person verschwinden zu lassen. Der Schwarze Block ist keine Ansammlung von Personen, die sich untereinander verschworen haben, keine feste Gruppe; die Teilnehmer stammen auch nicht aus einem einheitlichen Milieu oder einer bestimmten sozialen Schicht. Er ist vielmehr das Ergebnis einer Demonstrationsstrategie, die in der zweiten Hälfte der 80er-Jahre entstanden ist. Das uniforme Aussehen sollte die Identifizierung und Verhaftung einzelner Straftäter erschweren. Es entpersonalisierte die Gewalt. Was in der traditionellen Massen-Theorie der entscheidende Grund für die Herabsetzung von Massen ist – sie entindividualisiere die Einzelperson –, wird hier zu einer Taktik. Das Verschwinden der Individualität wird hier *bewusst* eingesetzt. Aus der Demonstrationsstrategie wurde mit der Zeit ein Aufführungsritual, ein Kostüm, das sich die Herausforderer der Staatsgewalt umhängen.

Der Schwarze Block tritt ähnlich uniform auf wie die Polizeibeamten auf der anderen Seite. Auch die Polizisten, die *riot cops*, tragen schwarze Uniformen und verbergen durch Helm und Schutzschirm ihre Gesichter. Die Ordnungsmacht und ihre Antithese bilden eine Doppel-Masse, die in zwei feindliche Hälften zerfällt. Gemeinsam führen sie eine Form der Gewalt auf, für die sie sich gegenseitig brauchen – eine Gewalt, die aus »mimetischer Reziprozität« (René Girard) entsteht: Die gegenseitige Angleichung macht die Akteure zu Kombattanten.

Was diese rituelle Doppel-Masse zur Aufführung bringt, ist der Widerstreit, der die Gewalt selbst spaltet: in eine Gewalt, die Grenzen setzt, und in eine überschreitende Gewalt. Die Gewalt ist nicht nur eine »Zutat« des Geschehens oder nur das Medium, das eine Botschaft transportiert. Vielmehr ist sie das Zentrum dieser Aufführung. Sie spricht einen Monolog in der Dialogform von Stein und Knüppel. Die Doppel-Masse vereint sich in der *einen* Gewalt, Hegels »Geist« nicht unähnlich, der in der »Phänomenologie« wie Hamlet einen Monolog in Dialogform mit einem Totenschädel spricht (»Ich bin dieser Totenschädel«).[12]

Wenn eine gewalttätige Demonstration gewaltsam aufgelöst wird oder das Eingreifen der Polizei Gegen-Gewalt provoziert, geht es nicht um die Beendigung, sondern um die Erhaltung des Gewaltrituals. »Das sicherste und oft das einzige Mittel für die Masse, sich zu *erhalten*, ist das Vorhandensein einer zweiten Masse, auf die sie sich bezieht.«[13] Ohne Polizei würde sich der Schwarze Block auflösen – ohne den Schwarzen Block wäre die Präsenz der Polizei sinnlos. Nur das Aufeinandertreffen beider sorgt dafür, dass das Doppelgesicht der Gewalt als Kampf von Ordnung und Auflösung aufgeführt werden kann.

In dieser Doppel-Masse geht trotz offensichtlicher Bewegung nichts voran. Die Gewalt dreht sich um sich selber. Militante Demonstrationen sind oft verblüffend statisch. Wie im Stellungskrieg kommt es zur Bildung einer Front von zwei Blöcken, die sich gegenüberstehen, Polizei und Schwarzer Block. Manchmal fliegt etwas hinüber auf die andere Seite, Tränengas von der einen, Steine und Latten, Farbe und Stöcke von der anderen Seite. Wenn sich diese Doppel-Masse bewegt, dann nur als Ganze: Eine Seite rückt vor, ihr Pendant auf der anderen Seite weicht zurück; der Abstand bleibt der gleiche. Oder beide Blöcke verkeilen sich kurz ineinander und ziehen sich dann wieder rhythmisch auseinander.

Chaotische Abläufe entstehen nur, wenn der Schwarze Block einmal schnell agiert und sich ungehindert – im Polizeijargon: »unbegleitet« – durch eine Straße bewegt. Meistens werden diese Ausweichbewegungen nach kurzer Zeit wieder beendet. Die

Doppel-Masse tendiert dazu, ihren statischen Zustand wiederherzustellen. Eine Aufhebung dieser Statik ist nur durch die Auflösung der Doppel-Masse möglich. Neuere Demonstrationsstrategien vermeiden die uniforme Blockbildung; die Masse löst sich, wie in einem spontanen Zerfall in bewegliche Kleingruppen auf, die schneller und unkontrollierbarer agieren können. *Out of Control*-Taktik heißt bezeichnenderweise die neue Beweglichkeit. Sie verändert den Aufführungscharakter der Gewalt. Das Stück wird nicht abgesetzt, sondern umgeschrieben. Einerseits erschwert sie die polizeiliche *crowd control*, andererseits veranlasst sie die Polizei zu einer erneuten Angleichung an die neue Taktik: Verändert sich die eine Seite, passt sich die andere ihr wieder an. Nun stehen sich militant agierende Kleingruppen und polizeiliche »Greiftrupps« gegenüber, die in die Menge vorstoßen und Verhaftungen vornehmen. Dieses Bild war auch beim G20-Gipfel 2017 in Hamburg zu beobachten, wo sich nicht mehr eine Masse Randalierer und die Hundertschaften frontal gegenüberstanden, sondern mobile Kleingruppen die Szene bestimmten, die sich die schwarze Kleidung mal über- und dann wieder auszogen. Die Aufführungsregeln und die Taktikbezeichnungen haben sich geändert, aber immer noch handelt es sich um ein Aufführungsritual, das einer bestimmten Ordnung folgt. Nur scheinbar negiert die gewalttätige Teilmasse Ordnung und Regeln. Obwohl es ihr um die Überschreitung, um eine temporäre Außerkraftsetzung der gültigen Ordnung geht, hält sie die stillschweigenden Ablaufregeln des Kampfes ein, sodass sie ihrerseits zur Erhaltung der Doppel-Masse beiträgt.

Die mimetische Struktur des Rituals wird besonders deutlich, wenn eine Demonstration eskaliert: Jede Ordnung wird mit Gewalt aufrechterhalten *und* jeder Umsturzversuch einer Ordnung ist gewalttätig. Von jeder der beiden Seiten wird das »*und*« durch ein »*weil*« ersetzt und damit in ein Kausalverhältnis umgewandelt: *Weil* jeder Umsturzversuch gewalttätig ist, muss die Ordnung mit

Gewalt aufrechterhalten werden, sagen die Hüter der Ordnung. *Weil* jede Ordnung mit Gewalt aufrechterhalten wird und auf Gewalt beruht, muss jeder Umsturz gewalttätig sein, sagen die Revoltierenden. Beide kennen nur die Sprache der Gewalt.

Die mimetische Struktur der Doppel-Masse

So lange die Doppel-Masse besteht, kann das Verhältnis beider Teilmassen zueinander nicht aufgelöst werden. Auf jede Aktion der einen Teilmasse folgt eine Reaktion der anderen. Wie eine Antwort in einem verbalen Dialog richtet sie sich gegen eine vorangegangene Behauptung. An sie knüpft sie nicht nur an, sondern übernimmt auch Elemente von ihr und führt diese weiter aus – sie überbietet sie; sie macht etwas Ähnliches, nur noch härter. Beide Teilmassen befinden sich in *mimetischer* Konkurrenz[14] miteinander, die in direkter Konfrontation ausgetragen wird.

Mimetisches Handeln zweier Parteien erzeugt Ähnlichkeiten, die gerade nicht als gegenseitige Imitationen aufzufassen sind. Eine Imitation zielt auf das Nachahmen *äußerer* Merkmale des Handelns eines anderen. Mimetische Rivalität richtet sich nicht in erster Linie auf die beobachtbaren Handlungen der anderen, sondern auf ein Drittes: auf das, was die anderen begehren, was sie erreichen wollen. Die Polizei greift den Schwarzen Block an, *weil* dieser die Herrschaft über die Straßen und öffentlichen Plätze gewinnen will – ein Ziel, das sie selber auch anstrebt. Im Vorgriff auf die Absichten der Polizei beabsichtigen die Demonstranten das Gleiche wie diese, nur noch effizienter, um deren Aktionen wirkungslos zu machen. Höhere Effizienz kann entweder durch größere Krafteinsätze oder wirkungsvollere Kampftechniken und Waffen erreicht werden. So lange beide Teilmassen ineinander verklammert sind, unterwerfen sie sich einer Logik der Steigerung.

In jeder mimetischen Rivalität gibt es, nach der These von René Girard, ein Objekt, das beide Kontrahenten mit aller Vehemenz erreichen wollen. Der Gegner soll das begehrte Objekt auf keinen Fall besitzen. Das umkämpfte Objekt bei den Kreuzberger Auseinandersetzungen ist die Herrschaft über die Straßen und Plätze des Stadtteils. Mit Michel Foucault kann man einen feinen Unterschied zwischen Macht und Herrschaft machen:[15] Bei einer gewöhnlichen Auseinandersetzung zwischen zwei Kräften bleibt beiden, auch dem Unterlegenen, ein gewisses Machtpotenzial erhalten. Bei einer mimetischen Rivalität wollen jedoch beide Parteien die jeweils andere vollkommen beherrschen, sodass sie alle Macht verliert. Die Polizei will den Schwarzen Block endgültig von der Straße vertreiben und errichtet »Gefahrengebiete«, während der Schwarze Block die Straßen in *No-go-Aereas* für Polizisten verwandelt. So lange jede Partei noch über einen Rest von Macht verfügt, dauert der Kampf an. Jedem einsichtigen Beobachter ist klar, dass diese nicht endgültig gewonnen werden kann. Erobert die Polizei die Herrschaft, ist damit zu rechnen, dass die Anarchisten mit ihrer Guerillataktik auf die Nebenstraßen ausweichen und diese zu ihrem neuem »Kampfgebiet« erklären. Die Polizei würde ihnen folgen und hier die Rivalität fortsetzen, während die alte Kampfzone niemanden mehr interessieren würde. Beim G20-Gipfel in Hamburg setzte die Polizei von Anfang an auf triumphales Vorzeigen von Macht und Stärke. Ihre Strategie war darauf ausgerichtet, gleich zu Beginn des Protestmarsches den »Schwarzen Block« einzuschüchtern. »Welcome to hell« – dieses forciert aggressive Motto der Demonstranten machte sich die Polizei zu eigen und wollte diesen ihrerseits die Hölle zeigen. »Der Einsatzleiter Hartmut Dudde (›Ein Wasserwerfer hat keinen Rückwärtsgang‹) ... (hatte) vor dem Gipfel das Equipment der Polizei angekündigt und damit den Ton gesetzt: ›Wenn wir's komplett brauchen, packen wir eben alles aus.‹«[16]

Das mimetische Begehren ist das Zentrum der Dynamik von Doppel-Massen: Wenn eine der beiden Teilmassen das begehrte Objekt nicht länger anstrebt, sondern sich von ihm abwendet, verliert dieses schlagartig seinen Wert – die Rivalität verliert ihre Bedeutung. Die Verweigerung der Konfrontation unterbricht den Teufelskreis des Begehrens. Ein solcher Wert- und Bedeutungsverlust ist im Lauf der Zeit mit den Unruhen zum 1. Mai in Berlin schließlich eingetreten, allerdings erst nach vielen Jahren. Der hauptsächliche Grund war die neue Deeskalationsstrategie der Polizei: »Runterkühlen, mit den erreichbaren Gruppen kommunizieren. Und trotzdem einsatzbereit bleiben.«[17] Die polizeiliche Befriedungsstrategie des Berliner 1. Mai konnte aber nur gelingen, weil sie im Stadtteil auf Resonanz traf. Die Anwohner waren die ritualisierte Randale leid und organisierten ein Fest (das »MyFest«), das zur Beendigung der Rivalität beitrug. Diese Entwicklung ist auch deshalb wichtig, weil sie zeigt, dass Massenkrawalle nur funktionieren, wenn ein Umfeld sie trägt. Eine solche Umgebung hatte es in Berlin-Kreuzberg lange gegeben. Mit dem MyFest erschien eine dritte Partei, die ebenfalls den öffentlichen Raum beanspruchte, aber nicht um ein Gewaltritual zu veranstalten, sondern ein Fest. Es nahm der mimetischen Rivalität den Raum und zog eine Festmasse mit anderen Wünschen an.

Girards Konzept der mimetischen Konkurrenz wirft ein Licht auf den Prozess der Eskalation, den wir schon bei der Entstehung von Massen im ersten Kapitel herausgestellt haben. In allen diskutierten Fällen handelt es sich um eine Rivalität von zwei antagonistischen Massen. Das Besondere an ihren Kämpfen ist nicht der Konflikt zwischen ihnen, sondern die Tatsache, dass sie das Objekt ihres Konflikts erst durch die Auseinandersetzung mit ihren Antagonisten gefunden und mit Wert aufgeladen haben. So gerät erst durch die Studentenproteste in Berlin (1966–68) und in Paris (Mai 68) die Herrschaft über die Organisation der Universität und Wissenschaft in den Fokus der Aufmerksamkeit. *Vor* Beginn der Proteste wurde sie nur von wenigen problematisiert. Erst mit den Forderungen der Studenten wird die Frage öffentlich gestellt: Wer beherrscht die Universitäten und die Wissenschaft? Sind es die Ordinarien, die Politik, oder bestimmt sich die Wissenschaft selbst? Von diesem Moment an wird die Herrschaft über Universität und Wissenschaft ein Objekt des Begehrens, das Studentenschaft, Professoren und staatliche Stellen in Auseinandersetzungen treibt. In den Auseinandersetzungen in Berlin nach 1966 ringen die Studenten den Universitäten und den Fachministerien eine neue Universitätsstruktur ab, die später zwar durch höchstrichterliche Entscheidung in Teilen rückgängig gemacht wird, aber die alte Ordinarienuniversität definitiv beendet. Die Eingriffsmöglichkeiten des Staats werden begrenzt; in wichtigen Einzelfällen (z. B. bei der Berufung von Professoren) bestehen sie aber fort. In Frankreich nehmen die Forderungen gegenüber einem wankenden Staat teilweise anarchische Züge an, die nach dem Abbruch des Generalstreiks jedoch zu einem großen Teil wieder kassiert werden. Der Staat bekommt die Herrschaft über Universität, Professoren und Wissenschaft wieder fest in den Griff. Die Zweiteilung des Bildungssystems in Eliteschulen und den deutlich geringer angesehenen Universitäten und Schulen hat bis heute allen Reformversuchen widerstanden.

Auch die Auseinandersetzungen in der DDR im Jahr 1989 beginnen mit dem Verlangen nach Reformen. Ausdruck des Reformwillens ist das Staatsvolk selbst. Es nimmt das Objekt seines Begehrens fest in den Blick und fordert immer lauter, an der Gestaltung der Zukunft des Landes beteiligt zu werden. Wie bei den Studentenunruhen muss das Objekt des Begehrens erst einmal in das Zentrum öffentlicher Aufmerksamkeit gelangen, um Wirkung entfalten zu können. Vor dem Beginn der Proteste war dieses Ziel unerreichbar für das Volk. Auch 1989 sollte es nach staatlichem Willen nicht verwirklicht werden, sondern der Parteiführung der

SED vorbehalten bleiben. Wer die Forderungen öffentlich verlangte, wurde inhaftiert. In dieser Perspektive trifft der Ruf »Wir sind das Volk« genau den wunden Punkt der Herrschaft der SED. Was ist die von der Partei ausgeübte »Volksherrschaft« wert, wenn das Volk selbst nicht daran beteiligt wird? Die Frage, wer die Reformen in der DDR fordern, anstoßen und durchsetzen könne, wird durch die große Demonstration des 4. November auf dem Berliner Alexanderplatz entschieden: Es sollen alle am Reformprozess beteiligten Kräfte des Volks sein. Mit der Maueröffnung fünf Tage später tritt das Begehren nach Reformen gegenüber dem Wunsch nach Freizügigkeit sehr schnell in den Hintergrund. Damit wird es von dem – mittelfristig – viel wirksameren Wunsch nach einer möglichst schnellen Veränderung der Lebensverhältnisse abgelöst. Es gibt keine antagonistische Teilmasse mehr, die sich diesem entgegenstellen kann (oder will). Das begehrte Ziel, die Gestaltung der Zukunft der DDR mitzubestimmen, gehört mit deren Ende der Vergangenheit an.

Beide deutschen Teilstaaten befanden sich ebenfalls jahrzehntelang in einer mimetischen Rivalität. Auch bei dieser ging es um ein gemeinsam begehrtes Objekt, um die Demonstration der Überlegenheit gegenüber dem anderen »System«. Mit dem Ende der DDR hatte das Objekt für die »Gewinner« keine Bedeutung mehr, während viele der »Unterlegenen« später dem verlorenen Eigenen nachtrauerten. Die Demütigung, die das Bewusstsein hervorruft, zu den »Verlierern« zu gehören, kann auf lange Sicht zu einer Empfänglichkeit für extreme politische Positionen führen. Es sind nicht die »Sieger«, die die Geschichte der Doppel-Masse fortschreiben. Ihnen fällt es leicht, von Inklusion und Versöhnung zu sprechen. Sie verleiben sich die Gegner ein, gemäß Hegels Erkenntnis: »Eine Partei bewährt sich erst dadurch als die siegende, dass sie in zwei Parteien zerfällt, denn dadurch zeigt sie das Prinzip, das sie bekämpfte, an ihr selbst zu besitzen ... Das Interesse, das sich zwischen ihr und der anderen teilte, fällt nun ganz in sie und vergißt der anderen, weil es in ihr selbst den Gegensatz findet, der es beschäftigt.«[18] Der »Sieger« hat die ehemalige Teilmasse in sich aufgenommen – er allein bildet die gesamte vereinigte Doppel-Masse. Den »Verlierern« bleibt dagegen nur, die Spaltung auf die Spitze zu treiben.

IV

Populismus

Politik der Bilder, Rhetorik der Gefahr

Während der »Flüchtlingskrise« im Herbst 2015 sind Bilder von
Massen wiedergekehrt, die Furcht auslösen. Die Darstellungen
mit ihrer Rhetorik der Panik könnte als Illustration von Le Bons
Massentheorie dienen. Die Masse von Flüchtlingen wird als
»menschliche Überflutung« beschrieben, die unsere kulturelle Identität fortzuschwemmen drohe. Alexander Gauland, einer der Vorsitzenden der »Alternative für Deutschland« (AfD), forderte dazu
auf, die deutschen Grenzen »abzudichten« wie bei einem »Wasser-
rohrbruch«. Bilder zeigten dicht gedrängte Körper, in Flüchtlings-
booten, im Inneren von Lastwagen, vor den Aufnahmeämtern.
Eine so dargestellte Masse kann zwar Mitleid auslösen; meistens
aber wird sie als Bedrohung wahrgenommen, auch dann, wenn die
Masse nicht aggressiv, sondern hilflos und elend wirkt. Gegen solche Zuschreibungen können sich die Flüchtlinge nicht wehren.
Als Masse sind sie, trotz aller Reden, die sie entfachen, *stumm*. Die
Masse selbst bildet kein Narrativ. Die Geschichte ihrer Tragödien
und Katastrophen kann nur von Einzelnen erzählt werden. Um sie
nachvollziehbar zu machen, müssen Einzelne aus der Masse heraus-
gehoben werden, die für das Ganze stehen. Das Massenelend zeigt
sich am Einzelschicksal; es muss ein Gesicht bekommen.

Bereits 1992, als das wiedervereinigte Deutschland seine Asyl-
gesetzgebung verschärfte, hat Hans Magnus Enzensberger in seinem
Buch *Die Große Wanderung* die Aporie bemerkt, die bei jedem Versuch
entsteht, die Masse der Flüchtlinge in Schutz zu nehmen. Wie die

Masse stumm bleibt, wenn ein Einzelner für sie spricht, wird ihr auch kein Bild gerecht. Von der Masse kann man sich kein Bild machen: »Auf dem *Floß der Medusa* sieht man achtzehn Personen. (... Es) lassen sich individuelle Gesichter, Handlungen, Schicksale unterscheiden. In den Statistiken der Gegenwart, mögen sie von Hungernden, von Arbeitslosen oder Flüchtlingen handeln, ist die Million die gängige Münze. Die schiere Vielzahl entwaffnet das Vorstellungsvermögen. Das wissen auch die Hilfsorganisationen und ihre Spendensammler. Deshalb bilden sie immer nur ein einziges Kind mit großen trostlosen Augen ab, um die Katastrophe dem Mitgefühl kommensurabel zu machen. Aber der Terror der großen Zahl ist augenlos. Vor der maßlosen Überforderung versagt die Empathie.«[1]

In der Masse ist alles *zu viel*. Sie sprengt die Grenzen unseres Wahrnehmungs- und Fassungsvermögens. Nur zu Einzelnen lässt sich ein empathisches Verhältnis herstellen. Bei Enzensberger ist es »ein einzelnes Kind mit trostlosen Augen«. Das berühmteste Bild der Flüchtlingskrise der Gegenwart zeigt ein ertrunkenes Flüchtlingskind, das an den Strand gespült einsam daliegt. Die scheinbar unbeteiligte Einstellung des Photographen zu seinem Objekt überlässt den Betrachter seinen Gefühlen, seiner Einbildungskraft und seinem Schmerz. Das tote Kind hat einen Namen, Aylan; es hatte eine Familie, einen überlebenden Vater, eine ertrunkene Mutter und einen ertrunkenen Bruder.[2] Die Vorstellung dieser Tragödie löst eine größere Erschütterung aus als jeder noch so emotionale Hinweis auf ein Massenschicksal. Die Bundeskanzlerin ließ sich nicht zuletzt durch das Foto des toten Kindes bewegen, die Grenzen für die Flüchtlinge auf der Balkanroute zu öffnen, während die AfD einen deutlichen Zulauf von entschiedenen Gegnern der Aufnahme von Flüchtlingen erhielt.

Gerade weil die Masse selbst keine Sprache und kein Gesicht hat, gibt es so viele, die ihr beides verleihen wollen, indem sie ihre eigene Stimme erheben. Das können Schriftsteller und Politiker sein, die

POLITIK DER BILDER, RHETORIK DER GEFAHR   135

im Namen der stummen Flüchtlingsmasse sprechen und sich für
sie einsetzen. Doch auch die, die *gegen* die Flüchtlinge das Wort
ergreifen, sprechen vorgeblich *im Namen einer Masse:* im Namen
des Volkes. Auch das Volk, so behaupten sie, sei zum Schweigen
gebracht worden und würde nicht gehört werden; ihm müsse wieder eine Stimme verliehen werden. Aus dieser Beziehung einzelner
Sprecher zur Masse des Volkes lässt sich eine vorläufige Definition
von Populismus ableiten: Vorgeben, im Namen und im Auftrag des
Volkes zu sprechen, ist Populismus.

   Was heißt *im Namen einer Masse sprechen?* Der Wortführer einer
Masse fasst, ähnlich wie das einzelne Bild, das für die ganze Masse
stehen soll, die Masse in seiner Person zusammen. Er ist *der* Mann
dieser Masse. (Frauen sind in dieser Rolle extrem selten.) Zu ihm
lässt sich ein gefühlsmäßiges Verhältnis herstellen: Er fordert
geradezu dazu heraus, ihn *entweder* zu lieben *oder* zu hassen. Seine
Funktion geht jedoch über eine bloße Individualisierung der Masse
hinaus. Er verwirklicht die Maxime Martin Heideggers: »Stimmungen legen die Welt aus.«[3] Der Massenführer nimmt Stimmungen
auf; er wird von ihnen beeinflusst, getragen und überträgt sie wieder
zurück auf die Masse – die Masse wird zu einer Erregungsgemein-
schaft. Über ihn sagt Le Bon: »Der Redner, der mit der Masse in
inniger Verbindung steht, weiß die Bilder hervorzurufen, durch die
sie verführt wird.«[4] Als Verführer ist der Führer fähig, Stimmungen
zu erspüren, hervorzurufen und für seine Zwecke auszunutzen. Es
sind Bilder, nicht Begriffe, die Stimmungen erzeugen. Massentaug-
lich ist eine Rede aufgrund immer wiederkehrender Bilder, nicht
wegen überzeugender Argumente. Populisten binden in ihrer Rede
die Masse durch Bilder emotional an sich. Sie beweisen damit, dass
sie selbst Teil der Masse sind, die sie führen wollen.[5]

   Die bedrohliche, chaotische Masse, die durch die Bilder der
Flüchtlinge evoziert wurde, ruft eine grenzsichernde, formierte
Masse zur Handlung auf. Gegen die heranflutenden Massen

errichtet diese eine »Schutzmauer«. Sie setzt sich als Mittel der Blockade ein, wie im sächsischen Clausnitz, als eine aufgebrachte Menschenmenge Flüchtlingsbusse blockierte. Sie sammelt ihre Aggression zur verbalen und physischen Attacke. Ihre Mitglieder schreien selbstsicher Parolen, die sie sich als Einzelwesen nie getraut hätten. Die Feindseligkeit gegenüber Fremden aus anderen Kulturen wird dadurch stabilisiert und in ihren Augen legitimiert, dass sie als Masse auftreten.

Das »Wir« des Populismus und seine Gegner

Populismus heißt: im Namen einer Masse sprechen, die als »das Volk«[6] ausgegeben wird. Die Verbindung der populistischen Sprecher mit »dem Volk« ist scheinbar von der Sorge bestimmt, es könne vom rechten Weg abgebracht werden. In den Augen der Wortführer ist es gefährdet: Es befindet sich auf der schiefen Bahn – nicht durch eigenes Verschulden, sondern durch die gefährliche Politik der Regierungsparteien. Es ist die selbst gesetzte Aufgabe der Populisten, es wieder auf die rechte Bahn zurückzuführen. In den Worten des Spitzenkandidaten der AfD, Alexander Gauland, in der Wahlnacht 2017: »Jetzt holen wir uns unser Volk zurück!« Das Volk erscheint hier einerseits als gefährdete Masse, die man den Räubern entreißen muss, andererseits als Beute, die man sich selbst sichern will.

»Das Volk« im engeren Sinn ist für den Populismus eine *homogene Masse* mit einem aggressiven Bedürfnis nach Abgrenzung gegen andere. Es ist ein spezieller Fall einer Doppel-Masse. Ihr konstitutiver Gegensatz ist die Gegnerschaft von *Wir gegen Die*.

Welches ist der spezifische Mechanismus, der den ausschließenden Gegensatz von *Wir* und *Die* hervorbringt? Nach Elias Canettis Theorie ist die Strategie der Abgrenzung und Ausschließung das

DAS »WIR« DES POPULISMUS UND SEINE GEGNER 137

Grundprinzip für die Bildung besonders dynamischer, oft gefähr-
licher Doppel-Massen. Das *Wir* richtet sich mit fanatischen
Anhängern gegen ein als feindlich wahrgenommenes Außen.
Eine derartige Strategie findet man bei den meisten Formen des
Nationalismus und Rassismus. Ihre Formel lautet: *Die* sind NICHT
Wir. Mit *Die* kann eine Regierung gemeint sein, eine andere soziale
Schicht, die Bewohner einer Nachbarstadt, Menschen mit anderem Geschmack, mit anderen Meinungen, einer anderen Hautfarbe
oder auch die Fans einer gegnerischen Fußballmannschaft. Wichtig für die Abgrenzung ist zunächst das Dagegen, die Tatsache der
Gegnerschaft überhaupt, das entschlossene, gemeinsame Vorgehen
gegen ein feindliches Außen. Als Mitglied einer solchen Teilmasse
weiß man, wofür und wogegen man steht, und dies mit einer Klar-
heit, die in anderen sozialen Konstellationen nicht gegeben ist. Diese
einfache Struktur macht die Anziehungskraft von Massen in einer
Zeit aus, in der es wenig klare Orientierung gibt.

Eine Partei, die sich als Massenbewegung darstellt, gibt ihren
potenziellen Anhängern gleichsam den Auftrag, sich gemeinsam
emotional *für eine Aufgabe* zu engagieren. Die Beauftragung wirkt in
erster Linie negativ: *gegen* die herkömmlichen Parteien und *gegen* die
etablierten Politiker. Noch wichtiger ist ihre zweite Stoßrichtung;
sie zielt auf jene, die *nicht* dazu gehören *sollen* – nicht zu ihrem Land,
nicht zu den Aufenthaltsberechtigten, nicht zu den Empfängern von
Sozialleistungen, nicht zu den Bewohnern der eigenen Stadt, nicht
zu den Nachbarn und nicht zur Fußballnationalmannschaft. Dieses
Ausschließen unterscheidet populistische von anderen Massen, die
sich eher für Öffnungen einsetzen.

Die geschlossene Masse sperrt sich durch eine *Grenzziehung* gegen
weiteres Anwachsen.[7] Aufgrund ihrer Geschlossenheit stellt sie sich
als homogen dar. Sie tut so, als könne die soziale Konstitution einer
Gemeinschaft oder Kleingruppe auf ihre Masse übertragen werden.
Die von den Populisten gefürchtete Flüchtlingsmasse ist dagegen

der typische Fall einer offenen Masse. Gerade ihre Offenheit erregt den Eindruck eines grenzenlosen Wachsens.

Aufgrund des befürchteten Wachstums wurde der politische Umgang mit den Flüchtlingen so lange von der Forderung nach einer »Obergrenze« dominiert, bis sie unter einer anderen Bezeichnung (vorübergehend) durchgesetzt wurde. Der Streit der deutschen Regierungsparteien um eine Grenzziehung lässt sich als Reaktion auf die Politik des Offenhaltens verstehen, die von der sozialistischen Regierung Frankreichs praktiziert wurde. Für französische Menschenrechtsgruppen waren die Einwanderer ohne gültige Papiere, die *sans papiers*, eine Zeit lang so etwas wie Helden. Sie entsprachen der von Gilles Deleuze entworfenen freien Bewegung sogenannter »Nomaden«, die durch die postmodernen Ideale von Identitätslosigkeit und Deterritorialisierung ausgezeichnet sind.[8] Im strikten Gegensatz zu dieser postmodernen Konzeption steht die Ideologie der in Frankreich wie in Deutschland aktiven Neuen Rechten. Ihr kommt es weniger auf die Überlegenheit des eigenen Volkes an. Viel wichtiger ist ihr, dass überhaupt wieder »Volkskörper« als voneinander abgegrenzte Einheiten sichtbar werden. Ihr Konzept nennen sie »Ethnopluralismus«, gebildet aus einer Vielzahl geschlossener Massen, die religiös-kulturell definiert sind – eine Gegen-Welt zum globalisierten Chaos der offenen Massen.

Der Populismus von AfD, Pegida und der in Ostdeutschland agitierenden Rechtsradikalen funktioniert wie das Ressentiment, das Friedrich Nietzsche in der »Genealogie der Moral« beschreibt:[9] Populisten sagen nicht *Ja* zu sich – sie sagen *Nein* zu den anderen. Für ihr konstitutives *Nein* brauchen sie die bedrohliche Imagination einer Gegen-Masse. Manchmal kommt sie, wie die Flüchtlinge, von außen. Sie kann aber auch von innen kommen; dies ergibt eine noch explosivere Konstellation: Populisten sehen sich von einer »Lügenpresse« umgeben, fühlen sich verfolgt, hintergangen, herabgesetzt. Während sie selbst diffamierend und konspirativ agieren, wittern sie überall um sich herum Diffamation und Konspiration. So heißt es im Grundsatzprogramm der AfD über die Machtverhältnisse der Bundesrepublik: »Heimlicher Souverän ist eine kleine, machtvolle, politische Führungsgruppe innerhalb der Parteien. Sie hat die Fehlentwicklungen der letzten Jahrzehnte zu verantworten. Es hat sich eine politische Klasse von Berufspolitikern herausgebildet, deren vordringliches Interesse ihrer Macht, ihrem Status und ihrem materiellen Wohlergehen gilt (… Sie hat) die gesamte politische Bildung und große Teile der Versorgung der Bevölkerung mit politischen Informationen in Händen (…) Nur das Staatsvolk der Bundesrepublik Deutschland kann diesen illegitimen Zustand beenden.«[10]

Durch dieses Zitat wird klarer, was der rätselhafte Satz Gaulands nach der Bundestagswahl 2017 (»Wir holen uns das Volk zurück«) bedeutet: Die Rückholaktion soll den Zustand der Illegitimität beenden, der auf einer Art Entführung des Volkes beruht. Durch diese Rhetorik wird das Volk einerseits zu einem Opfer, anderseits zu einem Objekt des mimetischen Begehrens gemacht:[11] Der Populismus strebt nach seiner »Befreiung« und seinem symbolischen Besitz.

Das »wahre Volk« und die Zerstörung der Repräsentation

Neben der Doppel-Masse, gebildet von den Einheimischen gegen die Flüchtlinge, entsteht für die Populisten ein zweiter Antagonismus, diesmal innerhalb der Aufnahmegesellschaft. Die eine Teilmasse ist das »Volk«, das die Populisten für sich beanspruchen, die andere bilden jene Bürger, die das »Verbrechen am Volk« der Grenzöffnung nicht nur hinnehmen, sondern sogar befördern. Der Populismus versteht das »Volk«, in dessen Namen er vermeintlich spricht, als Teil einer Doppel-Masse. Dadurch erzeugt er gerade kein neues großes *Wir*, sondern verwandelt das Volk in zwei konkurrierende, sich feindlich begegnende Massen. Er beschwört ein

Bürgerkriegs-Szenario herauf, das im Herbst 2018 an einigen Orten Sachsens und Thüringens wirklich zu werden drohte. Wie kann eine Teilmasse, die sich durch Ausschließung definiert, im Namen des Volkes, also im Namen des *Ganzen* sprechen? Zwei völlig verschiedene Modelle von Vergemeinschaftung – Volk und Masse – sollen mit diesem Anspruch vereint werden. Wie beide Begriffe im populistischen Diskurs miteinander verbunden werden, lohnt eine genauere Betrachtung.

Die Reden der Populisten kreisen um »das Eigentliche«. Die Wahrheit, die sie verkünden und nach der »das Volk« angeblich verlangt, ist die »eigentliche Wahrheit«. So nennt sich die populistische Partei Finnlands »die wahren Finnen«. Der *Front National* macht sich zum Sprecher für die »Stammes-Franzosen« *(les Français de souche)*, die durch die Immigranten verdrängt würden. Nach dem Gedankengut der deutschen Rechten, das von der AfD verbreitet wird, zerstört die Zuwanderung fremder Völker die unverfälschte Ethnie und die von ihr getragene Kultur.[12]

»Das Eigentliche« ist seit Platon eine große Versuchung der Philosophie. Nach der Platonischen Lehre macht es den Wesenskern der Gegenstände unseres Erkennens aus. So liegen den Dingen, Gedanken, den abstrakten Gebilden der Geometrie, den Bedeutungen von Wörtern bestimmte Wesenheiten zugrunde. Wenn wir diese erfassen, wissen wir, was sie *eigentlich* sind. Populisten behaupten, dass sie das Eigentliche und damit das »wahre Volk« bestimmen können. Wo es das Eigentliche gibt, gibt es auch das Uneigentliche, das Falsche und die Lüge, die der Wahrheit entgegengesetzt sind. Die Verkündung eines eigentlichen, eines »wahren Volks« ist Teil der Strategie einer Doppel-Massenbildung, die der Populismus verfolgt.

Im Unterschied zu den Ereignissen in der DDR 1989 spricht die populistische Ausrufung »des Volkes« heute nicht im Namen des ganzen Volkes. Zwar bezieht sich der Diskurs der Populisten auf das Ganze. Tatsächlich aber *verneint* er die andere Teilmasse,

DAS »WAHRE VOLK« UND DIE ZERSTÖRUNG DER REPRÄSENTATION   141

um sich selbst auf diese Weise zu bejahen. Er spaltet im Namen des Ganzen. Wenn eine Masse unzufriedener Bürger sich in einem demokratischen Staat als das »Volk« bezeichnet, bestreitet sie jeder anderen Masse die Berechtigung, für das Volk zu sprechen und zu entscheiden: Es kann kein zweites Volk neben ihr geben. Das »Volk« drückt seinen Willen durch seine schiere Präsenz aus, durch seine Versammlungen, Aufmärsche, Protestkundgebungen. Selbst wenn die Beteiligung zahlenmäßig gering ist, manchmal deutlich geringer als die Zahl der Gegendemonstranten, wird die Manifestation des »Volkswillens« von den Nachrichtenmedien gemeldet.

Von allen an der Öffentlichkeit beteiligten Instanzen hat das Volk den am meisten respektierten Willen. In allen Entscheidungen, die seine Interessen betreffen, sollte es idealerweise einbezogen werden. Das gibt ihm den Anschein einer Überlegenheit, die es allen anderen Instanzen nahezu unmöglich macht, seinen Willen zurückzuweisen: Wer in der Demokratie als das »Volk« spricht, steht nach der Überzeugung von Populisten höher als die gewählten Repräsentanten, höher als die Kanzlerin, die ihre Position auf demokratischem Weg von Abgeordneten erhalten hat. Es sind nicht allein ihre Lautstärke, ihre Zahl und Präsenz, die den Populisten Macht geben. Es ist in erster Linie ihr moralisch gemeinter Anspruch, das *wahre* Volk und damit der einzige legitime Sprecher der Politik zu sein.

Wer Massen mobilisieren und organisieren kann, hat noch lange nicht die Mehrheit hinter sich. Es sind sogar meistens Minderheiten, die die Massenbildung nutzen, um sich offensiver und wirkungsvoller Gehör zu verschaffen, als dies durch politische Arbeit möglich wäre. »Mehrheit« ist ein anderes Konzept als Masse. Anders als die Mehrheit des Wahlvolks, die durch Wahlen bestimmt wird, ist die Masse nicht quantitativ zu erfassen. Sie bezieht sich nicht nur auf eine große Zahl der Beteiligten, sondern auf die von ihr hervorgehobene Qualität, die sich durch die Abgrenzung von einer Gegen-Masse konstituiert. Der Populismus schmeichelt dem »eigentlichen

Volk«: Er nennt es »den Kern des ganzen Volkes«, die »Aufrechten«, die »wahren Deutschen/Franzosen/Finnen/Katalanen/Basken«, von denen sich Teile der Bevölkerung und die Regierung entfernt hätten. Sein Ziel ist, die Aufmerksamkeit, die dem Volk insgesamt gebührt, *auf sich als* »*das Volk*« zu ziehen und als dessen wertvollster Teil belohnt zu werden – als Avantgarde der Nation, die im Gegensatz zum indifferenten Volk steht.

Der französische *Front National* brachte diese Forderung in einem früheren, gegen die naturalisierten Franzosen gerichteten Werbeslogan zum Ausdruck: »*D'être Français, ça se mérite*«, Franzose sein, muss man sich erst einmal verdienen. Die Strategie des *Front* beruht nicht auf einem *generellen* Rassismus; sie zielt in erster Linie auf bestimmte ethnische Gruppen. Die Devise richtet sich, genau genommen, auch gegen jene Franzosen, die den hohen Rang, den ein Franzose natürlicherweise einnimmt, nicht begreifen wollen. Viele Anhänger des *Front National* sind von dieser Überzeugung durchdrungen; sie halten sich für »besser« als die Migranten aus Nordafrika. Man kann hier das alte Adelsvorurteil der besseren Geburt erkennen. Zum Adel gehört die Abstammung, die in nichts mehr besteht, als sich »die Mühe gemacht zu haben, zur Welt zu kommen«, aber eben in der »richtigen« Familie (nach Beaumarchais »Figaros Hochzeit«). Es gehört auch dazu, dieses als Privileg anzunehmen und zu genießen. Wer dieses Recht bestreitet, gehört nicht zu den wirklichen Franzosen. Die populistische Masse maßt sich das Recht an, darüber zu urteilen, wer zum – privilegierten – »eigentlichen« Volk der Nation gehört und *wer davon ausgeschlossen wird*. Das Ziel des Populismus ist, diejenigen vom Volk abzuspalten, die nicht wirklich zu ihm gehören.

Mit dem politischen Essentialismus verbindet sich das zweite Hauptmerkmal des Populismus: der Angriff auf die repräsentative Demokratie. Repräsentation, jede Art von politischer Stellvertretung insgesamt soll durch *unmittelbare Präsenz* ersetzt werden.

DAS »WAHRE VOLK« UND DIE ZERSTÖRUNG DER REPRÄSENTATION 143

Die Populisten eint ein tiefes Misstrauen gegen jede Form der Vermittlung. Das betrifft die Feindschaft gegen die Medien (»Lügenpresse«) ebenso wie die Ablehnung von Vermittlung als Versöhnung, Aushandlungsprozess und Kompromiss. In einer agonalen Doppel-Masse ist dafür kein Platz. Es gibt nur das Entweder-oder.

An die Stelle der Vermittlung setzen Populisten das Lob des Direkten. Dies drückt sich auch in ihrem Redestil aus: Wie ihre politische Haltung ist er direkt, unhöflich und grob, was für Volkstümlichkeit ausgegeben wird. In Frankreich hat Marine Le Pen, und noch brutaler zuvor ihr Vater Jean-Marie, ein politisches Sprechen eingeführt, das sie im Gegensatz zur polierten Rhetorik der Führungsklasse, aus der fast alle anderen Politiker stammen, als ein *»franc parler«*, freimütiges, offenes Sprechen ausgibt. Gemeinhin wird unter *franc parler* in den populären Schichten der Gesellschaft eine offene, ehrliche Rede im Unterschied zur höfisch verstellten rhetorischen Finesse der Führungsklasse verstanden. In unteren sozialen Klassen heißt es anerkennend: »Le Pen spricht wie wir«, angeblich ohne Hintergedanken, ohne kalkulierte Höflichkeit, mit vulgärer Expressivität – »bei ihr fühlt man sich nicht reingelegt«. Das ordinäre Sprechen, das sich nicht um Grammatik schert, wird von ihren Wählern als »frischer Ton« empfunden und flößt ihnen Vertrauen ein: Alles, was zu sagen ist, wird deutlich und einfach gesagt.

In den USA reicht dafür eine Twitter-Nachricht des Präsidenten. Was gemäß der Verfassung Teil eines geordneten politischen Verfahrens sein müsste, wird durch einen Tweet ersetzt. An die Stelle geordneter politischer Strukturen tritt die direkte Massenkommunikation im Internet. Regiert wird mit Verordnungen, die als Sprechakte des »wahren Volkes« angesehen werden (die AfD setzt sich für eine Ausweitung der Volksbefragung ein). Wer im Namen der Massen spricht, will direkt mit ihnen sprechen. Twitter ermöglicht eine scheinbar *direkte* Ansprache, wenn auch nicht eine direkte Kommunikation. Diese neue Form des Kontakts mit der Masse ist ursprünglich in der populären Kultur entstanden. Anstatt Interviews zu geben, posten Popstars und Fußballer schon lange lieber Bilder und Kurznachrichten; so erreichen sie ihre Fans direkt. Von Trump wurde die neue Technik der direkten Adressierung in die höchsten Sphären der Politik katapultiert und hat sich mittlerweile auch bei den deutschen Politikern etabliert. Für den Populismus gilt das Unmittelbare als das Wahre. In der Vermittlung sieht er die Gefahr der Verfälschung. Niemand soll sich zwischen das Volk und die Wahrheit drängen können.

In seiner politologischen Analyse formt Jan-Werner Müller den Slogan »Wir sind das Volk« der Anhänger populistischer Parteien in die Aussage um: »Nur wir vertreten das Volk!«[13] Den ausgrenzenden Charakter des populistischen Denkens hat er damit genau getroffen. Man kann seine Überlegung noch weiter zuspitzen: Die populistische Masse will nicht nur das Volk *vertreten* – sie *ist* das »Volk«. Wer sich sonst noch anmaßt, Volk zu sein, gehört in Wahrheit nicht dazu. Im Wesensdenken des eigentlichen »Volkes« ist das Ganze in jedem einzelnen Mitglied der Volksmasse direkt präsent. Zugehörigkeit zum »wahren Volk« ist ein *qualitatives* Merkmal. *Jedes* Mitglied besitzt diese Qualität. Dagegen beruht die Vertretung in der repräsentativen Demokratie auf einer in Wahlen ermittelten *quantitativen* Relation. Im Wesensdenken werden *direkte* Beziehungen hergestellt; sie sollen es den Wählern ermöglichen, die gewählten Politiker unvermittelt zur Verantwortung zu ziehen. Ebenso wie die geforderte Abschaffung der Vermittlung eine Fiktion ist, weil jeder, der im Namen einer Masse handelt, schon ein Vermittler zwischen deren Wünschen und der politischen Umsetzung ist, so ist auch das eigentliche »Volk« eine Fiktion. Das Volk hat keinen Wesenskern; ihm liegt keine platonische Idee zugrunde. Doch selbst als Fiktion hat das »Volk« *reale* Effekte – genau dann, wenn genügend Menschen von dieser Fiktion überzeugt sind.

Es gehört eine besondere Fähigkeit dazu, einer Masse das Bewusstsein zu geben, das eigentliche »Volk« zu sein. Das reine Zugehörigkeits*gefühl* reicht dafür nicht aus. Es kommt darauf an, das *Wesen* des »Volkes« ins Bewusstsein zu heben. Dieser Schritt bedarf der sprachlichen Artikulation. In unserer Kultur sind die Anführer, die die Sprache des Populismus beherrschen, Propheten des Untergangs, des Verlustes, der Auflösung. Sie geben der Masse die Überzeugung nicht davon, was dieses Volk ausmacht, sondern dass es bedroht wird, dass es sich »abschafft«, dass es auf mittlere Sicht ausgetauscht, dass es fremd im eigenen Land sein wird. Populisten sagen dem »Volk« nicht, was es ist – sie lassen gleichsam eine Leerstelle zum Ausfüllen mit eigenen Vorstellungen. Sie versuchen sich stümperhaft in der Nachfolge des »Gesetzgebers« von Jean-Jacques Rousseau. In seiner Schrift *Du Contrat Social (Vom Gesellschaftsvertrag)* hatte er diese Persönlichkeit entworfen, um beim Entwurf eines politischen Gemeinwesens eine entscheidende Leerstelle anzufüllen:[14] Der Gesetzgeber schreibt dem Volk, das noch nicht als *ein bestimmtes* Volk existiert, nicht nur die Gesetze. Er bringt auch das Wesen des Volkes, das dieses bereits unbewusst besitzt, zur Sprache. Diese wichtige Rolle des »Gesetzgebers« erfüllen die Anführer der Populisten gerade nicht. Sie bieten die Leerstelle an, damit jeder seine Erfahrungen der Abwertung hier eintragen kann.

Neue Mitte, neue Ränder und die harte Hand

Die neuen Massenbewegungen – und zwar alle, nicht nur die Neuen Rechten – richten sich gegen die »Neue Linke« der 1990er-Jahre. Bill Clinton, Tony Blair und Gerhard Schröder hatten als Ziel ihrer Wählerstrategie die »Neue Mitte« ausgemacht und versucht, diese mit einer Politik der Einebnung von sozialen Differenzen für sich zu gewinnen. Tatsächlich war die »Neue Mitte« nichts anderes als ein statistisches Artefakt, das die sich dynamisch verändernde Wirklichkeit, insbesondere die Differenzierung der Wählerschaft in unterschiedliche Milieus nicht wiedergab. Das war der Grund, warum die Strategie, in der »Mitte der Gesellschaft« die Mehrheit zu gewinnen, scheitern musste.

Die AfD verspricht heute, eine »Alternative für Deutschland« zu sein. Mit ihrer Namensgebung positioniert sie sich als direkte Gegenspielerin der Politik der »Neuen Mitte«. Während diese sich einer (fiktiven) Mitte zuwandte, bewegt sich jene an den Rändern, an die die Unzufriedenen gewandert sind. Während Gerhard Schröder mit seiner »Agenda 2010« bedeutende Teile der Stammwählerschaft der SPD verlor, setzte Angela Merkel auf eine Politik der »*Alternativlosigkeit*« und musste erfahren, wie sich am Rand der Politik eine politische *Alternative* bildete. Mit der Gründung der AfD 2013 »erschien eine Kraft, die das Potenzial besitzt, die gebündelten Ressentiments in ›Politik‹ umzuwandeln«, schreibt Volker Weiß 2017.[15] Das Konzept der Neuen Mitte beruhte auf der falschen Vorstellung, dass die gesellschaftlichen Antagonismen der Vergangenheit angehörten. Von der Partei am Rand der einvernehmlichen Politik wird eine scharfe Konfrontation zugunsten der angeblich gefährdeten deutschen Kultur und Werte gesucht.

Carl Schmitt spricht von Begriffen als »Waffen« – als Mittel des politischen Kampfes. Wenn es um die Trennung von Freund und Feind geht, sind auch Werte nichts anderes als Waffen. Das eigentliche »Volk« treibt die Gesellschaft in einen unversöhnlichen Antagonismus von Freund und Feind. Sie riskiert damit das Ende jedes gesellschaftlichen Konsenses. Nach der Vorstellung Schmitts ist Kern des Politischen nicht das Verhandeln, der Kompromiss, sondern der Kampf. Nachdem diese Deutung des Politischen in Deutschland jahrzehntelang von dem allgemeinen Konsens über die »nivellierte Mittelstandsgesellschaft« (in den 60er- und 70er-Jahren) und der »Neue Mitte« verdeckt war, kehrt sie als Frontstellung von AfD und

Pegida gegen die Flüchtlinge und gegen die aufnahmebereiten Bürger zurück. Ihr Gerede von einer Entscheidungssituation steigert die Militanz und Härte der Gegner der Asylpolitik auch in den Reihen der bürgerlichen Parteien. Mit ihrer Anklage des »Staatsversagens« und ihrem Insistieren auf dem »starken Staat« greifen gerade sie die Autorität des Staates an. Die Rhetorik der Stärke fordert die harten Aktionen gegen die Flüchtlinge, wie Abschiebungen, Zurückweisungen und Grenzkontrollen.[16]

Das politische Muster der »harten Aktion« ist die sogenannte »Broken-Windows«-Konzeption. Anfang der 8oer-Jahre von zwei US-Forschern entwickelt, bildete sie die Grundlage der berühmten »Null-Toleranz-Strategie« des Republikaners Rudy Giuliani im New-York der 9oer-Jahre: Wie ein kaputtes Fenster in einem Haus weitere Zerstörungen nach sich ziehe, wenn man es nicht sofort repariere, so breite sich auch die Kriminalität aus. Dämme man nicht jeden kleinsten Fall sofort ein, entstehe bei potenziellen Tätern eine Enthemmung, auf die weitere Enthemmungen folgten, bis zum Ausbruch von Massenkriminalität und zur Auflösung des Gemeinwesens, wie die Verwahrlosung ganzer Stadtviertel New Yorks in den 8oer-Jahren gezeigt habe. Die »Broken Windows«-Theorie greift ein zentrales Merkmal der traditionellen Massentheorie auf: die Vorstellung der »Ansteckung«. Massenverhalten breite sich aus wie eine ansteckende Krankheit und werde immer mächtiger, je mehr Menschen es ergreift. Wie »Mikroben« (Le Bon) überträgt es sich von Körper zu Körper. Wenn es nicht von Anfang an gestoppt wird, hat es am Ende alle infiziert. Nach der »Broken-Windows«-These wartet der Mensch nur auf eine Gelegenheit zur Enthemmung. In der Masse, die ihm die Gewissheit gibt, dass viele es ihm gleichtun werden, ergreift er diese Gelegenheit.

Als geschlossene Masse schottet sich die populistische Masse von allem ab, was nicht zu ihr gehört. So entsteht die Vorstellung einer Masse, einer »lonely crowd«, einer einsamen Masse, die von »denen da oben« verlassen worden ist: Die Aufmerksamkeit der Politiker hat sich von ihr abgewendet und auf die andere Masse gerichtet, die sich in ihr Land gedrängt hat. Erfolg hat populistische Politik insbesondere bei Bewohnern von Regionen, in denen das Gefühl um sich greift, nicht mehr wahrgenommen, ja vernachlässigt zu werden. Ausgelöst wird das Gefühl von der Überzeugung, dass man die Aufmerksamkeit, die jetzt anderen Gruppen geschenkt wird, *eigentlich* selbst verdient. Auf diesen Entzug von Zuwendung reagieren insbesondere Pegida-Anhänger und Rechtsradikale mit trotzigen Protesten, die die »schuldigen« Politiker hart bestrafen sollen, wie am Nationalfeiertag 2016, als die höchsten deutschen Repräsentanten bei ihrer Ankunft vor der Dresdner Oper von Protestierern unflätig beschimpft wurden.

Etablierte und Außenseiter

In einer 1965 erschienenen Studie *Etablierte und Außenseiter*, die Norbert Elias zusammen mit John Scotson verfasst hat, interpretiert er das Verhältnis zweier Einwohnergruppen in einer Kleinstadt nahe London.[17] Sein der Arbeit vorangestellter Theorieentwurf gibt wichtige Aufschlüsse über die Beziehung zwischen Etablierten und gesellschaftlichen Außenseitern, die auf das Verhältnis der ostdeutschen Demonstranten zu den Flüchtlingen übertragen werden können.

In der Gemeinde, die die Autoren »Winston Parva« nennen, hatten sich die etablierten Alteinwohner gegenüber den Neusiedlern strikt abgeschlossen, sodass durch die Stadt eine innere Grenze verlief. Beide Gruppen lebten in verschiedenen Wohnvierteln, die Etablierten in zwei Bezirken, die zum Altbaubestand gehörten, während die Außenseiter in einem abgetrennten Neubaugebiet wohnten. Zwischen den beiden älteren Wohnvierteln gab es regen Kontakt

untereinander, zu den neuen Gruppen entstanden so gut wie keine
Beziehungen. Während sich die Alteinwohner durch die Beachtung
gemeinsamer Regeln ausgezeichnet sahen, betrachteten sie die anderen als »Tabubrecher«.[18] Sich selbst bewerteten sie als Einwohner mit
höherer menschlicher Qualität, als seien sie eine Art Aristokratie,
»ausgestattet mit einem Gruppen*charisma*, einem speziellen Wert,
an dem sämtliche Mitglieder teilhaben und der anderen abgeht«.
Wie in anderen Fällen des Verhältnisses zwischen Etablierten und
Außenseitern gelang es auch ihnen, den Neusiedlern zu suggerieren,
»daß ihnen die Begnadung fehle – daß sie schimpfliche, minder-
wertige Menschen seien«.[19]

Zwischen den alten und neuen Bewohner gab es keine auf-
fälligen sozialen Differenzen. Beide Gruppen unterschieden sich
kaum nach Herkunft und sozialem Status; sie gehörten im Wesentlichen der englischen Arbeiterklasse an. Auch die anderen sozialen
Parameter, »Rasse«, Nationalität, Bildung, Einkommenshöhe, zeigten keine nennenswerten Unterschiede an. Allein die Tatsache, zu
den Alteingesessenen zu gehören, verschaffte diesen das Bewusstsein, einer wertvollen Gruppe anzugehören, und ein Gefühl der Verachtung für die andere Gruppe. Ein entscheidender Unterschied
zwischen Alteingesessenen und Zugezogenen war die innere Kohäsion der Gruppe: Zwischen den etablierten Familien bestand ein
enger Zusammenhalt. Die Zuwanderer waren nicht nur für die Alteinwohner, sondern *auch füreinander* Fremde. Von den Ämtern in
der Kommune und in der Kirche, von den Pubs und Clubs wurden sie ferngehalten. Auf diese Weise wurden sowohl ihre Integration als auch der Gewinn von symbolischer Macht verhindert. Der
enge Zusammenhalt der Etablierten ermöglichte diesen, »soziale
Positionen mit einem hohen Machtgewicht für die eigenen Leute
zu reservieren, was einerseits ihren Zusammenhalt verstärkte, und
Mitglieder anderer Gruppen von ihnen auszuschließen; und genau
das ist der Kern einer Etablierten-Außenseiter-Figuration«.[20] Für

die Etablierten war es eine Gewissheit, dass die Zugewanderten *insgesamt* die Eigenschaften des »schlechtesten« Teils ihrer Gruppe besäßen, während sie sich selbst *insgesamt* die Eigenschaften des »besten« Teils ihrer Gruppe zuschrieben. »Diese *pars-pro-toto*-Verzerrung in entgegengesetzter Richtung erlaubte es den Etablierten, ihre Glaubensaxiome vor sich und anderen als begründet zu erweisen.«[21] Diese Bewertung gab der Masse der Etablierten einen Status, der sie sowohl mit Macht als auch mit moralischer Überlegenheit ausstattete.

Ganz ähnlich gehen auch die Pegida-Anhänger vor. Sich selbst stellten sie als Verteidiger des Abendlandes, die Flüchtlinge hingegen als potenzielle Terroristen oder Sozialschmarotzer dar. In beiden Fällen gelingt es den Einheimischen, die Flüchtlinge als »Sozialtouristen« oder »Gefährder« zu brandmarken. Grundlage für das Funktionieren dieser Zuschreibungen ist das Machtgefälle. Die Etablierten in Winston Parva besaßen ein Machtmonopol, das sie mit ihrer langen Wohndauer und Prägung der Gemeinde durch gemeinsam ausgebildete Gebräuche begründeten. Mithilfe dieses *symbolischen* Guts wurde die unterlegene Gruppe in allen Bereichen des öffentlichen Lebens distanziert.

Das Instrument der Machtausübung durch die Alteinwohner waren schon vor Ankunft der Neubewohner ausgebildete Normenkanons, Verhaltensstandards, Alltagsroutinen. »Unter diesen Umständen erlebten sie den Zustrom neuer Nachbarn, obwohl es sich um Landsleute handelte, als eine Bedrohung ihrer eingebürgerten Lebensweise. (…) Um zu erhalten, was sie als einen hohen Wert empfanden, schlossen sie ihre Reihen gegen die Zuwanderer, womit sie ihre Gruppenidentität schützten und ihren Vorrang sicherten.«[22] Die Abwehrstrategie entspricht der Forderung, von den Flüchtlingen ein Bekenntnis zur »deutschen Leitkultur« zu verlangen. Auch die Populisten beanspruchen die Deutungsmacht gegenüber jedem Nichtdeutschen. Es ist vorhersehbar, dass die Normen dieser speziellen Kultur von den Neuankömmlingen aus einer anderen Kultur umso weniger zu erfüllen sind, je feiner die Anforderungen gefasst sind. In einer Formulierung (aus dem Jahr 1986) von Bernard Willms, einem Vordenker der Neuen Rechten, wird die tautologische Struktur dieses Konstrukts evident: »Unsere Identität ist objektiv die der Deutschen als Deutsche.«[23] Von Flüchtlingen die Kenntnis der spezifisch deutschen Normen zu verlangen, ist ein sicheres Mittel, sie fernzuhalten und damit ihre Anerkennung zu verhindern. Der Begriff der Leitkultur ist, wie der des Abendlandes, ein Kampfbegriff im Sinne von Carl Schmitt; er wirkt unmittelbar polarisierend und ausschließend.

In den Augen der Einheimischen sieht die relative Unkenntnis so aus, als würden sich die neu Hinzugekommenen den Normen und Zwängen ihrer Gemeinschaft widersetzen. »Außenseiter werden, in Winston Parva wie anderswo, kollektiv und individuell als anomisch empfunden. Deshalb erregt der Verkehr mit ihnen unangenehme Gefühle.«[24] Sie gefährden die Achtung vor den Normen und ihre Befolgung, in die die Einheimischen seit Langem eingeübt sind. Von dieser Haltung hängen die Selbstachtung und der Stolz der Einheimischen ab. Ein Etablierter, der sich mit den Fremden versteht, riskiert in den Augen seiner Gruppe, dass er »sich ansteckt«. Stigmatisierung von Fremden ist ein Machtinstrument von beträchtlicher Schärfe: Es kann aus der Position der Überlegenen als Waffe in Spannungen und Konflikten eingesetzt werden.[25] Angesichts des großen Machtgefälles beurteilen sich die Außenseiter mit dem Maßstab der Etablierten und »empfinden sich selbst als minderwertig«.[26] Das Moment, worauf es im Verhältnis von Etablierten und Außenseitern entscheidend ankommt, ist die Ungleichheit der Machtbalance: Machtfülle auf der einen Seite, Machtlosigkeit auf der anderen. Dies gilt für alle Beziehungen zwischen zwei Gegen-Massen. Die ungleiche Verteilung von Macht ermöglicht der einen Masse, ihre Normen als alleiniger Wertmaßstab aufzustellen und sich selbst als maßgeblichen Urteilenden einzusetzen. Mit den tatsächlichen Eigenschaften der Neuankömmlinge hat deren Abwertung nichts zu tun. Sie entsteht aus der Unterlegenheit im Machtkampf um symbolische Herrschaft (Pierre Bourdieu). Die Tatsache, dass es nicht um den Besitz materieller Güter geht, mildert die Konsequenzen der Auseinandersetzung keineswegs. Die *moralische* Abwertung und die damit verbundene Verweigerung von Anerkennung führen in Winston Parva zu sozialer Missachtung und Ausgrenzung.

Eine Besonderheit des Kampfs um symbolische Herrschaft ist, dass die Machtdifferenzen bei Annäherung der unterlegenen an die überlegene Partei nicht geringer werden, sondern sich infinitesimal vermehren. »Je kleiner die Machtdifferentiale werden, desto deutlicher treten andere, nicht-ökonomische Aspekte der Spannungen und Konflikte ans Licht.«[27] Wie ist das möglich? Eine konstitutive Rolle spielt in Elias' und Scotsons Studie die Zeitdimension. Die etablierten Kreise haben einen jahrelangen Gruppenprozess durchlaufen, in dem sie gemeinsame Regeln, Werte und Übereinkünfte herausgebildet haben. Ohne Bezug auf die zeitliche Dimension der Gruppenbildung lässt sich das Gemeinsame nicht verstehen. In der kollektiven Phantasie hatte sich ein »gruppencharismatisches Wir-Ideal« gebildet, das nicht mehr mit den tatsächlichen Verhältnissen abgeglichen wurde – es war ein »übersteigertes Wir-Ideal« geworden.[28] Die Soziodynamik zwischen beiden Gruppen verschwand auch nicht, als sich beide Gruppen im Lauf der Zeit einander angenähert hatten. Mit dem Näherkommen vergrößerte sich für die Etablierten die Bedrohung ihrer vermeintlichen »besonderen Begnadung und Höherwertigkeit. Das jedenfalls war einer der Hauptgründe, warum in Winston Parva die Etablierten so hart zurückschlugen.«[29]

In täglichen Begegnungen mit den Neuankömmlingen wurde den Alteinwohnern vor Augen geführt, dass in ihr Gebiet Fremde

ETABLIERTE UND AUSSENSEITER

eingedrungen waren und sie einen Verlust von symbolischer Herrschaft über ihre Lebenswelt erlitten hatten. Ihr Raum wurde mit Gebräuchen besetzt, die ihrer Meinung nach nicht dorthin gehörten. Die Bedrohung bestand jedoch ausschließlich in ihrer Imagination – von den Neuankömmlingen hatte keiner die Absicht, den Status der Alteingesessenen zu gefährden. Um *wahre* Motive geht es nie bei solchen Gruppenphantasien.

Vergleichen wir die Soziodynamik in Winston Parva mit der Situation, die sich seit einigen Jahren in Ostdeutschland abspielt: In einer ruhigen Kleinstadt, in der die Einwohner seit Jahrzehnten unter sich leben, treffen Asylbewerber ein, die dort leben sollen. Im Raum der Kleinstadt sind sie deutlich größere Außenseiter als die Bewohner der Neubausiedlung von Winston Parva – schon deswegen, weil die Alteingesessenen sehr wenig Erfahrungen mit Fremden aus islamischen Ländern haben. Als Asylbewerber stehen sie, jedenfalls in offiziellen Verlautbarungen, unter dem besonderen Schutz des deutschen Staats. Darüber hinaus wurden Bürgerkriegsflüchtlinge 2015 in anderen Bundesländern von meist gut situierten Bürgern begrüßt (»Willkommenskultur«). Aufgrund der symbolischen Unterstützung durch die deutsche Bevölkerung könnte man erwarten, dass die Flüchtlinge in der Kleinstadt zwar Außenseiter sind, aber von den etablierten Einwohnern freundlicher empfangen würden als die Zugezogenen von Winston Parva. Das Gegenteil ist der Fall. Ähnlich wie diesen fehlt den Flüchtlingen die innere Kohäsion – ihre Situation ist noch weitaus dramatischer. Flüchtlinge aus dem Irak, dem Jemen, aus Syrien und zahlreichen anderen Staaten werden in demselben Heim untergebracht. Sie teilen nichts außer ihrem Flüchtlingsstatus. Sie haben keine gemeinsame Vergangenheit, die Zusammenhalt und Gemeinsamkeit schaffen könnte. Unter den verschiedenen ethnischen Gruppen kann es zu Konflikten kommen, die dann wiederum den Alteingesessenen als Beleg für die Unzivilisiertheit und Gewalttätigkeit der Flüchtlinge dienen. Anders als die

Alteinwohner sind sie eine äußerst inhomogene Masse, die zur Bildung eines *Wir* nicht fähig ist.

Ihr Verhältnis zu den Alteingesessenen verschlechtert sich noch aufgrund der Hilfeleistungen, die sie *von außen* erhalten (z.B. die finanzielle Unterstützung). Von den Einwohnern werden sie als unverdiente Privilegien missbilligt. Auf die lokale Machtbalance wirkt sich dies äußerst negativ aus: Die symbolische und materielle Unterstützung der Fremden wird von den Einheimischen als Kränkung wahrgenommen: Die Aufmerksamkeit und Zuwendung, die nach ihrer Meinung *eigentlich sie* verdienen, wird den Fremden gegeben, die doch in ihren angestammten Raum eingedrungen sind. Die Hilfe von außen verstärkt die Abneigung gegenüber den Flüchtlingen bis zu offener Feindschaft. Schon gleich in der Gründungsphase von Pegida hatte der Organisator und Hauptredner Lutz Bachmann diese Stimmung erfasst. In einer Ansprache in Dresden Anfang Dezember 2014 sprach er, wie die Frankfurter Allgemeine Zeitung berichtete, »von armen Rentnern, die ohne Strom in kalten Wohnungen säßen und sich kein Stück Stollen leisten könnten, während der Staat Asylbewerbern voll ausgestattete Unterkünfte zur Verfügung stelle.«[30]

Vor der wirklichen Situation der Flüchtlinge verschließen die Einheimischen die Augen: vor ihren traumatischen Erfahrungen, ihren provisorischen Unterkünften und ihrer prekären Lebenssituation, ohne Privatheit und ohne das Recht auf Arbeit. In den Augen der Etablierten werden sie durchgefüttert, lungern in der Stadt herum und stellen eine Bedrohung für die ruhigen Bahnen ihres Lebens dar. Die in der englischen Studie beobachtete Strategie des Fernhaltens durch die Alteingesessenen verschärft sich in einigen Kommunen deutlich – aus Herabsetzung und Furcht wird offene Abwehr. Die von außen kommende Kritik an ihnen trifft sie mit voller Wucht. Sie sehen sich nicht nur von den Neuankömmlingen, sondern auch von den Medien (mit Ausnahme der

Bild-Zeitung, seit dem Wechsel der Chefredaktion) und der Politik bis hin zur Staatsspitze angegriffen.

Man könnte diesen Konflikt auch als Auseinandersetzung zwischen zwei gesellschaftlichen Gruppen darstellen und so auf den Begriff der Masse verzichten. Elias entdeckt in ihm jedoch eine Soziodynamik, die nach seinem Urteil typisch für ein Geschehen zwischen zwei antagonistischen Massen ist. Im Licht von Freuds Massentheorie kann man den Fokus noch schärfer einstellen und auf den *libidinösen* Charakter des Konflikts aufmerksam machen: Vor der Ankunft der Flüchtlinge waren es die Etablierten, die selbst darüber entschieden, wie die Aufmerksamkeit unter den Bewohnern verteilt wurde. Positive Gefühle bestanden ausschließlich zwischen den Alteingesessenen; sie begegneten sich mit Hochachtung und Wertschätzung. Sie konnten sich schon deshalb wichtig und zugehörig fühlen, weil sie über die symbolischen Codes und die verbindlichen Regeln des Gemeinwesens verfügten. Fremde gehörten nicht dazu – erst recht nicht aufgezwungene Flüchtlinge. Diese alte Strategie der Etablierten, ihren höheren Status gegenüber Zugezogenen zu demonstrieren, wird im Fall der Flüchtlinge von Medien und Politikern heftig kritisiert: Jetzt sind sie die »Schlechten«, diejenigen, die nicht im neuen »System« angekommen sind. Das *Wir* der ganzen Gruppe gilt in den Augen der äußeren Beobachter als schäbig und kritikwürdig. Es ist zu vermuten, dass diese Außensicht auch die Selbstwahrnehmung der Gruppe beeinflusst. Lange Zeit vor dem Beginn der Flüchtlingswelle hatten die ostdeutschen Kommunen noch rituellen Zuspruch von Politikern erhalten. Sie erwarteten, dass sich der Staat, den sie sich als fürsorglichen vorgestellt hatten, um sie kümmern würde, insbesondere die Kanzlerin, die selbst Ostdeutsche ist. Von einer Verbesserung der Lage konnte in vielen Kommunen jedoch schon vor Ankunft der Flüchtlinge nicht die Rede sein. Erst kam der Verlust von Arbeitsplätzen, dann wurden positiv bewertete Institutionen der DDR, wie soziale Einrichtungen

und Kulturangebote, aufgegeben. Anders als die Etablierten bei
Elias empfinden sie sich jetzt als Unterlegene im Kampf um symbolische Herrschaft. Die emotionale Hinwendung zu den Flüchtlingen deuten sie als einen endgültigen Liebesentzug. Die ehemals
»Etablierten« sind zu Außenseitern in ihrer eigenen Stadt gemacht
worden.

Die »liebenden Massen«

Wie kann es sein, dass sich die populistische Masse, die sich als
ein Sammelbecken für die Außenseiter der Gesellschaft versteht,
selber gegen Außenseiter richtet? Für einen traditionellen Massentheoretiker wie Le Bon ist diese Frage schnell zu klären. Er hält
die Masse für ein autoritäres, extremistisches Phänomen: Unter-
drücken und Unterdrücktwerden sind die zwei Erscheinungsweisen
der wankelmütigen Masse. Die Reichweite solcher Theorien ist auf
einen bestimmten Massentypus beschränkt. Ihr Konzept kann nur
auf populistische Massen angewendet werden. Die gesamte Fülle
nicht-populistischer Massen wird außer Acht gelassen.

Welche andere Vorstellung kann man der populistischen Masse
entgegenhalten? Zunächst darf man sich nicht auf das Spiel der
Bildung einer Doppel-Masse *(Wir gegen Die)* einlassen, denn dann
bewegt man sich bereits in der Logik des Populismus. Es gibt Alternativen zur agonalen Doppel-Masse. Die erste Konzeption einer
andersartigen Masse findet sich schon bei Le Bons Zeitgenossen
Tarde. Er erinnert nicht nur daran, dass es eine republikanische,
nicht-autoritäre Sicht auf die Massen gegeben hat; er beschreibt
auch *konstruktive* Massen, anstatt ausschließlich deren destruktives
Potenzial zu betonen: »Insgesamt kommt den Massen bei Weitem
nicht alles Schlechte zu, das man ihnen beigelegt hat. Wenn man
das tagtägliche Wirken der liebenden Massen gegen das sporadische

DIE »LIEBENDEN MASSEN«   157

Wirken der hassenden Massen abwägt, wird man anerkennen müssen, dass die ersten sehr viel mehr dazu beigetragen haben, die sozialen Bande zu knüpfen, als die zweiten dazu beigetragen haben, sie zu zerreißen.«[31]

Die hassende Masse sagt *Nein* zu den anderen und orientiert sich an feindlichen Gegen-Massen; sie entspricht der populistischen Konzeption. Hingegen sagt die liebende Masse *Ja* zu sich; sie genügt sich selbst: »Es gibt (…) eine weitverbreitete Spielart dieser liebenden Massen, die eine höchst notwendige und äußerst heilsame soziale Rolle einnimmt (…). Ich meine die Masse, die ein Fest feiert, eine fröhliche, in sich selbst verliebte Masse, trunken allein von der Lust, sich um ihrer selbst willen zu versammeln.«[32] Die *Festmasse* ist nicht empfänglich für das Ressentiment. Sie gehört in die Tradition der Volksfeste, die eine andere Art des Volkes versammeln als jenes der Populisten, auch wenn ein richtiges Volksfest – wie die Leser, die auf dem Land aufgewachsen sind, wissen – mit einer Schlägerei enden kann. Aber selbst die Gewalt ist hier nichts Trennendes – sie wirkt eher als ein »soziales Band«.[33] Anders als die hassenden Massen des Populismus brauchen die »in sich selbst verliebten Massen« keinen Feind, der ihnen Sein gibt und Sinn verleiht. Sie genügen sich selbst. Diesen lustvollen Massen hat die Literatur ein Denkmal gesetzt, wie wir in Kapitel VI am Beispiel von Baudelaires quasi-erotischem Verhältnis zur Masse in der Großstadt zeigen werden.

Die festlichen Massen Tardes sind libidinöse Massen, allerdings nicht jene, die Freud beschrieben hat: Sie brauchen keinen Führer, an den sie ihre Emotionen binden und der die Emotionen aller bindet. Einen solchen Umweg zu denken ist nicht nötig. Die emotionale Bindung entsteht in der direkten Interaktion der Beteiligten. Die konstruktiven Massen, die soziale Bande knüpfen, überwiegen nach Tarde so sehr, dass man der Masse als Ganzer eher eine soziale, Beziehungen stiftende und erhaltende Funktion als eine destruktive zusprechen kann. Während hassende Massen sich abschließen und gegen eine imaginierte Auflösung ankämpfen, haben Festmassen keinen äußeren Feind und müssen die Reihen nicht schließen. Es ist freilich eine bittere Ironie, dass gerade sie, die sich aller Welt öffnen, zu *soft targets* geworden sind. Viele der neueren terroristischen Anschläge – auf den Pariser »Bataclan« 2015, auf den Berliner Weihnachtsmarkt 2016, auf das Popkonzert in Manchester 2017 – richteten sich gegen friedliche, zu Gemeinschaft einladende Festmassen. Jetzt werden auch solche Massenansammlungen als Bedrohung angesehen: Gefürchtet und gemieden werden sie deshalb, weil sie zu möglichen Orten von Terroranschlägen oder Amokläufen werden können.

Von diesen Angriffen wurde eine alternative Massenbildung getroffen, die sich nicht in das Raster der Doppel-Masse einfügt. Umso wichtiger ist es, die liebenden gegenüber den hassenden Massen hervorzuheben. Sie gehören zu einer populären Kultur, die in sich selbst ruht und offen für alle ist. Die Rede von den liebenden Massen richtet kein Idealbild universeller Harmonie auf. Sie beschreibt lediglich eine Existenzmöglichkeit von Menschen als soziale Wesen, die nicht dem Ausnahmezustand unterliegen, den die Populisten ausrufen.

Die Massen, die uns in den Städten am häufigsten begegnen, sind keine feindlichen Massen. Wenn wir uns tagtäglich durch sie und mit ihnen bewegen, sind wir in ein Netz verschiedenartigster sozialer Bande eingeknüpft. Was Tarde als »liebend« beschreibt, ist nichts anderes als eine Form diskreter sozialer Empathie mit den vielen anderen Menschen, die uns umgeben. Mit ihnen können wir sporadisch in vereinzelten Situationen Kontakt aufnehmen, durch Blicke bei zufälligen Begegnungen, mit kleinen Bemerkungen, mit Rücksichtnahmen und Hilfen im Notfall oder beim gemeinsamen Schimpfen über Flug- und Zugverspätungen.

Nur scheinbar betont der Begriff der Festmassen das Außeralltägliche. Tarde situiert sie auch im Alltag. Durch die Vielzahl ständig erneuerter sozialer Kontakte wirkt die Masse tagtäglich gesellschaftsstiftend und -erhaltend. Diese Alltäglichkeit sucht der Populismus durch einen permanenten Ausnahmezustand zu zerstören, dadurch dass er die soziale Berührung mit den Fremden verweigert, als sei sie eine Form der Kontamination.

V

Masse und Raum

Historische Raumkämpfe

Was haben die politischen Massenproteste der letzten Jahre gemeinsam? Eine Antwort lässt sich kaum in den Anlässen und Absichten der Massen finden. Zu unterschiedlich waren die Ausgangslagen der Proteste, zu länderspezifisch ihre Kämpfe. Es gibt jedoch ein Merkmal, das ihnen gemeinsam ist: Sie alle fanden an symbolträchtigen öffentlichen Orten statt und werden in der Rückschau mit diesen Orten verbunden. Der Maidan in Kiew, der Gezi-Park in Istanbul, der Tahrir-Platz in Kairo, das Gwanghwamun-Tor in Seoul – diese Orte wurden zu Synonymen für nationale Massenproteste. Die Masse und der öffentliche Raum sind aufeinander bezogen. Die symbolische Verbindung einer Masse mit dem Ort ihres Wirkens kann diesem eine historische Bedeutung geben, wie dem Platz der Bastille in Paris.

Warum aber fanden die rituellen Berliner Mai-Krawalle in Kreuzberg statt und nicht auf dem Kurfürstendamm? Warum entzündeten sich die Massenkrawalle während des G20-Gipfels im links-autonom geprägten Schanzenviertel und nicht auf dem Jungfernstieg? Warum brannten in Paris die Banlieues und nicht das Opernviertel? Warum also machen militant protestierende Massen nicht das *kaputt, was sie kaputt macht* (wie es im Song von »Ton Steine Scherben« heißt), sondern das, was bereits kaputt *ist*, nämlich ihren eigenen Lebensraum? Massen bilden sich nicht unabhängig von bestimmten Stadträumen; sie sind nicht beliebig verschiebbar. Die französischen Jugendlichen aus den Banlieues, die sich an den Massenausschreitungen 2005 beteiligten, hätten sich vermutlich in der Pariser Innenstadt nicht zurechtgefunden. Im Hamburger Schanzenviertel fanden die autonomen Gruppen um die »Rote Flora« herum ein sympathisierendes Umfeld und Rückzugsräume vor, die ihnen im feinen Harvestehude nicht zur Verfügung gestanden hätten. Massenhandeln kann sich nur in einem bestimmten Stadtraum vollziehen.

Zwischen dem Massenhandeln und seinem Ort kommt es im positiven wie im negativen Sinn zu einer wechselseitigen Verstärkung und Aufladung. Massenausschreitungen in ohnehin prekarisierten Räumen entwerten diese noch mehr, verstärken ihre Ghettoisierung und führen letztlich zu noch härteren Ausschreitungen. Andererseits partizipieren Massenbewegungen an der Symbolkraft zentraler öffentlicher Räume; sie profitieren von dieser und steigern sie zugleich, indem sie der Geschichte des Ortes als »nationales Symbol« ein neues Kapitel hinzufügen. In seiner Studie *Fleisch und Stein* zeigt Richard Sennett, wie sich der städtische Raum und die Körper der Bewohner wechselseitig beeinflussen.[1] Sennetts Buchtitel lässt sich für unsere Überlegungen umformulieren in »Masse und Ort«. Die Masse wird gebildet aus den Körpern ihrer Mitglieder *und* aus dem städtischen Rahmen, der den freien Platz umgrenzt, auf dem sie sich versammeln.

Politische Massen bilden sich in *inner*städtischen Räumen, auf Straßen und Plätzen, die groß genug sind, um eine revolutionäre Masse aufzunehmen. Im Mittelalter und in der Frühen Neuzeit war die Situation der von Mauern umschlossenen Städte zu eng für große Ansammlungen von Menschen. Wenn sich das Volk versammelte, dann vor den Mauern der Städte. In der Neuzeit lassen sich, in grober Gliederung, drei Phasen des Zusammenspiels von Masse und Raum unterscheiden. In der ersten Phase nimmt die unkontrollierte revolutionäre Masse den öffentlichen Raum ein und verwandelt ihn in einen politischen Raum. Am folgenreichsten geschah dies während der Französischen Revolution.

Ein entscheidendes Datum dieser ersten Phase ist der 5./6. Oktober 1789 in Paris. Am 5. Oktober zog eine Menschenmenge auf der Straße nach Versailles zum Schloss des Königs und zwang durch ihre bloße Präsenz den Monarchen, mit der Menschenmasse nach Paris zu ziehen. Die symbolische Bedeutung dieser Massenbewegung, die den Souverän nach Paris zurückführte, kann nicht überschätzt werden. Der Triumphzug mit dem Herrscher gleichsam als Geisel ist der Moment, in dem die Masse wohl zum ersten Mal als kollektiv handelnder Akteur im öffentlichen Raum erscheint.

Im Verlauf der Revolution folgten Versuche, dem spontanen Erscheinen der Massen im öffentlichen Raum eine Struktur, sogar eine Choreographie zu geben. In ihrem Mittelpunkt standen die großen Revolutionsfeste. Für ihre Organisation wurde systematisch nach offenen Plätzen gesucht, die groß genug für Massenversammlungen waren. So fand im Frühjahr 1792 das Fest von Châteauvieux statt, das von Jacques-Louis David geplant und inszeniert wurde. In einer Art religiöser Zeremonie bewegte sich die Masse wie auf einem Kreuzweg durch die Stadt. Auf dem Marsfeld sollte die Masse schließlich um den »Altar des Vaterlandes« tanzen. Doch die künstlerischen Choreographien erzeugten vor allem Konfusion: Die Massen erwiesen sich als unkontrollierbar. Sie sperrten sich gegen die Formation, die sie in einen einheitlichen symbolischen Körper mit rituellen Bewegungen verwandeln sollte.

Auf diese *erste* Phase spontaner revolutionärer Massen und der Versuche, sie in Choreographien einzubinden, folgte im 19. Jahrhundert die *zweite* Phase. Sie fällt in die Zeit der sogenannten »Städtischen Revolution«. Mit den Industrialisierungsschüben zogen immer mehr Menschen in die Städte. Das Problem, wie die städtischen Massen zu regulieren und zu steuern waren, wurde immer dringlicher. Die europaweiten Aufstände von 1848 zeigten, welche soziale und politische Sprengkraft die städtische Akkumulation von Menschen mit sich brachte. Durch städtebauliche Maßnahmen sollten neue Aufstände der sich weiter vergrößernden Stadtbevölkerung verhindert werden. Es ging nun darum, die Massen in eine Form zu zwingen, die ihre potenzielle Gefährlichkeit einzudämmen vermochte. Nicht durch Versammlungsverbote oder sonstige Zwangsmaßnahmen sollte dieses Ziel erreicht werden, sondern durch eine neue *Politik des Raumes:* »Der Urbanist der Aufklärung hatte sich Individuen vorgestellt, die davon angeregt wurden, sich in der Menschenmenge der Stadt zu bewegen; der Stadtplaner des 19. Jahrhunderts stellte sich Individuen vor, die durch Bewegung vor den Menschenmassen geschützt wurden.«[2] Die neue Entwicklung begann in England, wo die Industrialisierung am weitesten fortgeschritten war. Der Bau von Regent's Park und Regent's Street in London durch John Nash ist das erste Großprojekt der neuen Raumpolitik. Nash umgab den Park mit einem breiten geschlossenen Straßenring, der ein hohes Verkehrsaufkommen ermöglichte. So erschwerte er den Zugang zum Park, trennte ihn von seiner Umgebung ab und isolierte die innerstädtischen Bezirke voneinander. Die Straßen, die Trennlinien bildeten, sollten zusammen mit dem Verkehrsfluss eine Verdichtung des Raums und damit auch Massenansammlungen verhindern.

In den 50er- und 60er-Jahren des 19. Jahrhunderts führte Haussmanns Umgestaltung von Paris diese Raumpolitik weiter. Für ihn war der zentrale Planungsgedanke des städtischen Raums nicht mehr die Versammlung von Menschen, sondern seine rasche Durchquerung. Wie Nash in London galt sein Hauptaugenmerk der Beseitigung von verdichteten Räumen und der Schaffung langer Verkehrs- und Sichtachsen. Er ließ große Teile der mittelalterlichen Stadt niederreißen, um breite, gerade Schneisen durch das städtische Gewebe zu ziehen. Sie ermöglichten einerseits schnelle Truppenbewegungen zur Aufstandsbekämpfung und isolierten andererseits die innerstädtischen Stadtteile durch Trennwälle aus sich bewegenden Fahrzeugen: »Der Gebrauch von Verkehr zur Isolierung und Ausdünnung von Raum arbeitete gegen

HISTORISCHE RAUMKÄMPFE 165

die Ansammlung einer politisch geeinten Menschenmasse.«[3] Der
Plan ging nur teilweise auf. Tatsächlich begünstigten diese Maßnahmen die Entstehung von Massen eines neuen Typs: »Frag-
mentierte der Boulevard einerseits die städtische Masse als poli-
tische Gruppe, so stieß er andererseits die Individuen in Wagen,
Kutsche und zu Fuß in einen fast manischen Wirbel.«[4] Dass der
Individualverkehr, der ursprünglich der Verflüssigung dienen sollte,
später »dichte Verkehrsaufkommen« erzeugte, ist eine Ironie der
Geschichte. Aus dem »manischen Wirbel« wird die neue groß-
städtische Masse geboren, die in Rausch, Sinnlichkeit, Vergnügen,
Zerstreuung zusammenkommt. In der »Belle Epoque« findet das
Massenvergnügen in den Cafés, Theatern, Konzerthallen auf den
großen Boulevards statt. Von den französischen *poètes maudits*, spä-
ter auch von den Expressionisten und Futuristen wird der städtische
Raum der Massen lustvoll besetzt und als Ort der Beschleunigung,
Simultanität und körperlichen Präsenz gefeiert.

Auf die Versuche der städtebaulichen *crowd control* folgt eine
dritte Phase, die von Richard Sennett nicht mehr beschrieben wird –
vielleicht, weil sie seiner These einer zunehmenden »Massenpassivi-
tät« widersprechen würde. Für Sennett verliert die Masse mehr
und mehr ihre politische Virulenz und wird zu einer apathischen
Konsum- und Vergnügungsmasse. Diese Verfallsgeschichte ist zu
einfach; sie ignoriert die Gegenbewegung der Massen. Die *dritte*
Phase wird dadurch markiert, dass sich die Massen die öffentlichen
Stadträume wieder aneignen – sie nutzen deren Weite *gegen* die
Intentionen ihrer Planer. Beispiele einer solchen Wiederaneignung
sind die Jubelmassen bei Ausbruch des Ersten Weltkriegs und die
Straßenschlachten der Weimarer Republik. In einem kurzen Text
über »Demonstrationsräume« anlässlich einer Berliner Kunstausstellung im Jahre 1923 formuliert El Lissitzky die neue Bedeutung
des Stadtraums: »Raum ist nicht für die Augen da, ist kein Bild, man
will darin leben. (…) Der Raum ist für die Menschen da, nicht der

Mensch für den Raum. Wir wollen den Raum als ausgemalten Sarg für unser Leben nicht mehr.«[5]

Den »ausgemalten Sarg« zu öffnen und ihn durch eigene Aktionen zu einem *öffentlichen* Raum zu machen, darum geht es in dieser Phase den Massen auf den innerstädtischen Schauplätzen. Wenn der Raum für die Menschen da ist, dann nur als belebter Raum, nicht aber als menschenleeres Geschäftszentrum oder Regierungsviertel und auch nicht als Stätte der bloßen Durchquerung. Gerade der Umbau der Stadt mit einem Straßennetz, das ursprünglich zur Beherrschung der Massen geplant war, schuf die Voraussetzungen für diese erneute Aneignung des Raums, die im engen Gassengewirr der Altstädte nicht möglich gewesen wäre. Erst hier kann die Masse ihre zahlenmäßige Überlegenheit und damit ihre Fähigkeit, große öffentliche Plätze einzunehmen, eindrucksvoll darstellen. Das Erscheinen der Masse im öffentlichen Raum wird entweder als eine Bedrohung der öffentlichen Ordnung gedeutet oder als ein Aufbruchssignal gegen verkrustete politische Strukturen. In beiden Fällen stellt das Auftauchen der Massen den *status quo* infrage – unabhängig davon, was genau gefordert und wogegen protestiert wird. Es öffnet den Raum des Politischen.

Der Erscheinungsraum des Politischen

Bei dem von Massen besetzten Raum handelt es sich sowohl um einen konkreten als auch um einen symbolischen Ort. Mit dem neuen Gebrauch, den die Masse von ihm macht, insbesondere durch die Art und Weise, wie sie ihn in Besitz nimmt, gibt ihm die Masse eine neue Bedeutung. Wenn sich Massen auf den Straßen versammeln, wofür oder wogegen auch immer, handelt es sich daher grundsätzlich um ein politisches Ereignis. In ihrem Buch *Vita Activa* weist Hannah Arendt darauf hin, dass das Politische an die Existenz eines »Erscheinungsraums« gebunden ist: »Ein Erscheinungsraum entsteht, wo immer Menschen handelnd und sprechend miteinander umgehen; als solcher liegt er vor allen Staatsgründungen und Staatsformen, in die er jeweils gestaltet und organisiert wird.«[6] Der Raum des Politischen ist nicht identisch mit dem konkreten Raum. Er ist die Folge gemeinsamen Handelns; er *erzeugt* einen Ort, anstatt ihn nur zu haben. Hannah Arendt bezieht ihr Konzept eines Erscheinungsraums des Politischen auf die antike *polis*. Dass es sich auch dazu eignet, moderne Massenversammlungen zu analysieren, zeigt Judith Butler. In ihren *Anmerkungen zu einer performativen Theorie der Versammlung* überträgt sie Arendts Konzept auf gegenwärtige Versammlungsformen. Gerade Massenversammlungen verwirklichen jenes »Zwischen«, das vom gemeinsamen Handeln gebildet wird: »Die Versammlung bedeutet etwas, das über das Gesagte hinausgeht, und dieser Bedeutungsmodus ist eine gemeinsame körperliche Inszenierung, eine plurale Form der Performativität. (…) (Das) Parken meines Körpers inmitten der Handlung eines anderen ist weder meine noch deine Handlung, sondern etwas, das aufgrund der Beziehung zwischen uns geschieht, das aus eben dieser Beziehung hervorgeht und zwischen dem Ich und dem Wir laviert (…).«[7] Bei aller Überzeugungskraft übersieht Judith Butlers Übertragung von Arendts politischen Erscheinungsräumen auf das »plurale Handeln« gegenwärtiger Massenversammlungen die Ambivalenz von Massen, die als Befreiungs- und Widerstandsbewegungen, aber auch als »Hetzmeuten« (Elias Canetti) oder Lynchmobs auftreten können.

Das Politische ist nicht per se gut, ebenso wenig wie seine Akteure. Ob es sich um »Occupy« oder um »Pegida«, um friedliche Kundgebungen oder gewalttätige Revolten handelt – in jedem Fall erzeugen Massen durch ihr kollektives Handeln in der Öffentlichkeit einen »Erscheinungsraum des Politischen« im Sinne Arendts. Genau das macht ihre Virulenz aus. Das Erscheinen von Massen kann das Ganze der politischen Ordnung, und damit die

Organisation des Zusammenlebens erschüttern; es kann diese aber auch stabilisieren. Letzteres geschieht in staatlichen oder gesellschaftlichen Aufführungsritualen, bei staatlichen Gedenkveranstaltungen zur Deutschen Einheit oder Militärparaden am 14. Juli in Paris. Auch kollektive Übergangsriten und Feste zählen dazu, ebenso wie Karnevalsumzüge im Rheinland oder Silvesterfeiern am Brandenburger Tor. Neben den rituellen Praktiken gibt es aber auch jene, die den städtischen Raum neu und anders besetzen. In seiner spontanen Wiederaneignung kann er von einem Raum, der die Menge regulieren soll, zu einem Ort des unkontrollierten Ausbruchs werden. Darauf reagieren die Autoritäten der *crowd control* mit erneuten Einschluss- und Isolierungsversuchen – beispielsweise mit polizeilichen Wanderkesseln, die eine Massendemonstration vom Rest des städtischen Raums abschneiden, oder mit »Hamburger Gittern«, die Massenaufläufe einzäunen und den Demonstranten ihre Dynamik und Bewegung rauben.

Massenproteste sind immer auch Kämpfe um den öffentlichen Raum. So richteten sich die Proteste in Istanbul um den Gezi-Park zunächst gegen die Privatisierung des öffentlichen Raums. Die Parkfläche sollte nach ihrem Verkauf an private Investoren bebaut werden. Der Protest der Massen zielte darauf, einen Raum zu bewahren, der ihr öffentliches Erscheinen weiterhin möglich machte. Damit Massen erscheinen können, muss der städtische Raum Plätze bereitstellen, die große Versammlungen und den Aufenthalt von Menschenmengen zulassen. Das wiederum setzt voraus, dass Raum primär als Aufenthaltsraum von Menschen verstanden wird – wie zum Beispiel bei Martin Heidegger. Im Zentrum seiner Theorie des Raums steht ebenfalls der Begriff der »Versammlung« – auch wenn er damit alles andere im Sinn hat als eine moderne Massenveranstaltung. »Wir wohnen nicht, weil wir gebaut haben, sondern wir bauen und haben gebaut, indem wir wohnen. Der Bezug des Menschen zu Orten und durch Orte zu Räumen besteht im

»Wohnen«, schreibt Heidegger in seinem Aufsatz »Bauen Wohnen Denken«.[8] Wohnen bedeutet für Heidegger insbesondere sich versammeln: »Versammlung heißt nach einem alten Wort unserer Sprache ›thing‹.«[9] Ein Versammlungsort kann für ihn alles sein, was die wesentlichen Bezüge des menschlichen Lebens versammelt und verdichtet: »Raum, Rum heißt freigemachter Platz für Siedlung und Lager.«[10] Räume sind für Heidegger nicht geographisch bestimmt – sie sind Orte, an denen der Mensch siedeln und lagern kann. Die großen Platzbesetzungen des letzten Jahrzehnts lassen sich als eine Rückverwandlung der Transiträume in Wohn-Räume verstehen. Während der wochenlangen Proteste waren der Maidan in Kiew und der Tahrir in Ägypten mehr als bloße Aufmarschplätze oder Treffpunkte. Sie wurden im wahrsten Sinne des Wortes bewohnt. Die Menschen schliefen und aßen dort. Küchen, Schlafzelte und Einrichtungsgegenstände wurden herbeigeschafft.[11]

Der Raum ist kein leeres Gefäß, kein »bemalter Sarg« im Sinne El Lissitzkys – er wird von Menschen für Menschen hergestellt. Heidegger ordnet dem Substantiv »Raum« die Tätigkeitsworte »Räumen« und »Einräumen« zu: »Ein Raum ist etwas Eingeräumtes. (…) Das Eingeräumte wird jeweils … versammelt durch einen Ort.«[12] Räume sind nicht einfach da, sie müssen eingeräumt, sie müssen – so ließe sich Heidegger weiterdenken – tätig gestaltet werden. Daher sind sie so umkämpft und daher ist die Sorge um sie so wichtig.

»Räumen« ist auch ein polizeilicher Begriff. Ein besetztes Haus, eine Straßenkreuzung oder ein Platz wird »geräumt«. Raum wird wieder geschaffen, indem die dichte Masse auseinandergetrieben, »geräumt« wird. In der Perspektive der Ordnungskräfte ist der ideale Raum der leere Raum. Das Zentrum der Macht umgibt sich fast immer mit solchen leeren Räumen – niemand darf dem Machthaber zu nahe kommen. Allerdings erzeugt eine solche Machtarchitektur auch günstige Voraussetzungen für deren Neubesetzung durch Massen, die die freie Fläche mit der Dichte ihrer

Körper anfüllt. *Occupy*, Besetzen, nannte sich die erste massenhafte und globale Widerstandsbewegung des neuen Jahrtausends – eine Bewegung, die sich zunächst nichts anderes zum Ziel gesetzt hatte, als im öffentlichen Raum als Protestmasse zu erscheinen und diesen umzukodieren. Widerständigen Massenbewegungen geht es darum, im städtischen Raum »unordentliche«, unkontrollierbare Orte und Situationen zu schaffen. Die Tatsache des Sichversammelns selbst ist die zentrale Botschaft der Platzbesetzung von Massen.

Heilige Räume und der Einbruch des Profanen

Die raumstiftende und raumerhaltende Funktion der Masse steht in striktem Gegensatz zu dem Verhältnis von Masse und Raum, das die klassischen Massentheorien darstellen. Bei Le Bon und Canetti sind die Massen in erster Linie Agenten der Raumzerstörung. In *Masse und Macht* beschreibt Elias Canetti diese wie folgt: Die Zerstörung der offenen Masse »ist nichts als ein Angriff auf alle *Grenzen*. Scheiben und Türen gehören zu Häusern, sie sind der empfindlichste Teil ihrer Abgrenzung gegen außen. Wenn Türen und Scheiben eingeschlagen sind, hat das Haus seine Individualität verloren.«[13] Mit diesen Worten ist die Standarderzählung der Beziehung der Masse zum Raum zusammengefasst: Die Masse kommt von draußen, durchdringt die Grenzen und zerstört die Innenräume. Sie ist der Feind des Hauses, un-behaust oder im Sinne Freuds: das Un-Heimliche.

»In diesen Häusern stecken aber gewöhnlich, so glaubt man, die Menschen, die sich von der Masse auszuschließen suchen, ihre Feinde. Nun ist, was sie abtrennt, zerstört. Zwischen ihnen und der Masse steht nichts. Sie können heraus und sich ihr anschließen. Man kann sie holen.«[14] Gelingt der Masse der Einbruch in die Innenräume, so sind diese ein für alle Mal zerstört. Das Haus hat seine

Individualität verloren, also die schützende Grenze gegenüber dem Außen. Canetti beschließt seine Erzählung mit den Folgen, die dieses Eindringen für die Menschen hat: Sie verlieren mit den Häusern ihre Individualität; sie sind gleichsam der Wildnis ausgesetzt – sie werden selbst Teil der Masse.

Warum aber wird über die Masse die immer gleiche Geschichte des Zerstörens von Innenräumen erzählt? Diese Geschichte hat ihren Ursprung in alten religiösen Erklärungsmustern, die offenbar tief im kulturellen Gedächtnis eingelagert sind. Aufschluss über diesen Ursprung kann die Religionstheorie von Mircea Eliade geben, wenn man sie mit kritischer Distanz verwendet. Eliade beschreibt das Religiöse vornehmlich als ein Raum-Phänomen. Am Beginn seines in den 1950er-Jahren geschriebenen Buches *Das Heilige und das Profane* stellt er die Entstehung eines heiligen Raumes dar: »Für den religiösen Menschen ist der Raum *nicht homogen*. Er weist Brüche und Risse auf, er enthält Teile, die von den übrigen qualitativ verschieden sind. (…) Es gibt also einen heiligen (…) Raum, und es gibt andere Raumbezirke, die nicht heilig und folglich ohne Struktur und Festigkeit, in einem Wort ›amorph‹ sind. Diese Inhomogenität des Raumes erlebt der religiöse Mensch als einen Gegensatz zwischen dem heiligen (…) Raum und allem übrigen, was ihn als formlose Weite umgibt.«[15]

Religionen trennen einen heiligen Raum von dem ihn umgebenden profanen Raum. So ist der Tempel *(templum)* zunächst nichts anderes als ein solcher abgesteckter Bezirk. Dieser »Bruch in der Homogenität des Raums« ist gleichbedeutend mit einer »Weltgründung«. Denn eine »Welt« gibt es eigentlich erst, wenn wir uns in ihr orientieren können. Um sich in einem Raum zu orientieren oder, was dasselbe heißt: um in ihm eine Welt zu erkennen, müssen Grenzen, Übergänge und Orientierungspunkte angegeben werden können: »In dem grenzenlosen homogenen Raum ohne Merkzeichen und Orientierungsmöglichkeit wird durch die Hierophanie (die

Erscheinung des Heiligen) ein absolut ›fester Punkt‹, ein ›Zentrum‹ enthüllt.«[16] Dadurch, dass der heilige Raum sich selbst als einen geschützten Innenraum herstellt und vom formlosen Raum abgrenzt, erzeugt er überhaupt erst die Möglichkeit von Verortung und damit von Identität.

Wer sich außerhalb des heiligen Raums befindet, gehört zum Profanen. Er bleibt »bei der chaotischen Homogenität und Relativität des Raums. Eine echte Orientierung ist unmöglich (…). Es gibt also eigentlich keine ›Welt‹ mehr, sondern nur noch Fragmente eines zerbrochenen Universums, eine amorphe Menge unendlich vieler mehr oder weniger neutraler ›Orte‹, an denen (man) sich, getrieben von den Verpflichtungen des Lebens in einer industriellen Gesellschaft, dahin und dorthin bewegt.«[17] Das Gegenteil des heiligen Raums ist die moderne Großstadtmasse. Die räumliche Trennung von Heiligem und Profanem ist (in der europäischen Kultur) das Urbild der Differenz zwischen Individualität und Masse. Das Individuelle wird als ein geschützter Innenraum verstanden, der sich vom Außen abtrennt und durch diese Grenzziehung seine Identität gewinnt. Das amorphe Außen ist dagegen die räumliche Metapher für den Rückfall in vorkulturelle Differenzlosigkeit und die Auslöschung von Individualität. Der Angriff auf den Raum bedroht die mühsam errichteten kulturellen Grenzen. Die Masse ist ein Schreckensbild für die Hüter heiliger Räume.

Um den Angriffen des amorphen Außen zu begegnen, gibt es nur zwei Wege: Einmal die Grenzsicherung, zum Beispiel durch den Bau von Mauern oder durch Internierungscamps, die schon an den Staatsgrenzen das »Einsickern« verhindern; oder die räumliche Separierung, Parzellierung und Zellenbildung: »In diese vorgebildeten Gefäße überall wird man die Masse zersplittert zurückzuführen suchen. Sie haßt ihre künftigen Gefängnisse, die ihr immer Gefängnisse waren. Der nackten Masse erscheint alles als Bastille.«[18] Gegen Massenbildung hilft jede Form der räumlichen »Zersplitterung«.

HEILIGE RÄUME UND DER EINBRUCH DES PROFANEN   173

Auch die wiederholten Räumungen des wild wuchernden Flücht-
lingscamps bei Calais seit 2016 folgten dieser Strategie. Die Flüchtlinge, die sich dort als teils aggressive Masse mit dem Ziel, nach
England zu gelangen, gesammelt und einen weitgehend rechtsfreien
Raum (in den Medien bezeichnenderweise »Dschungel« getauft)
geschaffen hatten, wurden in diverse Lager und Unterkünfte über
ganz Frankreich verteilt. Durch diese Zersplitterung wurde ihnen
die Virulenz der Masse genommen.

In der Flüchtlingsdebatte taucht die Mythologie von heiligem
und profanem Raum wieder auf. Die Figur des Flüchtlings fügt
sich in die Vorstellung des entgrenzten Raums ein: Der Flüchtling ist der aus seiner Kultur Exilierte, der keine »Welt« mehr hat
und, wenn er seinen Pass zerrissen hat, in dieser Welt keinen Platz
mehr findet. Als Verkörperung des Außen droht er, die Grenzen
des kulturellen Innenraums einzureißen. Es entsteht ein »amorpher«
Raum ohne Grenzen, ein globalisierter Raum, in dem alle Unterschiede eingeschmolzen werden. Auch Eliades Satz über den heiligen Raum erhält angesichts des Abwehrverhaltens der Europäer
eine neue Aktualität: »Unsere Welt ist ein Kosmos; deshalb droht
jeder Angriff von außen, sie in ›Chaos‹ zu verwandeln.«[19] Eliade
hat die Flüchtlingsbewegungen nicht vorhergesehen, aber er hat
das Denkschema beschrieben, das ihre Abwehr motiviert. In der
Sicht der Etablierten, die sich als die Hüter der kulturellen und
gesellschaftlichen Ordnung verstehen, entwürdigt die »Flüchtlingsmasse« die heiligen Innenräume des Aufnahmelandes.

Es ist eine falsche Vorstellung, dass Massen grundsätzlich ein
raumvernichtendes Phänomen seien. Tatsächlich agieren sie sehr
viel öfter raumstiftend und raumerhaltend; sie tragen dazu bei,
Räume *für alle* offen zu halten und zu bewahren: Sie erzeugen im
guten Sinne profane Räume. Das Heilige, schreibt der italienische
Religionsphilosoph Giorgio Agamben, entzieht die Dinge ihrem
Gebrauch;[20] ihre Profanierung gibt sie hingegen dem Gebrauch

zurück. Das Innerste heiliger Räume ist immer leer und unantastbar, es ist den Göttern vorbehalten. Massen, die sich auf den Straßen versammeln, machen diesen Raum jedoch zur Bühne ihres Handelns und ihrer Anliegen. Die Raum-Welt des Heiligen schottet sich vom Profanen ab, die Raum-Welt der Massen steht für die grenzenlose Bewohnbarkeit der Welt.

Seit den 1960er-Jahren wurde das Prinzip der Profanierung von der Aktionskunst aufgenommen. Auch sie zielt auf eine Entweihung des Kultwerts von Kunst und setzt vielmehr auf eine massenhafte Beteiligung des Publikums. Anstatt das Kunstwerk zu konservieren, setzten sie auf das Ereignis, das *happening*, an dem alle partizipieren können, das, da es sich nicht wiederholen lässt, den bleibenden ideellen Wert von Kunstwerken zerstört. Der Traum moderner Künstler, ihre Kunst würde die Bevölkerung interessieren und deren ästhetische Potenziale wachrufen (»Jeder Mensch ist ein Künstler«, Josef Beuys), wurde kaum eingelöst. Das breite Publikum, das damit angesprochen werden sollte, ließ sich erst in Ausstellungen neuer Kunst locken, als diese kanonisiert und ihre Protagonisten gefeierte Großkünstler geworden waren.

Wie das Beispiel des *happenings* zeigt, hat die Masse in der populären Kultur eine doppelte Funktion – sie ist aufgrund ihrer Verehrung Garant des Heiligen; sie bildet eine Gemeinde, die aber durch ihr Eindringen Ursache von Profanierung werden kann. Ein anderes Beispiel für diesen Vorgang ist die Vorstellung eines pompös angekündigten »Spitzenmodells« einer berühmten Automarke auf einer großen Automesse. Roland Barthes beschreibt dieses Ereignis in den *Mythen des Alltags*.[21] In einer Zeremonie mit deutlichen Anleihen bei religiösen Kulten wird das neue Automobil einer andächtigen Gemeinde vorgestellt: Das noch namenlose Objekt, das unter einer Plane verborgen liegt, wird vom Firmenchef feierlich enthüllt und wie in einem Akt der Taufe der Öffentlichkeit gezeigt. Die Masse der Anbetenden bildet einen kreisförmigen Innenraum um

HEILIGE RÄUME UND DER EINBRUCH DES PROFANEN 175

das Kultobjekt. Roland Barthes schreibt über die erste Vorstellung des damals bahnbrechenden Automodells »D. S.« von Citroen, es sei »eines jener Objekte, die aus einer anderen Welt herabgestiegen sind«.[22] In der Mythologie der Besuchermassen wirkt es wie ein göttliches Wesen: unberührbar, magisch, göttlich, weiblich«[23] (das grammatische Geschlecht von »Auto« ist im französischen weiblich – aus D. S. wird in französischer Aussprache *Déesse*, Göttin).

Bei der ersten Präsentation der *Déesse* bildet die Besuchermasse eine Art Schutzschirm gegen den Einbruch der Alltäglichkeit – die Messe hatte hier noch ihren religiösen Sinn. Nach der Taufzeremonie wird das Kultobjekt dem Publikum überlassen, ähnlich wie ein getauftes Kind von den Gästen gestreichelt wird. Einzelne Besucher nähern sich dem Auto, berühren vorsichtig seine Karosserie, lassen die Hände über den Lack gleiten, öffnen die Tür, ergreifen das Lenkrad, den Ganghebel, bewegen mit großer Vorsicht den Schalter für die Blinker. Allmählich verliert das Auto dabei seine religiöse und ästhetische Aura, gewinnt aber im Gegenzug an Lebenstauglichkeit: Aus der Haltung der Verehrung wird zunehmend ein praktisches Verhältnis zu einem Gerät. Roland Barthes schreibt über diesen Umschlag der Attitude: »In den Hallen wird der Ausstellungswagen mit liebevollem, intensivem Eifer besichtigt. Es ist die große Phase der tastenden Entdeckung, der Augenblick, da das wunderbare Visuelle den prüfenden Ansturm des Tastsinns erleidet (denn der Tastsinn ist unter allen Sinnen der am stärksten entmystifizierende, im Gegensatz zum Gesichtssinn, der der magischste ist); das Blech, die Verbindungsstellen werden berührt, die Polster befühlt, die Sitze ausprobiert, die Türen werden gestreichelt, die Lehnen beklopft. Das Objekt wird vollkommen prostituiert und in Besitz genommen; hervorgegangen aus dem Himmel von Metropolis, wird die *Déesse* binnen einer Viertelstunde mediatisiert und vollzieht in dieser Bannung die Bewegung der kleinbürgerlichen Beförderung.«[24]

Roland Barthes' abschließende Volte gegen das kleinbürgerliche Verhalten – die »Göttin« werde durch das Verhalten der Besucher »prostituiert« – ist die Abwehr des Ästheten gegenüber der Entweihung von kultischen Innenräumen. Bei Gebrauchsobjekten wie dem Auto ist das Berühren jedoch eine geradezu heilsame Aktion gegen die kultische Inszenierung eines Fortbewegungsmittels, was Barthes nur recht sein könnte. Der Massengeschmack will alles berühren, will sich alles Schöne aneignen, an den eigenen Körper anpassen. Aus der andächtigen Masse, die ein heiliges Objekt verehrt, wird eine selbsttätige und sich selbst ermächtigende Masse, der nichts heilig ist.

Das Recht auf Gewöhnlichkeit –
Ortega y Gasset und der Massentourismus

Anders als der Titel anzeigt, geht es in José Ortega y Gassets 1930 geschriebenem Essay nicht um einen aktiven *Aufstand der Massen.* Es werden eher bequeme, selbstzufriedene Menschen dargestellt, die sich Güter, Luxus, Annehmlichkeiten aneignen, die sie nicht selbst geschaffen haben, aber wie selbstverständlich für sich beanspruchen. Die Massen Ortegas sind nicht aufsässig. Sie wollen die Welt nicht zerstören, sie wollen sie auch nicht verbessern. Sie nehmen sich das Recht heraus, ohne besondere eigene Anstrengungen und Leistungen die angenehmen Seiten der Welt zu genießen. Massen ist der Plural eines Menschtyps, der meint, dass er seine Gewöhnlichkeit an jenen Orten ausleben kann, die früher einer elitären Minderheit vorbehalten waren. Die Masse im Sinne Ortegas setzt sich, »ohne dass sie aufhörte, Masse zu sein, an die Stelle der Eliten«.[25] Die Mitglieder von Massen haben eine »allen gemeine Beschaffenheit«; sie heben »sich nicht von anderen Menschen ab«, sondern wiederholen in sich »einen generellen Typus«.[26] Im Unterschied zu den Eliten verfügen die Massen,

DAS RECHT AUF GEWÖHNLICHKEIT – ORTEGA Y GASSET UND DER MASSENTOURISMUS   177

wie Ortega meint, allerdings nicht über die notwendigen Fähigkeiten
und Verhaltensweisen, um die kulturellen Räume zu schätzen, in die
sie sich hineindrängen; sie haben nicht die dafür nötigen Distinktionen ausgebildet. Dabei geht es nicht um mangelnde Kenntnisse.
Jemand, der die architektonische Qualität einer Kathedrale oder die
kunsthistorische Qualität der Sammlung eines Museums nicht zu
beurteilen vermag, kann dennoch in der Lage sein, sich angemessen
in diesen Räumen zu bewegen. Es ist vielmehr das Fehlen von Takt,
wenn man sich leicht bekleidet, mit Flip-Flops an den Füßen durch
sakrale Räume bewegt oder im Louvre die Mona Lisa belagert, um
Selfies von sich und der Gioconda machen. Die Masse im Sinne Ortegas entsteht aus dem Anspruch, ihre Gewöhnlichkeit an eben den
Orten, die früher Eliten vorbehalten waren, mit Nachdruck auszu-
breiten.

Ein robustes, unbefangenes Verhalten gegenüber einem sakralen
Kunstverständnis könnte, wie Ortega meint, eventuell sogar Zeichen einer gewissen Vitalität sein. Was er hingegen beklagt, ist das
Einfordern eines vermeintlichen *Rechts* auf Gewöhnlichkeit. Damit
vernichtet die Masse »alles, was anders, was ausgezeichnet, persönlich, eigenbegabt und erlesen ist«.[7] Wenn die Kreuzfahrtschiffe in
der Lagune von Venedig festmachen, spucken sie 5000 mit Lunch-
paketen und Wasserflaschen ausgerüstete Touristen auf den Markus-
platz, die sich bei der Jagd auf Fotomotive gegenseitig die Sicht ver-
stellen. Die ihrer Stadt enteigneten Einwohner überlegen, ähnlich
wie jene von Florenz, ob sie die Touristenströme durch Eintritts-
gelder regulieren könnten. Auf Mallorca hat die Inselregierung die
Touristensteuer verdoppelt, um Billigurlauber abzuschrecken. In Paris
haben die Touristen längst vernichtet, was sie in die bekannten Stadt-
quartiere gezogen hat. Die Teile des Quartier Latin am Seineufer und
von St. Germain des Prés sind von den Studenten und Schriftstellern
verlassen, Buchhandlungen und Cafés mussten billigen Boutiquen
und Schnellimbissen weichen. Auf dem Platz der Sorbonne macht

sich eine Kundschaft breit, die von der ehemals vibrierenden intellektuellen Atmosphäre des Viertels nicht einmal aus Büchern weiß.

Das von Ortega formulierte Problem hat sich inzwischen bedenklich verschoben. Nicht die »Einforderung des Rechts auf Gewöhnlichkeit« erscheint heute problematisch. Schwer auszuhalten ist vielmehr, dass dieses Recht keine anderen Rechte neben sich mehr duldet. Die laute Reisegruppe im Museum verhindert eine konzentrierte Betrachtung von Bildern. Die Starbucks-Dependancen und Bäckerei-Kette verdrängen die traditionellen Bistros. Die Altstadtplätze werden im Sommer zu Partymeilen. In dieser Perspektive erscheint der Massentourismus als eine neue Variante der Profanierung des Raums.

Dem Bild des Massentouristen setzt Ortega das Bild des Abenteurers entgegen, der sich nicht im schon erschlossenen Raum breitmacht, sondern neue Räume erschließt. Sein Leitbild ist der nietzscheanisch geprägte Selbstüberwinder, der das Weite sucht, aber auch der Expeditionsleiter und Forscher des kolonialen Zeitalters. In dieser Sicht ist der Individualtourist der Nachfolger des Abenteurers; er bildet die Nachhut der kolonialen Welterschließung. Den Übergang von dem einen zum anderen stellt Jules Verne in seinem Roman »In 80 Tagen um die Welt« dar. Sein Romanheld Phileas Fogg gehört zwar noch zu den Abenteurern alten Schlags, hat aber mit seinem Phlegma schon Züge des modernen Reisenden, des Touristen, der »keine Abenteuer mehr kennt, sondern nur noch Verspätungen«.[28]

Ortega hält die Masse für träge. Aber trifft dies (heute noch) zu? Es ist vielmehr gerade die frenetische Aktivität, mit der die Massen die Orte der alten Eliten für sich erobern, die diese so stark verändert. Sie geben dem Reisen, dem Ausstellungsbesuch, der Besichtigung von Altertümern den Charakter des Abarbeitens einer Liste. An allen Orten, die man gesehen haben muss, trifft sie auf andere Massen, die so sind wie sie selbst und die sich in die langen

Warteschlangen zu den begehrten Orten drängen. Die hohe Aktivität, die diese Reisetätigkeit verlangt, besteht einerseits in der Vorbereitung auf die kulturellen Erlebnisse, andererseits in der logistischen Planung der Tagesgestaltung rund um die Öffnungszeiten von Museen und Sehenswürdigkeiten, um Routen mit maximalem touristischen Ertrag, um den Besuch berühmter Cafés und günstiger Mittagstische an bekannten Plätzen.

Die Aktivitäten der Masse zeigen, dass Ortegas These der Trägheit der »Massenmenschen« auf die neuen Massen heute *nicht* zutrifft. Ortega bestreitet, dass das Individuum in der Masse glaubt, es sei »außerordentlich«[29]. Tatsächlich messen sich die Mitglieder neuer Massen gerade besondere Bedeutung bei. Für sie kann die Mitgliedschaft in einer kulturellen Masse gerade zum Gefühl von Erhöhung führen. Genau diese Überzeugung lässt sie das Recht auf einen besonderen Ort einfordern. Nicht auf Teilhabe an Kultur bezieht sich diese Forderung, sondern auf das Recht, *an dem Prestige* eines berühmten Ortes teilzuhaben. Die Orte sind ihnen keineswegs gleichgültig, wie die übliche Klage über das touristische Verhalten unterstellt. Der Raum wird vielmehr zerlegt in wenige *Highlights (must see)* und in bedeutungslose Zwischen- oder Transiträume. Auf die besichtigte Welt wird das Prinzip der Prominenz übertragen. Selbst im Zustand der Verwüstung behalten die prominenten Orte für die Touristen ihren Wert. An Orten, die keinen *Promi-Faktor* haben, können die *Individual*touristen mit »Lonely Planet«, »Rough Guide« oder einem lokalen Führer auf Entdeckungsfahrt gehen. Ihre Reiseziele sind dadurch ausgezeichnet, dass sie relativ unbekannt, nur mit Schwierigkeiten erreichbar und möglicherweise gefährlich sind. Als hätten sie Ortega gelesen, sehen sich die Backpacker als Aristokratie der Reisenden, die noch wirkliche Abenteuer erleben. Die Aufteilung der Welt in profane und heilige, sehenswürdige Räume wird hier umgekehrt, aber als Klassifikation eben doch beibehalten. Nun sind es die abgeschiedenen, die versteckten Räume, die zu heiligen werden.

Ein wichtiger Faktor tritt hinzu, den man zu Ortegas Zeiten noch nicht ahnen konnte. Bis in die 60er-Jahre waren die Eliten nicht bereit, den kulturellen Massen ein Recht auf Gewöhnlichkeit zu konzedieren. Es gehörte zum Standard der Mitglieder höherer sozialer Schichten, den Massengeschmack scharf zu verurteilen und ihm das Recht auf Partizipation an »echter« Kultur abzusprechen. So verband sich die Unterscheidung von U-Musik und E-Musik mit einer harschen Verurteilung des sich in der Unterhaltungsmusik ausbreitenden Massengeschmacks mit seinen falschen Gefühlen, seiner Unehrlichkeit, seinem Fehlen musikalischer Standards. Nach dem Urteil Theodor W. Adornos war dieser von der »Kulturindustrie« unterworfen; die industrielle Produktionsform mache aus der Kultur einen »Amüsierbetrieb«.[30] Amüsement aber ist »die Verlängerung der Arbeit unterm Spätkapitalismus. (…) Der Zuschauer soll keiner eigenen Gedanken bedürfen.«[31] Der Raum der Kultur wurde gegenüber den Massen abgeriegelt. In der zweiten Hälfte der 60er-Jahre trat eine zunächst vorsichtige Lockerung und partielle Öffnung der Grenze zwischen der Hochkultur und der »Massenkultur« ein, die nun als »populäre Kultur«, *popular culture* bezeichnet wurde. In den 70er-Jahren löste sich die rigide Trennung zwischen U- und E-Musik weiter auf mit der Integration von Popmusik in Werke angesehener Komponisten, wie Karl-Heinz Stockhausen.

Heute übt die Massenkultur auch auf Vertreter, die nach früheren Maßstäben eindeutig der Hochkultur angehören, eine unbestrittene Anziehungskraft aus. Im Zuge dieser Entwicklung gewinnt die in der Popkultur präsentierte Gewöhnlichkeit einen besonderen Wert, allerdings nicht in der platten Form, die Ortega meint, sondern als eine raffiniert zitierende Gewöhnlichkeit. Vertreter der Hochkultur bekennen in Zeitungsartikeln, dass sie an herausragenden Akteuren der Popkultur Gefallen finden, die *diese* Art der Gewöhnlichkeit zu einem kultischen Element ihrer Kunst machen. Der in Sachen Popkultur und Sport erfahrene Kulturtheoretiker Hans Ulrich

Gumbrecht von der Stanford Universität schreibt in einer enthusiastischen Würdigung der britischen Sängerin Adele unter dem Titel »Das Geheimnis ihrer Gewöhnlichkeit«,[32] er stelle sich vor, wie sie einen Sprachlehrer »beschäftigt, der ihre Sprache auf den gewöhnlichen Akzent der britischen Arbeiterklasse trimmt. Keine Gelegenheit lässt sie aus, um ihren ›gewöhnlichen‹ Mangel an Bildung oder ihre Neigung zur Rolle der ›verdammten Drama-Queen‹ zu unterstreichen«. Die »Überdosis ihrer neuen Gewöhnlichkeit« geben ihrer Stimme »jene spezifische Affekt-Aufladung, die unter die Haut geht«. In Gumbrechts Wahrnehmung löst das Gewöhnliche, wenn es von einer großen Körnerin in der Popmusik zur Darstellungsform einer künstlich geschaffenen Person gemacht wird, außergewöhnliche Emotionen aus. Am Beispiel Adeles sehe man, dass den neuen Massen heute von herausragenden Künstlern/innen geradezu geschmeichelt wird. So sagt Adele:»Wenn ich vor die Tür gehe, trage ich Leggins und ausgeleierte Pullis. Ich bin stolz darauf, so auszusehen wie die meisten Frauen auf der Straße oder im Supermarkt.« Es ist evident, dass diese Interviewäußerung nicht den wirklichen Lebensstil der Sängerin wiedergibt. Vielmehr spricht sie als Kunstfigur, die den gewöhnlichen Lebensstil ihrer Fans nobilitiert. Was diese Figur an Orten der Hochkultur früherer Zeiten fragwürdig gemacht hätte, kann in der gegenwärtigen Kultur große Gefühle auslösen und Glaubwürdigkeit beanspruchen.

Massenkatastrophen

Massen erregen die Aufmerksamkeit der Medien meistens nicht mit ihrer raumstiftenden Funktion, sondern wenn sie ihr zerstörerisches Gesicht zeigen. Die Rezeption solcher Unglücke wird bis heute von der Überzeugung der klassischen Theorien geleitet, dass die Masse generell eine destruktive Tendenz besitzt und ihr

Erscheinen zu katastrophalen Folgen führt. Betrachtet man aber Massenkatastrophen näher, so wird schnell klar, dass es meistens nicht die Massen selbst sind, die die Katastrophe herbeiführen, sondern die misslungenen Versuche, sie zurückzudrängen. Die meisten Massenkatastrophen resultieren aus einem fatalen Verhältnis von Masse und Raum. Sie sind die Folge einer bestimmten Raumpolitik der *crowd control*, die der Masse keinen Raum lässt.

So war es auch im Fall der größten Katastrophe der Fußballgeschichte. Im Frühjahr 1989 starben im Hillsborough-Stadion in Sheffield 96 Fußballfans. Massenkatastrophen folgen oft dem gleichen Szenario. Sie beginnen nicht mit einem lauten Knall, sondern mit einem diskreten Schubser. Am Anfang steht das Gefühl von Beengung im erwartungsvollen Gedränge. Dann ein plötzlicher Ruck, ein Stocken – ein Unwohlsein erfasst die Einzelnen in der Masse, eine Unruhe, die sich von einem zum anderen fortpflanzt und dazu führt, dass sich die Masse langsam, aber unaufhaltsam verdichtet. Adrian Tempany, ein Überlebender der Katastrophe, erinnert sich an die damaligen Ereignisse:[33] »Wir haben Angst, hier stimmt was nicht. Die Menge keucht und wälzt sich. Dann setzt sie sich langsam und widerstrebend fest wie stockender Beton. Die Leute rammen Köpfe in Schultern und Rücken, um Luft zu bekommen; sie setzen Arme und Knie ein, um sich ein klein wenig Platz zu verschaffen. Hände drücken gegen meinen Rücken und Füße gegen meine Waden. Ich spüre jemandes heißen Atem in meinem Nacken. Niemand hat mehr die Kontrolle über seine Bewegungen ...« Anstatt der gestauten Masse eine Möglichkeit zu bieten, ins Freie, auf das Spielfeld zu laufen, wird der vorhandene enge Raum durch die nachdrängenden Mengen weiter verengt. So nimmt die Katastrophe ihren Lauf. Der begrenzte Raum kann die Masse der Körper nicht mehr aufnehmen. Wie Flipperkugeln werden einzelne Körper durch den Druck aus ihr herausgesprengt und in die Luft geschleudert. »Aber niemand kommt, um uns zu helfen.

Leute, die sich aus dem Gewühl befreien können und den Zaun erklimmen, werden oben, an der stachelbewehrten Spitze, von Polizisten, die von der anderen Seite hinaufklettern, empfangen. Die Fans sagen der Polizei, dass wir Hilfe brauchen. Die Polizei schubst die Fans zurück ins Gewühl.«[34]

Die Überforderung der Einsatzkräfte ist ein wiederkehrendes Motiv bei Massenkatastrophen. Die Repräsentanten der Ordnungsmacht, wie Stadion-Ordner und Polizeikräfte sind es gewohnt, Absperrungen aufzustellen, nicht einzureißen. Die Masse soll umstellt werden. Das gesamte Denken ist darauf ausgerichtet, die Zuschauermassen vom Spielfeld abzutrennen. Der Albtraum der Sicherheitskräfte ist eine Masse, die aufs Spielfeld drängt. Was die Katastrophe verhindern soll – die Errichtung von Begrenzungen –, führt diese erst herbei. »Nun gerät die Menge durch den Druck von hinten wieder in Bewegung. 50 oder 60 von uns werden in einer komprimierten Masse aus Gliedmaßen gegeneinandergepresst. Wir werden langsam herumgeschleudert, wie Kleidungsstücke in einer überfüllten Waschmaschine. Hin und her, und rauf und runter. Die ersten Menschen sterben, wie fast alle anderen nach ihnen sterben werden, an Asphyxie.«[35]

Aus diesem Malstrom der Körper gibt es kein Entkommen. Es ist das Fatale an Massenkatastrophen, dass sie nicht den geringsten Raum für Entscheidungen lassen. In der katastrophischen Masse wird dem einzelnen Körper jede Möglichkeit einer Eigenbewegung genommen. Es bleibt nur die Hoffnung auf ein Ereignis von außen, das Rettung bringt. Genau dies geschieht für den Chronisten der Katastrophe, zu spät für viele andere.

Das Nachspiel der Katastrophe verlief selber katastrophal. Bereits kurz nach den Ereignissen erschien der sogenannte Taylor-Report, der sowohl das Verhalten der Polizei als auch bauliche Mängel des Stadions kritisierte. Die Polizei und die Politik, allen voran Premierministerin Margaret Thatcher, schob die Schuld dagegen den Fans zu. Thatcher unterdrückte sogar die Veröffentlichung des Reports und stellte sich damit gegen ihren eigenen Innenminister. Es ging ihr vor allem darum, Fehler der Administration zu kaschieren. Der Katastrophe voraus ging eine Politik, die auf einem generellen Misstrauen gegenüber Fußballfans, auf Verachtung und Kriminalisierung von Massen gründete. Der Augenzeuge Adrian Tempany: »Die damalige konservative Regierung und ihre Anführerin Margaret Thatcher hatte Fußballfans zu ›inneren Feinden‹ wie die IRA erklärt und uns bei jeder sich bietenden Gelegenheit kriminalisiert.«[36] Im England unter Margaret Thatcher erreichte die Kritik der Massenkultur einen Höhepunkt. Ihr berühmt-berüchtigter Satz »There is no such thing as ›society‹, there are only individuals« musste zur Ablehnung der Fankultur führen, war diese doch der lebendige Gegenbeweis ihrer These.

Dass Thatcher, die radikale Vertreterin eines anti-sozialen Individualismus, mit enthusiastischen Massenereignissen nichts anfangen konnte, ist das eine. Dass die Öffentlichkeit aber die Schuldzuweisung an die Fans wie selbstverständlich übernahm, hängt mit der tief verankerten Bereitschaft zusammen, Masse mit Zerstörung gleichzusetzen. Die Fans, so die offizielle Version, hätten die Eingangstore gestürmt und damit die Katastrophe herbeigeführt. Kein Wort davon, dass nicht das Aufbrechen, sondern das Aufrechterhalten von Absperrungen die Ursache für den Tod von 96 Menschen war. Erst 27 Jahre nach der Hillsborough-Katastrophe, im Jahre 2016, wurde die bis dahin offizielle Sicht auf das Ereignis öffentlich für falsch erklärt und das damalige Versagen der Sicherheitskräfte eingestanden. Inzwischen ist die Führung des Polizeieinsatzes schuldig gesprochen und verurteilt worden.

Hillsborough ist ein typisches Beispiel für Massenkatastrophen. Ähnlich verlief die Katastrophe bei der Love Parade in Duisburg 2010, bei der 21 Menschen zu Tode kamen und mehrere Hundert Menschen zum Teil schwer verletzt wurden. Auch damals wurden

MASSENKATASTROPHEN 185

Zugangswege zum »Festplatz« verengt, sodass ein »Menschenkessel« entstand, in dem Besucher »gestaut und gedrängt« wurden. »In dieser Situation sind ... gegen 17 Uhr die ersten Menschen zu Tode gekommen.«[37] Dies berichtet der Soziologe Ronald Hitzler, der sich zu jener Zeit in der Nähe der Hauptbühne auf dem Festplatz befand.

Die Kritik an der Massenkultur redet an der entscheidenden Erkenntnis vorbei: Oft ist es die Furcht vor Kontrollverlust, die erst zum Kontrollverlust führt. In diesem Fall ist es nicht die Masse, sondern die Angst vor den Massen, die die Katastrophe auslöst. In Duisburg waren die Organisatoren erst nach und nach über die Katastrophe informiert worden – die Handykommunikation war wegen Überlastung zusammengebrochen. Als sie die immer größer werdende Gefahr erkannten, kam es darauf an, eine noch viel größere Panik zu verhindern, die entstanden wäre, wenn die Feiernden auf dem Festplatz darüber informiert worden wären, dass »zwei-, dreihundert Meter entfernt Tote und Schwerverletzte lagen«. Ronald Hitzler attestiert den DJs an der Hauptbühne, »einen in der gegebenen Situation ausgesprochen guten Job gemacht zu haben: Sie haben sehr bedacht eine Musik gespielt, die ganz allmählich immer untanzbarer wurde, so dass die Menschen vor der Bühne mehr und mehr eher standen, als dass die sich bewegten, sofern sie sich nicht ohnehin vom Platz entfernten.«[38] Untanzbare Musik spielen – das scheint manchmal ein besseres Rezept für die *crowd control* zu sein, als Barrieren aufzubauen.

VI

Eros und Isolation.
Beschreibungen der Masse
in der Großstadt

Unter zwei Gesichtspunkten wird die Masse im 19. Jahrhundert diskutiert: Als *soziales* Phänomen ist sie Gegenstand ökonomischer, soziologischer und ethnologischer Studien; als *ästhetisches* Phänomen wird sie in Erzählungen, Romanen und in der Malerei, später in der Photographie und im Film dargestellt. Der soziale Blick schaut auf die *Verelendung* des Menschen in der Masse, der ästhetische Blick sieht in ihr dagegen eine Möglichkeit zur *Veredelung* des Menschen. Die Sozialkritik entdeckt in der Großstadtmasse gerade das Vor-Soziale, den Naturzustand. Für die Künstler und Schriftsteller des 19. Jahrhunderts ist die Masse hingegen eine neue, aufregende Erscheinung, die den Menschen innovative Möglichkeiten der Selbstdarstellung und den Künstlern neue Ausdrucksmöglichkeiten bietet. Sie wird assoziiert mit Vitalität und Moderne.

Gesellschaftskritiker und Künstler blicken im 19. Jahrhundert nicht nur anders auf Massen, sie sehen auch auf jeweils andere Massen. Während der soziale Blick auf die Masse der Arbeiter oder der Arbeitslosen (das »Lumpenproletariat«), also auf die Unterschichten fällt und sich auf die Aspekte der Masse konzentriert, die den Menschen zum Tier oder zum bloßen »Schmierstoff« (Karl Marx) der Maschine degradieren, fokussieren sich die Literatur und Malerei auf bürgerliche Massen. Sie schildern die Masse in Situationen, die sich durch Abwesenheit von Arbeit charakterisieren. Auf den

Bildern des Impressionismus sind sie in gemeinsamem Müßiggang begriffen, in Cafés, auf Boulevards, in Gärten und Parklandschaften. Dem freien Spiel der Einbildungskraft der Kunst entspricht das freie Spiel der Menge.

Die Ästhetisierung der Massen im 19. Jahrhundert folgt zwei scheinbar gegensätzlichen Motiven: Eros und Isolation. E. T. A. Hoffmanns Erzählung *Des Vetters Eckfenster* (1822), E. A. Poes *Mann der Menge* (1840) und Charles Baudelaires Prosagedichtband *Spleen de Paris* (1869) stehen exemplarisch für diese Entwicklung. Zwischen den drei Texten gibt es explizite Bezüge – Poe bezieht sich auf Hoffmann, Baudelaire auf Poe. Insofern kann hier von einer bewussten Weiterentwicklung des Motivs der Masse gesprochen werden. Wir werden sehen, dass diese vor allem in einer Modifikation des Verhältnisses von Eros und Isolation besteht. In scharfem Kontrast zu diesen drei Autoren befindet sich der Sozialreport von Friedrich Engels »Zur Lage der arbeitenden Klassen in England« (1845). Hier wird die Isolation in der Masse durch die Abwesenheit des Eros gekennzeichnet.

Der Blick von oben: *Des Vetters Eckfenster*

1822 erscheint E. T. A. Hoffmanns *Des Vetters Eckfenster*, eine der ersten Erzählungen, die sich explizit der Masse widmet. Es ist wohl kein Zufall, dass die Zeitschrift, in der die Erzählung als Fortsetzungsgeschichte publiziert wurde, den Titel *Der Zuschauer* trug. Nicht um die Teilnahme an der Menge geht es E. T. A. Hoffmann, sondern um deren ästhetische Beobachtung. Der Text will den Leser zur »Schau-Lust« verführen. Die Perspektive der Erzählung ist der Blick von oben auf die Masse.

Hoffmanns Text hat keine eigentliche Handlung. Vielmehr zeigt er, wie sich aus der Beobachtung eines Geschehens miniaturhafte

Erzählungen bilden. Die Masse wird für die beiden Hauptpersonen zu einer Quelle ästhetischer Produktion, was auch für Hoffmanns Text selber gilt. Der Fensterrahmen, durch den die beiden Protagonisten das Geschehen draußen betrachten, ist auch der Rahmen der Erzählung.

Der Ich-Erzähler besucht seinen bettlägerigen Vetter, einen Schriftsteller. Durch »hartnäckige Krankheit« hat er »den Gebrauch seiner Füße gänzlich verloren«. An seiner erzwungenen Isolation leidend, ist seine einzige Freude die Betrachtung des Marktgeschehens. Vor dem Fenster entspinnt sich die Erzählung als ein Dialog zwischen den beiden Vettern:

Ich setzte mich, dem Vetter gegenüber, auf ein kleines Taburett, das gerade noch im Fensterraum Platz hatte. Der Anblick war in der Tat seltsam und überraschend. Der ganze Markt schien eine einzige, dicht zusammengedrängte Volksmasse, so daß man glauben mußte, ein dazwischen geworfener Apfel könne niemals zur Erde gelangen. Die verschiedensten Farben glänzten im Sonnenschein, und zwar in ganz kleinen Flecken, auf mich machte dies den Eindruck eines großen, vom Winde bewegten, hin und her wogenden Tulpenbeets, und ich mußte mir gestehen, daß der Anblick zwar recht artig, aber auf die Länge ermüdend sei, ja wohl gar aufgereizten Personen einen kleinen Schwindel verursachen könne, der dem nicht unangenehmen Delirieren des nahenden Traums gliche; darin suchte ich das Vergnügen, das das Eckfenster dem Vetter gewähre, und äußerte ihm dieses ganz unverhohlen.[1]

Dem Kranken geht es jedoch keineswegs um den Rausch. Die Ästhetik eines dionysischen Rausches wie später bei Nietzsche ist ihm fremd. Stattdessen empfiehlt er dem Erzähler eine Ästhetik der Ironie:

Vetter, Vetter! nun sehe ich wohl, daß auch nicht das kleinste Fünkchen von Schriftstellertalent in dir glüht. Das erste Erfordernis fehlt dir dazu, um jemals in die Fußstapfen deines würdigen lahmen Vetters zu treten; nämlich ein Auge, welches wirklich schaut. Jener Markt bietet dir nichts dar als den Anblick eines scheckichten, sinnverwirrenden Gewühls des in bedeutungsloser Tätigkeit bewegten Volks. Hoho, mein Freund, mir entwickelt sich daraus die mannigfachste Szenerie des bürgerlichen Lebens, und mein Geist, ein wackerer Callot oder moderner Chodowiecki, entwirft eine Skizze nach der andern, deren Umrisse oft keck genug sind.[2]

Mit diesen Worten wird das ästhetische Programm umrissen, das der Vetter gemeinsam mit dem Ich-Erzähler ausführen wird:

Auf, Vetter! ich will sehen, ob ich dir nicht wenigstens die Prinzipien der Kunst zu schauen beibringen kann. Sieh einmal gerade vor dich herab in die Straße; hier hast du mein Glas, bemerkst du wohl die etwas fremdartig gekleidete Person mit dem großen Marktkorbe am Arm, die, mit einem Bürstenbinder in tiefem Gespräch begriffen, ganz geschwinde andere Domestika abzumachen scheint, als die des Leibes Nahrung betreffen?[3]

Der Erzähler wird von dem Vetter in die Kunst des ästhetisch-narrativen Schauens eingewiesen. Diese Schau ist etwas anderes als das naturalistische Sehen. Das Auge rezipiert nicht nur, sondern *produziert* auch die Wahrnehmungsinhalte. Es bildet gleichsam das äußerste Zahnrad im »raschen Rädergang der Phantasie«; und dieser rasche Gang korrespondiert mit dem schnellen Erscheinen und Verschwinden der Menschen im belebten Geschehen des Marktes. Im bunten Kommen und Gehen geht es nun darum, eine auftauchende

Figur mit dem Blick *festzuhalten* (»Ich habe sie gefaßt«, antwortet der Ich-Erzähler auf die Aufforderung seines Vetters), sie zu fixieren und ihren Bewegungen zu folgen:

Ich wette, der Mann verdankt irgendeinem Zweige französischer Industrie ein hübsches Auskommen, so daß seine Frau ihren Marktkorb mit ganz guten Dingen reichlich füllen kann. Jetzt stürzt sie sich ins Gewühl. Versuche, Vetter, ob du ihren Lauf in den verschiedensten Krümmungen verfolgen kannst, ohne sie aus dem Auge zu verlieren; das gelbe Tuch leuchtet dir vor. *Ich.* Ei, wie der brennende gelbe Punkt die Masse durchschneidet. Jetzt ist sie schon der Kirche nah – jetzt feilscht sie um etwas bei den Buden – jetzt ist sie fort – o weh! ich habe sie verloren – nein, dort am Ende duckt sie wieder auf – dort bei dem Geflügel – sie ergreift eine gerupfte Gans – sie betastet sie mit kennerischen Fingern.[4]

Die ästhetische Schulung des Vetters übt die Fokussierung des Erzählerblicks ein, indem aus der bunten Marktmenge, in der die Formen und Figuren zunächst verschwimmen, *eine* Gestalt hervorgehoben wird. Die Ästhetisierung der Masse führt zu eine Fokussierung ihrer Individuen.

Ähnlich wie im Pointilismus in der Malerei setzt sich das Bild der Marktmenge aus vielen einzelnen Farbpunkten zusammen. Doch hier sind die Punkte in Bewegung: »Ei, wie der brennende gelbe Punkt die Masse durchschneidet.« Beide Vettern geben sich der Beschreibung des Marktgeschehens mit »lebendiger Laune« hin und wetteifern bei der Erfindung von Geschichten über die beobachteten Personen. Mit leichter Hand werden Handlungsfäden aufgenommen und nach kurzer Zeit wieder losgelassen. Es gehört zur Beobachtung der Menge, dass einem zwar etwas Spezifisches auffallen kann, aber nicht für lange Zeit – es gibt so vieles, das nicht weniger interessant ist. Das Lustvolle am Betrachten der Menge ist gerade die Gleichzeitigkeit von Festhalten und Loslassen. So entzündet sich an ihr eine Ästhetik der Flüchtigkeit, die Geschichten nur andeutet. Die *Unschärfe* der Menge fordert die ästhetische Fokussierung heraus, erlaubt ihr aber auch einen lustvollen ästhetischen Umgang, spielerisch und sprunghaft.

Bedingung dieser Ästhetisierung der Masse ist die Distanz des Betrachters. Darum muss sie den Rausch ablehnen. Im Rausch verschmelzen Wahrgenommenes und Wahrnehmer zu einer Einheit. Eine Ästhetik der Ironie dagegen, wie sie E. T. A. Hoffmann in seiner Erzählung verwirklicht, hält immer einen gewissen Abstand zum Wahrgenommenen und Gesagten. So blicken Hoffmanns Vettern auf die Menge, ohne sich in ihr zu verlieren. Mit dieser Distanz eröffnen sie Spielräume der Phantasie; sie spinnt das Gesehene im Gewebe des Textes frei weiter. Aus der Entfernung kann man einen einzelnen bewegten Farbfleck herausgreifen und ihm folgen. Wer im Gewühl steht, könnte das nicht. So ermöglicht und fördert die Isolation die künstlerische Betrachtung der Masse.

Die Menge bietet ein *Schauspiel*. Es ist ein Theater des Alltags und des Allzu-Menschlichen, ein Karneval der Eitelkeiten, den die Marktmenge aufführt. Die beiden Betrachter, deren Blicken der Leser folgt, sind eine Mischung aus Zuschauer und Dramaturg. Bei ihren Erzählungen, die die Aufführungen des Alltags weiterspinnen, kommt es nicht auf Wahrheit an, sondern auf die Fruchtbarkeit der Phantasie: »Von allem, was du da herauskombinierst, lieber Vetter, mag kein Wörtchen wahr sein, aber indem ich die Weiber anschaue, ist mir, Dank sei es deiner lebendigen Darstellung, alles so plausibel, daß ich daran glauben muß, ich mag wollen oder nicht.«[5]

Die Menge bringt die ästhetische Phantasie buchstäblich in Bewegung. Auf der anderen Seite gibt der künstlerische Blick dem alltäglichen Marktgeschehen einen ästhetischen Wert. Bevorzugt fällt der Blick auf weibliche Personen: »Bemerkst du wohl jenes

Frauenzimmer«; »vor wenigen Minuten trat ein junges Mädchen von höchstens sechzehn Jahren, hübsch wie der Tag«; »die geputzte Dame winkt an der Ecke des Theatergebäudes«; »wie gefällt dir das Mädchen, das soeben dort an der Pumpe, von der ältlichen Köchin begleitet, daherkommt?« »Indem ich meinen Blick in dem bunten Gewühl der wogenden Menge umherschweifen lasse, fallen mir hin und wieder junge Mädchen in die Augen« – solche Formulierungen leiten die lustvollen Erzählungen ein, die von dem Anblick der Gestalten angeregt werden. Der selektive Blick erotisiert die Menge und lässt sie als ästhetisches Phänomen erscheinen, das die künstlerische Phantasie stimuliert. Der männliche Blick auf die weiblichen Figuren wird dabei aber nie aufdringlich – die Ästhetik der Ironie bleibt immer auf Distanz.

Am Ende des Schauspiels, wenn es keinen Anstoß mehr von außen gibt, stellt sich eine gewisse Tristesse ein: »Rege Tätigkeit, das Bedürfnis des Augenblicks trieb die Menschenmasse zusammen, in wenigen Augenblicken ist alles verödet; die Stimmen, welche in wirrem Getöse durcheinanderströmten, sind verklungen, und jede verlassene Stelle spricht das schauerliche »Es war nur zu lebhaft« aus. Am Ende tischt der Pfleger, der »grämliche Invalide«, die Suppe auf. Dennoch tritt Befriedigung ein. Insofern der Eros mit der künstlerischen Phantasie verknüpft ist, bedarf er keiner »Erfüllung«. Die Menge, die sich jetzt auflöst, findet sich am nächsten Markttag wieder zusammen. Aus diesem Grund, und weil sie weitgehend anonym bleibt, bietet sie das ideale Betätigungsfeld für die künstlerische Phantasie. Die Menge erlaubt es, eine festgehaltene Person wieder *loszulassen*, um die nächste zu betrachten. Die Kunst des Schauens ist eine Kunst der Zerstreuung. Sich an eine Person zu verlieren, wäre Liebe, nicht mehr Eros. Das Erotische verwirklicht keine Verschmelzungsphantasie, sondern das lustvolle Spiel von Nähe und Distanz, Festhalten und Loslassen, wie es bei der Beobachtung der Masse in idealer Weise möglich ist.

Der Blick von der Seite: *Der Mann der Menge*

18 Jahre nach Erscheinen von *Des Vetters Eckfenster*, 1840, schreibt
E. A. Poe seine Erzählung *Man of the crowd*. Vom Berliner Gen-
darmenmarkt wechseln wir zur Straßenkulisse eines fiktiven
London; ansonsten bleibt zunächst erstaunlich viel beim Alten. Wie
Hoffmann erwähnt auch Poe eine Krankheit seines Beobachters.
Im Unterschied zu Hoffmanns Vetter ist Poes Ich-Erzähler jedoch
bereits genesen.

> Die letzten Monate war ich krank gewesen, jetzt ging es wie-
> der aufwärts, und ich befand mich im Gefühl wiederkehrender
> Kräfte in jener glücklichen Stimmung, da man alles andere eher
> empfindet als Langeweile. Die Sinne sind wacher als sonst, die
> Schleier lüften sich ... und die Gedanken sind geradezu elek-
> trisch geladen. [...] Ich empfand ein ruhiges und dabei regsa-
> mes Interesse an allem und jedem.[6]

Die Krankheit und die durch sie erzwungene Isolation hat dem
Erzähler die Sinne geschärft – nach Monaten der Einsamkeit wird
die Menge für ihn zum Ereignis. Er reagiert auf sie mit einer Art
ästhetischer Andacht. Sein Blick auf die Menge wird ihm wie bei
Hoffmann durch eine andere Person vermittelt. Und auch Poes
Geschichte beginnt mit einem Blick aus einem Fenster. Dabei wird
es jedoch nicht bleiben – diesmal wird der Ich-Erzähler vom Sog
der Menge nach draußen gezogen. Und auch der Innenraum, aus
dem der Blick durchs Fenster auf die Menge fällt, ist nicht mehr
die beschauliche bürgerliche Wohnung von Hoffmanns Vetter. Der
Erzähler sitzt in einem Café, als er seine Beobachtung beginnt.

> Mit zunehmender Dunkelheit wuchs das Gedränge zusehends,
> und im aufflammenden Licht der Laternen sah man draußen

die Menschenmenge in zwei dichten, endlosen Zügen an der Tür vorbeifluten. ... Die wogende See von Menschenköpfen bereitete mir eine ganz neue und köstliche Art von Aufregung. Mit der Zeit wurde ich gleichgültig gegen alles, was im Restaurant vorging, und versank völlig in die Betrachtung der Straße.[7]

Die »wogende See«, die »vorbeiflutet« und in der man »versinkt«, sind typische Bilder, die die Massentheorie später verwenden wird. Poe geht es aber weniger um das »Versinken« seines Erzählers, sondern um die Gestalten, die vor ihm auftauchen:

Zunächst gingen meine Beobachtungen in eine abstrakte und verallgemeinernde Richtung. Ich blickte auf die Masse Menschen und dachte darüber nach, wie wohl die seelischen Beziehungen innerhalb einer solchen Masse verlaufen mochten. Bald indes vertiefte ich mich in Einzelheiten und musterte mit wacher Anteilnahme die unzähligen Verschiedenheiten, die in Gestalt, Kleidung, Miene, Gang, Gesicht und gesamter Haltung obwalteten.[8]

Der Erzähler will nicht verallgemeinern; ihn interessiert vielmehr die Fülle an Details und individuellen Besonderheiten, die der Anblick der Menge bietet:

Das nervöse Flackern des Lichts nötigte mich zur Beobachtung einzelner Personen ... und obwohl die Lichterwelt vor dem Fenster von blitzschnellen Zuckungen beherrscht war, so daß ich jedes Gesicht nur für kurze Sekunden zu sehen vermochte, gelang es mir in meiner absonderlich gesteigerten Seelenverfassung doch öfters, selbst in diesen kurzen Augenblicken die Geschichte ganzer Jahre zu enträtseln.[9]

Die Gesichter in der Menge sind für Poe Lichtblitze, wie Bilder, die eine Kamera »schießt«. Das ästhetische Spiel mit der Masse folgt zunächst ähnlichen Regeln wie bei Hoffmann. Es geht darum, den kurz aufblitzenden Gesichtern individuelle Geschichten zuzuordnen und ihre Differenzen zu analysieren: Welche unterschiedlichen Subjekte finden sich in der Masse, nach welchen Kriterien lassen sie sich differenzieren? Der Erzähler lässt die Massen an sich vorbeidefilieren, um in ihnen *Distinktionen* zu finden. Noch deutlicher als bei Hoffmann bildet die Masse bei Poe eine Klassengesellschaft. Da sind zunächst die »Aristokraten, Kaufleute, Rechtsanwälte, Händler und Börsenmakler«, erkennbar sowohl an ihrer Kleidung als auch an ihrem höflichen und abwesenden Benehmen. Auf sie folgt

die Zunft der Angestellten; ich konnte deutlich zwei Klassen unterscheiden. Da waren die unteren Angestellten aus den Kaufläden, junge Herren mit sauberen Röcken und blitzblanken Schuhen, schöngefettetem Haar und aufgeworfenen Lippen … Sie tragen die abgelegten Manieren der vornehmen Welt. Die Klasse der höheren Angestellten aus angesehenen Firmen … erkannte man an ihren schwarzen oder braunen Röcken und Hosen … und den dicken Socken oder Gamaschen. Sie hatten samt und sonders angekahlte Köpfe, und gewöhnlich zeigten die rechten oberen Ohrlappen vom langen Gebrauch des Federtragens eine unglückliche Neigung, abzustehen.[10]

Geradezu detektivisch wird die soziale Zugehörigkeit der einzelnen Menschen in der Menge bestimmt. So differenziert sich das Bild der Masse zusehends. Je später die Stunde wird, desto mehr verändert sich auch die Zusammensetzung der Menge. Fanden sich in der abendlichen Menge mehr Angehörige der höheren Klassen, geht es zu später Stunde abwärts in der sozialen Hierarchie. Nun bevölkert die Unterschicht die Szenerie. In ihrer Beschreibung erreichen Poes

Beobachtungen einen atemlosen Stil, der dem raschen Kommen und Gehen der Gestalten in der Menge entspricht.

Schwächliche, bleiche Krüppel, über denen sichtbar die Hand des Todes schwebte und die sich wankend durch die Menge schoben, … dürftige junge Mädchen auf dem Heimweg …, die zerlumpte Aussätzige, ekelhaft und verloren, die runzlige, juwelenbehängte, über und über geschminkte Weltdame, die mit äußerster Anstrengung Jugend vortäuscht, … zahllose, unbeschreibliche Trunkenbolde in Fetzen und Lumpen, taumelnd, mit unartikuliertem Lallen, zerschlagenen Gesichtern und einem Lackglanz in den Augen, … und schließlich Konditorjungen, Portiers, Kohlenträger, Straßenkehrer, Leierkastenmänner, Affenvorführer und Balladenverkäufer, … zerlumpte Artisten und erschöpfte Arbeitsleute.[11]

Mit diesem Pandämonium ist Poe, nachdem er die Klassenhierarchie der Gesellschaft durchlaufen hat, ganz unten angekommen. Nachdem die Menge alle ihre Gesichter, ihre prototypischen Subjekte gezeigt hat, betritt die Hauptperson die Bühne: »Die Stirn gegen die Fensterscheibe gedrückt, war ich also in das Studium der Menge vertieft, als ich plötzlich das Antlitz eines sehr alten Mannes … erblickte; ein Antlitz, das infolge seines absonderlichen Ausdrucks auf der Stelle meine ganze Aufmerksamkeit gefangennahm. Nie zuvor war mir ein Gesichtsausdruck begegnet, der auch nur entfernt an diesen gemahnt hätte.«[12]

Das Fesselnde dieses Gesichts besteht in seiner Einzigartigkeit. Es lässt sich offensichtlich nicht in das System der Ähnlichkeiten und Unterschiede, das die soziale Zugehörigkeit anzeigt, einordnen. Der Ich-Erzähler vermutet daher ein besonders spektakuläres Schicksal: »Welch furchtbare Geschichte, sagte ich mir, mag in dieser Brust geschrieben stehen! Es folgte der brennende Wunsch, den

Mann weiter vor Augen zu haben, mehr über ihn zu erfahren.«[13]
Dieser Wunsch veranlasst den Erzähler, seine Beobachterposition
aufzugeben und dem alten Mann auf der Straße zu folgen. Die rest-
liche Nacht und den ganzen nächsten Tag dauert die Verfolgung.
Der Wanderer und sein Schatten durchqueren fast ganz London,
von den »Vorstadt-Riesentempeln der Völlerei, den Palästen des
Satans Gin«[14] bis zu den Basaren, Märkten, Geschäften und Theatern. Scheinbar ziellos bewegt sich der alte Mann durch die Straßen, nur eines fällt dem Verfolger auf: Es zieht ihn immer wieder
zu großen Menschenansammlungen. Hat er eine gefunden, durch-
streift er sie, bis sie sich auflöst, um dann die nächste zu suchen. Am
Ende seiner Kräfte, will der Erzähler schließlich nach eineinhalb-
tägiger Verfolgung den Mann zur Rede stellen. Der Versuch schei-
tert. Damit endet der Text.

Als die Dämmerung des zweiten Abends hereinbrach, hielt
ich an, zu Tode erschöpft, stellte mich dem Wanderer in den
Weg und sah ihm voll und gerade ins Antlitz. Er achtete meiner nicht und setzte unbeirrt seinen Marsch fort, während ich,
von der Verfolgung ablassend, zurückblieb, in Betrachtung ver-
sunken. Dieser alte Mann, sagte ich mir schließlich, ist das
Abbild und der Genius tiefsten Schuldbewußtseins. Er flieht
vor dem Alleinsein. Er ist der Mann der Menge. Umsonst,
ihm zu folgen, ich werde nichts von ihm erfahren, nichts über
ihn. Das böseste Herz auf Erden ist ein Buch, unergründli-
cher als der *Hortulus animae*. Und vielleicht ist eines der größten Geschenke des Herrgotts dies: »Es lässt sich nicht lesen.«[15]

Für den Erzähler schließt sich damit der Kreis: Die Nicht-Lesbarkeit
ist die Klammer, die die Erzählung zusammenhält. Wie sie endet, so
hat sie auch begonnen. Die ersten Sätze lauteten: Von irgendeinem
deutschen Buch heißt es: »Es lässt sich nicht lesen.«[16] Zwischen dem

Satz »Es lässt sich nicht lesen« am Anfang und demselben Satz am Ende steht der Versuch des Lesens und Verstehens der Menge. Bei Hoffmann gelingt dies in spielerischer Weise, bei Poe im ersten Teil der Erzählung ebenfalls – bis der »Mann der Menge« erscheint. Auf sein »böses Herz« bezieht sich die abschließende Feststellung: »Es lässt sich nicht lesen«. Aber ist nicht gerade die Nicht-Lesbarkeit, das Fehlen einer Identität, die Haupteigenschaft des »Mannes der Menge«? Ist er nicht eine Figur ohne Innenleben? Keineswegs; sein Verhalten und sein Anblick sind in höchstem Maße auffällig und faszinierend. Er hat nichts von einem gesichtslosen Massenmitglied, sondern wirkt wie ein besessener Einzelgänger. Poe spricht sogar von einer »Schuld« und vom »Bösen« und hebt den Mann der Menge dadurch auf eine religiöse Ebene.

Wie ist der Bezug auf das Religiöse zu verstehen? Die Antwort auf diese Frage hängt vielleicht mit dem unlesbaren »deutschen Buch« zusammen, das Poe zu Beginn erwähnt. Es ist das im Jahr 1500 erschienene Buch *Hortulus animae* (»Gärtchen der Seele«) des deutschen Mystikers Johann Reinhart von Grüningen. Mit diesem Hinweis stellt Poe seinen »Mann der Menge« offensichtlich in den Kontext der Mystik. Das Streben nach einer *unio mystica*, nach einer Verschmelzung – wenn auch nicht mehr mit Gott, sondern mit der Masse – ist möglicherweise der Impuls, der Poes Mann der Menge antreibt. Diese Erfüllung bleibt ihm jedoch verwehrt. Seine »Flucht vor dem Alleinsein« macht ihn nur noch einsamer. Ob diese unerfüllbare Sehnsucht, die das Subjekt zu einem Getriebenen macht, ihre Ursache im Verlust der Transzendenz in der Moderne hat, lässt Poe offen.

Das Gleiche gilt für die Bedeutung des Geschehens; sie liegt außerhalb der sprachlichen Ausdrucksmöglichkeiten. Bereits für die Mystiker war die Nicht-Lesbarkeit und das Nicht-sprechen-Können von ihrer inneren Erfahrung der Kern der *unio mystica*. Auch in vielen anderen Texten Poes – so in *Arthur Gordon Pym* oder in

Das Manuskript in der Flasche – erscheinen Zeichen auf Segeln oder Felsformationen, denen keine Bedeutung zugeordnet werden kann. Für den Bedeutungsverlust der Signifikanten, für ihr Gleiten und ihr Driften, bietet sich die Darstellung der modernen Masse geradezu an. Schon bei Hoffmann hatte das ständige Kommen und Gehen der Menge ein Abgleiten und Abbrechen der Narrative zur Folge. Allerdings ist der Mann der Menge mehr als die bloße Verkörperung einer Zeichentheorie. Er ist vor allem eine erotische Figur. Darauf gibt Poe ganz zu Beginn einen Hinweis: Der dekadente Ich-Erzähler, der als »Dandy« eingeführt wird, sagt von sich selbst: »Ich vermochte sogar eigentliche Quellen des Leides zu meiner Lust auszubeuten.«[17]

Für den Erzähler wird das Leiden des Mannes der Menge eine Quelle der Lust. Dieser wiederum sucht begierig auf, was ihm Leiden verschafft. Die Lust am Leiden ist eine Variante des perversen Impulses, des *Imp of the perverse*, wie eine andere Erzählung von Poe heißt, in der ein Mann am Abgrund die Vorstellung genießt, sich jederzeit hinunterstürzen zu können. In dieser Perspektive gehört Poe in die Linie der bösen Erotiker und Erotiker des Bösen, in eine Reihe mit Sade, Sacher-Masoch, Baudelaire, Bataille und Hans Henny Jahnn. Bestärkt wird diese Lesart dadurch, dass Poe seinen Mann der Menge mit den »Zügen Satans«[18] ausstattet. Was aber sind die satanischen, bösen Züge am Mann der Menge, der doch eher Mitleid erregt? Zunächst lässt er sich als einen Satan in der Tradition Miltons deuten, dem die Melancholie nicht fremd ist: ein gefallener Engel, der die *unio mystica* auf den Großstadtstraßen sucht. Das Satanische ist mehr noch eine Wirkung seines spezifischen Eros: Einerseits bezieht sich der Mann der Menge auf die Menge als sein Lust- und Leidensobjekt. Andererseits steht er auch in einem erotischen Verhältnis zum Erzähler. Für diesen ist er ein ins Satanische gewendeter Verführer, der eine abgründige Anziehungskraft ausübt: eine erotische und dämonische Figur zugleich. Er konfrontiert ihn mit der »Nachtseite«[19] der eigenen Schaulust.

Beide, der Mann der Menge und der Erzähler, sind von der Betrachtung der Massen fasziniert. Dem Mann der Menge, dem Getriebenen, fehlt jedoch die Distanz, die diese Betrachtung erst zu einem ästhetischen Spiel machen würde. Ihm ist es ernst mit der Faszination für die Menge. Durch seine rastlose und verzweifelte Suche wird er für den Erzähler zum Versucher. In der Antike war der Daimon ein Mittler zwischen Göttern und Menschen, eine Art »innere Stimme«, die den Einzelnen leitet; der prominenteste ist der Daimon des Platonischen Sokrates. Auch in Poes Erzählung lässt sich der Ich-Erzähler leiten und verleiten. Aber der Mann der Menge hat nichts zu vermitteln; er hat keine Stimme. Seine Suche und seine Leitung führen zu nichts als Verzweiflung. War der klassische Daimon ein Mittler zwischen Göttern und Menschen, so ist der moderne Dämon ein Mittler zwischen dem Menschen und der Hölle.

Die Hölle ist für den Mann der Menge die Masse. Er ist eine tragische Figur: Das schuldlos über ihn verhängte Geschick lässt ihn das suchen, was ihm mit Gewissheit immer wieder entzogen wird. Wissentlich sucht er das auf, was ihn leiden lässt. Sein Begehren verschafft ihm keine Erfüllung. Als böser Erotiker bleibt er ein ewig Getriebener. In jeder Menge, der er sich anschließt, sieht er bereits die Zeichen ihres kommenden Zerfalls; immer ist er schon wieder unterwegs zur nächsten Ansammlung. Der Mensch der Menge ist isolierter und hermetischer als jeder andere Mensch. In seiner Besessenheit ist er sprachlos und unfähig, irgendeinen Kontakt zu den anderen herzustellen, die er so verzweifelt aufsucht. Auch sein Eros ist, wenn auch auf ganz andere Weise als bei Hoffmann, untrennbar mit Isolation verbunden.

Poe beginnt dort, wo Hoffmann endet. Der erste Teil seiner Erzählung setzt die Ästhetisierung der Masse fort und übernimmt Hoffmanns distanzierte Sichtweise: Das durch den Fensterblick auf Distanz gebrachte Treiben der Menge wird lustvoll entziffert. Im zweiten Teil aber verlässt Poe Hoffmanns Erzählrahmen. Im Sog seines Führers lässt sich sein Erzähler in der Menge treiben. Die Figur, die ihn dazu verleitet, die ästhetische Distanz aufzugeben, erscheint als eine Art falscher Bote, der die Menge nicht zu entschlüsseln hilft, weil er selbst hermetisch und isoliert ist. Im zweiten Teil nehmen die lustvollen Aspekte der Massen-Betrachtung tragisch-dämonische Züge an.

Konstitutiv für das Dämonische des Mannes der Menge ist seine Nicht-Lesbarkeit, seine Uneindeutigkeit, die sich grammatisch in der Unbestimmtheit des Genitivs ausdrückt: Mann *der* Menge, Man *of* the crowd. Handelt es sich um einen subjektiven oder objektiven Genitiv? Gehört der Mann der Menge zur Menge? Oder gehört die Menge zu ihm, ist sie sein Schau-Objekt? Eine individuelle narrative Darstellung der Masse vermag er nicht zu entwickeln, weil es ihm an jener Distanz mangelt, die ihn zu einem ästhetischen Gestalter seiner Massenerfahrung werden ließe. Seine Betrachtung der Menge ist abstrakt; sein Fetisch ist die Menge *als* Menge, die keine Subjektivierung zulässt. Als Figur in der Erzählung stellt er dagegen selber eine Verkörperung der Menge dar. Er exemplifiziert sie als eine manisch-besessene, von tragischem Verlangen getriebene Figur. Poes Erzählung beschreibt die Menge in einer Weise, dass sie nicht als eine Nivellierung des Menschen angesehen wird, sondern als Stoff einer neuen Tragödie des Menschlichen taugt. In diesem Drama sind nicht mehr die großen Einzelnen die Hauptpersonen, sondern die vielen Einzelnen in der großen Menge.

Friedrich Engels und die Abwesenheit des Eros

Nach zwei Beispielen des ästhetischen Blicks auf die Masse soll im Folgenden die *soziale* Perspektive zu ihrem Recht kommen, am Beispiel der empathischen Beschreibungen des jungen Friedrich Engels in seinem Text »Zur Lage der arbeitenden Klassen in England«. Die

Schrift des damals 24-Jährigen wird 1845, fünf Jahre nach Poes *Mann der Menge* veröffentlicht. Wie bei Poe ist der Schauplatz London. Engels nähert sich der Stadt von der See her. Das Kapitel über »Die großen Städte« beginnt mit einer Ankunft:

Ich kenne nichts Imposanteres als den Anblick, den die Themse darbietet, wenn man von der See nach London Bridge hinauffährt. Die Häusermassen, die Werften auf beiden Seiten, ... die zahllosen Schiffe an beiden Ufern entlang, die sich immer dichter und dichter zusammenschließen, und zuletzt nur einen schmalen Weg in der Mitte des Flusses frei lassen, einen Weg, auf dem hundert Dampfschiffe aneinander vorüberschießen – das alles ist so großartig, so massenhaft, daß man gar nicht zur Besinnung kommt und daß man vor der Größe Englands staunt, noch ehe man englischen Boden betritt.[20]

Vom Schiff aus gesehen erscheint die Stadt als Häusermasse. Ihr Hauptmerkmal, die Verdichtung, führt zu einer Potenzierung der Kraft: »Diese kolossale Zentralisation, diese Anhäufung von dritthalb Millionen Menschen auf einem Punkt hat die Kraft dieser dritthalb Millionen verhundertfacht.«[21] Auch die Schiffe auf der Themse bieten den Eindruck von Kraft, »so großartig, so massenhaft«. Alles ragt empor: die Schiffe, die Häuser, die Werften. Aber dies alles ist nur Fassade. Nachdem Engels den englischen Boden betreten hat, fällt die Fassade in sich zusammen. Nun werden die Menschen sichtbar, die sie bauen mussten:

Aber die Opfer, die alles das gekostet hat, entdeckt man erst später. Wenn man sich ein paar Tage lang auf dem Pflaster der Hauptstraßen herumgetrieben, sich mit Müh und Not durch das Menschengewühl, die endlosen Reihen von Wagen und Karren durchgeschlagen, wenn man die »schlechten Viertel«

der Weltstadt besucht hat, dann merkt man erst, dass diese
Londoner das beste Teil ihrer Menschheit aufopfern mussten,
um alle die Wunder der Zivilisation zu vollbringen, von denen
ihre Stadt wimmelt ...[22]

Es gibt hier zwei Massen: die erhabene Masse der aufragenden Häuser und Fassaden und die Masse des Menschengewühls auf den
Straßen. Während dort alles emporragt, ist hier alles geduckt. Was
sich dort sichtbar auftürmt, ist hier elend versteckt. Die menschliche Masse ist alles andere als erhaben: »Schon das Straßengewühl
hat etwas Widerliches, etwas, wogegen sich die menschliche Natur
empört. Diese Hunderttausende von allen Klassen und aus allen
Ständen, die sich da aneinander vorbeidrängen, sind sie nicht *alle*
Menschen mit denselben Eigenschaften und Fähigkeiten, mit demselben Interesse, glücklich zu werden?«[23]
    In diesen Sätzen kommt ein gewisser Ekel vor der Masse zum
Ausdruck: Das massenhafte Gewühl widerspricht der »menschlichen Natur«. Obwohl Menschen qua menschlicher Natur einander
gleichen, zeigt sich im Straßengewühl ein anderes Bild. Durch die
kapitalistische Produktionsweise, die die kolossalen Hausfassaden
und Werftanlagen hervorgebracht hat, wird die natürliche Anlage
der Menschen zur Kooperation in Konkurrenz verwandelt. Sie führt
zu einer Barbarisierung der menschlichen Natur:

Die brutale Gleichgültigkeit, die gefühllose Isolierung jedes
einzelnen auf seine Privatinteressen tritt um so widerwärtiger
und verletzender hervor, je mehr diese einzelnen auf den kleinen
Raum zusammengedrängt sind; und wenn wir auch wissen, dass
diese Isolierung des Einzelnen ... das Grundprinzip unserer
heutigen Gesellschaft ist, so tritt sie doch nirgends so scham-
los unverhüllt, so selbstbewußt auf als gerade hier im Gewühl
der großen Stadt. Die Auflösung der Menschheit in Monaden,

deren jede ein apartes Lebensprinzip und einen aparten Zweck hat, die Welt der Atome ist hier auf die Spitze getrieben.[24]

Die Einsamkeit und Isolation des Einzelnen ist für Engels nirgends größer als in einer solchen Masse. Die Dichte des Gewühls bietet keine Distanz. Gerade darum isoliert sie die Subjekte umso wirkungsvoller voneinander und verhindert, dass sie einen ästhetischen Blick auf sich selbst und die Menge gewinnen. Die Masse macht die Menschen nicht einander gleich, sondern trennt sie. Sie reduziert sie auf ihre nackte Individualität. Die Isolation und Anonymität der Großstadtmenge stellt einen *unnatürlichen*, von der Gesellschaft hervorgebrachten Zustand dar, der von der Konkurrenz zwischen den Menschen hervorgerufen wird. In dieser Masse herrscht das Prinzip des Agonalen. Die Großstadtmasse ist Ausdruck und Produkt sozialer Verhältnisse und einer spezifischen politischen Ökonomie. Während die »natürliche« Menge in der Frühzeit der Menschheit durch Kooperation zustande kam und so die Menschen zusammenschloss, beruht die moderne barbarisierte Masse auf der Konkurrenz, die die Subjekte voneinander isoliert. Um diese beiden Massen scharf voneinander zu unterscheiden, bedient sich Engels eines geschickten rhetorischen Mittels. Er zitiert eine berühmte Formel von Hobbes, um ihren Sinn umzukehren: »Daher kommt es denn auch, dass der soziale Krieg, der Krieg Aller gegen Alle, hier offen erklärt ist. […] Überall barbarische Gleichgültigkeit, egoistische Härte auf der einen und namenloses Elend auf der anderen Seite, überall sozialer Krieg, das Haus jedes einzelnen im Belagerungszustand …«[25]

Was bei Hobbes der Naturzustand ist (»Der Krieg aller gegen alle«), ist bei Engels der Zustand der kapitalistisch organisierten Zivilisation. Im Gegensatz zum Hobbes'schen, vorgesellschaftlichen Krieg aller gegen alle spricht er von einem »*sozialen* Krieg aller gegen alle«. Der »soziale Krieg« ist ein Krieg ohne Schlacht.

Für eine Schlacht müsste es eine Organisation, einen kooperativen Zusammenschluss geben. Da die moderne Masse aber atomisiert ist, findet der Krieg im Verborgenen, im Privaten statt, als täglicher Überlebenskampf, der alle Verdammten dieser Erde gleich macht und doch voneinander isoliert.

Nach der anfänglichen Straßenszene sucht Engels das Elend dort auf, wo es sich versteckt: »In dem ungeheuren Straßenknäul gibt es Hunderte und Tausende verborgener Gassen und Gäßchen.« Dorthin muss den Blick wenden, wer das Elend betrachten will. Es sind also nicht die öffentlichen Orte, die Engels beschreibt; öffentliche Orte existieren für die Arbeiter, die Verarmten und Hungernden nicht. Wenn sie sich dennoch einmal dorthin verirren, kommt ihnen alles fremd vor, wie ein von Engels zitierter Artikel der *Times* vom Oktober 1843 zeigt:

Aus unserem gestrigen Polizeibericht geht hervor, dass eine Durchschnittsanzahl von fünfzig menschlichen Wesen jede Nacht in den Parks schlafen … Das ist in Wahrheit schrecklich. Arme muss es überall geben. […] In den tausend engen Gassen und Gäßchen einer volkreichen Metropole muss es immer, fürchten wir, viel Leid geben, viel, das das Auge beleidigt – viel, das nie ans Tageslicht kommt. Aber dass im Kreise, den sich Reichtum, Fröhlichkeit und Glanz gezogen haben, dass nahe an der königlichen Größe von St. James, … in einer Gegend, die den ausschließlichsten Genüssen des Reichtums geweiht zu sein scheint – dass *da* Not und Hunger und Krankheit und Laster mit all ihren verwandten Schrecken einherziehen …! Es ist in der Tat ein monströser Zustand.[26]

Engels lässt den Bericht unkommentiert für sich selbst sprechen. »Arme muss es überall geben« – dieser Zustand wird wie ein

FRIEDRICH ENGELS UND DIE ABWESENHEIT DES EROS   207

Naturgesetz hingenommen. Der Skandal ist nicht das Elend, sondern die öffentliche Konfrontation mit dem Elend. Um das Elend
zu beschreiben, taucht Engels in die private Sphäre der Armen ein.
Er betritt die verwinkelten Gassen. Im Vergleich zu den beiden vor-
herigen Texten kehrt sich nicht nur die Wertung des Erblickten
(Verelendung statt Ästhetisierung) um, sondern auch die Blick-
richtung. Während die Beobachter von E. T. A. Hoffmann und
E. A. Poe auf die Menge hinaussehen, sieht Engels durch die Fenster in die Arbeiterwohnungen hinein. Was dort begegnet, sind die
traurigen Schicksale isolierter und sprachloser Einzelner.[27]

Obwohl Engels offensichtlich Empathie für das geschilderte
Elend empfindet, ist sein Text frei von Sensationalismus. Die
Nüchternheit seiner Beschreibungen erhöht ihre Wirkung. Die
schwer erträgliche Monotonie der Schilderungen entspricht dem
erzwungenen, stumpfen Vegetieren der beschriebenen Menschen.
Der weitgehende Verzicht auf Urteile, Theorien und Lösungen
bewirkt, dass sich Engels und mit ihm der Leser auf die konkrete
Situation der vom Elend Betroffenen einlassen kann. Sein Text gilt
zu Recht als Pionierarbeit des Sozialreports.

Engels' England ist wie Poes Straßenszenerie ein Pandämonium –
ein Wort, das auch in einem von Engels zitierten Regierungs-
bericht auftaucht: »Niemand schien sich die Mühe zu geben, diesen Augiasstall, dies Pandämonium, diesen Knäuel von Verbrechen,
Schmutz und Pestilenz im Zentrum der zweiten Stadt des Reiches
zu fegen.«[28] Abgesehen davon, dass auch damals schon Reinigungs-
phantasien, die Sehnsucht nach dem »Kärcher« (wie der französische Präsident Nicolas Sarkozy später sagen wird), den öffentlichen
Diskurs beherrschten, fehlt Engels' Pandämonium im Unterschied
zu Poes nächtlichen Massen auch die Vitalität. Was in dessen Text
dynamisch-vitalistisch flackert, vegetiert hier apathisch dahin. Bei
Engels kehrt ein Bild immer wieder, das der Erstarrung. Nicht nur
die Menschen vegetieren dumpf vor sich hin – buchstäblich alles

steht: die Luft (da bei der Konstruktion der Höfe und Straßen nicht auf Durchzug geachtet wurde), ja selbst das Wasser: immer wieder wird von »stehenden Pfützen« auf den Straßen berichtet und von Bächen oder Kanälen, die nicht fließen, weil sich in ihnen zu viel Schmutz und Kot angesammelt hat. Monotonie und Abstumpfung des Elends töten das Begehren der Menschen. Es gibt keinen Eros, kein Streben, keine Bewegung.

In seiner späteren Zusammenarbeit mit Marx will Engels diesen vegetierenden Existenzen einen Eros, das heißt ein Streben, ein Ziel geben. Wenn dies gelänge, würde es zu einem Zusammenschluss der Vereinzelten im Zeichen eines gemeinsamen Begehrens kommen. Die Masse der Elenden könnte vom Objekt zum Subjekt der Geschichte werden; sie könnte eine eigene Stimme erhalten – dies ist das Ziel von Engels' späterer Arbeit. Die Differenz von »natürlicher«, kooperativer und »unnatürlicher«, konflikthafter Masse gewinnt dabei eine entscheidende Bedeutung. Insofern die barbarische Großstadtmasse Produkt eines bestimmten Gesellschaftssystems und seiner Produktionsverhältnisse ist, kann sie prinzipiell verändert werden. Diese Veränderung bestünde nicht in der Zerstörung der Masse und der Befreiung des Einzelnen aus ihr – die Vereinzelung ist ja gerade das Kennzeichen der modernen Masse. Die Lösung wäre vielmehr eine *Verwandlung* der konflikthaften in eine kooperative Masse. Nicht die Masse und der Einzelne stehen sich gegenüber, sondern die Masse der Vereinzelten und die solidarische Masse, die ihre Geschichte selbst in die Hand nimmt – eine Masse, die *sichtbar* wird.

Im *Kommunistischen Manifest* wird diese Wandlung theoretisch vollzogen. Hier wird die Situation der Arbeiter als Chance für eine Massenbildung umgedeutet. »Mit der Entwicklung der Industrie vermehrt sich nicht nur das Proletariat; es wird in größeren Massen zusammengedrängt, seine Kraft wächst, und es fühlt sie mehr.«[29] Gegen die »passive Verfaulung der untersten Schichten der alten Gesellschaft«[30] setzt Engels in Zusammenarbeit mit Marx nun das

FRIEDRICH ENGELS UND DIE ABWESENHEIT DES EROS   209

kollektive wie *aktive* Revolutionssubjekt Proletariat. Während dieses
als eine formierte Masse agiert und sich nicht nur vermehrt, sondern
auch eine Verstärkung seiner Kraft erfährt, bleibt die alte passive
Elendsmenge eine »unbestimmte, aufgelöste, hin und her geworfene
Masse«, in der jeder isoliert agiert, wie Marx in »Der Achtzehnte
Brumaire des Louis Bonaparte« schreibt.[31] Im Gegensatz zur sich
verstärkenden Masse des Proletariats ist diese bloß die Summe ihrer
Teile: eine Masse, die sich nur durch die »Addition gleichnamiger
Größen« bildet, »wie etwa ein Sack von Kartoffeln einen Kartoffel-
sack bildet«.[32] Um aus der Addition voneinander isolierter Elemente
eine Revolution hervorzubringen, ist ein »wechselseitiger Verkehr«,
ein echter Zusammenschluss notwendig.[33]

In einer späteren Schrift kehrt Engels noch einmal ins Eastend
und zu den Londoner Docks zurück, die der Ausgangspunkt seiner
trostlosen Wanderungen durch die Arbeiterviertel waren. Zunächst
knüpft er an das Ende seines frühen Textes an: »Das Ostend war
bisher in passiver Elendsversumpfung – die Widerstandslosigkeit
der durch Hunger Gebrochenen, der absolut Hoffnungslosen war
seine Signatur.«[34] Jetzt aber hat sich das Blatt gewendet. Die ato-
misierte, passive Masse hat sich in eine aktive, formierte Riesen-
masse von Streikenden verwandelt: »Und nun dieser Riesenstrike der
Verkommensten der Verkommenen, der dock labourers, (...) dieser Masse gebrochner, dem totalen Ruin entgegentreibender Existenzen ...! Und diese dumpfverzweifelnde Masse, die sich jeden
Morgen ... Schlachten liefert um den Vortritt zu dem Kerl, der die
Arbeiter engagiert – buchstäbliche Schlachten des Konkurrenz-
kampfs der überzähligen Arbeiter untereinander –, diese zufällig
zusammengewürfelte, täglich wechselnde Masse bringt es fertig,
sich 40000 Mann stark zusammenzutun, Disziplin zu halten und
den mächtigen Dockgesellschaften Angst einzujagen. Das erlebt zu
haben, macht mir große Freude.«[35]

Der Blick aus der Mitte: Multitude – Solitude

Den Gegensatz zu Engels empathischem Verhältnis zur Armut bietet Charles Baudelaire in einem seiner Prosagedichte aus dem *Spleen de Paris*, der als sein letzter Text 1869, zwei Jahre nach seinem Tod, erschien. Es hat den provokanten Titel »Verprügeln wir die Armen!« *(Assommons les pauvres!)* Die Ziele von Engels und Baudelaire sind allerdings nicht so weit voneinander entfernt, wie es den Anschein hat. Beide wollen einer apathischen Existenz Vitalität zurückgeben, ein aktives Begehren, das die Rückgewinnung einer verlorenen Dignität bewirken soll. Allerdings unterscheiden sich die Mittel drastisch voneinander. Das Ich des Prosagedichts erzählt davon, dass es auf der Straße einen alten Bettler erblickt. Seine innere Stimme, sein »Dämon«, der »ein großer Bejaher, ein Dämon der Tat, ein Dämon des Wettkampfs«[36] ist, flüstert ihm Folgendes ein:

> »Nur der ist einem anderen gleich, der es beweist, und nur der ist der Freiheit würdig, der sie zu erobern vermag.« Sofort stürzte ich mich auf meinen Bettler. Mit einem Faustschlag schloß ich ihm ein Auge, das in einer Sekunde so dick wurde wie ein Ball. Ich schlug ihm zwei Zähne aus und brach mir dabei einen Fingernagel. […] Nachdem ich den geschwächten Sechzigjährigen durch einen Fußtritt in den Rücken, der kraftvoll genug war, die Schulterblätter zu zerschmettern, zu Boden gestreckt hatte, ergriff ich einen dicken Ast … und schlug mit der hartnäckigen Energie von Köchen, die ein Beefsteak weichklopfen wollen, auf ihn ein.[37]

Baudelaire zieht alle Register, um die Brutalität der Handlung hervorzuheben. Sie wird durch das Ungleichgewicht der Kräfte (»der geschwächte Sechzigjährige«) noch verstärkt. Dennoch wendet sich das Blatt rasch:

Plötzlich – o Wunder! O Lust des Philosophen, der seine Theorie bestätigt findet! – sah ich dieses uralte Gerippe sich umdrehen ... und mit einem haßerfüllten Blick, der mir ein *gutes Omen* zu sein schien, warf sich der altersschwache Strolch auf mich, schlug mir beide Augen blau, brach mir vier Zähne aus und prügelte mich mit demselben Ast windelweich. – Durch meine Rosskur hatte ich ihm Stolz und Leben wiedergegeben.[38]

Mit diesem Akt der Gewalt hat der Bettler die »Freiheit erobert« und die »Gleichheit« der Stolzen hergestellt. Nur im Kampf können sich Gleiche als Gleiche begegnen und einander in Würde anerkennen. Nach diesem Kräftemessen – und erst dann – kann es zur Verbrüderung kommen: »›Mein Herr‹, sagte ich zu ihm, ›*Sie sind mir gleich.*‹ Tun Sie mir die Ehre an und teilen Sie mit mir meinen Geldbeutel.«[39] Engels Einstellung zur Apathie der Armen wird hier im Namen eines dynamischen Dämons ins Gegenteil verkehrt. Die Gleichheit stellt sich durch die kämpferische Konkurrenz (»le Démon du combat«) her, die nach Engels die »natürliche« Gleichheit gerade aufhebt.

Ein anderes Prosagedicht aus dem *Spleen de Paris* nimmt die Massen im Raum der Großstadt zum Thema: *Les Foules*. Im Deutschen wird »foules« zumeist mit »Menge« übersetzt, es lässt sich aber, wie in Le Bons »Psychologie des foules«, ebenso mit »Massen« wiedergeben. Als begeisterter Anhänger und Übersetzer von E. T. A. Hoffmann und E. A. Poe setzt Baudelaire die von ihnen gezeichnete Linie der Massendarstellung in der Literatur fort, verändert aber die Konstellation von Eros und Isolation. Das zeigt sich, wenn man mit einer genauen Lektüre der Linie des Prosagedichts folgt, das nicht einmal eineinhalb Druckseiten umfasst: »Il n'est pas donné à chacun de prendre un bain de multitude: jouir de la foule est un art. [Es ist nicht jedem gegeben, ein Bad in der Menge zu nehmen: die Masse zu genießen ist eine Kunst.]«[40]

Mit dem ersten Satz bringt Baudelaire wie Hoffmann und Poe die Masse explizit mit der Kunst in Verbindung. Neu ist allerdings die unmittelbare Begegnung mit der Masse. Weder ist der Erzähler wie bei Hoffmann durch ein Fenster von der Menge getrennt noch bedarf er wie bei Poe einer Mittlerfigur. Allerdings ist das Künstlersubjekt damit nicht zum beliebigen Teil der Masse geworden. Sein ästhetischer Genuss der Menge ist ein Distinktionsmerkmal: Er ist dem Künstler vorbehalten. Eine Vermittlerfigur würde durch ihre Anwesenheit das Solitäre des künstlerischen Genius, seine Einsamkeit *in* der Menge verhindern.

> Multitude, solitude: termes égaux et convertibles pour le poète actif et fecond. Qui ne sait pas peupler sa solitude, ne sait pas non plus être seul dans une foule affairée. [Menschenmenge, Einsamkeit: für den aktiven und fruchtbaren Dichter gleichwertige und austauschbare Begriffe. Wer nicht versteht, seine Einsamkeit zu bevölkern, versteht es ebenso wenig, in einer geschäftigen Menge allein zu sein.][41]

Auf »Menge«, *multitude,* reimt sich für den Künstler »Einsamkeit«, *solitude.* Wenn aus der Erfahrung der Menge eine *Kunst* werden soll, muss das betrachtende Subjekt *inmitten der Masse einsam* bleiben. Engels bewertet die Isolierung des Einzelnen in der Masse ausschließlich negativ, Baudelaire ausschließlich positiv. Wo Engels eine gesellschaftliche Verelendung des Menschen erkennt, sieht Baudelaire dessen ästhetische Veredelung. Dieser Gegensatz ist darin begründet, dass Engels die Masse mit einem *sozialen,* Baudelaire hingegen mit einem *ästhetischen* Blick betrachtet. Bei der »Kunst des Genießens« handelt es sich um ein primär erotisches Verhältnis zur Menge:

> Le promeneur solitaire et pensif tire une singulière ivresse de cette universelle communion. Celui-là qui épouse facilement la

foule connaît des jouissances fiévreuses, dont seront éternelle-
ment privés l'égoiste, fermé comme un coffre, et la paresseux,
interné comme un mollusque. [Der einsame und nachdenkliche
Spaziergänger bezieht aus dieser universalen Gemeinschaft
einen einzigartigen Rausch. Wer sich leicht mit der Menge
vermählt, kennt Fieberschauer von Genüssen, die der Egoist,
verschlossen wie eine Truhe, und der Träge, sitzend wie die
Schnecke in ihrem Schneckenhaus, in alle Ewigkeit nicht kennen werden.][42]

Das Zentrum des Textes bilden die Worte »vermählen« *(épouser)*,
»Fieberschauer von Genüssen« *(jouissances fiévreuses)*, »einzigartiger
Rausch« *(singulière ivresse)* und »universale Gemeinschaft« *(uni-
verselle communion)*. Mit diesen Ausdrücken evoziert Baudelaire eine
Erfahrung der Mystiker wie in der Verschmelzungsphantasie der
Mystiker, die *unio mystica*. Ein Eintrag in seinen Tagebüchern führt
diese Vorstellung weiter: »Religiöser Rausch der großen Städte. –
Pantheismus. Ich, das sind alle; alle sind ich. Wirbel.«[43] Der Vorgang
der Verschmelzung ist aber ein rein innerlicher – der Dichter bleibt
ein *promeneur solitaire*, ein »einsamer Spaziergänger«. Anders als die
Sexualität bedarf der ästhetische Eros der Isolation.[44]

Zwar setzt sich der Künstler der Menge aus; seine Begegnungen
aber verinnerlicht er. Die Vereinigung mit der Masse, die Hochzeits-
nacht nach ihrer »Vermählung«, findet nur auf dem Papier statt. Die
Verinnerlichung ist eine Form der Distanz. Baudelaires Genuss am
Aufgehen in der Masse ist ein *verborgener* Genuss: und darum – für
ihn besonders wichtig – pervers *und* elitär zugleich. Beide Tendenzen verstärken sich noch im nächsten Absatz:

Ce que les hommes nomment amour est bien petit, bien rest-
reint et bien faible, comparé à cette ineffable orgie, à cette
sainte prostitution de l'âme qui se donne tout entière, poésie et

charité, à l'imprévu qui se montre, à l'inconnu qui passe. [Was die Menschen Liebe nennen, ist etwas sehr Kleines, etwas sehr Begrenztes und Schwaches, verglichen mit dieser unsagbaren Orgie, dieser heiligen Prostitution der Seele, die sich als Poesie und Nächstenliebe dem Unvorhergesehenen, das sich zeigt, dem Unbekannten, das vorüberkommt, verschenkt.][45]

Die Originalität von Baudelaires Beschreibung liegt nicht in den grellen Bildern von »Orgien« und »Prostitution«. Neuartig ist vielmehr die Tatsache, dass es das Künstlersubjekt ist, das sich prostituiert. In den Massentheorien Freuds sind es die Massen, die sich einem Führer hingeben und ihm bedingungslos folgen. Bei Baudelaire entwickelt dagegen das singuläre Subjekt ein libidinöses Verhältnis zur Masse – in seiner »heiligen Prostitution« gibt er sich ihr hin *(se donne)*. Folgt man der Differenzierung in seinen Tagebüchern (siehe Anmerkung 44), dringt der Künstler nicht in die Masse ein, sondern lässt sie in sich, in seine »Seele« eindringen. Die Masse wird in einem inneren Prozess Teil von ihm. Gerade die Fähigkeit, in der Menge aufzugehen, isoliert und distanziert das Subjekt also wieder von den anderen. In dem Maße, in dem der Künstler in die Masse eintaucht, hebt er sich auch von den gewöhnlichen Menschen ab.[46] Dennoch ist es die Masse, die ihn zum Künstler macht. Wo die Massentheoretiker später Regression und Entdifferenzierung sehen, erkennt der ästhetische Blick eine ästhetische Fülle.

VII

Virtuelle Massen

Eine der ältesten Massenszenen in der europäischen Malerei ist die Auferstehung der Toten. Auf frühneuzeitlichen Bildern wie denen von Hieronymus Bosch wird die *massa perditionis,* der »Klumpen der Verdammten«[1] gezeigt: Massen stehen aus ihren Gräbern auf und bilden Haufen von konvulsiv sich windenden Menschen in Erwartung des Gerichts. Ihnen gegenüber bewegen sich deutlich kleinere Reihen weiß gewandeter Erwählter dem Eingang des Paradieses zu. Diese Szenerien von Gewalt, Schmerz und Verklärung nehmen die spätere Verknüpfung von Masse und Gewalt eindrucksvoll vorweg.

Der italienische Philosoph Giorgio Agamben erzählt auf seine Weise die Geschichte von Bild, Gericht und Masse weiter. Unter dem Titel »Der Tag des Gerichts« berichtet er Folgendes über den ersten Versuch, eine Menschenmasse zu fotografieren: »Sie kennen sicherlich die berühmte Daguerreotypie vom Boulevard du Temple, die als die erste Photographie betrachtet wird, auf der eine menschliche Gestalt zu sehen ist. Die Silberplatte stellt den Boulevard du Temple dar, so wie ihn Daguerre aus dem Fenster seines Arbeitszimmers aus zur Stoßzeit photographiert hat. Der Boulevard muss voller Menschen und Kutschen gewesen sein. Trotzdem sieht man, da die damaligen Apparaturen eine extrem lange Belichtungszeit erforderten, von dieser ganzen Masse in Bewegung absolut gar nichts. Nichts – außer einer kleinen Gestalt auf dem Trottoir links unten auf dem Foto. Es handelt sich um einen Mann, der sich die Stiefel putzen ließ und deshalb ziemlich lange unbewegt blieb.«[2]

Der photographischen Apparatur auf dem damaligen technischen Stand gelingt es nicht, die Masse auf dem Bild festzuhalten – ihre Bewegungen sind zu schnell. »Ich könnte mir kein angemesseneres Bild für das Jüngste Gericht vorstellen. Die Menschenmenge ist anwesend, aber man sieht sie nicht, weil das Gericht nur eine Person, nur ein Leben betrifft: dieses und kein anderes.«[3] Die Linse des Photoapparats stellt die Einzelperson scharf. Sie schenkt dem Flüchtigen und Vereinzelten, das sonst im Strom der Vielheiten untergeht, eine Art ewiges Leben. Agamben erzählt die Geschichte der frühen Photographie als Variante von Kafkas berühmter Gerichtsparabel »Vor dem Gesetz«. Wie dort das Tor, das nun geschlossen wird, nur »für Dich bestimmt war«, charakterisiert sich auch die Masse des Jüngsten Gerichts durch das, was Martin Heidegger Jemeinigkeit nennt. Die Masse ist jedoch nicht ausgelöscht. Sie ist diskret präsent, aber sie verdeckt den Einzelnen nicht, sondern lässt ihn sichtbar werden. Das Erscheinen des Einzelnen ist an die unsichtbare Anwesenheit der Masse geknüpft.

Massenmedien I: Der Film

Für Giorgio Agamben beginnt die Photographie mit der Unsichtbarmachung der Masse. Ein anderer Theoretiker, Walter Benjamin, verbindet die neuen Medien dagegen gerade mit dem Sichtbarmachen von Massen. Das entspricht der Bezeichnung der neuen Medien Film und Photographie als ersten »Massenmedien«. Benjamin zufolge führen sie auch zu einer veränderten Rezeptionshaltung. In seinem Essay *Das Kunstwerk im Zeitalter seiner technischen Reproduzierbarkeit* schreibt er: »Der vor dem Kunstwerk sich Sammelnde versenkt sich darein; er geht in dieses Werk ein. (…) Dagegen versenkt die zerstreute Masse ihrerseits das Kunstwerk in sich.«[4] Die veränderte Rezeptionshaltung im Zeitalter der Massen,

so Benjamin weiter, zerstört die Aura des Kunstwerks. An deren
Stelle setzt sie die Ästhetik des Schocks. Während die Kontem-
plation vor dem Kunstwerk der Kunstauffassung der bürgerlichen
Gesellschaft entspricht, ist die Schock-Ästhetik das Merkmal einer
kommenden proletarischen Kultur, einer Kultur der Massen. Die
Tatsache, dass die Masse das Kunstwerk *in sich* versenkt, zeigt, dass es
selbst ein Massenphänomen ist. Im Zeitalter der Reproduktion des
Kunstwerks ist bereits seine Produktion auf Reproduktion angelegt:
»Indem sie die Reproduktion vervielfältigt, setzt die Reproduktions-
technik an die Stelle des einmaligen Vorkommens des Kunstwerks
sein massenweises.«[5]

Die neuen Medien führen zu einer doppelten Massenbildung:
Auf der Seite der Kunstproduktion setzen sie an die Stelle des Originals mit seiner auratischen Einzigartigkeit die Reproduktion und die
Massenware. Auf der Seite des Rezipienten und Konsumenten stellen sie der stillen Andacht und innerer Versenkung das gemeinsame
extrovertierte Schockerlebnis gegenüber. Der Verlust der Aura wird
von Benjamin begrüßt – er entspricht seiner Forderung nach Ent-
sakralisierung des Kunstwerks. Die Aura gab diesem »eine Ferne,
so nah es auch sein mochte«; sie verleh ihm den Status der Ent-
rückung und Unberührbarkeit. Die neuen Medien zerstören dieses
Distanzerleben restlos. Wie die Züge in den frühen Filmen rasen
sie auf den Betrachter zu und überwältigen ihn. Als ein Phänomen
der Ent-fernung, strebt auch die Masse danach, jede Distanz und
Trennung durch das Erlebnis von Dichte und Nähe zu ersetzen. »Der
massenweisen Reproduktion kommt die Reproduktion von Massen
besonders entgegen. In den großen Festaufzügen, in den Massenveranstaltungen sportlicher Art und im Krieg, die heute sämtlich der
Aufnahmeapparatur zugeführt werden, sieht die Masse sich selbst
ins Gesicht.«[6] Benjamin sieht in dieser Entwicklung einen Akt der
Befreiung. Befreit wird sowohl das Kunstwerk aus seinem sakralen Rahmen als auch der Betrachter aus seiner passiven Haltung

erzwungener Andacht. Die Masse wird Zuschauer und in Filmen mit Massenszenen zugleich Darsteller. Mit dem Film entwickelt die Massenkultur eine ihr entsprechende Kunstform. Die Massenbewegungen und die Filmtechnik beruhen beide auf demselben Prinzip der seriellen Reproduktion.

Welche Züge sieht die Masse, wenn sie sich selber betrachtet? »Massenbewegungen stellen sich im allgemeinen der Apparatur deutlicher dar als dem Blick. Kader von Hunderttausenden lassen sich von der Vogelperspektive aus am besten erfassen (...) Das heißt, dass Massenbewegungen eine der Apparatur besonders entgegenkommende Form des menschlichen Verhaltens darstellen.«[7] Benjamin bezieht sich auf einen im Vergleich zu Agambens Beispiel weit fortgeschrittenen Stand der Technik. Während der Photographie Daguerres die Massenbewegung entgeht, vermag die neue Filmtechnik gerade diese eindrucksvoll darzustellen. Mit unterschiedlichen Absichten haben der sowjetische (Sergej Eisenstein), der französische (Abel Gance) und deutsche Film (Leni Riefenstahl) neue Techniken und Inszenierungsweisen für Massenszenen entwickelt.

Benjamins Position hat allerdings einige Schwächen. Es ist fraglich, ob der Begriff der Aura die bürgerliche Epoche der Kunst genau genug charakterisiert. Er gilt nur für einen eingeschränkten Bereich der Kunst, insbesondere für religiöse Malerei und für eine kontemplative Verehrung ästhetischer Werke. Doch selbst die religiöse Malerei lässt sich schwer unter den Begriff der Aura subsumieren. Die Bilder des Hieronymus Bosch sind ein frühes Gegenbeispiel. Bereitet nicht schon Lucas Cranach unter dem Eindruck der Reformation eine Ablösung der Malerei von kultischer Verehrung vor? Wird nicht von Caravaggio die abgründige Seite der menschlichen Existenz von der Kunst erfasst? Für andere Kunstformen wie Theater und Tanz ist die Aura ohnehin nicht typisch. In der Architektur würde sie, insofern sie von Menschen bewohnt wird, sogar stören.

MASSENMEDIEN I: DER FILM 219

Die Konfrontation bürgerlicher auratischer Kunst mit neuen Kunstformen proletarischer Massen wird von Benjamin ideologisch ver-
einfacht. Es kann nicht generell behauptet werden, dass der Film
die Aura zerstöre. Leni Riefenstahls *Triumph des Willens* und ihr
zweiteiliger Olympia-Film, die Benjamin freilich noch nicht kennen konnte, überwältigen die Zuschauer gerade durch eine Aura-
tisierung von Massen und der aus ihnen herausgehobenen Helden
(»Götter des Stadions«). Benjamin überschätzt die formverändernde
Kraft des neuen Mediums Film.

Problematisch ist auch die Annahme Benjamins, dass sich in Filmen der Massenkultur die Masse »selbst ins Gesicht« schaue. Wenn
im Film die Masse als Ganzes gezeigt wird, geschieht dies mit Bildern von der Seite (wie bei Riefenstahls Athleten-Bildern) oder aus
der Vogelperspektive. Um eine Anschauung des Ganzen zu gewinnen, muss die Kamera eine Position *außerhalb* der Masse einnehmen.
Wie die Masse nicht selber spricht, wenn *über sie* gesprochen wird,
sieht sie sich auch in dem Moment nicht selber, in dem sie als Ganze
aufgenommen wird. Vielleicht macht es gerade den Erfolg des Films
aus, dass er den Zuschauern den Eindruck gibt, nicht Teil der Masse
zu sein, sondern *neben* oder *über ihr* zu stehen – auch wenn sie als
Zuschauer selber wieder eine Masse bilden.

Dieser Befund wird von der weiteren Entwicklung des Kinos
bestätigt. Wir sehen dort höchst selten der Masse ins Gesicht, sondern viel häufiger in die Gesichter der Stars. Sie sind die Publikums-
magneten, an denen der Blick hängen bleibt. Schon zur Zeit der
Veröffentlichung von Benjamins Essay war die Großaufnahme des
Star-Gesichts das herausragende Markenzeichen des Kinos, insbesondere des Hollywood-Films.[8] In den »Mythen des Alltags«
von Roland Barthes findet sich dazu unter dem Titel »Das Gesicht
der Garbo« eine subtile Reflexion über das auratische Moment des
Star-Gesichts in Großaufnahme: So nah wie dem affektiv auf-
geladenen großen Bild des Gesichts auf der Kinoleinwand kommt

man keinem wirklichen Menschen; nirgendwo sind dessen Gefühls-
regungen so ungeschützt der Betrachtung des Einzelnen dargeboten.
In der Intimität des dunklen Saals erhält der Einzelne – gemeinsam
mit den anderen Zuschauern – die Möglichkeit zu einem emotionalen Tête-à-Tête mit dem geliebten Star. Gleichzeitig entzieht sich
das Gesicht durch die idealisierende Bewunderung der Lebenswelt
der Zuschauer: »Die Garbo offenbarte so etwas wie eine platonische Idee der Kreatur, und das erklärt, warum ihr Gesicht fast ent-
sexualisiert ist (…) Ihr Beiname (die *Göttliche)* sollte gewiß weniger
einen höchsten Zustand der Schönheit wiedergeben als vielmehr das
Wesen ihrer körperlichen Person.«[9] Ihren Alterungsprozess entzog
Greta Garbo ebenso wie die andere große Film-Diva Marlene Diet-
rich der Öffentlichkeit: »(…) die Essenz durfte nicht verfallen, ihr
Gesicht durfte niemals eine andere Wirklichkeit haben als die seiner mehr noch geistigen als plastischen Vollkommenheit.«[10] Greta
Garbos Gesicht bewahrt in den flüchtigen Momenten des Films
die Erinnerung an eine »essentielle Schönheit«. Es wird im Film zu
einer platonischen Idee.

Die Gesichter im Hollywood-Kino geben dem Film die Aura
zurück, die er laut Benjamin eigentlich zerstören sollte. Auch die
von Benjamin als Beispiel für Entauratisierung verwendete Vogelperspektive kann eine Aura erzeugen. In »Iwan der Schreckliche«
von Sergej Eisenstein sieht der Zar aus dem Fenster seine Anhänger
heranströmen. Ihre Masse bildet eine geschlängelte Linie, die bis
zum Horizont reicht – eine unendliche Zahl von Menschen, die
dem Herrscher huldigen. Ein Film, in dem die »Masse sich selbst
ins Gesicht sieht«, kann keinen Kamerastandpunkt von oben haben.
Es ist nicht das Panorama (wie etwa in den bewegten Schlachten-
gemälden der Sandalenfilme), das einen Film zu einem »Massen«-
Film in diesem Sinne machen würde. Anstatt sich in den Himmel
zurückzuziehen, müsste sich die Kamera in die Massendichte
begeben. In den meisten Fällen aber suchen die Hollywood-Filme,

ihrem Starsystem entsprechend, einzelne Gesichter von herausragenden Personen.

Gilles Deleuze und Félix Guattari sprechen in ihrem Buch *Tausend Plateaux* von einem »Terror des Gesichts«. Dieses zwingt uns
eine Form auf, indem es uns zur Subjektivierung verführt. Das
Gesicht ist für beide Autoren eine »weiße Leinwand«, auf das die
»Zeichenregimes« ihre Bilder projizieren[11] – also selber bereits eine
Art Kino-Effekt, weshalb das Hollywood-Kino und seine Star-
gesichter das vielleicht beste Exempel solcher Zeichen- und Bild-
regimes sind. Im Gegenzug plädieren Deleuze und Guattari für eine
»Auflösung des Gesichts«. Ein Massenfilm, der tatsächlich »entau-
ratisieren« will, müsste die Auflösung des Gesichts betreiben. Dazu
müsste die Kamera sich aber nicht von den Gesichtern entfernen
und eine Vogelperspektive einnehmen. Sie könnte umgekehrt auch
das einzelne Gesicht ungeheuer vergrößern. Ein Beispiel dafür ist
Sergio Leones Film »Spiel mir das Lied vom Tod«: Die in extremer
Nahaufnahme gefilmten Gesichter lösen sich im Kinobild auf. Sie
werden zu zerklüfteten Kraterlandschaften, in denen die Poren wie
Vulkane Flüssigkeit ausschwitzen. Das vergrößerte Einzelbild wird
zu einer formlosen Masse, die hinter der Gesichtsmaske, der *per-
sona*, sichtbar wird. Leones Nahaufnahmen der Gesichter bilden das
Gegenteil zu Barthes' Vision des »Gesichts der Garbo«. Ein anderes
filmisches Beispiel für die anti-auratische Darstellung von Massen
sind die Zombie-Filme George A. Romeros.

Die Eignung des Films als Massen-Medium lässt sich auch aus
einem anderen Grund als jenem der Entauratisierung verfolgen. Benjamin übersieht eine offenkundige Ähnlichkeit von Film und Masse:
Wie die Massen ist der Film durch *Bewegung* gekennzeichnet. Benjamin verwendet selbst den Begriff der »Massenbewegungen«, ohne
jedoch der Spur zu folgen, die mit diesem Ausdruck gelegt wird:
Der Film ist *Kine*matographie, die Kunst des *bewegten* Bildes, das
aus der Auflösung der Statik des Einzelbildes entsteht. Mittels der

mechanischen Bewegung des Filmstreifens durch den Projektor werden die statischen Bilder, die je einen festen Augenblick zeigen, zu Bildern eines Zeitverlaufs. Die »Bewegungs-Bilder«, wie Deleuze sie nennt[12], stellen Veränderungen eines statischen Zustands dar. In dieser Beweglichkeit kann man eine Gemeinsamkeit von Film und Masse erkennen: Beide lösen die Form eines ursprünglich gegebenen festen Zustands auf. So zeigen die eindrucksvollsten Bewegungs-Bilder von Eisensteins »Panzerkreuzer Potemkin« Massenbewegungen – wie die berühmte Fluchtszene auf der Treppe von Odessa. Die Verflüssigung der Bilder verweist auf eine in der vorrevolutionären Gesellschaft Russlands sich vollziehende Bewegung, die beginnende Auflösung der traditionellen Hierarchien und der zaristischen Herrschaft. In der zweiten Hälfte des 20. Jahrhunderts entstehen mit dem Internet und den avancierten Techniken des Datentransfers neue Formen der Verflüssigung statischer Zustände und der Bewegung von Massen.

Massenmedien II: Das Internet

Das Internet bildet mit einer ungeheuren Zahl von zusammengeschalteten Computern selbst eine Masse. Der Zusammenschluss vieler Computer erzeugt einen Emergenz-Effekt: Er leistet mehr als die Summe aller einzelnen Aktivitäten. Der erste Wortbestandteil von »Internet«, das »Inter«, deutet an, dass es sich um ein Netzwerk, einen neuen Typ der Masse mit einem lockeren Zusammenschluss anstelle der Dichte klassischer Massen handelt. Das Internet soll eine größtmögliche Ausdehnung erzeugen und ein permanentes Verbinden und Lösen ermöglichen. Es handelt sich um den Typ der offenen Masse (Elias Canetti), die wenig strukturiert ist und ein unkontrolliertes Wachstum ermöglicht. Keine Hierarchie wird erzeugt, eher eine permanente Drift, die eine Vermehrung und ständige Neuordnung der Schaltstellen bewirkt. Das Vorbild dieser

MASSENMEDIEN II: DAS INTERNET 223

Masse ist das neuronale Netz des Gehirns mit seinen Verknüpfungen zwischen verschiedenen Arealen. Die Entwicklungen von Internet, Computertechnologie und Hirnforschung bedingen sich gegenseitig. Alle drei sind Bildungen neuer offener Massen, die mit den klassischen Massen nur noch wenig gemein haben. Das Internet ist eine maschinelle Masse. Erst mittelbar führt sie auch zu einem Zusammenschluss der Menschen, die diese Maschinen bedienen. Im Unterschied zur traditionellen Masse fehlt dem Internet die Präsenz von Körpern. Der Zusammenschluss von Maschinen ermöglicht eine Zeichenkommunikation, die des realen Zusammentreffens der Körper nicht mehr bedarf. Die Menschen, die durch das Internet miteinander verknüpft werden, bilden eine *virtuelle* Masse.[13]

»Virtuell« ist nicht gleichbedeutend mit inexistent. In gewisser Weise ist jeder sehr große Zusammenschluss von Menschen virtuell. So können sich nicht sämtliche Bundeswehrsoldaten oder Staatsbürger Deutschlands an einem Ort versammeln; auch ihr Zusammenschluss findet mithilfe von Medien statt. Die Herrschaft über diese virtuelle Massenbildung bewirkt reale Macht. Die Tatsache, dass sämtliche staatlichen Organe in Europa die Software derselben Firma verwenden, die sie über Zwischenhändler teuer kaufen, ohne vorherige Ausschreibung, wie es das EU-Recht eigentlich vorsieht, zeigt, wie abhängig die klassischen Machtapparate von den neuen Medien und der großen Computerindustrie geworden sind. Die Besonderheit der virtuellen Masse des Internets erkennt man aber nicht nur daran, dass sie die traditionellen Machtapparate herausfordern kann, sondern auch daran, dass sie zwei wichtige Erzählungen hervorgebracht hat, mit denen sich die heutige Gesellschaft Aufschluss über sich selbst zu geben versucht. Beide Narrative könnten unterschiedlicher nicht sein: die eine ähnelt einer Heilsgeschichte, die andere einer Verfallsgeschichte.

Die erste Geschichte handelt davon, dass das Internet allen Menschen Zugang zu allen verfügbaren Informationen und

Kommunikationsmöglichkeiten zur Verfügung stellt. Alle können mit allen über alles kommunizieren. Auf diese Weise ermöglicht das Internet die universale Verbreitung des Wissens. Die Menschen schließen sich zu einer neuen *community* ohne Hierarchien zusammen. Der alte Traum einer Masse der untereinander Gleichen erscheint in neuer technischer Gestalt. »Virtualität« wird zum Synonym für eine höhere Stufe des Menschlichen, gelegentlich sogar des Übermenschlichen. Imaginiert wird eine Tauschgesellschaft höherer Ordnung, die weder egoistische Interessen noch Profit kennt: ein Datenaustausch ohne Kosten, eine Güterverteilung ohne Krieg, Werke ohne Eigentum (kein Copyright, keine Gebühren für Musik).

Die konkurrierende Erzählung knüpft an die Differenz zwischen realer und *bloß* virtueller Masse an und bildet daraus eine kulturpessimistische Verfallsgeschichte: Die reale Begegnung wird mehr und mehr ersetzt durch das *virtuelle* Aufeinandertreffen. In dieser Welt, die die wirkliche Welt nur simuliert, sammelt man »Freunde« wie Punkte in einem Computerspiel, schickt sich gegenseitig von jeder echten Emotion entleerte »emoticons«, verabredet sich zu gemeinsamer Realitätsverleugnung, übernimmt Rollen in Fantasy-Szenarien und verwechselt das Geschehen auf dem Bildschirm mit dem wahren Leben. Die virtuelle Welt funktioniert wie eine Droge; das Wort »user« bezeichnet in seiner ursprünglichen Bedeutung den Drogenabhängigen, bevor es zum Synonym für den Computer-Nerd wurde. In dieser Erzählung wird die reale Masse, die ihren Protest aktiv auf den Straßen artikuliert, durch eine Masse Vereinzelter vor den Bildschirmen ersetzt: die *digital natives*.

Ist die Massenbildung gleichsam an die Maschinen delegiert worden? Ist der Zusammenschluss selbst nur simuliert und bewirkt letztlich das genaue Gegenteil einer massenhaften Vergemeinschaftung, nämlich Isolation, Vereinzelung, Passivität? Das wäre eine sehr eingeschränkte Vorstellung von Massen. Wie am Beispiel von Friedrich Engels' Großstadtbeschreibungen deutlich wurde, kann es gerade

MASSENMEDIEN I : DAS INTERNET 225

eine Wirkung von Massen sein, isolierte Individuen zu erzeugen. Die Erfahrungen in Massen, wie Enge und Berührungen, können sogar das Isolationsbedürfnis des Einzelnen verstärken. Im Netz lassen sich typische Massendynamiken beobachten, die nach dem Prinzip der Ansteckung funktionieren: das Kreieren von Moden, die Beachtung der Klickzahlen von YouTube-Videos, das Phänomen des Shit-Storms und das sogenannte »Brigading«, also Massen-Klick-Aktionen, bei denen zum Beispiel das Bild eines politischen Gegners mit diffamierenden Suchworten wie *rapist*, Vergewaltiger, in Verbindung gebracht wird. Noch ein weiteres wichtiges Merkmal der klassischen Massentheorie tritt in der Diskussion über das Internet wieder auf. Das Netz, so wird geklagt, ermögliche Anonymität; daher nehme dort die Hetze einen so großen Raum ein. Ganz ähnlich hieß es über die Masse, sie ermögliche Anonymität, in ihr könne man untertauchen und sich unerkannt bewegen – ein ideales Versteck für alle jene, die Zerstörung und Revolution im Schilde führen, wie auch Mao in seinem »Roten Buch« den Widerstandskämpfern anriet (»Seid wie die Fische im Wasser«). Wie die reale Masse gibt das virtuelle Netzwerk seinen Teilnehmern die Möglichkeit, mitmachen zu können, aber dennoch verborgen zu bleiben.

In den neuen Medien scheinen vor allem die *negativen* Seiten der Masse – Isolation, Ansteckung, Anonymität – wiederzukehren. Haben also die Kulturpessimisten recht, wenn sie im Internet eine Verfallserscheinung sehen? Die negative Lesart der neuen Medien sagt weniger etwas über ihren Gegenstand als über die Urheber dieser Erzählung aus. Sie projiziert die schlechten Eigenschaften, die die klassischen Theoretiker der Masse zuschrieben, auf die neuen Medien und behauptet die Existenz einer neuen Masse mit den alten negativen Zuschreibungen. Die neuen Massenphänomene sind nur ein *update*, eine aktualisierte Version der alten regressiven Masse. Umgekehrt verfährt die *heilsgeschichtliche* Variante. Sie nimmt

in ihren Vorstellungen über die *Internet-Community* das traditionelle
Bild einer erfüllten Gemeinschaft wieder auf und entwickelt einen
emphatischen Begriff der Masse als Zusammenschluss von Gleichen.
Tatsächlich zieht sie eine scharfe Trennlinie zwischen Initiierten und
Nicht-Initiierten und verheißt eine neue Exklusivität, die mehr an
Sekten denn an Massen erinnert.

Eine der ersten Protestorganisationen des Internetzeitalters
nannte sich »Anonymous«. Diese Bewegung machte aus der negativen Bewertung, die Masse sei anonym, mit einer offensiven Strategie ein positives Merkmal. Anonymität wird zum Synonym für das
Fehlen von Hierarchien und Führerfiguren – für eine Eigenaktivi-
tät der Masse der Niemande. Am Beispiel von »Anonymous« zeigt
sich auch die Verwandlung einer zunächst nur virtuellen Masse in
eine reale Masse. Zu Beginn der Bewegung agierten die Aktivisten nur im Internet, schlossen sich durch Imageboards und Inter-
netforen zusammen. Spätestens seit 2008, im Zuge des Erfolgs und
der weiteren Verbreitung, bildeten sie zunehmend reale Massen auf
Demonstrationen und Kundgebungen. Ihr Erkennungszeichen – die
Guy-Fawkes-Maske – stammt ebenfalls aus dem Reich des Virtuellen: Sie ist dem düsteren Comic *V wie Vendetta* entlehnt, dessen Set-
ting (ein maskierter Held bekämpft ein repressives System) sie auf
die Wirklichkeit übertrage. Durch die Maske kann jeder Einzelne
zum kollelktiven Mann der Menge werden.

Der Gegensatz von realer und virtueller Masse, der die kulturpessimistische Lesart bestimmt, verkennt diese Zusammenhänge
völlig. Eine differenzierte Analyse der Massenbildung im Zeitalter
der Neuen Medien zeigt, dass virtuelle und reale Masse keinen ausschließenden Gegensatz bilden. Beide ergänzen sich vielmehr; es
kommt darauf an, ihr komplexes Zusammenspiel zu erkennen.

Die Öffentlichkeit im Plural

Um das Zusammenspiel von realer und virtueller Masse zu verstehen, müssen wir zunächst den durch das Internet bewirkten Strukturwandel der Öffentlichkeit betrachten. Die *eine* Öffentlichkeit, die für alle verbindlich war, ist fragmentiert worden: Es gibt jetzt *viele* Öffentlichkeiten. Das Internet bietet so viele Informationsmöglichkeiten und Plattformen, dass es Raum für eine ungeheure Vielfalt von Nachrichten und Meinungen gibt. Jede These, sei sie noch so abstrus, hat ihre Plattform, jeder Verschwörungstheoretiker findet Gleichgesinnte, wenn er nur lang genug sucht. Gerade die tieferen, weniger zugänglichen, aber umso einflussreicheren Schichten des Netzes, die Metaplattformen und Imageboards, die von Usern selbst verwalteten Diskussionsforen wie »reddit« oder »4chan«, bieten Möglichkeiten für geheime, strikt anonyme Zusammenschlüsse, deren Ergebnisse dann wieder in die Klarnamennetzwerke Twitter, Facebook und Instagram hochwandern.

Die Verbreiterung der Informationsmöglichkeiten und des öffentlichen Wissens durch das Internet führt paradoxerweise zu einer Verengung der Meinungsbildung. Der offene Zugang zu Informationen aller Art bewirkt eine Abschottung des Interesses gegenüber den Nachrichten, die man *nicht* zur Kenntnis nehmen *will*. Die radikale Linke hat »indymedia«, die radikale Rechte »altermedia«. Da im Netz jeder die Ansichten wiederfinden kann, die er ohnehin schon hat, wird er sich auch nur das heraussuchen, was ihn in seiner Weltsicht bestätigt. So verengt sich seine »Öffentlichkeit« auf die Reproduktion des schon Gewussten, so besteht das Öffentliche nur noch in der Spiegelung der privaten Ansichten. Suchmaschinen und ihre Vorselektion erzeugen sogenannte Informationsblasen und Echokammern. Die Offenheit des Internets schlägt um in die Bildung von Sekten. Auf Faktizität kommt es diesen nicht an, sondern auf die Übereinstimmung mit Gesinnungsgenossen. Für diese

Entwicklung wurde im englischen Sprachraum das Schlagwort *post-real* geprägt, im Deutschen mit »postfaktisch« übersetzt.

So lange es die *eine* Öffentlichkeit gab, war sie *der* Aushandlungsort von Wahrheit. Die seriösen Nachrichtenmedien hatten eine Art Monopol für die Vermittlung von Wirklichkeit. Welche Wirklichkeit und Wahrheit dabei entstanden sind, mochte umstritten sein – der Streit fand jedoch auf *einer* Bühne statt, und für alle sichtbar wurde irgendwann über Faktizität und Nicht-Faktizität entschieden. Wenn es aber viele Öffentlichkeiten gibt, die nicht mehr in Kontakt miteinander treten und keinen Streit um die Wahrheit ausfechten, weil sie sich gegenüber anderen Öffentlichkeiten abgeschottet haben, hören diese Aushandlungsprozesse auf. Nicht mehr die Deutung von Fakten ist umkämpft, sondern der Status von Faktizität selbst. An die Stelle der *einen* Öffentlichkeit tritt eine Vielzahl von Agenten, die gezielt Gegen-Öffentlichkeiten und wiederum Gegen-Gegen-Öffentlichkeiten erzeugen. Die Verbreitung von Desinformationen ist – wie das Beispiel Russlands zeigt – längst auch gängige Praxis staatlicher Akteure geworden.

Aus diesem Grund bestreiten viele politische Beobachter, dass es sich bei dieser Entwicklung um einen Strukturwandel der Öffentlichkeit handelt: Ihre Pluralisierung sei gleichbedeutend mit ihrer Zerstörung. Dies führe letztlich zum Zerfall der Gesellschaft in viele medial vermittelte und sich gegeneinander abschließende Mikro-Massen, die allenfalls durch angehängte *peer groups* ein schwaches Netz von Ähnlichkeiten schaffen würden. Eine Reduktion der Information, die die Kritiker anklagen, findet jedoch auch in den klassischen Massenmedien wie dem Fernsehen statt, allerdings auf ganz andere Weise. Die Zuschauer der ARD-»Tagesschau« um 20 Uhr haben im Prinzip den gleichen Informationsstand und können miteinander über das Gleiche reden. Die Reduzierung des Weltgeschehens auf kompakte 15 Minuten kann jedoch nur eine winzige Auswahl aus den Tagesereignissen bieten; so bleibt vieles,

DIE ÖFFENTLICHKEIT IM PLURAL 229

was geschehen ist, in der »Tagesschau« und der »Heute-Sendung« unerwähnt. Daher unterhalten die öffentlich-rechtlichen Sender zusätzliche Nachrichtenmagazine, Dritte Programme, den Nachrichtensender Phönix und ergänzende Informationen im Internet. Hier bietet sich die Möglichkeit einer vertieften Darstellung und eines deutlich breiteren Spektrums an Nachrichten und Kommentaren. Das Internet nutzen auch Tages- und Wochenzeitungen, Radiosender sowie alle möglichen politischen und weltanschaulichen Gruppen, um Nachrichten zu verbreiten, die ihrer Position entsprechen. Hier können Themen entfaltet werden, für die in den reinen Nachrichtenformaten kein Platz ist. Das Internet kann die Informationen der klassischen Massenmedien erweitern, kritisch begleiten oder deren Beschränktheit erkennbar machen Es kann nicht nur eine Öffentlichkeit, sondern auch eine Gegen-Öffentlichkeit erzeugen.

Im Übrigen ist es fraglich, ob es die *eine* Öffentlichkeit jemals gegeben hat. Wenn dies der Fall war, dann als eine Öffentlichkeit mit einer stark reduzierten Beteiligung. Immer haben nur einige wenige *für* alle gesprochen. Die Klage über den »Verfall der Öffentlichkeit« scheint oft eher eine Klage über einen Verlust von Einfluss auf die Meinung der vielen insbesondere von jenen zu sein, die früher allein bestimmten, wer über was öffentlich sprach. Wenn es stimmt, dass das Internet eine Fragmentierung bewirkt, hat diese Entwicklung auch eine Diversifizierung der Information begünstigt. Sich die im Nachhinein idealisierte »eine« Öffentlichkeit zurückzuträumen, der angeblich alle ihre ungeteilte Aufmerksamkeit geschenkt hätten, ist nicht weniger naiv, als die vom Internet gebotene Meinungsvielfalt für alle zu verklären.

Gleiches gilt für den Versuch, die Informationsverbreitung im Internet so zu reglementieren, dass der *einen* von allen geteilten Öffentlichkeit wieder Geltung verschafft werden kann. Von ihren Gegnern wird sie als ein Medium unter vielen wahrgenommen. Wie alle Verschwörungstheoretiker drehen die Vertreter der neuen rechten Bewegungen den Vorwurf der Desinformation einfach um und bezichtigen ihrerseits die traditionellen Medien der Lüge. Während der französischen Präsidentschaftswahlen 2017 haben gleich mehrere Kandidaten die Presse mit scharfen Anklagen der Lüge und des Verrats an den Bürgern überzogen. So beschimpfte der Linkspopulist Jean-Luc Mélanchon die Journalisten als »Hyänen« und »schmutzige Trottel«, nachdem der Karikaturist Johann Sfar ihn als Putin-Freund karikiert hatte. Daraufhin wurden Sfars Facebook- und Twitter-Auftritte von »einer Troll-Armee« aufgebrachter Mélanchon-Cyber-Anhänger überfallen. Sfar sagte in *Le Monde:* »Die Selbstzensur wird weitergehen, weil niemand Lust hat, so etwas zu erleben.« Mélanchon bemerkte seinerseits: »Wir brauchen eine Bürgerrevolution, auch in den Medien. Wir müssen die Medien befreien, damit wir wieder verstehen, in welcher Weise wir leben.«[14] Dienten die Medien früher – zumindest idealerweise – der Befreiung von der Meinung der Machthaber, indem sie als »vierte Macht« Kontrollfunktionen ausübten, wird heute der Ruf laut, dass man sich *von den Medien* befreien müsse. Für Mélanchon bedeutet dies, die Medien zu verwandeln: von einem Herrschaftsinstrument in ein Mittel direkter Kommunikation und Partizipation. Dies entspricht genau der Ideologie der *neuen* Medien. Sie ist sowohl mit dem Niedergang der *einen* Öffentlichkeit als auch mit dem Bedeutungsverlust des klassischen Journalismus eng verbunden. Wir erfahren mittlerweile sogar den Stand von Koalitionsverhandlungen und Regierungsentscheidungen nicht aus den Nachrichten von geschulten Reportern, sondern auf Twitter direkt von den Beteiligten selbst.

Die klassischen Vermittlerinstanzen hatten die Aufgabe, sowohl die Meinungen der Massen als auch die Entscheidungen der politisch Verantwortlichen zu bündeln, darzustellen und zu interpretieren. Diese Scharnierposition war unerlässlich für das Funktionieren von Macht; sie stellte daher selber eine Machtposition

DIE ÖFFENTLICHKEIT IM PLURAL   231

dar. Die großen Medienpatriarchen der Nachkriegszeit – Sprin-
ger, Augstein, Kirch, um nur einige zu nennen – waren machtvolle
Agenten im politischen Feld (was nicht heißt, dass sie unumstritten
waren; das Gegenteil war der Fall). Wie im Kampf zwischen Strauß
und Augstein erwiesen sich beide langfristig als gleichwertige politische Kombattanten. Das Ausschalten der Vermittlerinstanzen hat
für die politisch Verantwortlichen den Vorteil, nicht mehr auf wohl-
wollende Interpretationen der Mittler angewiesen zu sein. Sie können sich durch die neuen Medien direkt an die Massen wenden, den
Informationskanal kontrollieren und sicherstellen, dass ihre *eigene*
Interpretation der Ereignisse die Empfänger erreicht. Auf diese
Weise stellen sie eine Nähe von politischer Macht und Wähler, eine
fiktive Vertrautheit her. Diese Entwicklung würde jedoch, wenn sie
sich durchsetzte, die geschulten Journalisten als Erklärer, Kommentatoren, Kritiker von Politik entwerten und das Publikum in eine viel
stärkere Abhängigkeit von den Politikern als vorher bringen.

Darin liegt auch der Grund, warum die Verwandlung der alten
in die neuen Medien, die Mélanchon als »Befreiung« anstrebt,
ein allgemeines Unbehagen hervorruft. Die scheinbare Direktheit der neuen Massenkommunikation suggeriert, dass es keinen
Raum mehr gibt, der nicht an das weltweite Kommunikationsnetz-
werk angeschlossen wäre. Dadurch wird mein Zugriff auf die Welt
total, aber eben auch der Zugriff der Welt auf mich. Gegenüber der
modernen Gesichtserkennungssoftware, die bald kein Abtauchen
im öffentlichen Raum mehr zulassen wird, aber auch gegenüber
den hochgeladenen Bildern aus privaten Wohnquartieren, den von
Handykameras aufgenommenen und im Internet gezeigten Videos
wird es möglicherweise keine Schutzräume mehr geben.

Heute steht dem klassischen Journalismus eine auf die neuen
Medien setzende verschwörungstheoretische Bewegung gegenüber,
die diesen der permanenten Lüge bezichtigt. Der gut gemeinte
Vorschlag, die verloren geglaubte Öffentlichkeit mithilfe von

Zensur – durch Kriminalisierung von »Hate-Speech« – wiederherzustellen, läuft Gefahr, die Fragmentierung des Öffentlichen noch
zu beschleunigen. Verbotsverfahren gegen extreme Parteien und
Bewegungen führen nur dazu, dass diese sich im Untergrund neu
organisieren. Anstatt Öffentlichkeit zu erzeugen, werden möglicherweise unkontrollierbare Organisationen geschaffen. Soll man aber,
so wird gegen dieses Argument eingewendet, solchen Leuten auch
noch eine Bühne bieten?

Das Bühnengeschehen hat sich jedoch schon über eine Vielzahl von Schauplätzen verbreitet. Hier können alle als Schauspieler
in eigener Sache auftreten. Wenn jemand seinen »followers« die
Begebenheiten seines Alltagslebens mitteilt, verschafft er seinem
privaten Leben eine Öffentlichkeit. Er nutzt die Gelegenheit zur
Erweiterung seiner Privatsphäre, auch wenn sie noch so banal ist, in
einen grenzenlosen Raum. Derselbe Sachverhalt lässt sich allerdings
auch positiv darstellen. Während die frühere Form der Öffentlichkeit stark selektiv war und der Zugang zu ihr die Beherrschung
bestimmter Regeln und Codes voraussetzte, kann sich in der neuen
diversifizierten Öffentlichkeit jeder Beteiligte eine Bühne errichten.
Verlangte das Verhalten in der Öffentlichkeit vom Einzelnen früher
ein formelles Verhalten und die Kenntnis der verpflichtenden Codes,
bestärkt ihn die neue Öffentlichkeit in seiner Individualität: Er hat
die Freiheit, sich selbst und anderen ein Selbstbild zu präsentieren,
das seinen Vorstellungen entspricht. Er oder sie kann auf einem Blog
im Internet viele andere von ihrer Lebensweise und den Produkten
überzeugen, die diese möglich machen.

In der Vergangenheit waren Massen immer ein genuin öffentliches Phänomen. Die Pluralisierung des Öffentlichen führt zur
Entstehung von neuen Massen, die sich um subjektive Entwürfe
eines Selbst herum bilden. Mit einer paradox erscheinenden Formel kann man sie als »*Massen der Privatheit*« bezeichnen. Die neuen
Medien generieren zudem ein Netzwerk, das sich durch seine

Verknüpfungsfähigkeiten und nicht durch seine Dichte definiert – als eine offene Masse. Diese im Vergleich zu den älteren Öffentlichkeitskonzepten lockere Verbindung führt zur Bildung außerordentlich homogener Gruppen, die sich in ihren Informationsblasen selber bestätigen und nicht mehr in einen öffentlichen Diskurs eingebunden sind.

Social Media. Die Masse und das Publikum

Die virtuelle Masse des Internets bildet sich in den Netzwerken der Social Media, auf Facebook und Twitter, in den Kommentarspalten, Blogs und Chat-Rooms. Hier finden Verschwörer und Pöbler ebenso zusammen wie die Bewunderer und »followers«, um sich gegenseitig zu bestärken oder zu beschimpfen. Eine Massenbildung im virtuellen Raum ist anfälliger für Manipulationen als eine reale Masse, die sich auf Straßen und Plätzen versammelt; deren Umfang kann ungefähr abgeschätzt werden – eine virtuelle Masse lässt sich hingegen mit technischen Mitteln verstärken und erweitern. Hier ist die Gefahr, dass die Massenbildung von Maschinen übernommen wird, teilweise schon Realität. Sogenannte *social bots*, abgeleitet vom englischen *robot*, erzeugen auf Twitter und anderen sozialen Netzwerken maschinell zigtausend Kommentare, mit denen sie Zustimmung oder Ablehnung vervielfältigen und Meinungen produzieren. Diese Meinungsroboter wirken wie menschliche Kommentatoren; tatsächlich aber fluten sie mit künstlichen Identitäten die Seiten von Politikern, um Stimmung zu machen. Die virtuelle Masse ist hier eine rein fiktive.

Wie verbreitet dieses Vorgehen ist, zeigte der US-Wahlkampf 2016. Nach einer Studie der Oxford-University wurde jeder dritte Tweet zugunsten von Trump von einem Software-Roboter abgesetzt. Bei seiner Rivalin Hillary Clinton war es jeder fünfte. Obwohl der

Einsatz von *social bots* ohne Zweifel manipulativ ist und eine Masse nur vortäuscht, setzt eine solche Strategie auf das typische Massenphänomen der Ansteckung, also darauf, dass sich aus der fiktiven eine reale Masse entwickelt, indem sich menschliche Nutzer von den Botschaften der *social bots*, deren wahre Identität sie nicht kennen, anstecken lassen.

Auf eine ähnliche Weise versammelt das *crowd funding* zunächst eine virtuelle Masse, aus der eine reale Masse hervorgeht. So wird beispielsweise eine Filmidee im Internet vorgestellt, die von einem potenziellen Publikum finanziert werden soll. Finden sich genügend Unterstützer, die die avisierten Produktionskosten finanzieren, kann der Film tatsächlich gedreht werden. Die *crowd* kann so zum »Produzenten« des Films werden. Das virtuelle Publikum macht sich, wenn die Filmproduktion zustande kommt, selbst zu einem realen Publikum, das den zukünftigen Film zu sehen wünscht – mit dem Nebeneffekt, dass die Filmemacher aufgrund des Erfolgs ihrer Finanzierungskampagne einen Hinweis erhalten, ob der Film von den Zuschauern angenommen wird. Eine virtuelle Masse kündigt ein mögliches reales Publikum an.

Ein anderer Fall, in dem eine virtuelle Masse eine reale Masse entstehen lässt, ist das Phänomen des *flashmob*: Die Masse erscheint blitzartig, wie aus dem Nichts. So plötzlich, wie sie sich im öffentlichen Raum gebildet zu haben scheint, um eine bestimmte, kollektive Aktion auszuführen, so schnell verschwindet sie auch wieder. Aber nur für die unbeteiligten Passanten geschieht die Massenbildung und -auflösung blitzartig und bleibt daher rätselhaft. Tatsächlich beginnt sie viel früher, mit der Information und Planung der Aktion, die im Internet eine virtuelle Masse »versammelt«. Ihre Existenz ist eine notwendige Bedingung für die Bildung der realen Masse des Flashmob. Auf ähnliche Weise verabredeten sich zum Beispiel im »Arabischen Frühling« die protestierenden Massen über Facebook und Twitter zu ihren Protestaktionen auf dem Tahrir-Platz in Kairo.

Um dieses Zusammenspiel von virtueller und realer Masse besser zu verstehen, ist ein Blick zurück auf Gabriel Tarde hilfreich. Tarde baut bereits am Ende des 19. Jahrhunderts seine Massentheorie auf der Differenz von realer und virtueller Masse auf. Bei ihm erscheint diese Differenz unter den Begriffen »Masse« und »Publikum«. So schreibt er am Beginn seines Buches mit einem Seitenhieb auf den Konkurrenten Gustave Le Bon: »Ich kann also der These eines schwungvollen Schriftstellers, Dr. Le Bon, unsere Epoche sei das Zeitalter der Massen, nicht zustimmen. Sie ist (vielmehr) das Zeitalter des Publikums oder der Publika.«[15]

Bei Tarde gibt es die Öffentlichkeit schon im Plural, als »Publika«. Diese Pluralisierung unterscheidet das Publikum von der klassischen Masse, die er als gleichmachend beschreibt. Dennoch ist das Publikum nicht etwas grundsätzlich anderes als eine Masse, obwohl die Gegenüberstellung beider Begriffe zunächst diesen Anschein vermittelt. Das Publikum ist vielmehr eine neue Art der Masse; es ist die Form, die die Masse in der Moderne annimmt. Während Tarde die klassische Masse durch die körperliche Präsenz ihrer Mitglieder an demselben Ort kennzeichnet, bestimmt er das Publikum als virtuell und real zugleich. Die Übereinstimmung seiner Mitglieder entsteht dadurch, dass viele von ihnen, obwohl sie sich niemals persönlich begegnen, den gleichen Moden folgen, die gleichen Zeitungen und Zeitschriften lesen und sich so die gleichen Meinungen bilden. Das Publikum entsteht durch eine »Ansteckung ohne Berührung«,[16] durch die »Ströme von Meinungen«.[17] Diese neue Masse, das Publikum bezeichnet Tarde als »virtuelle Masse«.[18] Virtuell ist sie, weil sich die Beteiligten über Medien miteinander verknüpfen, gleiche Absichten, Meinungen und Intentionen ausbilden, beispielsweise als Leserschaft einer Zeitung mit einer bestimmten politischen Ausrichtung. Real ist sie als Ansammlung von Zuschauern im Theater oder Zuhörern eines Redners.

Diese neue Art von Masse verdrängt die alte in einigen Bereichen, in anderen koexistiert sie mit ihr. Was Tarde besonders interessiert, ist das Zusammenspiel, das in dieser Koexistenz entsteht. Eine Rückverwandlung des Publikums in die klassische Masse ist nicht nur jederzeit möglich; dies ist sogar die übliche Richtung der virtuellen Masse. Aus dem über viele Orte verteilten Publikum entstehen gleichzeitig räumlich präsente körperliche Massen.[19] Die virtuelle Masse des Publikums kann die physische Massenbildung *verstärken*, anstatt sie zu ersetzen. Da ihre »Ansteckung« keiner »Berührung« bedarf, kann sie an weit entfernten Orten physische Massen erzeugen. So vergrößert sie das Wirkungsfeld klassischer Massen. Mit der Entstehung des Internets werden virtuelle Massen zu einem wesentlichen Moment der Politik. Die virtuelle Masse vernetzt, bestätigt und verstärkt sich über ihre Medien, was wiederum ein anderes Publikum, das von liberal bis extrem links reicht, mobilisiert; es erscheint dann seinerseits als Masse von Gegendemonstranten auf den Straßen und Plätzen.

Auf diese Weise vollzogen sich die Proteste des Arabischen Frühlings, blitzen Flashmobs auf, bilden sich Revolten aller Art. Wie schnell der Funke überspringen kann und aus virtuellen Massen reale entstehen, zeigt die rasante Ausbreitung von Massenprotesten, die scheinbar mit einem Schlag ein ganzes Land erfassen, wie in der Ukraine 2004 und 2013/14, in Brasilien 2013 oder in Südkorea 2016/17. Aus dem Zusammenspiel realer und virtueller Massen entstehen Proteste, die von den staatlichen Autoritäten nicht vorhergesehen werden können. Es kann sich dabei um Befreiungsbewegungen handeln oder um Hetzmeuten oder um beides zugleich. Entsprechend der Heterogenität des Publikums können solche Massenproteste ganz unterschiedliche Interessen und Beweggründe temporär vereinen. Die Pegida-Demonstrationen gingen aus einer virtuellen Masse hervor, aus Kommentarspalten, aus Onlineartikeln, Facebook-Hetztiraden, Twittermeldungen, Internetseiten mit Fake News (über »Vergewaltigungen« deutscher Frauen durch Flüchtlinge).[20]

Diese Beispiele virtueller Massen zeigen, dass sich jeder einzelne Demonstrant in der Protestmasse bestärkt fühlen kann; es ist *seine* Stimme, *seine* Aktion, *seine* Meinung die hier eine Resonanz findet. In den neuen Medien ist er aktiver Teilnehmer einer virtuellen Masse, die ihn in seinen Ansichten und Einstellungen bestätigt und ihm den unbegrenzten Raum des Internets öffnet, um sie zu verbreiten. Es ist diese Suche des Einzelnen nach Bestätigung, die die sozialen Netzwerke in den Augen von Kulturpessimisten als große Echokammer erscheinen lassen, in der es zu keiner wirklichen Kommunikation kommt, sondern zu einer wechselseitigen narzisstischen Bespiegelung. Die individuellen Aktivitäten lassen sich aber auch als Ausdruck des Selbstbewusstseins eines Handelnden ansehen, der sich in der Vielfalt der Wahlmöglichkeiten seine *eigene* Art der Manifestation und die je spezifische Masse aussucht, die zu ihm passt. Er mag sich vielleicht nie einer realen Masse auf der Straße anschließen – durch die Beteiligung an einer virtuellen Masse kann er sich als Teil einer großen Sammlungsbewegung wahrnehmen und sich anderen Menschen mit gleichen Interessen nahe fühlen.

Die neue Massenkommunikation des Internets ermöglicht eine nie geahnte Ausdehnung des Wirkungsraums des Einzelnen. Er kann nun eine Vielzahl von Menschen *direkt* erreichen. Anstatt in der Masse unterzugehen, kann er sich ein *Publikum* für seine individuellen Aufführungen schaffen. Die YouTube-»Stars«, die diese direkten Wege nutzen, erreichen gelegentlich den Rang etablierter Film- und Popstars. Vollkommen unbekannte junge Frauen sprechen mit einer Art diskreter Nachhilfe in Schönheitspflege, Körperkult, Kleidungstipps, mit diskreter Produktplatzierung ein gewaltiges weibliches Publikum an. Sie nennen sich »Influencer«, denn das ist der Zweck ihrer Internetpräsenz, die Masse ihrer »Followers« auf sehr bestimmte Produkte hinzuweisen, ohne dass ihr Video als Dauerwerbesendung erkennbar wird. Die Virtuosinnen der Generierung virtueller Massen erkennt man daran, dass sie die medial erzeugte Direktheit bewusst einsetzen. Das gilt ebenso für die Sportstars, die quasi eigene Sendungen (wie »Bayern TV« des gleichnamigen Fußballclubs) für ihre Fans produzieren lassen. Wenn Roger Federer ein Selfie von sich mit dem Siegerpokal aus der Umkleidekabine verschickt, haben wir das Gefühl, neben ihm zu sitzen. Die erfolgreichen Darsteller entwerfen mit ihrer Internetpräsenz ein Image von sich, das zum einen genau ihren Vorstellungen entspricht und das sie zum anderen bis in die Details kontrollieren können. Die Ausdehnung der Masse, die einem exemplarischen Einzelnen folgt, zeigt dessen Fähigkeit, auf andere Menschen einzuwirken.

Nicht weniger als die massenhaften Aktionen auf der Straße entscheidet die Größe der virtuellen Masse über den Erfolg von Massenbewegungen. Um erfolgreich zu sein, brauchen Massenbewegungen insbesondere zwei Dinge, die eng zusammenhängen. Sie brauchen ein wohlwollendes Publikum, aus dem sie ständig medialen Zuspruch, neue Unterstützer und »Aktivisten« generieren und das ihre Botschaften multipliziert. Wenn sich das Publikum abwendet, wie beim Kreuzberger 1. Mai, flauen die Massenkrawalle ab. Zum anderen bedarf jede Massenbewegung realer Organisationen, die ihre Anliegen stützen und bündeln, diesen eine Präsenz im öffentlichen Diskurs geben und ihnen Dauer verleihen. Solche Organisationen sind nötig, um das Zusammenspiel von virtueller und realer Massenbildung im Sinne wechselseitiger Verstärkung zu steuern. Dazu gehören Symbole, Abzeichen, Gesten, Logos, Masken (wie die Guy-Fawkes-Maske), ein zündender Name mit großem Assoziationshof (wie »Abendland« bei Pegida), Kleidung (wie beim Schwarzen Block), Musik (wie rechtsradikaler Rock).

Aus einer virtuellen Masse kann eine Organisation entstehen – in einem Prozess, der aus einer offenen eine geschlossene Masse macht. Diese Transformation ist nötig, wenn eine Massenbewegung sich dauerhaft erhalten will, geht aber fast immer mit starken

SOCIAL MEDIA. DIE MASSE UND DAS PUBLIKUM 239

Konflikten einher. Paradigmatisch für eine solche Entwicklung ist
die Geschichte der »Grünen« in der alten Bundesrepublik. Die Bildung einer Organisationsform – als Partei mit Programm, Satzung,
Kandidatenwahlen etc. – darf sich nicht auf Kosten ihrer Beweglichkeit vollziehen. Würden die organisatorischen Verschnürungen zu
fest angezogen, riskiert sie einen Teil ihres Publikums und ihrer Aktivisten zu verlieren. Im Falle der Grünen führte dies, wie fast immer
bei der Bildung einer Partei aus einer Bewegung, zu Abspaltungen
der radikaleren Mitglieder. Öffnet sie sich dagegen zu weit, verliert
die virtuelle Masse ihr Gravitationszentrum und damit ihre Stamm-
wähler. In diesem Prozess kommt den sozialen Netzwerken große
Bedeutung zu. Sie können dazu beitragen, dass es zu einer dauerhaften Stabilisierung und Etablierung der Bewegung kommt, ohne
auf der anderen Seite ihren Bewegungscharakter zu zerstören. Durch
fortgesetzte Kommunikation mit der virtuellen Masse der Anhänger-
schaft können sie verhindern, dass ihre Atmosphäre zerstört oder
harte »Massenkerne« (E. Canetti) abgestoßen werden.

Für neue Massenbewegungen oder Neugründungen von Organisationen ist die Besetzung der Schnittstelle zwischen Massen-
kernen und virtueller Masse besonders wichtig, also jene Position, die der Bildung fester Strukturen *und* der Kommunikation
mit den Anhängern dient. Dies lassen die Organisationsformen
neuerer Protestbewegungen erkennen. »Campact« und sein ame-
rikanisches Pendant »MoveOn« sind Beispiele hochprofessioneller
Protestorganisationen, die die Logistik bereitstellen, damit sich reale
Massen bilden können, die aber zugleich auch als Plattformen für
die Meinungsbildung dienen. Wie schmal der Grat zwischen Ver-
festigung und Im-Fluss-Halten ist, zeigt die heftige Kritik, der solche Organisationen in den Szenen ausgesetzt sind. Wenn Aktivisten die Vertreter von »Campact« spöttisch als »Bewegungsmanager«
titulieren, weisen sie auf die Gefahr hin, dass die Eigendynamik
der Masse durch die Organisation des Protestes verloren geht.

Sie unterschätzen jedoch die Wichtigkeit der Verankerung einer Bewegung in einem breiten Publikum; das bedeutet: in einer virtuellen Masse, der man ständig die eigenen Ziele vermitteln muss. Auch die neuen rechten Parteien in Deutschland rekrutieren sich aus einer virtuellen Masse. Lange Zeit war das Fehlen eines solchen Publikums, das die Bewegung trägt und verstärkt, ein Problem der Rechten gewesen. Durch Zeitschriften wie *Compact*, die mittlerweile an Bahnhofskiosken und in Supermärkten verkauft werden, durch die Maulwurfsarbeit der »alt-right«, dem Netzwerk rechter User, und durch den Aufbau einer dauerhaft erfolgreichen Parteiorganisation, der Alternative für Deutschland (AfD), ist es zur Bildung einer virtuellen Masse gekommen. Ohne diese Organisationsformen wäre die Meinungsbildung im extremen rechten Spektrum, die in Meinungsumfragen regelmäßig hohe Anteile erhält, in der deutschen Politik relativ folgenlos geblieben.

Virtuelle und reale Masse stehen in einem Verhältnis wechselseitiger Verstärkung. Aus der virtuellen Masse sehen wir heute an einigen Orten machtvolle Demonstrationen, »Rock-Festivals«, »Trauermärsche« und gelegentliche pogromartige Hetzmeuten wiederkehren, auf der anderen Seite aber auch klassisch emanzipatorische Protestbewegungen erscheinen. Zu welcher Massenbildung man sich hingezogen fühlt, entscheidet nicht *ein* Klick am Computer, wohl aber die Beständigkeit, mit der bestimmte Seiten angeklickt werden. Die alte kämpferische Aufforderung »Which side are you on?« müsste heute mit »online« enden. Auf welcher Seite ich stehe, sieht man daran, welche Internetseiten ich besuche.

VIII

Kritik der Massenkultur

Individualismus als Massenphänomen

Ist der Massengeschmack nur eine Frage des Geschmacks? Lange Zeit war er mehr als das: Er war eines der wichtigsten Kriterien, das die oberen von den unteren sozialen Klassen unterschied. Der Massengeschmack zeigt, vom Standpunkt der dominierenden Klasse beurteilt, die Zugehörigkeit zu den populären Klassen an: Deren ästhetisches Urteilsvermögen sei nicht genügend erfahren und gebildet, um künstlerische Werke kompetent einschätzen zu können. Weil ihnen der Wille zur Distanz und Distinktion abgehe, seien sie nicht fähig zur Kritik, sondern verhielten sich affirmativ gegenüber den ästhetischen Produktionen für die Masse. In der Massenkultur wollten sich die Individuen nicht durch Kennerschaft und Besitz von Kunst unterscheiden, sondern den gleichen Geschmack haben wie die anderen. Daher erzeugten sie nichts Neues; sie vervielfältigten nur das Vorhandene.

All dies sind Werturteile, durch die sich die oberen Klassen von der Masse abgrenzen. Mit der Kritik der Massenkultur demonstrieren die Kritiker ihre höhere soziale Stellung. Dieser Distinktionswille kann als Behauptung eines »höheren Lebens« wie bei Ortega y Gasset oder als eine Teilhabe an der ästhetischen Avantgarde auftreten wie bei der Frankfurter Schule – in beiden Fällen definiert sich die Qualität der Person, insbesondere ihre kulturelle Kennerschaft, unter anderem durch die Abgrenzung gegenüber dem Massengeschmack. Doch die Zeiten, in denen die Massenkultur vor allem als Negativfolie für die gebildete Persönlichkeit diente, gehören der

Vergangenheit an. Die Unterscheidung einer »eigentlichen« Kultur, der Hochkultur, von einer bloßen Massenkultur wirkt heute anachronistisch. Die Avantgarden selbst haben sich dem Massengeschmack zugewendet.

Dieser Wandel stellt aber keinen »Sieg« der Massenkultur dar; er beruht vielmehr auf Transformationsprozessen innerhalb der Hochkultur selbst. In der Philosophiegeschichte waren es der amerikanische Pragmatismus und die *Ordinary Language-Philosophie*, die die Aufmerksamkeit auf alltäglichen Praktiken richteten. In der Kunst lenkten die Werke der Dadaisten und Surrealisten, die *Ready-Mades* (Marcel Duchamps), die *Objets trouvés* und *Frottages* (Max Ernst), die Photographie der 20er-Jahre den Blick auf Alltagsobjekte. In den 50er-Jahren wählte die amerikanische *Pop-Art* Alltagssymbole, Gebrauchs- und Konsumobjekte als Gegenstände ihrer Kunst. Sie entdeckte die Alltagskultur als jenen Raum, der von den Massen durch ihren Gebrauch profaniert worden war.[1] Der bahnbrechende künstlerische Gestus der Pop-Artisten bestand darin, alltägliche Objekte in den »heiligen« Raum des Museums zu integrieren, ohne diesen zu zerstören. So war der Kern von Andy Warhols künstlerischer Programmatik die Aufnahme von Objekten des Massengeschmacks in das Feld der ästhetischen Produktion. Sein Kunstatelier nannte er »factory«; an seiner eigenen Physiognomie unterdrückte er jede Individualität. Auf den ersten Blick schien dies eine Affirmation der Massenkultur zu sein, tatsächlich lavierte er geschickt zwischen Massen- und Hochkultur. Er baute Massenwaren, wie die Campbell-Suppendosen oder die Brillo-Waschpulverpakete, nach und arrangierte sie künstlerisch im Museum. Damit verlieh er dem Gewöhnlichen und Seriellen den Status des Singulären. Auf der anderen Seite reproduzierte und vervielfältigte er einmalige Kunstwerke und Bilder von kultisch verehrten Persönlichkeiten. So stellte er einen Siebdruck her, der fünfzig Mal die Mona Lisa zeigte, und nannte das Bild »50 Mona Lisas are better than

INDIVIDUALISMUS ALS MASSENPHÄNOMEN 243

one«. Nicht weniger berühmt wurden seine Siebdrucke von Marilyn Monroe. Er gab Interviews in Supermärkten und verkündete: »Das Schönste an New York ist McDonald's, das Schönste an Paris ist McDonald's. Moskau hat nichts Schönes.«[2] Inzwischen ist auch Moskau schön.

Warhols Integration des Massengeschmacks in die avantgardistische Kunstkonzeption machte jedoch nicht beide Bereiche gleichwertig. Stattdessen wurde sie selber zu einem Distinktionsmerkmal der avancierten Ästhetik seiner Zeit. Mit der Behauptung »All is pretty« setzte sich Warhol von der etablierten Schönen Kunst ab. Die Hinwendung zur Massenkultur war *sein* Merkmal ästhetischer Originalität. Was damals die Kunstszene provozierte, die Erhebung von Massenwaren in den Stand künstlerischer Objekte, ist heute längst zu einem Kapitel der Kunstgeschichte geworden, das neuere Künstler dazu animiert, die warholsche Geste zu wiederholen und sie damit endgültig zu entleeren, wie Jeff Koons Devise »Kitsch ist Kunst«.

Die Kritik der Massenkultur basierte traditionell auf der Differenz zwischen einem wahren, authentischen Geschmack und dem Massengeschmack. Doch genau diese Differenz funktioniert nicht mehr. Heute ist der Massengeschmack ein Forschungsfeld für professionelle Beobachter geworden. Produktforscher suchen im Firmenauftrag mittels Testvorführungen, Werbepsychologie und statistischen Erhebungen nach individuellen Merkmalen des Massengeschmacks, die für die Entwicklung und Platzierung ihrer Produkte verwendet werden können. Mittlerweile wird gerade der individuelle Geschmack mithilfe von Datenmassen erfasst. Jede Konsumwahl wird vom Subjekt als individuelle aufgefasst: Jedes *Ich* hat seinen persönlichen Geschmack. Meine selbstständige Wahl, von meinen Geschmackspräferenzen zielsicher und ohne äußere Manipulation aus einem riesigen Angebot gesteuert, ist genau auf mich zugeschnitten und kann von mir zusätzlich verfeinert werden.

244   VIII · KRITIK DER MASSENKULTUR

Im Endeffekt aber finde ich mich als Mitglied einer intern höchst differenzierten Konsum-Masse wieder. Ich habe diese Masse nicht gewählt. Es stellt sich aber heraus, dass mein Geschmack, mein individuelles Präferenzsystem, weitgehend ähnlich funktioniert wie das der anderen Mitglieder »meiner« Konsum-Masse. Meine Geschmackswahl ist von mir selbst bestimmt – ebenso wie bei den vielen anderen. Wir haben alle unabhängig voneinander ein sehr ähnliches Bewertungs- und Entscheidungssystem (mimetisch) ausgebildet. Am Ende meiner Kaufentscheidung im Internet sagt mir das System des Online-Händlers: »Kunden, die diesen Artikel kauften, wählten auch ...« Als im April 2018 der Musik-Streaming-Dienst Spotify an die Börse ging, schrieb die Süddeutsche Zeitung anerkennend, dass es ihm mit seinen Algorithmen gelänge, den »individuellen Massengeschmack« von Millionen Hörern präzise zu erfassen.[3]

Meine subjektiven Entscheidungen vollziehen sich in einem Netz ähnlicher Präferenzen. Die Masse, zu der ich gehöre, handelt nicht als homogener Verbund; jeder entscheidet für sich. Für das Verkaufssystem ist die Information wichtig, wie sich die Masse der Käufer intern differenziert und welches Angebot die Individuen, aus denen sie sich zusammensetzt, erreichen kann. Das Angebot zielt auf distinkte Gruppen, die innerhalb der Masse unterschieden werden können. Firmen wie *Cambridge Analytica* stellen Software bereit, die Daten von Facebook-Nutzern auswertet und Möglichkeiten anbietet, präzise auf die Meinungen von Menschen zu zielen. Nicht nur der Konsumsteuerung dient diese Software – sie wurde im letzten US-Wahlkampf sowohl von Clinton als auch von Trump genutzt.[4] Einer der Entwickler dieser psychometrischen Methoden, Michael Kosinski von der Universität Stanford, berichtet in einem Interview über deren Vorzüge: »Um etwas über ihre Persönlichkeit zu erfahren, musste (früher) ein Psychologe, ein geschulter Mensch, sie interviewen. Das war sehr aufwendig. Meine Forschung zeigt, dass heute sehr genaue Aussagen über Sie und Ihre Persönlichkeit getroffen werden können, wenn man sich mithilfe von Algorithmen Ihre Datenspuren im Internet ansieht. Unsere Untersuchungen haben gezeigt, dass schon wenige Facebook-Likes ausreichen, um ziemlich genaue Aussagen über fünf Aspekte Ihrer Persönlichkeit zu treffen. So ab, sagen wir, 240 Likes sogar bessere als Ihre Frau.«[5] Mit den »genauen Aussagen über Sie und Ihre Persönlichkeit« ist jeder gemeint, dessen Geschmack Merkmal eines sozialen Habitus ist; jeder Nutzer von Social Media ist nachverfolgbar und schon mithilfe weniger Daten recht genau einzuschätzen: »Letztendlich ... reichen zehn Likes, um schon recht genaue Vorhersagen über den Charakter zu treffen.«[6] Der Erfolg dieser Methoden zeigt, dass meine Einzigartigkeit, der hier vermeintlich geschmeichelt wird, eine Fiktion ist. Die präzise Erfassung einer Person führt gerade nicht zu ihrem einzigartigen Ich, sondern zur Kennzeichnung ihres Habitus.[7] Je genauer man den Einzelnen charakterisiert, desto deutlicher erkennt man, was er mit vielen anderen gemeinsam hat.

You're so special – just like anybody else. Dieser Songtitel des britischen Musikers Matthew Herbert drückt den inneren Widerspruch der gegenwärtigen Massenkultur pointiert aus. Die Bedingung der Zugehörigkeit zu einer Massenkultur ist eine besondere Individualität – und umgekehrt ist die Bedingung der Individualität die Zugehörigkeit zu einer bestimmten Massenkultur. Singularität wird gestützt von einer Masse. Kaum eine Werbung, die ihre Produkte nicht mit Sprüchen wie »Sei, wie du bist«, »Sei du selbst«, »Finde dein wahres Ich« anpreist. Was zuvor das Privileg der wenigen war – das Recht und die Möglichkeit der Verwirklichung eines besonderen Selbst – gilt heute für alle. Die Massenkultur verspricht allen ihr eigenes Selbst. Eine Photographie aus dem US-Wahlkampf 2016 illustriert dieses neue Verhältnis von Masse und Individuum. Hillary Clinton, die Kandidatin der Demokraten, winkt von einer Bühne ihren Anhängerinnen zu. Sie alle wenden ihr den Rücken zu – nicht aus Missachtung, sondern mit erhobenem Handy, um ein Selfie von sich mit der Präsidentschaftskandidatin zu machen.

Von der Philosophie und Soziologie ist der Zusammenhang von Individualismus und gesellschaftlicher Existenz schon vor längerer Zeit thematisiert worden. Wie unser Inneres, das bis heute als unser Eigenstes gilt, in einem sozialen Formungsprozess entsteht, umreißt Norbert Elias im »Prozeß der Zivilisation« mit einer groß angelegten historischen Studie. Michel Foucaults Thema in »Überwachen und Strafen« ist die Hineinnahme gesellschaftlicher Kontrolle in das Subjekt, das seine Abweichung von sozialen Normen selbst korrigiert, sodass es sein Handeln dem sozial geforderten Verhalten angleicht. Pierre Bourdieus Habituskonzept stellt eine innere Instanz des Individuums dar, das die sozialen Fertigkeiten und Fähigkeiten, Geschmacksurteile, Auswahlen, Ziele, Lebensstil in Einklang mit seiner Klassenfraktion bringt. Die meisten der wichtigen Parameter, die unsere Lebensentscheidungen bestimmen, haben wir mit anderen Menschen gemeinsam. Wie sie *uns* ausmachen, kennzeichnen sie *auch andere Menschen* und darüber hinaus die großen sozialen Gruppen, Klassen, Kollektive, denen wir angehören. Was Bourdieus Konzept des Habitus von Theorien sozialer Regulierung und Steuerung unterscheidet, ist der Gedanke, dass er ohne Zwang oder Druck als subjektive Entscheidungsinstanz funktioniert. Die sozialen Akteure wählen aus der Fülle von Angeboten jene aus, die sich im Einklang mit ihrem Habitus befinden. Die Geschmackswahl hat für sie das Merkmal des Einmaligen, sie ist aber ein – in den meisten Fällen gut erkennbarer – Ausdruck eines bestimmten Gruppen- oder Klassenhabitus. Das Individuum wird entgegen seiner Empfindung, eine einmalige Wahl zu treffen, von (s)einem »sozialen Geschmack« gesteuert.[8] Zu den Versprechungen des Marktes der Gebrauchsgüter gehört, dass sich dessen Gegenstände – Bekleidung, Kosmetika, Nahrungsmittel, Einrichtung, Urlaubsreisen, Automarke – den individuellen Wünschen der Verbraucher anpassen.

Ein klassisches Insignum von Einzigartigkeit ist die Autobiographie des Subjekts. In der Vergangenheit zeichnete sie eine herausragende einmalige Persönlichkeit aus. Nicht die Person selbst war der Auslöser für das Verfassen einer Darstellung des eigenen Lebens, sondern im Leben des Autors traten Ereignisse auf, die unwiderlegbare Zeichen des Wirkens höherer Kräfte waren. Die erste Schrift mit – noch eingeschränkten – autobiographischen Zügen waren die *Confessiones* des heiligen Augustinus. Wie Titel und Verfassername andeuten, waren sie die Zwiesprache eines heiligen Mannes mit Gott. Ursprünglich war die Autobiographie ein Zeichen der Erwählung des Autors. Der erste Biograph der Moderne, Jean-Jacques Rousseau, beschrieb sein Leben als Signatur seiner Einzigartigkeit. Der Darstellung seines Inneren gab er einen solchen Wert, dass sie trotz aller Eigentümlichkeiten des Autors seinen Lesern einen atemberaubenden Zugang in die Intimität eines fremden Lebens öffnete. Sie waren fasziniert von der wirklichen oder scheinbaren, jedenfalls rückhaltlosen Ehrlichkeit der Schrift: von seiner Armut, moralischen Unzulänglichkeit, seinem Neid, Verfolgungswahn, seiner Einsamkeit, dargestellt als Gaben seines Genies, mit denen er einzigartige Werke schuf.

Selbst in der modernen Form der Autobiographie ist das Merkmal der persönlichen Auszeichnung, der Funke einer unverwechselbaren Person, zu erkennen. Das Streben nach Einmaligkeit des eigenen Ichs ist seit einiger Zeit als »eine Marktlücke« erkannt worden.[9] Offensichtlich gibt es »ein großes Bedürfnis, seine Lebensgeschichte zu veröffentlichen«. Eine Wiener Gruppe von Entwicklern hat ein Programm geschrieben, das die automatische Herstellung einer Autobiographie übernimmt, wenn man es mit den entsprechenden Daten und Ereignissen »füttert«. Man kann es sich über eine App herunterladen. Ein Berliner Unternehmen bietet gegen eine Gebühr von mindestens 30 000 Euro die Abfassung einer persönlichen Lebensgeschichte in Buchform an. Das Unternehmen hat mehrere Hundert Bücher geschrieben; es beschäftigt inzwischen 30 Mitarbeiter. Der Leiter des Instituts für Geschichte und Biographie an der Fernuniversität Hagen, Arthur Schlegelmilch, führt den Boom autobiographischer Schriften auf die sozialen Netzwerke zurück. »Wenn sich Leute ständig selbst fotografieren und ihren Alltag teilen, ist es nur eine Frage der Zeit, bis man auch die eigene Geschichte mit der Welt teilen will. Schon jetzt sei das Netz voll von autobiografischer Arbeit.«[10] Die Autobiographie hat sich »demokratisiert«. Die Aura, die sie offenbar immer noch besitzt, weckt die massenhafte Begehrlichkeit, an ihr teilzuhaben und über den Durchschnitt herauszuragen: »Die neueste Phase: autobiographisches Schreiben, Reden und Posten aller Altersstufen und auf allen Kanälen. Immer jünger werden die Autobiografen, sie erzählen von einem Leben, das noch kaum gelebt worden ist.«

Durch den Befund, dass die Masse nicht ent-individualisiert ist, wird die Massenkultur weder verharmlost noch verteufelt. Er lässt aber erkennen, dass diese so weit verfeinert, individualisiert und subjektiviert ist, dass das Begriffsrepertoire der klassischen Identitätsphilosophie, die auf die Einmaligkeit des Subjekts setzt, kaum noch eine Möglichkeit zur Beschreibung und normativen Beurteilung von Individuen in der Gegenwartsgesellschaft bietet. Die Massenkultur ist heute in einer nicht-homogenen Masse fundiert, die Heterogenität und Binnendifferenzen nicht nur zulässt, sondern sogar einfordert – jedoch nicht als Befreiung, sondern als eine neue Form der Normierung. Politischen Ausdruck gewann die Pflicht zur Selbstgestaltung mit der Erfindung der »Ich-AG« und des »aktivierenden Sozialstaats«. Sie reguliert auch diesseits des politischen Feldes den Umgang: Wer sich nicht eine attraktive Individualität zulegen kann, gilt als Durchschnitt. Individualismus als Massenphänomen produziert nicht weniger soziale Ausschlüsse als frühere gesellschaftliche Normen. Jemand, der nicht bei Facebook ist, der kein »individuelles

Profil« von sich veröffentlicht, riskiert heute schon, ein sozial unsichtbares Wesen zu werden. Der Ausstieg aus dem Streben nach einer individuellen Massenexistenz ist aber schon deswegen kein Weg zu einer *wirklichen* Individualität, weil auch eine solche Verweigerung, wenn sie sich attraktiv darzustellen vermag, wiederum zu einem Massenphänomen werden kann.

Das »Man«

Der Antagonismus von Massenexistenz und Individualität wurde in der deutschen philosophischen Tradition bereits in den 1920er-Jahren expliziert. Den Anfang macht Oswald Spengler. In seinem höchst einflussreichen Buch »Der Untergang des Abendlandes« von 1923 bestimmt er die Weltstadt als den Ort, an dem die Masse herrscht: »Zur Weltstadt gehört nicht ein Volk, sondern eine Masse.«[11] Wie der Buchtitel bereits suggeriert, ist dies nicht als ein Lob für die Weltstadt gemeint. Die Masse ist nach Spengler der Ausdruck einer »Zivilisation« und als Zivilisation ist sie kulturlos. So findet man in den modernen Großstädten »… statt eines formvollen, mit der Erde verwachsenen Volkes ein(en) neuen Nomaden, einen Parasiten, den Großstadtbewohner, der reine, traditionslose, in formlos fluktuierender Masse auftretende Tatsachenmensch.«[12] Die Gegensatzpaare Form/Formlosigkeit, erdverwachsen/nomadisch, organisch/parasitär sind nur Varianten des zentralen Gegensatzes von Kultur und Zivilisation. Während eine Kultur organisch und formstreng ist, bezeichnet Zivilisation die dekadente, chaotische Spätform der Kultur, ihre Auflösungserscheinung. Kultur steht für Identität und Individualität (als »Volk«), die Zivilisation für den »Rückfall in die Formlosigkeit«. Die Massengesellschaft zersetzt die kulturelle Form. Eine »Massen-Kultur« kann es daher für Spengler per se nicht geben. Die Masse ist nichts anderes als die zivilisatorische Auflösung der

Kultur. Viele Male wurde der Lebenszyklus einer Kultur auf diese Weise abgeschlossen, ob in der Spätantike oder nunmehr, in den 20er-Jahren des 20. Jahrhunderts. Spenglers morphologisches Denken hatte einen kaum zu überschätzenden Einfluss auf die Philosophen der sogenannten »konservativen Revolution«.[13] Es legt die Tonart fest, die später in Jüngers »Gestalt« und Heideggers »Seinsgeschichte« wiederkehrt, dort aber verfeinert, variiert und differenziert wird.

Heideggers ebenfalls in den 20er-Jahren erschienenes Werk »Sein und Zeit« lässt sich als eine Antwort auf Spengler verstehen. Anders als die Vertreter des additiven Massenverständnisses nimmt Heidegger nicht an, dass zuerst die Individuen da sind, die sich dann zu einer Masse zusammenschließen. Die Masse ist vielmehr die primäre Existenzform des Menschen: »Die Anderen‹ besagt nicht so viel wie: der ganze Rest der Übrigen außer mir …, die Anderen sind vielmehr die, von denen man selbst sich zumeist *nicht* unterscheidet, unter denen man auch ist.«[14] »Sofern Dasein überhaupt *ist*, hat es die Seinsart des Miteinanderseins. Dieses kann nicht als summatives Resultat des Vorkommens mehrerer ›Subjekte‹ begriffen werden.«[15]

Dieser Gedanke widerspricht nicht nur dem additiven oder summativen Massenverständnis, sondern auch Spenglers Auffassung, nach der die Masse die Form einer Kultur zersetzt. Für Heidegger ist sie die primäre Existenzform, die den Alltag strukturiert. *Ich* bin in meiner alltäglichen Existenz anderer unter und neben anderen: »Diese Anderen sind dabei nicht *bestimmte* Andere. Im Gegenteil, jeder Andere kann sie vertreten. (…) Man selbst gehört zu den Anderen und verfestigt ihre Macht. (…) Das Wer ist nicht dieser und nicht jener, nicht man selbst und nicht einige und nicht die Summe aller. Das ›Wer‹ ist das Neutrum, *das Man.*«[16]

Heidegger macht aus einem Pronomen ein Substantiv: das »Man«. Es antwortet auf die Frage nach dem »Wer des alltäglichen Daseins«. Kein *Ich* antwortet hier, auch kein *Wir*, sondern etwas

Allgemeines und Anonymes – eine kollektive Instanz, die gleichwohl
»nicht so etwas wie ein ›allgemeines‹ Subjekt‹ ist, das über mehreren
schwebt«.[17] Es handelt sich vielmehr um den Prozess und das Resultat einer wechselseitigen Angleichung: »In der Benutzung öffentlicher Verkehrsmittel, in der Verwendung des Nachrichtenwesens
ist jeder Andere wie der Andere. (...) In dieser Unauffälligkeit und
Nichtfeststellbarkeit entfaltet das Man seine eigentliche Diktatur.
Wir vergnügen und genießen uns wie *man* genießt; wir lesen, sehen
und urteilen über Literatur und Kunst wie *man* sieht und urteilt; wir
ziehen uns aber auch vom ›großen Haufen‹ zurück, wie *man* sich
zurückzieht; wir finden ›empörend‹, was *man* empörend findet. Das
Man, das kein bestimmtes ist und das Alle, obzwar nicht als Summe,
sind, schreibt die Seinsart der Alltäglichkeit vor.«[18]

Heidegger bezieht sich auf dasselbe Phänomen, das zuvor
schon – der ihm nicht bekannte – Gabriel de Tarde beschrieben
hatte: das Nachahmungshandeln. Wie bei Tarde die Einsicht in
die soziale Funktion der Nachahmung oder Mimesis zu einer
Analyse der Massen führte, so dient auch bei Heidegger das *Man*
einer Beschreibung der modernen Massengesellschaft. Seine Analyse des Man entspricht recht genau den traditionellen Massentheorien. Canettis Kennzeichnung der Situation des Individuums
in der Masse – »jeder ist dem Anderen so nahe wie sich selbst« –
klingt in Heideggers (früherer) Beschreibung des Man fast gleich-
lautend, sogar noch zugespitzter: »Jeder ist der Andere und keiner
er selbst. Das Man ist (...) das *Niemand*.«[19] Als dieser Niemand,
der ein Jedermann ist, spricht das Man im Namen aller, weil es
im Namen einer Norm spricht. Es bezeichnet die nivellierende
Instanz des Massengeschmacks: »Man sagt ..., man tut.« Der
Massengeschmack hat normierende Wirkung: *Ich* tue dies, weil
Man es so zu tun pflegt. Daher sind für Heidegger die zentralen »Seinsweisen« des Man die ›Durchschnittlichkeit‹ und die
»Einebnung«.

Gegen die Massenexistenz des Man setzt Heidegger die individuelle Existenz, der es gelingt, sich vom Man »loszureißen«. Diese Existenz ist die »eigentliche«. Während das Man nur auf die Frage nach
der *alltäglichen* Existenz antwortet, spricht im Namen einer außer-
alltäglichen Existenz doch wieder – ein Einzelner. Die »eigentliche«
Existenz besteht in einer radikalen »Vereinzelung«. Der »Umschlag«
in diese vollzieht sich angesichts der eigenen Sterblichkeit. Der Tod
ist das einzige Phänomen des Lebens, das sich durch »Jemeinigkeit« auszeichnet: Den Tod kann mir niemand abnehmen. Genau
dieser Erkenntnis versucht sich die Massenexistenz des Man zu verschließen, indem sie sich – vergebens – in kollektive Vergnügungen,
»Zerstreuungen« und ins »Gerede« stürzt. Das Losreißen aus den
Klauen des Man, das »Zerbrechen der Verstellungen«, in denen keiner er selbst ist und jeder der andere, vollzieht sich durch ein gedank-
liches »Vorlaufen in den eigenen Tod«.[20]

Ich *bin* also nur *ich* selbst, wenn ich daran denke, dass ich selbst
einmal *nicht* mehr bin. Die Individualisierung wird ausgerechnet an
dem Phänomen festgemacht, das meiner Individualität ein für alle
Mal ein Ende setzt. Diese Fixierung auf den Tod ist einerseits wenig
überraschend, musste sich doch der große Einzelne immer schon im
Angesicht des Todes beweisen. Andererseits erscheint es ein wenig
merkwürdig, dass die These der Individualisierung durch das Vorlaufen in den Tod unmittelbar nach dem Massensterben des Ersten
Weltkriegs formuliert wurde.

Will aber Heidegger das Man kritisieren? Haben wir es bei seinem
Text überhaupt mit einer Kritik der Massenkultur zu tun? Heidegger
würde das bestreiten; für ihn handelt es sich nur um die Beschreibung
der »alltäglichen Existenz«, die »zunächst und zumeist« das menschliche Leben bestimmt. Dennoch enthält sein Text eine Fülle wer-
tender Aussagen: Das Man ist uneigentlich, zweideutig, es verstellt,
es entfaltet gar eine »Diktatur«. Offensichtlich gegen seine eigenen Absichten enthält Heideggers Text eine implizite Kritik der

DAS »MAN« 253

Massenkultur. Auch Spengler sah die Massengesellschaft als notwendigen Teil im Lebenszyklus einer Kultur an, aber indem er sie ans auflösende Ende setzte, entwertete er sie.

Für den Heidegger von »Sein und Zeit« gibt es einen Weg aus der einebnenden Massenexistenz: die Eigentlichkeit. Der »Umschlag« in die Eigentlichkeit geschieht nicht nur im »Vorlaufen in den Tod«, sondern auch aus der Angst. Heideggers Diskussion der Angst gibt wichtige Hinweise für eine Kritik an der populistischen Masse. Deren »Rhetorik der Angst« verfehlt gerade das, was die Angst *eigentlich* ausmacht. Heidegger formuliert eine wichtige Differenz, die Unterscheidung von *Angst* und *Furcht:* Furcht bezieht sich auf etwas Bestimmtes, Angst hingegen auf das In-der-Welt-Sein des Menschen. In diesem Sinne versucht der Populismus heute, wie schon die rechten Bewegungen früher, existenzielle Angst in Furcht zu verwandeln. Er gibt der diffusen Angst vor Veränderung ein konkretes Objekt – den Flüchtling, den Eindringling. In objektgerichtete Furcht transformiert wird die Angst zum einen beherrschbar und bestimmbar (insofern sie ein Objekt hat), zum anderen wird sie lenkbar. Da der Mensch weiß, wovor er sich fürchtet, wird er danach streben, die Ursache der Furcht, ihr Objekt, zu zerstören. Angst wird zu Furcht – Furcht wird zu Wut auf bestimmte Menschengruppen. Um populistischen Massen ihre aggressive Virulenz zu nehmen, könnte man zeigen, dass ihrer Furcht die Angst zugrunde liegt. »Eigentlich« geht es um Angst, um die Angst vor dem eigenen, zunehmend prekären In-der-Welt-Sein, das sich in der Furcht ein Stellvertreter-Objekt sucht.

Wenn man Heideggers »eigentliche Existenz« von der Angst her liest, kann man seine Analyse des Man auch ohne Bezug auf die eigentliche Existenz verstehen. Diese Lesart würde ihn in die Nähe des Pragmatismus rücken: Heidegger beschreibt in dieser Perspektive den Menschen von seiner Praxis her, von seinem täglichen Umgang mit »Zeug«. Die Masse stellt er in dieser Sicht nicht als einen menschlichen Ausnahmezustand dar, sondern als eine normale Existenzweise, als den alltäglichen Umgang der Menschen miteinander, in einem primären »Mitsein«.

Der aktivische Zug der Diktion des Ergreifens und entschlossenen Zerbrechens, der »Sein und Zeit« trotz aller Analysen der Alltäglichkeit ebenso prägt wie die Inszenierung des Autors als Person (zu dieser Zeit hielt er seine Vorlesungen gern im Skianzug), wird vom späteren Heidegger zugunsten passivischer Denkfiguren zurückgenommen. Das menschliche Dasein hat nun keinen Entwurfscharakter mehr – die Seinsgeschichte bestimmt es als »Geschick«. Der Einzelne ergreift nicht mehr entschlossen seine Möglichkeiten, sondern wird zum »Hörigen seiner Herkunft«. Aber weder der junge Heidegger noch der spätere verstand, dass die Behauptung, als ein Einzelner zu sprechen, selber Teil des »uneigentlichen« Geredes sein kann. Der Individualismus als ein Massenphänomen der Gegenwart verkehrt Heideggers Formel des Man – »Jeder ist der Andere und keiner er selbst« – in ihr Gegenteil: Jeder ist er selbst und keiner der andere.

Der »Arbeiter«

Zu Heideggers Denken hatte Ernst Jünger die engste Verbindung. Wie eng sie war, wird schon daraus ersichtlich, dass Heidegger – sonst gegenüber Zeitgenossen eher reserviert – ein Seminar über Jüngers Buch *Der Arbeiter* abhielt, was Letzterer mit leicht peinlichem Stolz noch Jahrzehnte später vermerkte. Tatsächlich offenbart ein Blick in den »Arbeiter« grundsätzliche Gemeinsamkeiten. Das Buch lässt sich als ein Beitrag zur »Neuen Sachlichkeit« verstehen, die einen kühlen Blick auf die Gegenwart wirft; Gleiches gilt für die pragmatischen Aspekte von Heideggers Theorie. Doch wie Heideggers Darstellung der »Eigentlichkeit« ist auch Jüngers »Arbeiter« bei aller Sachlichkeit von Pathos durchdrungen. Heidegger und Jünger bejahen die moderne Massenexistenz und versuchen zugleich, sie zu re-heroisieren. Dies ist eine typische Operation konservativer Revolutionäre. Als solche haben sich Heidegger und Jünger gegenseitig erkannt: Beide verneinen das Alte radikal, wollen das Fallende stoßen und das Neue rückhaltlos bejahen – darin besteht der revolutionäre Aspekt. Zugleich versuchen sie, dieses Neue so zu transformieren, dass es selber wieder die Form der alten Ordnung annimmt; dies macht ihren Konservativismus aus.

Jünger begrüßt die moderne Massenexistenz vor allem deshalb, weil sie mit der bürgerlichen Individualität bricht. Dieser gilt seine ganze Verachtung. Selbst zum Feind taugt sie nicht: »So beginnt die bürgerliche Kleidung, vor allem die bürgerliche Festtracht irgendwie lächerlich zu werden, ebenso wie die Ausübung der bürgerlichen Rechte.«[21] Die lachhaft gewordene bürgerliche Existenz wird durch die moderne Massenexistenz ersetzt. Kompliziert wird die Sache allerdings dadurch, dass Jünger behauptet, mit der von ihm konzipierten Figur des »Arbeiters« werde sowohl das Individuum als auch die Masse überwunden. Masse und Individuum sind für Jünger keine Gegensätze, sondern die zwei Seiten der bürgerlichen Gesellschaft: »Die beiden Pole der bürgerlichen Welt, der Pol der Masse und der des Individuums, korrespondieren (…). Je mehr die Masse wächst, desto bedeutender wird der Hunger nach dem großen Einzelnen, durch dessen Existenz sich das Masseteilchen auch in der seinen bestätigt sieht.«[22] Umgekehrt verschwinde mit dem bürgerlichen Individuum auch die *bürgerliche* Masse: »Die alte Masse, wie sie sich etwa im Gewühl der Sonn- und Feiertage, in der Gesellschaft, in politischen Versammlungen (…) oder im Aufruhr der Straßen verkörperte, die Masse, wie sie sich vor der Bastille zusammenrottete (…) diese Masse gehört (…) der Vergangenheit an.«[23] Stattdessen entstehen »neue Schulen des politischen

Gewaltakts«, eine »Technik des politischen Umsturzes, die nicht mehr die Massen auf die Straße wirft«.[24]

Masse und Individuum sind als die beiden Pole einer einzigen kulturellen Formation zu verstehen. Dieser Gedanke scheint der Kritik der Massenkultur zu widersprechen, die ja auf einer grundsätzlichen Differenz von Masse und Individuum beruht. Jünger will weder dem (bürgerlichen) Individuum seine alten Rechte zurückerstatten, noch will er dieses durch die moderne Massenexistenz ersetzen. Mit dem einen geht auch das andere unter. Sieht also Jünger im Individualismus ein Massenphänomen? Vorsicht ist geboten, denn Jünger spricht in der oben zitierten Passage nicht von *der* Masse, die es zu überwinden gelte, sondern von der »alten Masse«. Gibt es also eine »neue« Masse? Wie sähe diese aus, wenn das gesellschaftliche Leben nicht mehr durch die bürgerliche Individualität bestimmt wird? Um einen Blick auf diese Masse zu gewinnen, geht Jünger einen großen Schritt zurück. Aus einer kosmischen Perspektive entfaltet er wie auf einer Großbildleinwand das Panorama des modernen, städtischen Lebens:

»Welcher Anblick bietet sich einem heimatlosen Bewusstsein, das sich in den Mittelpunkt einer unserer großen Städte verschlagen sieht und wie im Traume die Gesetzmäßigkeit der Vorgänge zu erraten sucht? Es ist der Anblick einer gesteigerten Bewegung, die sich mit unpersönlicher Strenge vollzieht. Diese Bewegung ist drohend und uniform; sie treibt Bänder von mechanischen Massen aneinander vorbei, deren gleichmäßiges Fluten sich durch lärmende und glühende Signale reguliert. Eine peinliche Ordnung drückt diesem gleitenden und rotierenden Getriebe, das an den Gang einer Uhr oder einer Mühle erinnert, den Stempel des Bewußtseins, der präzisen verstandesmäßigen Arbeit auf; dennoch erscheint das Ganze zugleich irgendwie spielerisch im Sinne eines automatischen Zeitvertreibs. Dieser Eindruck steigert sich zu gewissen Stunden, in denen die Bewegung den Grad einer Orgie erreicht, die die Sinne betäubt und erschöpft. (…) Es gibt hier ebenso wunderbare wie

beängstigende Stätten, an denen sich das Leben durch gleitende
Bänder reproduziert, während die Sprache und der Gesang künst-
licher Stimmen ertönt.«[25]

Im Zwielicht dieser merkwürdigen Mischung aus Maschinisie-
rung und Erotisierung schillert diese Stadtbeschreibung wie der
Panzer einer der von Jünger so geliebten Riesenkäfer. Beschrieben
wird – aus sicherer Distanz – ein Massenerlebnis. Aber es ist nicht
das Erlebnis einer revolutionären, chaotischen Masse, die Jünger
im vorigen Zitat der bürgerlichen Vergangenheit zuordnet. In der
Masse der großen Städte herrscht vielmehr Ordnung, eine Ordnung
freilich, die sich mit dem orgiastischen Rausch verbindet. Das »rotie-
rende Getriebe« der »mechanischen Massen«, ihr »gleichmäßiges
Fluten« in »peinlicher Ordnung« und »unpersönlicher Strenge«
unterscheidet sich von der alten Masse mit ihrem »Gewühl«, ihrem
»Zusammenrotten«. Es ist eine neue, die »mechanische Masse«. Sie
erscheint wie die Masse der Arbeiter in Fritz Langs Film *Metropolis:* eine getaktete, synchronisierte Masse, in strengen Pendel-
bewegungen wie bei einer Uhr.

Es ist die Arbeit, die die neuen Massen bestimmt. Die Über-
windung der bürgerlichen Gesellschaft vollzieht sich nach Jüngers
Auffassung dadurch, dass das gesamte Leben einen »totalen Arbeits-
charakter« annimmt. Arbeit ist nicht mehr notwendiger Teil des
Lebens, sondern die »Gestalt«, die das ganze »Sein« des Menschen
umfasst, auch die Freizeitbeschäftigung, »etwa Fußballspielen«.[26]
Als »Gestalt« soll der Arbeiter metaphysische, seinsgeschichtliche
Dignität gewinnen; der marxistische Materialismus soll von den
Füßen auf den Kopf gestellt werden. Dies geschieht nicht durch die
Überwindung, sondern durch die Formierung der Massen. Wie Hei-
degger lehnt Jünger das additive Massenverständnis ab, die »bürger-
liche« Vorstellung der Masse als Summe der in ihr vereinigten
Einzelnen. Ersetzt wird sie durch ein als organisch-mechanische
Einheit verstandenes Kollektiv:

»Ebensowenig also, wie der Einzelne (…) noch als Individuum erscheint, (…) erscheint die Masse als Summe, als eine zählbare Menge von Individuen. Wo man ihr auch begegnen möge, ist es unverkennbar, dass eine andere Struktur in sie einzudringen beginnt. Sie bietet sich in Bändern, in Geflechten, in Ketten und Streifen von Gesichtern, die blitzartig vorüberhuschen, der Wahrnehmung dar, auch in ameisenartigen Kolonnen, deren Vorwärtsbewegung nicht mehr dem Belieben, sondern einer automatischen Disziplin unterworfen ist. (…) Man versammelt sich nicht mehr, sondern man marschiert auf. Man gehört nicht mehr einem Verein oder einer Partei, sondern einer Bewegung oder einer Gefolgschaft an.«[27]

Spätestens hier zeigt sich, dass Jüngers »Überwindung« des Gegensatzes von Masse und Individuum gar keine wirkliche Überwindung ist. Einer »Bewegung« statt einer Partei anzugehören, spricht eher *für* die Virulenz von Massen als gegen diese. Die Auflösung der Differenz von Masse und Individuum löst das Individuum auf, nicht aber die Masse. Nach der Zerstörung der bürgerlichen Individualität bleibt auch bei Jünger die Masse übrig. Allerdings hat sie sich verändert: Aus der Zusammenrottung ist eine »Gestalt« geworden. Die Masse verwandelt sich aus einem chaotischen, revolutionären Zustand in eine *for*mierte Masse, die bei Jünger eine *uni*formierte ist. Diese Verwandlung sieht Jünger als das Tiefenereignis seiner Epoche an. Sie zeigt sich, dem »totalen Arbeitscharakter« entsprechend, in allen Facetten der Existenz, so auch am eingangs beschriebenen Stadtraum: »Unsere Landschaft (erscheint) als Übergangslandschaft. Es gibt hier keine Festigkeit der Formen: alle Formen werden ununterbrochen durch eine dynamische Unruhe modelliert. (…) Diese Städte mit ihren Drähten und Dämpfen, mit ihrem Lärm und Staub, mit ihrem ameisenhaften Durcheinander, mit ihrem Gewirr von Architekturen und Neuerungen, die ihnen alle zehn Jahre ein neues Gesicht verleihen, sind gigantische Werkstätten der Formen – sie selbst aber besitzen keine Form. (…) In der Tat gibt es heute zwei

Wertungen, wenn man von Städten spricht; man meint entweder das Maß, in dem sie Museen, oder das Maß, in dem sie Schmieden sind.«[28]

Obwohl sie die gleichen Städte beschreibt, unterscheidet sich diese Textpassage fundamental von der oben zitierten. Was dort geordnete, getaktete Bewegung war, ist hier chaotisches Durcheinander, ein permanenter Übergang. Entweder sind die Städte *zu sehr* vollendet; sie sind dann Museen, die ein Leben konservieren, das längst aus ihnen verschwunden ist, oder sie werden *nie* vollendet und verändern sich endlos in einem dynamischen Umformungsprozess ohne Ziel. Gegen diese ununterbrochene Bewegung setzt Jünger die Generierung eines »Rhythmus unseres Raumes«,[29] der »die wahllose Gewalt der Strömung eindämmt«.[30] Sein Gegenentwurf zielt auf »die Ablösung eines dynamischen und revolutionären Raumes durch einen statischen und höchst geordneten Raum«.[31] Der »Arbeiter« ist der Entwurf einer Masse, die eine »Gestalt«, eine Ordnung und eine Form gewonnen hat: »Für den Arbeiter stellt sich die (...) Aufgabe dar als die organische Konstruktion der in eine uferlose Bewegung geratenen Massen und Energien, die der Zersetzungsprozess der bürgerlichen Gesellschaft hinterlassen hat.«[32] Die Massen, das Endprodukt des in Auflösung begriffenen Bürgertums, sollen arretiert und in eine Form gebracht werden. Ziel der theoretischen Anstrengung Jüngers ist die Transformation der Massen, nicht ihre Zerstörung. Sie sollen »in eine organische Konstruktion«[33] verwandelt werden. Dieser Verwandlung entspricht der »Übergang von der liberalen Demokratie zum Arbeitsstaat« und der »Ablösung der Gesellschaftsverträge durch den Arbeitsplan«.

Jünger versteht seine »Kritik« der Massenkultur im wörtlichen Sinn von *krisis:* Er vollzieht eine Scheidung zwischen einer schlechten und einer guten, zwischen einer chaotischen und einer formierten Masse. Sein Ziel, die Verwandlung der ersten in die zweite Masse, erfasst auch den Einzelnen. Der Gegensatz von »bürgerlichem

Individuum« und »revolutionärer, chaotischer Masse« wird ersetzt durch die neue Dichotomie: »heroisch-entschlossener, aber sachlicher Einzelner« und »organisch-mechanische, formierte Masse«. Jüngers Vorgehen lässt sich mit einem Ausdruck von Gottfried Benn als »militante Transzendenz« charakterisieren[34] – eine Formel, die mit Abstrichen auch für Heidegger gilt. Die metaphysische Ordnung, die in der Gegenwart von den Massen und ihrem Materialismus bedroht wird, muss sich in die lebensweltlichen Kämpfe ihrer Zeit begeben. Heideggers »entschlossenes Ergreifen der eigensten Möglichkeiten«, Carl Schmitts Theorie der »Entscheidung«, Jüngers kriegerischer »Arbeiter« sind Formen dieser Kämpfe. Gekämpft wird darum, wie die Massen eine »Gestalt« (wieder-)gewinnen können, anstatt treibende Kräfte des Chaos und der Deformation zu bleiben, und welche »Gestalt« ihnen gegeben werden soll. Die Kritik der Massenkultur vonseiten der konservativen Revolutionäre lehnt die Masse nicht im Namen einer zu rettenden Individualität ab, sondern versucht sie durch eine Umgestaltung so zu formieren, dass sie an die alte Ordnung zurückgebunden wird.

Eine Transzendenz aber, die militant agiert, ist keine Transzendenz mehr. Sie spricht zwar im Namen einer höheren, metaphysischen Ordnung, muss sich aber in die Niederungen des Lebens begeben, um diese durchzusetzen. In deren Beschreibung liegt die Stärke von Jüngers Text: Seine subtilen Analysen der Mode, des modernen Sports und der Erfindung des Rekords, seine hellsichtigen Ausblicke auf die künftige Kriegsführung[35] – all diese Einzelanalysen sind erstaunlich aktuell. Hingegen wirkt die Darstellung der »höheren metaphysischen Ordnung« seltsam blass und hohl, ähnlich wie Heideggers »eigentliche Existenz«. Doch gerade diese Aspekte beider Theorien haben den größten Einfluss auf ihre Leserschaft gehabt. Zu Recht werden sie mit dem heraufziehenden Faschismus in Verbindung gebracht, auch wenn die Faschisten weder mit Jünger noch mit Heidegger viel anfangen konnten. Wie Jüngers

»Arbeiter« beruft sich auch der gegenwärtige Populismus auf die Vorstellung einer formierten Masse, die sich gegen die chaotische, offene Masse stellt. Jüngers Verweis auf eine »höhere Ordnung« ist zwar der schwächste Teil seines Textes, aber gerade dieser ist zum Subtext der Neuen Rechten geworden.

Hanns Eisler: Kunstlied vs. Kampflied

Hanns Eisler sieht in seinem kurz vor dem »Arbeiter« verfassten Text »Über moderne Musik« (1927) nicht nur die bürgerliche Kultur, sondern auch die moderne Musik in der Phase ihres Absterbens. Was soll, wenn beide untergehen, an deren Stelle treten?

Musik ist für Eisler eine kollektive Praxis, die eine Gruppe rhythmisiert und synchronisiert: »Musik ist seit jeher eine ausgesprochene Gemeinschaftskunst. Sie ist entstanden aus gemeinsamer Arbeit (Arbeitslieder, die für einen gleichmäßigen Arbeitsrhythmus sorgten), aus Festen, religiösen Kulthandlungen und Tänzen.«[36] Sie ist der Ausdruck eines Massenbildungsprozesses, in dem das Individuum Teil einer größeren Formation wird. Durch das gemeinsame Singen und Hören entsteht ein Zusammengehörigkeitsgefühl. Diese natürliche Funktion einer Gemeinschaftskunst geht der Musik in der bürgerlichen Gesellschaft verloren. Sie wird einerseits Ausdruck einer subjektiven Innerlichkeit, andererseits zur Ware, die Musiker und Komponisten in ein Konkurrenzverhältnis zueinander bringen. Dagegen sei in der älteren Kirchenmusik, wie Eisler meint, das vergemeinschaftende Element noch vollkommen vorhanden: Das Hören »hat sich gewissermaßen an die rationale bürgerliche Welt als eine Welt von Waren noch nicht recht gewöhnen können. Etwas nur mit dem Ohr aufzufassen, zeigt im Vergleich zum Sehen noch Spuren von vorindividualistischer, vorkapitalistischer Gemeinschaft. Es ist besonders der polyphone Stil, der auf solche direkt hinweist: auf

die vergangene, kultische Gemeinschaft, die Kirchengemeinde.«[37]
Diese vergemeinschaftende Wirkung soll in der sozialistischen
Musik zurückerobert werden. Das bedeutet nicht, dass sich Eisler eine kultische Musikform zurückwünscht. Die Kirchenmusik ist
für ihn nur deswegen von Interesse, weil sie eine Alternative zum
bürgerlichen Musikverständnis aufzeigt.

Die sozialistische Musikauffassung greift zurück auf die alte
Funktion der Musik: als kollektive Praxis des Tanzes, des Gesangs
und der rhythmisierten Arbeit, die Menschen zu vergemeinschaf-
ten. »Die Emanzipation der Musik vom Kultisch-Religiösen zum
Kulturell-Zivilisatorischen hat ihre Endphase erreicht. Nach all diesen Experimenten scheinen die Aufgaben der Musik in unserer Zeit
vielleicht darin zu liegen, die Musik (...) in eine höhere Form der
Gesellschaft zurückzuführen, vom Privaten zum Allgemeinen.«[38] In
eine Einheit zurückgeführt werden soll auch der »scharfe Gegensatz
zwischen Arbeit und Erholung«,[39] welcher der Musik die Funktion
der Erholung, also der Erhaltung der Arbeitskraft zuweist. Sozialistische Musik ist für Eisler dagegen Arbeit (eigenes Tätigsein) und
Erholung (Genuss).

Eisler hebt nicht nur die Trennung von Arbeit und Spiel auf,
sondern auch den »Gegensatz zwischen ›ernster‹ und ›leichter‹
Musik«.[40] Die Unterscheidung zwischen U- und E-Musik, zwischen der Musik der Massenkultur, die wie ein »Rauschmittel«
wirke und der »Reproduktion der Arbeitskraft« durch Erregung und
Erholung diene, auf der einen und der Musik, die zur distinguier-
ten Selbstvergewisserung kultureller Eliten gehöre, auf der anderen Seite – diese Unterscheidung funktioniert nicht mehr. Sie ist
Kennzeichen der bürgerlichen Gesellschaft (ähnlich wie bei Jünger die Unterscheidung von Masse und Individuum). Eisler strebt
dagegen nach einer Versöhnung zwischen Avantgarde und Massenkultur. In seiner Schrift »Avantgardekunst und Volksfront« (1937),
einem fingierten Dialog zwischen einem »Optimisten« und einem

»Skeptiker«, heißt es: »Wir wissen aus der Geschichte, dass die fortgeschrittensten Künstler nicht immer die von der Masse ›fortgeschrittensten‹ waren. Denken Sie an die große ergreifende Wirkung eines Zola, oder denken Sie (…) an die ungemein volkstümliche Kraft des Barock. Gerade die aufregende Neuartigkeit dieser von Jesuiten geschaffenen Kunst hat die breitesten Massen ergriffen. Es ist also erwiesen, dass das fortgeschrittenste Bewusstsein nicht immer von der Masse getrennt sein muss.«[41]

Es ist kein Zufall, dass der »Optimist« diese Worte spricht; Eisler beharrt darauf, dass Musik wirken muss. Nur so rechtfertigt sie ihre Existenz. Der musikalische Zugriff auf die Massen soll sich aber nicht nur von der bürgerlichen Massenmusik, sondern auch von der klassischen Avantgarde und ihrer Massenfeindschaft unterscheiden: Der Zugriff auf die Massen geschieht über den Kampf. In seinem Text »Unsere Kampfmusik« (1932) schreibt Eisler: »Die Arbeitermusikbewegung muss sich über die neue Funktion der Musik, das (ist): Aktivierung zum Kampf (…) klarwerden.«[42] Die bürgerliche Musik dagegen macht den Zuhörer passiv: »Die Konzertform, die sich im Zeitalter der Bourgeoisie ausbildete, ist für die Zwecke der revolutionären Arbeiterschaft unbrauchbar.«[43] Gegen den passiven Genuss setzt die sozialistische Musik auf das Selbersingen, das den Musik-Rezipienten zum Produzenten macht: »Wir sind uns bewusst, dass es falsch wäre, ein Kampflied nur anzuhören, sondern dass der aktivierende Zweck eines Kampfliedes nur durch Selbersingen erreicht werden kann. (…) In Massenversammlungen (sollen) mit den Zuhörern neue Kampflieder einstudiert werden.«[44]

Dieser Aktivierung des Einzelnen entspricht der offensive Kampfcharakter der neuen Musik: »Es ist bezeichnend für den Kampfcharakter einer anscheinend reinen Kulturorganisation (die Arbeitermusikvereine), dass sie sofort bei ihrem Entstehen von der Polizei kontrolliert und schließlich unterdrückt wurde. Das lehrt uns die klassische Haltung des Proletariats in kulturellen Dingen. (…) Gerade dieser Kampfcharakter macht es unmöglich, sich ausschließlich auf die bürgerliche Liedertafelliteratur zu beschränken, die ja nur das Verhältnis des Einzelnen zur Natur, das Liebeserlebnis, die Gemütlichkeit oder die Geselligkeit widerspiegelt. Der Zwang zur Verteidigung der Organisation zieht zwangsläufig den Angriff nach sich.«[45] Es ist Eislers Plan, mit der neuen Musik, die ansonsten das Gegenteil eines Massenrausches ist, die Massen zu erreichen. Zu diesem Zweck entwirft er ein neues Bild der Massen: Auch Eisler unterscheidet, ähnlich wie Heidegger und Jünger, zwei Massenkulturen: die bürgerliche Massenkultur, eine Form des Rauschgifthandels, der die Massen betäubt, und eine *nach*bürgerliche Massenkultur, die die Massen aktiviert und ihnen eine eigene, kämpferische Stimme gibt.[46] So stellt auch er nicht Individuum und Masse einander gegenüber, sondern am Beispiel des Chorlieds zwei verschiedene antagonistische Massenbildungen durch Musik. Das bürgerliche Lied weist der Musik einen gesonderten Raum zu, den Konzertsaal, und entfernt es so von den gesellschaftlichen Konflikten. Das Massen- und Kampflied wird dagegen genau dort gesungen, wo sich die Massen täglich aufhalten und begegnen, auf den Straßen, am Arbeitsplatz, auf Versammlungen. Es holt die Kunst aus ihren exklusiven Spielräumen. Es erzeugt eine unmittelbare Vergemeinschaftung und keine soziale Distinktion wie das Konzertlied. Das erklärt auch die von Eisler propagierte »Vorherrschaft der Vokalmusik«. Die eigentliche Aufgabe der Musik ist die Massenbildung. Das gelingt aber nur, wenn alle mitsingen und im Zentrum des musikalischen Ausdrucks die menschliche Stimme steht.

Im neuen Chorlied ist Musik nicht Ausdruck der individuellen Persönlichkeit. Mit dieser Bestimmung stellt Eisler einen scharfen Gegensatz zum bürgerlichen Chorlied her, in dem sich das Kollektiv nach dem Vorbild des Einzel-Ichs formt. Wenn, so Eisler, hundert Leute singen:»Ich weiß nicht, was soll es bedeuten, dass *ich* so traurig bin«, so ist das einerseits ein Selbstwiderspruch und andererseits genau deshalb ein Ausdruck der bürgerlichen Kollektivierung. In ihr wird aus dem Zusammenspiel von *Ich* + *Ich* + *Ich* ... wieder nur ein *Ich*. Der bürgerliche Chor muss in der Ich-Form singen – viele Subjekte formen *ein* Subjekt, das eben nur von individuellen Empfindungen singen kann. Es fehlt ihm die Erfahrung und das Gefühl, in der vielstimmigen und doch einheitlichen Masse stärker zu werden. Den »Neuen Zweck« erreicht nur das Chorlied. Es dient der Aktivierung jedes Einzelnen, der aus der passiven Konsumhaltung herausgerissen und zu eigenem Tun angehalten werden soll. In der neuen Kultur soll er durch Teilnahme an einer Masse eine *eigene Stimme* gewinnen. Der Übergang vom alten zum neuen Zweck markiert eine Transformation des Verhältnisses von Individuum und Masse. Eisler will durch das Chorsingen eine aktive, kämpferische Masse gewinnen – und damit auch jeden Einzelnen, der an ihr teilhat.

Variationen des Massebegriffs: Schwärme, Schäume, Multitude

In der neuen Theoriebildung hat sich gegenüber den Massenphantasien der 20er- und 30er-Jahre, die in erster Linie Ordnungsphantasien waren, eine lockerere Vorstellung der Masse durchgesetzt. Die Kritik der Massenkultur hat nachhaltig bewirkt, dass der Begriff der Masse kaum noch verwendet wird. Wenn man über die Masse sprechen will, ist es seit einiger Zeit geboten, das Wort »Masse« zu vermeiden. Aufseiten der linken politischen Theorie insbesondere suchte man dennoch nach brauchbaren Kollektivbegriffen. Die Linke ist darauf angewiesen, kämpferische Kollektive als materielle Träger ihrer Theorie identifizieren und beschreiben zu können. Spätestens mit dem Emporkommen des Neoliberalismus wurde der Ruf nach neuen kollektiven Praktiken laut. Das Image der Masse war jedoch so schlecht, dass Antonio Negri und Michael Hardt in ihrem Buch *Empire* glaubten, sich mit dem Begriff der Multitude von jenem der Masse absetzen zu müssen, um eine positive Idee von handelnden Kollektiven zu entwickeln: »Da die Menge sich weder durch Identität wie das Volk noch durch Uniformität wie die Masse auszeichnet, muss die Multitude, angetrieben durch Differenz, das Gemeinsame entdecken, das es erlaubt, miteinander in Beziehung zu treten und gemeinsam zu handeln.«[47]

Weder Volk noch Masse, weder identitär noch uniform, entwickelt der Begriff der Multitude das Gemeinsame gerade in der Bildung von Differenzen. Es handelt sich zum Einen um die Differenz zum großen Gegenspieler der Multitude, dem »Empire«, das ebenso wie sie transnational und polymorph ist. Dann um die Binnendifferenz, die Heterogenität der Multitude selbst. Schließlich um die Differenz zu den früheren Vergemeinschaftungsformen und Kollektiven. Das »Multi« der Multitude steht gegen das »Uni«-forme der Masse. Ihr Motor ist die Differenz, ihr Ziel neue Bewegungsenergie.

Unbestreitbar hat Hardts und Negris Versuch, ein postmodernes widerständiges Kollektiv zu denken, eine gewisse Energie freigesetzt. Es bleibt jedoch die Frage, ob ihre Abgrenzung vom Massenbegriff und die terminologische Neugründung notwendig waren. Hardt und Negri unterstellen der Masse, dass sie immer *eine* bestimmte Form hat. Den Gedanken, dass eine Masse immer uniform ist, übernehmen sie unhinterfragt von Le Bon. So tief ist die klassische Massentheorie ins kollektive Gedächtnis eingelassen, dass selbst radikale Systemkritiker wie Hardt und Negri sie unwillkürlich fortführen. Ihre Begriffspaare: Identität gleich Volk, Masse gleich Uniformität, Multitude gleich Differenz, sind wenig einleuchtend, wenn man die Masse differenziert betrachtet. In dieser Hinsicht denkt ein Massentheoretiker wie Canetti weiter, der zwischen offenen und geschlossenen Massen unterscheidet. Die Masse immer als uniform zu denken, ist für Denker der Differenz hingegen überraschend undifferenziert.

Hardt und Negri gehen in ihrer Theorie historisch weit zurück. Ihren zentralen Begriff der *Multitude* entlehnen sie nicht nur Spinozas berühmter Formel von der »Weisheit der Menge«, sondern auch Wilhelm von Ockhams Definition der Kirche als Gemeinschaft der Gläubigen (»Ecclesia est multitudo fidelium«).[48] Im letzten Kapitel ihres Buches mit dem Titel »Die zwei Staaten« berufen sie sich schließlich auf Augustinus. Indem sie den Gegensatz von *Multitude* und *Empire* in Analogie zu Augustins Unterscheidung von Gottesstaat und weltlichem Staat setzen, freilich mit umgekehrten Bewertungen, stellen sie einen Bezug der Gegenwart zur spätantiken Situation her: Die heutige »undifferenzierte Masse« ähnele den »barbarischen Kräften, die Rom zu Grabe trugen«.[49] Damit die Menge heute zu einem »politischen Subjekt«[50] werden könne, müsse sie eine neue »Vernunftmythologie« ausbilden: »Es handelt sich um eine materielle Religion der Sinne, welche die Menge (...) von jedem ›langen Arm‹ des Empire scheidet.«[51] Auf der Basis dieser materiellen Religion soll »der irdische Staat der Menge (civitas terrena)«[52] entstehen. Ob die Menge diese Signale hört und ihr religiöses Hintergrundrauschen ernst nimmt, darf bezweifelt werden. Dafür bleibt diese postmoderne politische Theologie von links zu unscharf.

Hardts und Negris *Multitude* ist der prominenteste Versuch, ein handelndes Kollektiv ohne den Begriff der Massen zu denken. Daneben gib es eine Reihe anderer Ansätze. So bezeichnet Peter Sloterdijk in seinem Großprojekt *Sphären* moderne Kollektive als »Schäume«.[53] Dieser Vorschlag geht in eine ähnliche Richtung wie der von Hardt und Negri. Gegenüber dem Formierten und Harten der klassischen Masse betont Sloterdijk das Leichte, Poröse und Flüchtige. Im Gegensatz zu dem *Uni*formen, das der Masse nachgesagt wird, hebt er ihre Pluralität hervor. In jüngerer Zeit wurde mit dem Begriff des Schwarms eine weitere Kollektivbezeichnung vorgebracht. In der Theorie seit Ende der 1980er-Jahre zunehmend beliebt, wurde er durch einen Bestseller mit gleichem Titel von Frank Schätzing popularisiert. Wie die *Multitude* und Sloterdijks *Schaum* stellen auch die Schwarmtheorien den Versuch dar, kollektives Handeln zu rehabilitieren und von seinem negativen Image zu befreien. Schwarmverhalten wird als ebenso faszinierender wie rätselhafter Ausdruck kollektiver Intelligenz verstanden. Gerade das Fehlen eines die Bewegung steuernden Führers macht die Schwarmintelligenz so faszinierend. Im Zentrum der Betrachtung stehen zwei Phänomene, die für eine neue Konzeption der Massen von Bedeutung sind: die Auto-Poiesis, die Selbststeuerung des Schwarms sowie ihr Emergenzeffekt, demzufolge aus dem kollektiven Handeln der vielen durch Verknüpfung eine Größe entsteht, die mehr ist als die Summe ihrer Teile.

Ursprünglich stammt die Schwarmtheorie aus der Forschung über künstliche Intelligenz, die wiederum eng mit der Entwicklung neuer Informationstechnologien verbunden ist. 1989 prägten die Robotik-Forscher Gerardo Beni und Jing Wang den Begriff *swarm intelligence*. Natürliches Vorbild des Schwarmverhaltens war das, was in der Natur der intelligenten Maschine am nächsten kommt: das Verhalten von Insekten. Ein Beispiel dafür ist der sogenannte »Ameisenalgorithmus«: Bei der Futtersuche scheiden einzelne Ameisen Pheromon, einen Duftstoff aus, der andere Ameisen auf ihren Weg lockt. Verbindet man eine Futterquelle mit zwei unterschiedlich langen Wegen, benutzen die Ameisen zunächst beide Wege etwa gleich häufig. Da die Ameisen auf dem kürzeren Weg jedoch schneller von der Futterquelle zurückkehren, entsteht auf diesem Pfad mit der Zeit eine höhere Pheromon-Konzentration, sodass bald alle nachkommenden Ameisen diesem Weg folgen. Dieses Phänomen, das bereits früh von dem Physiker Richard Feynman theoretisch dargestellt wurde, avancierte zu einem der berühmtesten Beispiele für Schwarmintelligenz. Es zeigt zum einen, wie sich kollektive Prozesse selbst steuern, ohne dass es dazu eines externen Anstoßes oder gar

VARIATIONEN DES MASSEBEGRIFFS: SCHWÄRME, SCHÄUME, MULTITUDE   269

einer Führung bedürfte. Darüber hinaus demonstriert es auch einen
Emergenzeffekt: Durch das Zusammenspiel vieler Einzelner wird
eine Optimierung der Leistung erbracht.

Von Marco Dorigo und anderen Forschern wurde dieses
Modell auf eine Reihe anderer Bereiche übertragen. Ein solches
Anwendungsfeld war zum Beispiel das politische Gruppenhandeln.
Auch hier wurde seit der Jahrtausendwende zunehmend auf eine
Selbstorganisierung von unten gesetzt. Zur gemeinsamen Ver-
netzung bedarf es nicht mehr einer Führung oder medialen Ver-
stärkung. Die neue Informationstechnologie eröffnet hier neue
Möglichkeiten einer direkten Kommunikation und Verknüpfung.
An die Stelle der Massenführer treten »Bewegungsmanager«, die
eher Plattformen für Verknüpfungen zur Verfügung bereitstellen,
als die Richtung vorzugeben. Einem Schwarm ähnelt beispielsweise der *flashmob*, der eine kollektive Sammlungsbewegung vieler
Menschen mit gleichartigen Handlungen zustande bringt, plötzlich
auftaucht und ebenso schnell wieder verschwindet. Insbesondere
Howard Rheingold hat in seinem 2002 erschienenen Buch »Smart
Mobs. The Next Social Revolution« – in der Rückschau wohl etwas
zu enthusiastisch – die Schwarmintelligenz als neue, zukunfts-
weisende politische Kraft ausgerufen.[52]

Ein weiterer Anwendungsbereich der Schwarmtheorie ist die
Kunst. Im neuen Jahrtausend entwickelte sich die »Schwarmkunst«
(crowd art) als Ausdruck des – nicht unbedingt neuen – Phänomens, dass viele Menschen durch ihr Handeln im Kollektiv Kunst
produzieren. Der Begriff wurde wesentlich mitgeprägt durch den
deutschen Künstler Olaf Neumann, der 2010 dazu aufrief, ihm
Porträtfotos zu schicken. Aus diesen Fotos fertigte er jeden Tag eine
Zeichnung an und stellte sie in seinen Blog ein. Aus den Abbildungen
der einzelnen Porträtierten entstand am Ende das Bild eines riesigen Schwarms. In einem noch direkteren Sinne sind die Aktionen von Kerstin Schulz Beispiele von Schwarmkunst. Sie verzichtet

vollkommen auf die nachträgliche Gestaltung durch einen doch wieder singulären Künstler: Bei ihrer Kunstaktion »Strich-Code« wurden 2012 in Hannover Millionen von Sonderpreisetiketten von einem riesigen Menschenschwarm in der gesamten Innenstadt verklebt. Ebenfalls als Schwarmkunst lässt sich das weitverbreitete »Guerilla-Häkeln« *(guerilla knitting)* bezeichnen, bei dem städtische Objekte wie Straßenlaternen, Ampeln etc. von Aktivisten und Aktivistinnen mit Häkelarbeiten verhüllt werden. Ähnliches kann mittlerweile auch bei Fußballfans beobachtet werden, die Stadträume mit Planen, Stickern und Bändern in ihren Vereinsfarben bekleben und verhüllen.

Die geschilderten neueren Theorien und Aktionsformen versuchen einen neuen Begriff für eine große Anzahl gleichartig handelnder Menschen zu finden, dem sie *als Kollektiv* eine besondere Kreativität zusprechen. Sie werden von dem Credo einer neuen Massenkultur angetrieben: *Alle sind sie selbst.* Der Schwarm löst nicht die Individualität der beteiligten Personen auf; er stellt keine Uniformität her. Dennoch ermöglicht er gemeinsame Handlungen und bringt Emergenzeffekte hervor. Genau dies kann der klassische Begriff der Masse nicht leisten. Ihm zufolge existiert jeder Handelnde in der Masse als eines ihrer konformen Teile – Keiner ist er selbst. Wenn man dieses Erkenntnishemmnis beiseiteräumt, lässt sich im Schwarm eine besondere Ausprägung der Masse erkennen. Es gibt keinen Grund dafür, das Konzept der Masse auf besonders formierte oder extrem destruktive Menschenansammlungen einzuschränken. Damit würde man das Spiel der klassischen Massentheorien fortsetzen. Die neueren Ansätze zeigen hingegen, wie eine Masse von handelnden Menschen *aus der Differenz ihrer Mitglieder* entstehen und sich weiterentwickeln kann. »Schwärme«, »Schäume«, »Multitude« – all diese Begriffe sind, obwohl sie dies behaupten, keine Gegenentwürfe zur Masse, sondern Beschreibungen *alternativer* Massenbildungen.

IX

Strukturen der Masse

Welches sind die Strukturen der Massen, die wir bisher betrachtet haben? Eine Masse strebt eines oder mehrere Ziele an; sie besitzt eine mehr oder weniger ausgeprägte innere Strukturierung und grenzt sich von ihrer Umgebung ab. So verlangt eine Studentenmasse von einer autoritären Universitätsführung bessere Studienbedingungen. So fordern die Protestmassen in der DDR grundlegende politische Reformen und Freiheitsrechte von der SED. Die Strukturen von Massen sind nicht ahistorisch, nicht in der Natur des Menschen angelegt. Sie entstehen in spezifischen sozialen Prozessen. Übergreifende Merkmale sind ihre Zielgerichtetheit, affektive Aufladung, ihre Ambivalenz und ihre begrenzte Dauer.

Zwischen verschiedenen Massen können allerdings »Familienähnlichkeiten« (im Sinne Wittgensteins) bestehen: Unterschiedliche Massen können sich in einer Reihe von Merkmalen ähneln. So sind revoltierende Massen strukturell ähnlich aufgrund ihrer Ziele, Emotionen, Handlungsweisen. Dennoch können sie sich zum Beispiel durch ihre Haltung zum Einsatz von Gewalt unterscheiden. Einige von ihnen ähneln sich aufgrund ihrer Organisation, der Bereitschaft zu körperlichem Einsatz, ihrer strategischen Vorbereitung auf eine Demonstration und ihrer inneren Geschlossenheit. Einige dieser Merkmale lassen sich auf Massenaktionen in anderen Feldern übertragen, beispielsweise von Aktionen im Fußballstadion auf politischen Protest. Wir werden in diesem Kapitel zeigen, wie einige Gruppen militanter Fans ins politische Feld wechseln, sich revoltierenden Massen anschließen oder sie gar anführen. Andere Aktivisten kommen ursprünglich aus der Musikszene, haben dort eine männliche, verächtliche Haltung eingeübt und schließen sich in Syrien dem IS an, um ihren Hass nicht nur rhetorisch, sondern in wirklichen Akten auszudrücken. Zwischen den jungen Fans, die im Stadion die Liebe zu ihrem Verein ausleben, und den Massen in der Popkultur gibt es wiederum andere strukturelle Ähnlichkeiten, wie Festfreude, Offenheit für Begegnungen mit anderen, das Vergnügen am Fußball, das für sie schon deswegen bedeutend ist, weil sich so viele Menschen daran beteiligen.

Statt bei dem Wort »Masse« auf einen Kern, auf eine wesentliche, immergleiche Eigenschaft zu treffen, finden wir ein Netz von Ähnlichkeiten, die variieren, je nachdem welche Massen wir mit welchen anderen Massen vergleichen. Auf die Frage: Was ist eine Masse? gibt es daher viele unterschiedliche Antworten, die schon aufgrund ihrer Verschiedenheit unbefriedigend bleiben. Besser ist es, wenn man die Frage anders stellt: *Wann sprechen wir von einer Masse?* Bei der Beschreibung der studentischen Masse von 1966 haben wir einen Moment gefunden, in dem Demonstranten und Zuschauer ein Bewusstsein davon gebildet haben, eine Masse zu sein. Damit verbunden ist das Gefühl, eine gewisse Macht zu besitzen. Von diesem Augenblick an nennen die Beteiligten und ihre Beobachter den sozialen Verbund, den sie vorher als zufällig empfunden haben, eine »Masse«.

Sollte man die Verwendung des Begriffs generell an eine solche explizite Einsicht, also an einen *bewussten* Akt binden? Das ist schon deswegen problematisch, weil es dabei zu falschen oder irrtümlichen Erkenntnissen kommen kann. Ein Beispiel sind sektiererische militante Gruppen, die sich gemeinsam mit einem großen Teil der Bevölkerung im Widerstand gegen die Staatsgewalt wähnen, obwohl diese Masse überhaupt nicht existiert. Ein solcher Fall wird beispielhaft dargestellt in Fjodor Dostojewskis Roman »Die Dämonen« und in Christian Petzolds Film »Die innere Sicherheit«. Nicht jedes Bewusstsein, einer Masse anzugehören, bezieht sich auf eine reale Masse. Umgekehrt geschieht nicht im Zuge jeder Massenbildung bei den Teilnehmern ein Bewusstseinsakt, zu einer Masse zu gehören. Eine Menge von Studierenden, die im Sommer vor dem Hörsaalgebäude in der Sonne sitzt, würde man nicht als Masse bezeichnen. Wenn sie sich aber zu einem bestimmten Zeitpunkt erheben und in die Hörsäle drängen, bilden sie für den Beobachter eine Masse von Studierenden, die eine beliebte Vorlesung hören wollen. Ob sie sich selbst so wahrnehmen, spielt in solchen Fällen keine Rolle. Ebenso verhält es sich bei einer Menschenmenge, die vor den Türen eines Kaufhauses auf den Beginn des Schlussverkaufs wartet, bei Ladenöffnung hineindrängt und auf die Tische mit den Sonderangeboten zueilt. Die gemeinsame Vorwärtsbewegung auf die gleichen Ziele hin und die gleiche Begehrlichkeit, günstige Angebote zu ergattern, lassen sie in den Augen eines Beobachters als eine Masse erscheinen. Was uns berechtigt, von einer Masse zu sprechen, ist die Mobilisierung aufgrund einer bestimmten *Intention*,[1] die allen Mitgliedern *gemeinsam* ist – eine Erregung des Körpers und der Psyche, die sich in einem ähnlichen Verhalten ausdrückt.

Auch in einer *sozialen Gruppe* gibt es etwas Gemeinsames, aber dieses existiert schon *vor* der Begegnung und dauert über diese hinaus weiter an. Sie hat feste Strukturen, die unabhängig von einer Mobilisierung funktionieren. Jede Gruppe gibt sich bestimmte Regeln, die die Mitglieder bei ihrem Handeln beachten. Ein Massenhandeln folgt hingegen keinen vorher festgelegten Regeln. Es entsteht spontan, auf einen bestimmten Anlass bezogen. Dieser kann im Verlauf des Handelns wechseln. Aber nur so lange ein Anlass gegeben ist, dauert die Mobilisierung an. Auch die Auflösung einer Masse geschieht ohne Regeln.

Die Versuche, revoltierende Massen durch Kaderbildung oder Parteigründung zu verstetigen, enden meistens in Splittergruppen (wie die kommunistische Zellen an deutschen Universitäten nach 1968), politischen Sekten (wie die Trotzkisten),

Widerstandsbewegungen im Untergrund (wie die »Rote Armee Fraktion«, die »Roten Brigaden«) oder in einer Parteienfusion (wie bei dem Neuen Forum und der Alternativen Liste, die später mit den »Grünen« fusionierten). Eine Gruppe bleibt eine Gruppe, auch nach Beendigung ihrer Versammlungen; in ihr wirken Bindekräfte, die nicht nur anlassbezogen sind. Eine Masse, die sich nicht mehr regelmäßig versammelt, löst sich entweder in diverse Gruppen auf, schließt sich einer bereits zuvor etablierten Institution an (z. B. einer politischen Partei) oder zerfällt.

Eine wesentliche Schwierigkeit, einer Masse Dauer zu verleihen, besteht darin, den emotionalen Pegel hoch zu halten. Dieses Problem stellt sich bei Massenevents und Konsum-Massen, bei Popkonzerten, Fußballspielen, Automessen und Stadtfesten. Bezahlte »Einpeitscher«, Dauerbeschallung durch Musik, Lasershows und Ähnliches sollen dafür sorgen, dass die Erregung permanent anhält und die Masse nicht zerfällt. Das gleiche Problem haben Massen, die sich aus gemeinsamer Wut und Empörung versammeln. Auch sie müssen durch gemeinsames Brüllen von Parolen, aufrüttelnde Reden und Kundgebungen verhindern, dass die Erregung abflaut. Freuds Wahl von Heer und Kirche als exemplarische Fälle von Massen macht unter dem Gesichtspunkt Sinn, dass der emotionale Kern *ein* Hauptmerkmal von Massen ist. In beiden Institutionen gibt es – gleichsam unterhalb der offiziellen Strukturen – ein Potenzial permanenter Erregung, das letztlich den Sinn dieser Institution ausmacht: In der Kirche ist es die Furcht vor der Bedrohung durch das Böse, beim Militär die Furcht vor der Bedrohung durch den Feind. Durch die emotionale Massenbildung erhalten Erregung, Furcht, Bewunderung, (kollektive) Liebe und Begeisterung eine, wenn auch temporäre, sozial konstruktive Funktion.

Im Binnengeschehen der Massen entstehen spezifische Prozesse, die sich psychologisch *und* soziologisch deuten lassen: die Suche nach Spannung und Erregung, die emotionale Ansteckung, die schöpferische Kraft zur Erzeugung neuer sozialer Beziehungen. Sie geschieht durch physisches und emotionales Berührtwerden. Es gibt keine soziale Aggregierung, die die Teilnehmer so unmittelbar berühren kann wie die Beteiligung an einer Masse. Aus diesem Grund scheuen Personen mit einer ausgeprägten Vorliebe für Distanz vor einer Beteiligung am Massengeschehen zurück. Hingegen löst es in jenen Menschen, die davon angezogen sind und die ihre Berührungsfurcht überwunden haben, Gefühle einer körperlichen Vergrößerung und einer Zunahme von Macht aus. Hinzu kommt eine andere Art der Interaktion von Körper und Sprache. Körperliche Aktionen und sprachliche Äußerungen werden im Massengeschehen durch den gleichen Rhythmus der Vorwärtsbewegung miteinander verbunden. Eine Masse, die zu laufen beginnt und dabei gemeinsam Parolen herausschreit, macht den Eindruck höchster Dynamik und Gefährlichkeit. Wenn in einem Trauerzug nach der Beerdigung von ermordeten Kollegen der Ruf nach Rache laut wird, entsteht innerhalb von Minuten eine Hetzmeute, die sich mit brutaler Entschlossenheit auf vermeintlich Schuldige stürzt. Aus einer Leichenfeier für ermordete Angehörige der Guardia Civil wurde so eine kollektive Vergeltungsaktion gegen mutmaßliche ETA-Angehörige, die sich im franquistischen Spanien (in Pamplona 1973) vor unseren Augen vollzog.

Ein entscheidender Unterschied zwischen dem Begriff der Masse und dem der sozialen Klasse ist, dass sich die Teilnehmer einer Masse nicht in einem gesellschaftlichen Wettbewerb befinden. In der Masse geht es nicht wie in einer Klasse um soziale Distinktion, das heißt: um die Unterscheidung von anderen Klassen und von anderen Mitgliedern derselben Klasse durch Merkmale, die den Besitz von ökonomischem und symbolischem Kapital anzeigen.[2] Von solchen Konkurrenzen sind die Teilnehmer einer Masse entlastet. Im Massenhandeln steigern sie zusammen ihre Kräfte, teilen ihre Emotionen, ergänzen einander in gemeinsamer Aktion, bestärken sich gegenseitig durch das Spüren der anderen. Das geschieht nicht nur in Kooperation mit der eigenen Masse, sondern auch in der Konfrontation mit einer gegnerischen Teilmasse: Man hat ein Gefühl für die Angst der anderen oder, umgekehrt, für ihre Selbstgewissheit. Empathie verbindet den Handelnden mit den Gefühlen anderer Menschen und führt zu einem gemeinsamen Handeln. Diese *communio* wurde von den klassischen Massentheorien so stark hervorgehoben, dass sie die internen Unterschiede nicht wahrnahmen. Die Existenz in der Masse schließt jedoch soziale Differenzen zwischen ihren Mitgliedern nicht aus; sie kann sogar, wie im Falle von Doppel-Massen, zu einer Schärfung der Wahrnehmung von Differenzen führen.

Dass dennoch immer wieder in der Betrachtung der Masse die Einebnung von individuellen Unterschieden hervorgehoben wird, liegt daran, dass sie oft in begriffliche Nähe zur Krise gerückt wird. In einer politischen Krise wird die bestehende Ordnung aufgehoben, indem alle Abgrenzungen und Unterschiede, die für deren Aufrechterhaltung wesentlich sind, für nichtig erklärt werden. So übernehmen Beauftragte einer revoltierenden Masse Funktionen, die vorher von der Polizei wahrgenommen wurden, wie die Aufrechterhaltung der neu etablierten Ordnung. Bei den Studentenunruhen um 1968 hielten Studierende anstelle von Professoren Seminare. Fußballfans stürmen auf den Platz und reißen die Grenze zwischen Zuschauerraum und »heiligem Rasen« ein und mischen sich unter die Spieler. In einer politischen Krise eignen sich revoltierende Gruppen Machtbefugnisse an, die vorher ausschließlich von staatlichen Autoritäten ausgeübt wurden – Strafmandate werden ungültig gemacht, Haftbefehle aufgehoben, Kontrollen übernommen oder vollständig abgeschafft. Diese Aktionen sind Demonstrationen für die Öffentlichkeit: Sie zeigen an, dass sich eine Gegen-Gewalt gebildet hat, die das staatliche Gewaltmonopol herausfordert und dieses aufzulösen trachtet. Solche revoltierenden Massen erfinden eigene Erzählungen mit dem Ziel, ihre gegen die bestehende Ordnung gerichteten Handlungen zu rechtfertigen. So begründeten autonome Gruppen den Einsatz von Gewalt beim Treffen der G 20 in Hamburg 2017 mit der viel brutaleren Gewalt, die durch die Globalisierung der Ökonomie hervorgebracht werde. Handlungsweisen dieser Art sind typisch für politische Krisen.[3] Eingespielte Handlungsroutinen werden außer Kraft gesetzt, um neue, unberechenbare Situationen zu schaffen. Die Nähe beider Arten von Mobilisierung, von Krise und Masse, erkennt man an ihrem Zusammenwirken: Eine politische Krise kann zur Bildung von neuen und größeren Massen führen – das kontinuierliche Anwachsen von Massen kann eine politische Krise auslösen.

Wie in der Krise Differenzen nicht verwischt, sondern in aller Schärfe sichtbar werden, so hebt auch die Masse Differenzen nicht auf, sondern kann sie steigern und mit neuen sozialen Konstellationen verbinden. In der Vergangenheit haben die Massentheorien – meistens aus ideologischen Gründen – nur einzelne Facetten hervorgehoben und andere Merkmale unbeachtet gelassen. Die Tatsache, dass Masse ein vielgestaltiges Konzept ist, verlangt eine differenzierte Beschreibung. Um weder den Überblick zu verlieren noch das Massenphänomen ungebührlich zu vereinfachen, kommt es darauf an, die strukturellen Merkmale der *jeweils betrachteten* Masse zu erfassen: ihre innere Zusammensetzung und Struktur, die antreibenden Emotionen, ihre Gegner, ihre Veränderung in der Zeit, die Wahrnehmung von außen. Zu beachten ist auch ein anderer Typus des Theoretikers, der bisher wenig zur Sprache gekommen ist: der teilnehmende Beobachter der Masse, der wie Elias Canetti beim Sturm auf den Wiener Justizpalast 1927 alles registriert, was um ihn herum geschieht und *nach* dem Ereignis das Gesehene und Erlebte aufzeichnet, um es zu analysieren. Canettis Text argumentiert nicht, sondern fasst die erinnerten Eindrücke in einer poetischen Sprache zusammen, die im Leser Resonanzen hervorruft. Er setzt sich hier nicht begrifflich mit dem Massenphänomen auseinander.

Vielmehr geht es Canetti darum, seine Erfahrung in einer kollektiven existenziellen Situation möglichst genau zu erfassen.[4] Als Leser erfahren wir aus seiner Beschreibung des Wiener Aufstands, bei dem 90 Menschen erschossen wurden, das ungeheuer Erregende der Situation von Menschen in einer revoltierenden, gefährlichen und gefährdeten Masse.

Masse und Mob

Ein anderer Typ als die klassischen Massen entsteht im 20. Jahrhundert mit den faschistischen und totalitären Bewegungen. Sie vereinen Disziplin und Gewaltbereitschaft, Formierung und revoltierende Auflösung. In ihrem Buch *Elemente und Ursprünge totalitärer Herrschaft* analysiert Hannah Arendt sie als jene Kraft, die Hitler und Stalin *für* ihre Herrschaft gegen den Staat, *gegen* die politischen Parteien, die Bürokratie und das Militär mobilisiert haben, kurz, gegen alle Institutionen, die bis dahin den Staat und die Gesellschaft ausmachten.[5] Mit begrifflichen Bestimmungen hält sich Arendt nicht lange auf, sondern übernimmt die Sichtweise der klassischen Theoretiker. Neu an ihrer Analyse und wichtig für unsere Überlegungen sind die Abgrenzungen dieser Massen gegenüber dem Mob.

Zu einem gezielten politischen Einsatz des Mobs kommt es in Frankreich gegen Ende des 19. Jahrhunderts mit einer Intrige gegen den jüdischen Hauptmann im Generalstab der Armee Alfred Dreyfus, dem im Auftrag der Spionageabwehr seines eigenen Landes ein gefälschtes Dossier untergeschoben wurde. Dreyfus wurde der Spionage für das Deutsche Reich angeklagt und zu einer harten Strafe verurteilt. In der Affäre kommen gleichermaßen der Hass auf die Juden, die Verachtung für die Republik und die Ablehnung des französischen Staats zum Ausbruch. Gegen Dreyfus und das französische Judentum allgemein setzten Offiziere des Generalstabs eine antisemitische Hetze in Gang. Sie wiegelten den Mob auf und organisierten dessen Kampagnen. Von der Öffentlichkeit, insbesondere den Medien und Politikern, wurden die Aktionen des Mobs für Stellungnahmen des französischen Volks gehalten – ein »Grundirrtum«, schreibt Arendt: Der Mob war nicht identisch mit dem Volk; er war auch kein Vorläufer der Massen, die später im 20. Jahrhundert entstanden: »Der Mob setzt sich zusammen aus allen Deklassierten. (...) Er ist eine Karikatur des Volkes und wird deshalb so leicht mit ihm verwechselt. Kämpft das Volk in allen großen Revolutionen um die Führung der Nation, so schreit der Mob in allen Aufständen nach dem starken Mann, der ihn führen kann. Der Mob kann nicht wählen, er kann nur akklamieren oder steinigen. Daher verlangten seine Führer schon damals jene plebiszitäre Republik, mit der moderne Diktatoren so vorzügliche Erfahrungen gemacht haben.«[6]

Der Mob bestand insbesondere aus »ruinierten mittelständischen Existenzen« und Abenteurern. In der Zeit nach dem Ersten Weltkrieg wurde er zu einem Objekt der Faszination und Bewunderung für Teile der kulturellen Elite, die in den Schützengräben jeglichen Glauben an Ideale und Werte eingebüßt hatte. Wie Robert Gewarth in einer neuen Veröffentlichung zeigt, resultierte die Verrohung der Nachkriegsgesellschaften nach 1918 allerdings nicht nur aus der Erfahrung des Frontkrieges, sondern auch aus den Kriegsfolgen, den Revolutionswirren, kriegerischen Grenzkonflikten und marodierenden Freicorps.[7] Nach Arendt gab es »die furchtbare Versuchung, den Mob mit dem Volk zu verwechseln« und seine Vitalität, sein Gangstertum, seine Grausamkeit zu bewundern.[8]

Der Mob, so Arendt, parodiert unabsichtlich den Freiheitsanspruch des revoltierenden Volks. Weil er als Karikatur in der Logik und Formgebung des Originals, des Volks, bleibt, wirkt sein Verrat umso schlimmer. Ganz anders ist das Verhältnis von Mob und Masse – bei beiden handelt es sich um unterschiedliche historische

Formationen. Während der Mob ein »frühes Abfallprodukt der Herrschaft der Bourgeoisie, die zu ihr gehörige Unterwelt«,[9] ist, entstehen die Massen dieser Zeit aus dem Zusammenbruch der Klassengesellschaften. Ist der Mob, hierin Marx' Lumpenproletariat ähnlich, ein Bestandteil der bürgerlichen Gesellschaft, so ist die Masse ein *nach-bürgerliches* Phänomen. Anders als der Mob kann die Masse daher auch einer neuen Art der Gesellschaft ihren Namen geben: der »Massengesellschaft«, die der Klassengesellschaft und deren Zusammenbruch im 20. Jahrhundert folgte. Die Massen sind klassenmäßig nicht mehr zuzuordnen; die alten Parteien sind nicht fähig, ihnen eine politische Heimat zu geben. Aus ihnen formten Hitler, Stalin und ihre Helfer ihre *Bewegungen*. Aufgrund ihrer Fähigkeit, die Massen zu organisieren, waren sie in einer Massengesellschaft allen Politikern überlegen. Sie zerschlugen den Staat und vernichteten jede andere Autorität oder zwangen sie dazu, sich ihnen unterzuordnen.

Den Massen *als totalitäre Bewegung* fehlte zunächst jegliches spezifische Klassenbewusstsein und politische Interesse. Was sie aber um jeden Preis erreichen wollten, war eine Änderung der bestehenden Zustände. Die nationalsozialistische Bewegung wollte durch ihre Aktionen demonstrativ zum Ausdruck bringen, dass sie und nur sie es war, die die Mehrheit des Volkes hinter sich hatte. Tatsächlich entsprach dies nicht der politischen Wirklichkeit. Die Massen stellten nach H. Arendt »eine Kampfansage« an den Individualismus des Bürgertums dar. Sie standen als »unorganisierte, unstrukturierte Massen verzweifelter und hasserfüllter Individuen« dem Nationalsozialismus zur Verfügung, der aus ihnen ein schlagkräftiges Instrument und eine willfährige Organisation formte.[10]

Ob Arendts Analyse, die auf eine sozialwissenschaftliche Fundierung verzichtet, im Einzelnen zutrifft, soll hier nicht diskutiert werden. Ihre Beschreibungen können jedoch hinzugezogen werden, um den Typus der totalitären Masse zu beschreiben. Auf Europa heute sind

MASSE UND MOB   281

deren Eigenschaften kaum zu übertragen, selbst wenn der Populismus
einiger politischer Bewegungen auf eine Schwächung, wenn nicht
die Abschaffung der repräsentativen Demokratie hinarbeitet. Es
gibt in der gegenwärtigen Situation nicht die von Arendt genannten
Voraussetzungen der Kontaktlosigkeit und des Entwurzeltseins in
einer »atomisierten Massengesellschaft«.[11] Die modernen westlichen
Gesellschaften haben sich seit den 1960er-Jahren deutlich anders
organisiert. Die Figur des Individuums, das auf je eigene Weise seinen Lebensstil subjektiv und dabei gleichzeitig in konformistischer
Übereinstimmung mit den Normen seiner gesellschaftlichen Gruppe
gestaltet, ist ein Grundpfeiler der gesellschaftlichen Existenz der großen Mehrheit der Bevölkerung. Wenn heute von Massengesellschaft
die Rede ist, bezieht sich dies auf Alltagsverhalten, Lebensstile, Konsum und Geschmackswahlen. Ein Absinken von Strukturmerkmalen
würde heute zu einer Verschlechterung des sozialen Lebens, aber
nicht zu Vereinzelung und vermutlich nicht zum Zusammenbruch
gesellschaftlicher Strukturierung führen.

Allerdings finden sich auch in der jüngsten Vergangenheit und in
der Gegenwart sogar in verstärktem Maße demonstrierende Massen: bei den Pegida-Märschen in Dresden, in Seoul als Demonstrationen gegen die Präsidentin Park, in Rumänien als Proteste gegen
die Korruption der Herrschenden, in Katalonien als separatisti-
sche Bewegung – sehr unterschiedliche Phänomene, deren Akteure
aber zu Recht als »Protestmassen« bezeichnet werden. Es ist jedoch
nicht »das Volk«, das sich auf den Straßen und Plätzen versammelt,
sondern Angehörige gesellschaftlicher Gruppen und Parteien mit
soziologisch bestimmbaren Merkmalen. Die Zusammensetzung von
Protestmassen ist weder völlig heterogen noch gänzlich homogen.
Umso dringender stellt sich die Frage nach den *sozialen Strukturen* der beteiligten Individuen, nach der Strukturierung der Massen selbst und schließlich nach den Beziehungen zwischen Massen
und Beteiligten.

Die Milieus der Massen in der Gegenwart

Was bestimmt das Handeln der *Individuen* in den Massen heute? Diese Frage ist deswegen wichtig, weil sich deren Handeln auf die Beschaffenheit der Masse auswirkt. In umgekehrter Richtung werden auch die Individuen von der Masse verändert. Die *zweite* Frage ist also: Wie wirkt die Masse auf ihre Mitglieder? Es ist anzunehmen, dass es ebenso wenig einen direkten Einfluss eines einzelnen Individuums auf die Masse gibt wie ein unmittelbares Einwirken der Masse auf ihre Mitglieder. Im ersten Fall würde man einen allmächtigen Führer postulieren, im zweiten die Masse als geschichtliche Kraft begreifen. Masse und Individuen sind vielmehr durch ein dynamisches Geschehen vielfältig miteinander verbunden.

Nehmen wir als Beispiel noch einmal die Studentenproteste von 1968 in Nanterre, dem Ausgangsort jener Bewegung, die am Ende in einen Generalstreik einmündete. Die sozialen Strukturen der Akteure der ersten Stunde lassen sich wie folgt bestimmen: Der Streik ging von Studenten der Sozialwissenschaften (und einiger anderer »weicher« Fächer) aus. Mit ihrem sozialen *Habitus*, den sie in der Jugend und ihrem Studium ausgebildet haben, unterscheiden sie sich von den Mitgliedern anderer Studentengruppen. Studierende der Naturwissenschaft beispielsweise denken und agieren, vor allem wenn es sich um soziale Proteste handelt, anders als sie.

Ein Habitus besteht aus Kenntnissen, Fertigkeiten, Regeln, aus theoretischem und praktischem Wissen, sozialen Fähigkeiten und einem bestimmten Urteilsvermögen. Er bildet einen umfassenden Komplex, der die Akteure fähig zum Wahrnehmen, Handeln und Urteilen macht.[12] Von den Subjekten wird er durch implizites Lernen zuerst im Elternhaus, im Kontakt mit Gleichaltrigen (der *peergroup)* und in der Schule erworben, später in der Berufsausbildung oder im Studium und in anderen Institutionen, wie Kirchen, Sportvereinen, politischen und künstlerischen Gruppen. Zum Habitus

DIE MILIEUS DER MASSEN IN DER GEGENWART   283

von Studierenden der Soziologie gehörten 1968 höhere Schulbildung, Interesse an Politik und Diskussionen, an aktuellen Medien (Fernsehen, Zeitungen, Nachrichtenmagazine, Filme), kulturelle Kompetenzen, Distanz zu autoritären staatlichen Instanzen, Kenntnisse der Universitätsstrukturen und die Bereitschaft, Autoritäten und Meinungen infrage zu stellen. So waren sie fähig, die Stellung und das Ansehen des eigenen Fachs in der Universität und in der Gesellschaft einzuschätzen. Ihnen war klar, dass es sich um ein relativ neues Fach handelte, dass die Zahl der Soziologiestudenten und Diplome sprunghaft zugenommen hatte und dass sie als Absolventen der neuen Universität Nanterre, anders als die Studierenden der Elitehochschulen, mit unsicheren Karrierechancen zu rechnen hätten. Außerdem fanden sie sich durch ein verschultes Studium schlecht für den Arbeitsmarkt gerüstet. Aufgrund ihrer soziologischen Kenntnisse waren sie in der Lage, die Verkrustungen der Universität, die Starrheit der Strukturen in Politik und Bildung, den Modernisierungsrückstand des Landes insgesamt zu erfassen.

Mit ihrem spontanen Zusammenschluss zu einer Protestmasse verstärkten die Soziologiestudenten von Nanterre die strukturierenden Merkmale ihres Habitus. Als Studierende anderer Fächer hinzukamen, behielten sie die Meinungsführerschaft. In den Auseinandersetzungen mit der Universitätsspitze, den staatlichen Vertretern und der Polizei wurden sie keineswegs zu einem Mob. Sie entwickelten witzige, geistreiche Protest- und Widerstandsformen: phantasievolle Slogans, Songs, Karikaturen, Flugblätter, also Formen intelligenten Widerstands, die Künstler und Intellektuelle sofort für sie einnahmen.

Eine Studentenmasse ist eine andere Masse als eine von streikenden Arbeitern. Aufgebrachte Bauern oder empörte Lehrer haben andere Protestformen, eine andere Organisation des Widerstands, andere Versammlungsorte und Parolen. Auch die inneren Strukturen der Masse unterscheiden sich: die internen Hierarchien,

Beratungs- und Beschlussgremien (Streikrat, Abstimmungsformen, Verhandlungsführer), die Unterstützung durch bekannte Persönlichkeiten, der Ausdruck in künstlerischen Formen (Straßentheater, Lesungen, Grafitti). Auch die revoltierenden Akte unterscheiden sich: vom Einsatz körperlicher Gewalt (Verprügeln, Einsperren von Chefs) über demonstrativ zerstörerische Aktionen (Entleeren von Lastwagenladungen auf der Autobahn) bis hin zu offen kriminellen Akten (Verwüsten von Büros, Sabotage in Betrieben). Eine Masse verändert sich ständig durch ihre Aktionen und die Risikobereitschaft ihrer Mitglieder. Durch Einflüsse von außen wird sie selbst permanent verändert, so durch den Zulauf neuer Personengruppen, die von anderen Strukturen geprägt sind; durch die Reaktionen von staatlichen Autoritäten und Polizei; durch die Unterstützung oder Verurteilung der Öffentlichkeit (politische Parteien, Medien) und durch Institutionen, die sich am Geschehen beteiligen oder es behindern (wie 1968 die Gewerkschaften).

Bei all diesen Ausdrucksformen wird eine Masse durch den Habitus ihrer Teilnehmer geprägt. Wie aber wird umgekehrt der Habitus der Akteure durch die Masse, der sie angehören, verändert? Bourdieu selbst hat keine Ansätze für eine Theorie der Masse ausgearbeitet. Er zeigt jedoch, dass sich die Strukturen eines Habitus unter Einfluss des *sozialen Feldes*, auf das sie treffen, entwickeln. Diesen Gedanken führt er wie folgt aus:[13] Der Habitus bildet ein System von Strukturen, die als Dispositionen für ein Handeln in unterschiedlichsten Situationen im Subjekt angelegt sind. Sie befähigen den Akteur, in einem bestimmten sozialen Feld zu handeln. Soziale Felder sind Bereiche, in denen es um bestimmte soziale Güter und um Macht geht. So geht es im Feld der Kunst um die Produktion und Anerkennung von ästhetischen Werken (Literatur, Malerei, Theater, Musik), im wissenschaftlichen Feld um Wahrheitsproduktion, Organisation und Finanzierung von Forschung, im religiösen Feld um ein vom Glauben geprägtes Leben und die öffentliche Rolle kirchlicher Institutionen, im Feld des Sports um körperliche Leistungen und Erfolge, aber auch um Einnahmen durch hohe Leistungen. Das alles umfassende Feld ist das der Politik. Hier werden Fragen der Macht und Herrschaft entschieden. Es ist das Feld mit der größten Breitenwirkung; es spielt für jedes spezielle Feld, in dem um Machtpositionen und Vorherrschaft gekämpft wird, eine Rolle.

Eine Masse, wie die studentische Protestmasse von 1968, konstituiert zwar kein Feld, aber sie funktioniert in analoger Weise. Auch einer Masse geht es um ein soziales Gut (Beteiligung an der Macht, Erneuerung, demokratische Entscheidungen), um den Ausdruck von Ablehnung und von Forderungen. Wie das soziale Feld verändert auch eine formierte Masse die Strukturen ihrer Mitglieder. Anders als bei einem Feld steht in einer Masse jedoch nicht von vornherein fest, welches die umkämpften Güter sind. Eine Masse ist also deutlich beweglicher, unbestimmter, unkalkulierbarer als ein soziales Feld. Um die Unterschiede zum Feldbegriff zu markieren, wollen wir die Masse als ein *Milieu* des Handelns bezeichnen.[14]

Das Milieu der studentischen Massen von 1968 mit seinen spezifischen Strukturen entsteht unter wesentlicher Beteiligung der Habitus der Akteure. Einmal gebildet, beginnt es in umgekehrter Richtung die Habitus der Beteiligten zu beeinflussen. Es löst die Akteure aus den üblichen sozialen Zwängen und Rücksichten heraus; es entfernt sie von ihrem Fachhabitus mit seiner gelehrten Sprache; es erzeugt eine Nähe der Beteiligten untereinander und favorisiert direkte körperliche Umgangsformen, spezifische Gesten und Sprechweisen und eine kämpferische Haltung. Die im gesellschaftlichen Verkehr zuvor herausgeformten Distinktionen, die Unterschiede der Rangordnung und die Höflichkeitsformen werden demonstrativ abgelegt, was sich in einem allgemeinen Duzen unter Professoren in Frankreich von 1968 bis heute erhalten hat. Das Milieu der Revolte lässt neue Ausdrucksformen entstehen, die als eine demonstrative Aufgabe »bourgeoiser« Verhaltensweisen empfunden werden. Diese Veränderungen bringen jedoch nicht die Habitus der Beteiligten generell zum Verschwinden. Ein Professor bewahrt selbst an einer Reformuniversität (wie Paris St. Denis) seinen Status gegenüber den Politikern, den Bediensteten und der Öffentlichkeit.

Ähnlich wie das soziale Feld besitzt auch die Masse bestimmte Spezifika, die man ohne diesen Vergleich übersehen würde. Wer innerhalb eines sozialen Feldes agiert, entwickelt eine Vorstellung von dessen Bedeutung, von der internen Machtstruktur und der eigenen Position innerhalb dieser Struktur. Wie sich in den sozialen Feldern Kämpfe um relationale Positionierungen entwickeln, entstehen auch in einer Masse Auseinandersetzungen um Einfluss und Macht. Allerdings entfalten sich die im Habitus angelegten Fähigkeiten, Fertigkeiten und Kenntnisse unter den Bedingungen der Masse auf andere Weise als im Studium. Auch hier spielt strategischer Kalkül eine Rolle, wenn es darum geht, Einfluss auf das Denken und Handeln der Masse zu gewinnen und die Führung zu erringen. Dies zeigen 1968 beispielhaft die Karrieren der vorher unbekannten Studenten Daniel Cohn-Bendit und Rudi Dutschke.[15] Tendenzen dieser Art sind nicht einfach Fortschreibungen der im Habitus niedergelegten Dispositionen. Sie empfangen jedoch wesentliche Anstöße aus den Wechselbeziehungen der Strukturen der Masse mit den Reaktionen ihrer Gegner

Massen sind keine naturähnlichen Phänomene; sie gleichen nicht Fluten, Lawinen oder Bränden. Sie sind auch keine Über-Personen, die wie *ein* Subjekt handeln, sondern bilden sich in sozialen Prozessen, in deren Zentrum ein Zusammentreffen der vielen strukturierten Habitus mit der strukturierenden Masse stattfindet. Dieses Geschehen ereignet sich in einer spezifischen sozialen Umgebung, auf die sich die Aktionen richten. Die Masse ist das Milieu, in dem sich die Habitus ihrer Mitglieder auf Kerneigenschaften reduzieren, und sich dadurch gerade verstärken können. Die sinnliche Erfahrung der Vielzahl von Akteuren – ihre große Anzahl, ihre Verschiedenheit und die gegenseitigen Resonanzen ihrer Habitus – verleiht dem Milieu der Masse eine besondere Dynamik. Aufgrund der Kraft des Sozialen kann dieses Milieu, wenn es von längerer Dauer ist, eine Sonderwelt mit spezifischen Regeln, Urteilen und Ritualen ausbilden. In einem Punkt sind die Behauptungen der klassischen Theorien nicht falsch: dass die Aufladung mit Gefühlen beim gemeinsamen Handeln zu emotionaler Ansteckung und zu kollektiven Nachahmungen führt. Zu den Beispielen, in denen eine Masse sich zu einer Sonderwelt verstetigt, zählen Bewegungen religiöser Sektierer, Fangruppen der populären Kultur und politische Rebellengruppen. Es mag skurril anmuten, dass diese Beispiele in einer Aufzählung gemeinsam genannt werden; wie unsere weiteren Ausführungen zeigen werden, gehören sie aber alle zu einem Netz von Ähnlichkeiten, das die Masse aufspannt.

Emotionale Resonanz

Ein wesentlicher Faktor der Massenbildung ist besonders deutlich in der Jugendkultur zu erkennen: Jugendliche Fans in der Popkultur und Ultra-Gruppen im Fußball haben eine große Bereitschaft, sich für *emotionale Resonanzen* und die Beteiligung an spektakulären Aktionen zu öffnen. Bei Popkonzerten werden diese von der geschickten Regie prominenter Akteure auf der Bühne ausgelöst (Mitsingen, Lichteffekte durch Handys, Dialog des Stars mit dem Publikum). Die Masse wird zum »Ornament«;[16] auf den Fußballtribünen führt sie selbst entworfene Choreographien auf. Im Fußball kann ein Überschuss an Emotionen zu verbalen oder sogar tätlichen Angriffen auf den Mannschaftsbus und die Fans der gegnerischen Mannschaft kommen. Mit Recht werden diese Tätergruppen von der Presse als »Mob neuen Stils« verurteilt.[17] Jugendliche Massen öffnen sich bereitwilliger als andere gegenüber emotionaler Ansteckung. Sie führt zu der Erfahrung eines *Wir*-Gefühls, das mit der Vergrößerung des Selbst und einem affektiv geprägten Selbstverhältnis einhergeht. Die gefühlte Selbst-Vergrößerung lässt sich als ein *Ich* darstellen, das sich durch emotionale Resonanz um die Gefühle der anderen erweitert und ein gemeinsames umfassendes *Wir* erzeugt.

Schematisch kann man die Beziehung von *Ich* und *Wir* wie folgt darstellen (wobei der Klammerausdruck die Resonanz der Gefühle einer unbestimmten Zahl von anderen im erlebenden *Ich* symbolisiert):

Ich + (Ich+Ich+Ich+ …) = Wir

Nach dem gemeinsamen Erlebnis können die Resonanzen über längere Zeiträume weiterwirken. Von der kollektiven Einbildungskraft werden sie zum Initiationsereignis für die ganze Masse verklärt, zu dem Augenblick, in dem diese zum ersten Mal auftrat und sich nach dessen Vorbild bei sich bietender Gelegenheit wieder aktiviert (wie das Beispiel des 1. Mai in Kreuzberg zeigt).

Emotionale Resonanzen machen jedoch nur einen Aspekt des Gesamtgeschehens eines Massenereignisses aus. Bei intaktem Habitus sind dessen tiefer liegenden Strukturen auch bei Massengefühlen weiter aktiv, allerdings meist unterhalb der Bewusstseinsschwelle. Zu diesen gehören insbesondere fundamentale ethische Einstellungen. Von der Extremsituation akuter Todesangst abgesehen, verhindern sie, dass Akteure moralisch beliebig handeln. Sie öffnen vielmehr einen Sektor *möglicher* Handlungsoptionen, der neben egozentrischen auch altruistische Akte umfasst. Bereits Freud hat darauf hingewiesen, dass die tieferen Schichten des Bewusstseins, in denen die ethischen Werte eingelagert sind, vom Massengeschehen gewöhnlich nicht berührt werden – eine Feststellung, die jedoch nicht auf das Handeln in fanatischen Kriegen bezogen werden kann. In Situationen ohne Bedrohung von Leib und Leben wirkt sich der Einfluss des Milieus, wie das Beispiel der Studentenbewegung zeigt, unterschiedlich auf die Habitus der Beteiligten aus:

Eine Fraktion der Masse schränkt ihre Forderungen nach Reformen auf die Universitäten ein. Eine andere Fraktion dehnt diese auf die Reformierung der ganzen Gesellschaft aus. Eine dritte fordert den Umsturz der Machtverhältnisse. Was jedoch *alle* Habitus der protestierenden Studenten ausschließen, ist die Rückkehr zu der alten Situation, also die Akzeptanz der herrschenden Verhältnisse.

Alle bedeutenden Massenphänomene der letzten Jahrzehnte konnten nicht mehr aufgehalten werden, wenn erst einmal ein »Gärungsprozess« in Gang gesetzt war. Das Erleben der Macht der Masse, selbst wenn sie nur einen kurzen Augenblick lang spürbar ist, bestärkt nachhaltig das Selbstbewusstsein der Akteure. Auch wenn ihr Protest niedergeschlagen wird, können sie dennoch eine Stärkung ihres Habitus erfahren: Sie haben gesehen, dass die Machthaber einen Moment lang wankten (wie im »Arabischen Frühling«). Das Schwanken der Macht kann vielleicht mit Gewalt oder mit dem Versprechen auf Besserung der Verhältnisse aufgehalten werden – langfristig wird die Aussicht auf Erfolg des Widerstands nicht aufgegeben. Wie dem spontanen, eruptiven Ausbruch von Massenbewegungen ein mehr oder weniger langer Gärungsprozess vorausgeht, führen auch diese selten direkt zu einem Umsturz der Verhältnisse, sondern setzen einen Prozess der Erosion in Gang.[18]

Fanatische Massen I: Fußballfans und Ultras

Das Modell der Masse als ein aufgespanntes Milieu, das von den Habitus der Akteure strukturiert wird und seinerseits die Strukturen der Akteure verändert, lässt sich – allerdings mit erheblichen Modifikationen – auf die Beschreibung von fanatisierten Massen anwenden. Ein Beispiel sind die Fan-Massen im Fußball. Ein allen Fangruppen gemeinsames Kennzeichen ist die unbedingte Liebe zu »ihrem« Verein und eine quasi-religiöse Verklärung.

Mit Recht spricht man von einer Fan*kultur*. In ihrem abgetrennten Segment des Stadions verrichten die Anhänger einen durchaus mühevollen Dienst an ihrem Verein. In der Masse der Fans herrscht eine Hierarchie, die an jedem Spieltag von Neuem bestärkt wird. An der Spitze stehen die Anführer, die die Kommandos zum Anfeuern, Singen und Schmähen des Gegners geben. Welche Wirkung die Fanmasse hat, hängt von der Einstellung der Fans selbst ab. Bei unbedingter Unterstützung, insbesondere im Kampf um einen Spitzenplatz in der Liga oder gegen den Abstieg, agiert sie als ein eingespieltes Kollektiv, dessen Aktionen von den Anführern in der Rolle von Einpeitschern mit den Aktionen auf dem Spielfeld koordiniert werden. Enthusiastische Aktionen der Fans können ein ganzes Stadion mitreißen. Sie sind unverzichtbar für ein gelungenes Fußballspektakel. Mangelnder Einsatz ihrer Mannschaft wird durch Akte der Missachtung »bestraft«. Eine enttäuschte Fanmasse verwandelt sich in ein wütendes Heer von Zweiflern.

Der ständige Einsatz für den Verein, insbesondere von den hochaktiven Ultras, macht die Fans zu einer ebenso gefürchteten wie umworbenen Gruppe. Sie sind für den Verein und den Fußballverband ein wichtiger, aber auch schwieriger Partner, weil sie ein Mitspracherecht bei der Ansetzung der Spiele einfordern, Stehplätze zu erschwinglichen Preisen verlangen und gegen die Kommerzialisierung des Fußballs agitieren. Das Milieu der Masse verwandelt die überwiegend jungen Fans in einen harten Meinungsblock, der seine Auffassung vom Fußball mit provokatorischen Aktionen durchdrücken will. Die Fanmasse empfindet sich als Hüter der Tradition des Fußballs, die nach ihrer Überzeugung nur von gewachsenen Vereinen und den emotional mit ihnen verbundenen Anhängern aufrechterhalten werden könne. Das Handeln in der Masse gibt dem einzelnen Fan eine Bedeutung, die er an keinem anderen Ort erlangen könnte. In den Auseinandersetzungen mit gegnerischen Fans wächst ihm das Gefühl der Stellvertretung von

Mannschaft und Klub zu. Erhöht wird dieses Gefühl, wenn seine Unterstützung »seiner« Mannschaft zum Sieg verhilft. So wird dieser auch zu *seinem* Sieg.

In der Masse der Fans spielt die Zugehörigkeit zu einer sozialen Klasse keine Rolle. Sie stammen aus nahezu allen sozialen Schichten. Während ansonsten Massen oft als Karikaturen der guten Gesellschaft angesehen werden, ist es im Fußballstadion anders – hier hat die feine Gesellschaft eher den Wunsch nach einem ungehemmten Ausdruck der Erregung nach Art der Fangemeinde und genießt das temporäre Aushängen ihres herkömmlichen Habitus. Ohne das spezifische Milieu einer Masse wäre ihnen ein solch ungehemmtes Verhalten kaum möglich. Auch andere für die Habitusbildung wichtige Parameter, wie Einkommen, Bildung, soziales Kapital sind in der Masse der Fans keine unterscheidenden Merkmale. Die Zugehörigkeit zu einer Fangruppe beruht einzig auf einem affektiven Hingezogensein zu einem Verein und auf einer Bereitschaft, sich in die Gemeinschaft zu integrieren, ihre Rituale mit zu vollziehen, sich zu kleiden wie die anderen Fans und sich auf ihre besondere Gefühlswelt einzulassen. Aufgrund ihrer Offenheit kann eine Fanmasse ein weites, diffuses Milieu anbieten, das viele verschiedenartige Habitus in sich aufnimmt und in Kontakt miteinander bringt. Sie kann Nährboden für innovative soziale Mischungen sein. Ihre Teilnehmer können sich Handlungs- und Identifikationsräume mit neuartigen Zielen schaffen.

Beispiele für innovative Vereinigungen verschiedener sozialer Gruppen finden sich gerade bei den Ultras, die sonst nur als Bewahrer von Traditionen in Erscheinung treten. Einige der bedeutenden Massenproteste des letzten Jahrzehnts – im Istanbuler Gezi-Park 2013 und in Kairo 2011 – wurden von Ultrabewegungen aus dem Fußball mitgetragen, wenn nicht sogar angeführt. Die Ultras von *Besiktas Istanbul*, die *Carsi*, leiteten den Widerstand im Gezi-Park. Den Beginn der Proteste bildete der »Große Marsch von *Carsi*«, dem sich anfangs ein paar Tausend Menschen angeschlossen hatten und dem am Ende über 100 000 Teilnehmer folgten. Auch bei den Demonstrationen in Kairo gegen die ägyptische Staatsspitze spielte eine Fanorganisation des Fußballs eine bedeutende Rolle. Hier waren es die Ultras des Fußballvereins *Al-Ahly* in Kairo.[19] Zur Zeit der Aufstände in Ägypten zählte die Gruppierung 40 000 Mitglieder. Im Stadion erlebten die Fans, vor allem junge Männer, zum ersten Mal ein Gefühl ihrer Macht gegenüber staatlichen Autoritäten. Ihre Fanfreundschaft mit den *Supras Sud* von *Espérance Tunis*, aus jenem Land, in dem der Arabische Frühling begann, veranlasste sie dazu, tunesische Flaggen ins Stadion zu schmuggeln. Drei Tage danach begann der Aufstand gegen Mubarak. Am ersten Tag der Revolte, am 25. Januar 2011, kämpften die Ultras von *Al-Ahly* die Brücken über den Nil frei, durchbrachen Polizeiketten, sodass die Demonstranten zum zentralen Tahrir-Platz ziehen konnten (wo traditionell auch die großen Fußballsiege gefeiert wurden).

Wie konnten die zunächst eher unpolitischen Fußballfans in der Türkei und in Ägypten zu treibenden Kräften breiter Protestbewegungen werden? Die Ultras hatten in der Konfrontation mit der Polizei den Habitus harter Straßenkämpfer ausgebildet – dieser fehlte den vielen anderen Protestgruppen, die an die Allmacht des Staates gewöhnt waren. Zudem verfügten sie über eine weitgefächerte Binnenstruktur. Die 40 000 Ultras von *Al-Ahly* teilten sich in diverse Untergruppen auf, die nach Stadtteilen, Alter und Aktionsformen zusammengesetzt und hierarchisch gegliedert waren. Mit diesen Strukturen besaßen die Ultras eine effiziente Organisationsstruktur, die sie zusammen mit ihrer Kampfbereitschaft auf die Organisation der neu entstandenen, heterogen zusammengesetzten Protestmasse übertragen konnten. Der Wechsel vom Sport ins Feld der Politik erforderte keine grundlegende Veränderung des Habitus. Es war der gleiche, nur in einigen Zügen modifizierte Habitus der Fans, der sich im politischen Milieu zur

Geltung brachte. Hier war er fähig, andere gesellschaftliche Gruppen zu integrieren, sodass eine neue Masse entstehen konnte. Eine solche Politisierung bereitet sich langsam vor, oft durch jahrelange Repressionserfahrungen. Sie geht, wie das Beispiel der *Besiktas*-Ultras *Carsi* zeigt, mit einem Wandel der Strukturen der Masse einher: Vermutlich hatte die Aufnahme von Künstlern und Intellektuellen seit Ende der 90er-Jahre zu dieser Veränderung beigetragen. Das plötzlich auftretende Ereignis ist das Resultat eines langen strukturellen Wandels.

Fanatische Massen II: Terror und Thanatopie

Mobilisierung der Gefühle ist eine Voraussetzung für die Beteiligung auch an anderen großen Massenbewegungen, die auf der Grundlage von Glaubenshaltungen entstehen. Sie bezieht sich nicht nur auf positive Gefühle – Hass und Wut können ebenso verbindend wirken wie Liebe und Bewunderung. Betrachten wir ein auf den ersten Blick vollkommen anderes Massenphänomen: die Begeisterung von Jugendlichen für den Islamischen Staat (IS). Auch hier haben wir es mit dem Habitus von Gläubigen zu tun; auch dieses Phänomen der Jugendkultur wird – zumindest in den westlichen Ländern – von emotionaler Resonanz erzeugt. Über das Internet verbreitet der *Islamische Staat (IS)* seine Propaganda-Videos, die bei jungen Männern und zunehmend auch bei jungen Frauen einen bestimmten Habitus ansprechen. Sie verstärken negative Affekte wie Wut, eine rebellische Haltung und die Bereitschaft zum gewalttätigen Ausbruch. Die Videobotschaften versprechen, dass der im gewöhnlichen Leben unterdrückte Zorn frei ausgelebt werden kann. Die Aussicht auf seine Freisetzung wird mit einem Identitätsangebot verbunden. Genau diese Kombination macht die Botschaft für jene Jugendliche attraktiv, die aus den Zwängen ihrer bisherigen Existenz ausbrechen wollen *und* nach einem festen Halt suchen. Man schätzt, dass sich bis 2017 etwa 930 Menschen aus Deutschland ins Kalifat aufgemacht haben.[20]

Der rechtsfreie Raum der Bürgerkriegsgebiete ist für die aus Europa aufbrechenden Jugendlichen ein *erträumter, utopischer* Raum, dann aber bei ihrer Ankunft *realer* Ort des Todes. In Anlehnung an Michel Foucaults Begriff der Heterotopie lässt er sich als »Thanatopie« bezeichnen: ein Ausnahmeraum, in dem der Tod als permanenter Ernstfall herrscht. Hier finden die verlorenen Jugendlichen der muslimischen Migranten, die in den Aufnahmeländern aufgrund von Ghettoisierung und Ausgrenzung nie angekommen sind, einen scheinbaren Lebenssinn in einer Masse, die den Tod sucht. Hier wird im Gegensatz zu den postmodernen westlichen Gesellschaften – in ihren Augen – endlich Ernst gemacht.

Wie kann es sein, dass ein junger Rapper aus London sich am Töten des IS in Syrien beteiligt? Auf den ersten Blick scheint ein extremer Wandel des Habitus und vollständiger Milieuwechsel vorzuliegen, wie er typisch für Konvertiten ist. Für die Umgebung tritt die Bekehrung zu einem Glauben mit einer unvermuteten Entscheidung ein und verändert mit einem Schlag das ganze Leben des Gläubigen. Die Ausreise in die Grenzregionen Syriens ist jedoch in aller Heimlichkeit mithilfe islamistischer »Freundeskreise« schon lange vorher geplant worden. Trotz aller Veränderung des Lebenswandels (Einhaltung vorgeschriebener Gebete, des Fastens während des Ramadan, der Abstinenz und sexuellen Enthaltsamkeit) erwerben die Konvertiten aus Europa keinen vollkommen neuen Habitus. Vielmehr besitzen sie bereits vorher bestimmte Dispositionen, die sich an die neue Masse anpassen.

Der Fall eines jungen Londoner Rappers, der sich dem Kampf des *IS* im Irak anschließt, kann diesen Gedanken erläutern:[21] Sein Habitus ist schon vor der Konversion von menschlicher Kälte und zynischer Gewalt geprägt, wie er in bestimmten Spielarten des Hip

FANATISCHE MASSEN II: TERROR UND THANATOPIE   295

Hop inszeniert wird, als ein Spiel zwar, das aber eine bestimmte
Haltung einübt. Im Agieren für den *IS* wird diese Haltung zum
Ernstfall. Allerdings führt von der Geste aggressiver Selbstbehauptung, wie sie in den »Battles« inszeniert wird, wo sich die
Kontrahenten mit Mikrophonen direkt gegenüberstehen und einander im Schmähen des Gegners zu überbieten suchen, *kein direk-*
ter Weg zu realer Gewalt. Im spielerischen Wettkampf wird jedoch
eine Erzählung gebildet, der zufolge die Beteiligten bereits in einer
Thanatopie leben: Die Gegenwart wird als eine Welt dargestellt, in
der Gewalt herrscht und jeder für sich allein kämpft. Hier berührt
sich der Gansta Rap mit der amerikanischen Tradition der »dunklen« Comic-Superhelden von »Batman« bis »Watchmen«. Auf die
Herrschaft der Gewalt wird mit einem Kult der Härte reagiert:
Die Gewalt wird zynisch internalisiert und zu einem wesentlichen
Merkmal der eigenen Person gemacht. Wer sich in eine solche Hal-
tung einübt, findet in den kriegerischen Massen des Nahen Ostens
ein Milieu, das zu seinem Habitus passt: Es ist die zuvor imaginierte
Herrschaft der Gewalt – mit dem Unterschied, dass die Gewalt hier
Wirklichkeit ist.

Die zum *IS* übergelaufenen Kämpfer werden zuerst von Ver-
heißungen einer virtuellen Masse im Internet angezogen. Ihre Ein-
bindung in die reale Masse der Kämpfer kann dann als Befreiung aus
einer halt- und ziellosen Existenz und Hinwendung zu einem Leben
mit fester Struktur und strikten Geboten erlebt werden. Eine Dis-
position zu autoritären Strukturen, die sie im Milieu des *IS* finden,
ist schon vorher in ihnen angelegt. Das Aufwachsen in gewalttätigen
Milieus hat sie empfänglich für Brutalität gemacht. Eine emotionale
Resonanz entsteht gerade dann, wenn das neue Gewaltmilieu von
einem religiösen Glauben mit strenger Lebensführung gestützt wird.
Was zuvor ein Ausdruck fehlender, vermutlich *ersehnter* Identität war,
die physische Gewalt, wird nun zum Zentrum der *wirklichen* Identität. Wenn sich die IS-Kämpfer nicht in gemeinsamen Einsätzen

in Syrien oder im Irak befinden, sondern in westlichen Staaten als Einzeltäter handeln, empfinden sie sich offensichtlich als Teil einer *virtuellen* Masse: der Masse der »wahren« Gläubigen.

Kirchliche Massenevents: Ereignis und Struktur

Massenveranstaltungen der Kirche kann man unter dem Aspekt des Habitus von Gläubigen mit der Fankultur des Fußballs vergleichen. Zwischen den Teilnehmern eines Papstbesuchs und den Zuschauern eines Fußballspiels liegen Welten. Uns interessiert hier jedoch nicht der spirituelle Gehalt solcher Ereignisse, sondern die interne Strukturierung beider Massen. Im Folgenden werden zwei religiöse Ereignisse betrachtet, die sich unter dem Aspekt der professionellen Vorbereitung und Organisation nicht grundlegend von anderen Massevents unterscheiden: den Weltjugendtag 2005 in Köln und den Papstbesuch im Berliner Olympiastadion 2011. Die kirchlichen Ereignisse zielen auf das »*Erleben* des katholischen Glaubens (…) und die *Erfahrung* der universellen Gemeinde des Glaubens«.[22] Von den Organisatoren des Weltjugendtags wird die »Inszenierung einer Erlebniswelt« mit einer ausgeklügelten Mischung von Elementen der Eventkultur und »Teilhabe an einem außeralltäglichen, aufregenden Ereignis« geplant.[23] Die vom Papst zelebrierte Messe wird in das Gewand einer »Megaparty« gekleidet,[24] die als Glaubensfest die weltliche Freude transzendiert.

Vom Kölner Papstbesuch wurden 400 000 Teilnehmer angezogen, in der großen Mehrheit Jugendliche. Das Ereignis vermittelte das Bild einer offenen Kirche und einer heiteren, jugendlichen Festivität. Für die Strukturierung der Massen spielte der *soziale* Status keine besondere Rolle. Als spirituelle Vorbedingung wurde lediglich die Tendenz zu Religiosität angegeben, die jedoch so liberal interpretiert wurde, dass die Eintrittsschwelle niedrig lag. Durch Übernahmen aus Jugendszenen, aus der Unterhaltungsindustrie und aktuellen Freizeit- und Spaßkultur wurde ein Milieu geschaffen, das atmosphärisch von Jugendlichen bestimmt zu sein schien. Tatsächlich wurde es in jahrelanger Vorbereitung von einem Organisationsbüro geplant und realisiert. Die kirchlichen Ereignisse wurden »als (individualisierte) Religiosität ›von unten‹ inszeniert«.[25] So entstand der Eindruck, das Fest öffnete sich den religiösen Haltungen der Jugendlichen und käme dem bei ihnen vermuteten »Trend zur religiösen Selbstermächtigung« entgegen.[26] Statt einer strengen, von kirchlichen Vorstellungen bestimmten Ordnung bot das Ereignis Raum für »eine Vielzahl spiritueller Orientierungen und ritueller Symbolwelten«. Die Jugendlichen konnten die angebotene Erlebnisform in eigenen religiösen Erlebnissen »*massenhaft individuell* erfahren«.[27]

Der religiöse Mittelpunkt dieses ungezwungenen Neben- und Miteinanders von Jugendlichen war das Erscheinen des Papstes und die von ihm zelebrierte Messe mit ihren liturgischen Elementen. Im Gesamtkontext des Events wurden die Jugendlichen »als Statisterie« um das religiöse Zentrum herum eingesetzt;[28] sie wurden zu Ornamenten der Masse im Sinne Kracauers. Selbst die weltliche Prominenz, darunter Bundespräsident, Bundeskanzler und viele hohe Repräsentanten der deutschen Politik, hatte hinter den Kirchenvertretern zurückzustehen. Die Gesamtstruktur des Events war eindeutig auf die kirchliche Hierarchie ausgerichtet.

Nach den Beobachtungen Ronald Hitzlers erzeugte das Event bei vielen Teilnehmern die Vorstellung, dass es ein – temporäres – Zentrum der weltumspannenden katholischen Kirche war. Von der Inszenierung wurde zudem der Eindruck einer Gleichheit aller Teilnehmer hervorgerufen. Die Grundstruktur des Festes wies jedoch dieselbe Zweiteilung auf wie jene des Kirchenraums: Profanes und Heiliges wurden strikt voneinander geschieden – auf der einen Seite die Gemeinde, auf der anderen die Repräsentanten der

Kirche. Gegenüber der kirchlichen Hierarchie, die das Event eindeutig dominierte (Papst, Kardinäle, Bischöfe, Priesterschaft), waren alle profanen Teilnehmer gleich. Die strikte Aufteilung der Welt des Festes wurde durch den jugendlichen Elan vorübergehend verwischt, trat aber bei genauerem Hinsehen deutlich zutage.

Eine vergleichbare Struktur lässt sich auch bei dem anderen großen katholischen Event, dem Papstbesuch im Berliner Olympiastadion 2011, erkennen.[29] Der »triumphale Einzug« des Papstes ins Stadion trug »deutliche Züge der Verehrung von Celebrities«.[30] Wie der Führer in Freuds Massenpsychologie bildete er das Zentrum der Blicke aller Anwesenden. Aber auch sie erwarteten ihrerseits, angeblickt zu werden. Die Mehrheit der Masse waren aktive Katholiken (oder wurden als solche behandelt), die »beten, respondieren, intonieren, (mit dem Chor mit-) singen, aufstehen, sich setzen, ja gebetsbanklos niederknien und in Massen an der massenhaft von Priestern ausgeteilten Kommunion teilnehmen oder schweigen«.[31] In den Schweigephasen herrschte jedoch keine wirkliche Stille: Sie wurde mit populärer Musik gefüllt. Auf die Fernsehkameras, die das Schweigen einfangen sollten, reagierten die Gläubigen, die sich gefilmt sahen, mit »medienbewussten Reaktionen«.[32] So wurde selbst die Stille, die zum spirituellen Zentrum der Kommunion gehört, von den Medien gebrochen. Die vom Papst zelebrierte Messe geriet zum Medienevent: Nicht nur wurden die Handlungen von Papst und Masse von Fernsehkameras erfasst und die Bilder in alle Welt übertragen – diese wurden, wie bei Fußballspielen üblich, auch im Stadion auf Bildleinwänden gezeigt. Während der Messe wurden diese ununterbrochen von Tausenden Handykameras festgehalten, selbst von Menschen, die sich im Gebet befanden. Als der Papst im Papamobil an den Gläubigen vorbeifuhr, drückten Ordensschwestern im Publikum auf die Auslöser ihrer Handys, und »anstelle irgendeiner bekannten religiösen Geste wendeten sie sich begeistert dem (...) Bild auf dem Display zu – noch während der Papst sich leibhaftig vor ihnen bewegte«.[33]

Die libidinöse Beziehung, die nach Freud in der Masse zwischen Anhängern und Führern besteht, drückte sich hier in der Relation von Photographieren und Photographiertwerden aus. Die Gemeindemitglieder verließen das Olympiastadion mit dem Segen und den Bildern des Papstes. Während die Fußballfans bei einem Sieg ihrer Mannschaft im Vollgefühl ihrer Beteiligung am Erfolg nach Hause fahren, besaßen die Besucher der Papstmesse ein eigenes, von ihnen selbst angefertigtes Bild des Papstes, das sie als eine Art privates Heiligenbild herzeigen konnten. Beide Massen leben von der Magie des Glaubens und vom Glauben an die Magie. In der Magie des Augenblicks (S. Gumbrecht) wollen die Teilnehmer von Massenevents das kollektive Gefühl erleben, *dabei zu sein* und zu einem Teil des zugleich *wirklichen und mythischen* Ereignisses zu werden. Das Selfie mit dem bei aller Nähe doch so fernen Papsts ist eine individualisierte, portable Ikone. Sie vermittelt nicht nur – wie die Ikonen der oströmischen Kirche – die Präsenz einer spirituellen Kraft, sondern sie zeigt auch *meine eigene* Präsenz in der spirituellen Masse. Die Masse stellt sich als eine ungeheure Vielzahl individueller Videoaufnahmen dar.

An den Beispielen religiöser Events lässt sich erkennen, wie Massen sich sowohl von innen strukturieren als auch von außen strukturiert werden.[34] Eine spirituelle Masse wird von den religiösen Dispositionen der Teilnehmer geprägt, also von ihren spirituellen Habitus, insbesondere durch ihre Bereitschaft, die kirchlichen Rituale zu vollziehen. Die auf diese Weise strukturierte Masse wirkt auf die Dispositionen der Teilnehmer zurück. Das durchorganisierte Event des Weltjugendfests bietet diesen eine hybride Mischung aus Religion und Popkultur an. Es wird von der kirchlichen Organisation produziert und nicht von den Jugendlichen selbstständig entwickelt. Die Eventform überdeckt die von der Kirche dominierte Hierarchie und verschleiert die tatsächliche Statistenrolle der Jugendlichen, die zu Massen-Ornamenten vereint werden. Ungeachtet der

Versuche der Fremdsteuerung eignen sich diese das Fest *auf ihre Weise* an: Für sie ist es eine Gelegenheit, Gemeinschaften zu bilden, Bekanntschaften und Freundschaften zu schließen. Beim Papstbesuch im Berliner Olympiastadion ergreifen die Fans die religiösen Inszenierungselemente, drängen den Papst in die Rolle eines Stars und nehmen sein Bild, ob es ihm nun gefällt oder nicht, mit nach Hause. Nicht anders als die Masse der Fußballfans will die religiöse Masse nicht einfach nur Ornament sein.

Abschließende Überlegungen

Welche Rolle spielen Massen heute? Seit Langem verhalten sich wissenschaftliche und journalistische Publikationen auffallend zurückhaltend, wenn nicht aversiv gegenüber dem Massenbegriff. Die Mitglieder unserer Gesellschaft sind – zumindest von den mittleren Schichten aufwärts – durchdrungen von ihrer Einzigartigkeit. Schon bei ihren Kindern entdecken und fördern sie die besonderen Gaben, kleiden die Jungen als kleine Fußballstars und setzen die Mädchen für ihren Auftritt auf Instagram in Szene. Bereits die Grundschulkinder lernen, welchen distinktiven Wert Markenkleidung hat.

Der Massenbegriff richtet heute in einer Gesellschaft, die das Individuelle so sehr betont, den Blick auf plurale Formen des Handelns, Wahrnehmens und Bewertens. Die Philosophie und Soziologie haben den Massenbegriff jedoch aufgegeben. In einer Gesellschaft der Individuen wird der Gedanke, dass wir zu einer Masse gehören, als eine narzisstische Kränkung empfunden. Im gewöhnlichen Sprachgebrauch, unterhalb der Theoriebildung, wird aber durchaus noch von Masse gesprochen; dies in einer Weise, die die Veränderungen der *realen* Masse wahrnimmt: In ihrer gegenwärtigen Ausprägung stehen sich neue Massen und die Einzelnen nicht mehr als Gegensätze gegenüber.

In den letzten Jahrzehnten hat das Konzept des Individualismus seine Einmaligkeit und Souveränität eingebüßt. Auf der anderen Seite haben die Mitglieder neuer Massen an Selbstbewusstsein gewonnen.

Die Einzelnen in der Masse:
das Gefühl von Sicherheit und Macht

Heinz Bude hebt mit seiner Formel, die Masse sei »eine Intensitätsform des Sozialen«,[1] zwei Aspekte hervor: Das Soziale kann unterschiedliche Intensitäten annehmen; diese sind bedeutsam für die Bindung der sozialen Akteure untereinander und an ihre Gesellschaft. Die hohe Intensität des Handelns in der Masse und die auf dasselbe Ziel gerichtete Intentionalität binden die Mitglieder zusammen und übertragen sich auf die Masse als ganzer. Am Phänomen der Masse begreift man, von welchen Kräften soziales Handeln angetrieben wird. Gerade weil diese Kräfte bei den Beteiligten Spuren hinterlassen, kann man an ihnen erkennen, welche Rolle Emotionen, Leidenschaften, Begehren, Wünsche für ein Handeln gemeinsam mit anderen spielen, wie diese – im Guten wie im Bösen – in der Gesellschaft wirken und die Einzelnen in der Masse verändern.

Eine niedrige Intensitätsform, eine kühle, distanzierte Haltung ist Kennzeichen einer rationalen Einstellung der Gesellschaft gegenüber, die fähig zur Kritik an ihren Institutionen und Handlungen ist – Kritik am politischen System, an seiner Unfähigkeit, das Land zukunftsfähig zu gestalten, Großprojekte zu bewältigen, für Gerechtigkeit und Bildung zu sorgen, soziale Aufgaben zu erfüllen. Von rationaler Einsicht bis zu einem Handeln, das auf Veränderung zielt, ist es ein weiter Weg. Ohne besonderen Antrieb bleibt man bei einer kritisch abwartenden Haltung, die sich als cooler Realismus ausgibt – besser Nicht-Wählen, als Unfähigen ein Mandat zur Regierung zu geben; besser nicht regieren, als falsch zu regieren. Eine Masse entsteht durch Aktivierung der Einzelnen. Genau dies lässt sie in den Augen von Skeptikern verdächtig erscheinen. Nicht zu Unrecht. Tatsächlich können Massen die Gewichte in einer Gesellschaft verschieben, wenn sie ihren inneren Druck durch Nationalismus und

Fremdenfeindlichkeit steigert. Dies führt zu einem Generalverdacht Massen gegenüber. Nicht nur Pegida-Demonstrationen werden verurteilt, auch die gegen sie gerichtete Protestmasse wird reflexhaft als extremistische Vereinigung angesehen. Alte Vorurteile werden lebendig: Alles, was nach Masse und emotionaler Intensität aussieht, gerät schnell in den Verdacht des Extremismus.

Eine Masse tritt als *mobilisierte* Menschenansammlung auf. Bei den anderen kollektiven sozialen Formationen stellt sich oft das Problem, wie sie identifiziert und wie die Zugehörigkeit zu ihnen erfasst werden kann. Eine Klassenfraktion ist, selbst wenn sie eine wichtige Rolle in der Gesellschaft spielt, wie das mittlere Bürgertum, nicht leicht zu bestimmen. Dies geschieht beispielsweise anhand einer Reihe objektiver Kriterien (Herkunft, Bildung, berufliche Position etc.). Damit wird aber nicht angegeben, wie sie als *real handelnde Klasse* im sozialen Geschehen auftritt und welches Bewusstsein sie von sich selbst hat. Eine Masse ist hingegen unmittelbar zu erkennen – an ihrer Präsenz, an der Menge der an ihr Beteiligten, an den von ihr hervorgebrachten Handlungen und an den Wirkungen auf die Handelnden selbst. Sie ist in erster Linie ein soziales und persönliches Ereignis. Zwar kann es Phasen der Inaktivität geben, wie die Sommerpause bei den Fußballfans. Wenn es aber wieder Gelegenheit zum Handeln gibt, werden ihre Mitglieder erneut aktiv. Von den Massenereignissen nehmen die Fans das Gefühl des emotionalen Bewegtseins mit in ihr gewöhnliches Leben. Masse ist also ein Konzept, das die Aktivität vieler Menschen und die davon ausgelösten Emotionen ausdrückt.

In der Vergangenheit sind vor allem die destruktiven Wirkungen der Masse hervorgehoben worden. In der heutigen Gesellschaft sind Massen hingegen an Prozessen sozialer Strukturierung beteiligt. Dies geschieht als eine vorübergehende Neuordnung des sozialen Lebens. Sie kann jedoch eine solche Festigkeit annehmen, dass sie ihren Mitgliedern Halt gibt. Trotz ihres spontanen Charakters können Massen für ihre Beteiligten ein Milieu erzeugen, das sie versichert und ihnen Orientierungen gibt. Auch diese Leistung kann ambivalent sein. Positiv wirkt sie, wenn sie ihren Mitgliedern das Gefühl der Sicherheit vermittelt, sich im Einklang mit vielen anderen zu befinden, die Fans derselben Musikgruppe, desselben Vereins, desselben Schriftstellers sind. Der damit verbundene Distinktionsgewinn bedeutet zugleich eine Abgrenzung gegenüber all jenen, die diese Vorlieben *nicht* teilen – ein Sich-Unterscheiden zum Nachteil der anderen.

Die direkte Beziehung zur Macht

Auf die Macht der Einzelnen in der Masse hat Jacques Rancière in seinem Rückblick auf die Ereignisse in Paris 1968 hingewiesen.[2] Eine revoltierende Masse überspringt die intermediären Strukturen – ihre Handlungen sind eine Art »Kurzschluss«, ein unmittelbarer Zugriff auf die oberste Machtinstanz: Sie holt den König aus Versailles nach Paris, sie schafft die Monarchie ab; sie proklamiert (in München 1919) eine Räterepublik; sie fegt die SED-Herrschaft hinweg; sie zwingt das Parlament, die Präsidentin abzusetzen (Südkorea 2017).

In den neuen Massen kommt ein wesentliches Merkmal hinzu: Jeder zu ihr gehörende Einzelne *schreibt sich einen Einfluss auf die höchste Machtinstanz zu.* In der Mediengesellschaft wird den Einzelnen permanent eine Beteiligung an Entscheidungen der Macht angeboten. Jeder kann die Twitter-Botschaften der Mächtigen und Bewunderten erhalten, über Facebook ihre Nachrichten über ihr Privatleben lesen, die Botschaften der Kanzlerin empfangen. Was noch wichtiger ist: Jeder kann ihnen antworten; er kann Glückwünsche senden, Kritik üben, Hassmails verfassen, sie verwünschen. Jeder kann zu allem seine Meinung verbreiten, Gleichgesinnte sammeln, Forderungen stellen, eine Drohkulisse aufbauen. Wir werden per E-Mail-Account zu einer Abstimmung darüber aufgefordert, ob die deutsche Autoindustrie oder die Pkw-Halter selbst für die Nachrüstung von Dieselautos zahlen sollen; nach einem Fußball-Länderspiel soll man die Spieler benennen, die für die Weltmeisterschaft infrage kommen; die Berliner sollen entscheiden, ob der Flughafen Tegel offengehalten wird, ohne von den komplexen Genehmigungsverfahren auch nur gehört zu haben. All dies ist weit entfernt von realer Politik; es ist ein Einschmeicheln bei den Wählermassen, die ihren Wunsch nach direkter Politikbeteiligung erfüllt sehen wollen.

Die unmittelbare Beziehung der Einzelnen zur Macht ist für Mitglieder moderner Massen außerordentlich anziehend. In den scheinbar direkten Kontakten zu bekannten Persönlichkeiten über die *social media* handelt es sich um ein *imaginäres* Verhältnis, das jedoch beträchtliche Wirkungen auf die Adressaten hat, wenn diese den Liebesentzug, ja Zorn und Verachtung ihrer Fans in den Netzwerken erfahren. Von ganz anderer Wucht ist die reale Konfrontation mit den Machthabern, wenn die revoltierende Masse in ihre Paläste, Privatvillen und in Parteizentralen eindringt, deren Inneres zerstört, sie gefangen nimmt und vor ein improvisiertes Tribunal zerrt, wie im Fall von Mussolini und Ceaușescu: Mit einem Mal stehen die Einzelnen als Masse vereint vor dem bisherigen Inhaber der höchsten Macht, der ihnen ohne den Schutz des Militärs und seiner Wachen hilflos ausgeliefert ist. Nach seinem Sturz drängen die Aufständischen in die Privatgemächer des früheren Mächtigen, wandern durch die Zimmerfluchten, inspizieren seinen persönlichen Besitz, die Schlafräume und Badezimmer. Flaubert beschreibt die Verwirrung des jungen Frédéric Moreau, der während der Februarrevolution in Paris 1848 von Revolutionären mitgerissen mehr oder weniger zufällig in die königlichen Gemächer des Palais Royal eindringt und zusieht, wie diese die Einrichtung demolieren.[3] Die

Entweihung der intimen Räume nimmt dem alten Machthaber die letzten Reste seiner Aura. Sie nimmt ihm die Distanz, die er durch seinen Herrschaftsapparat zwischen sich und die gewöhnlichen Menschen gelegt hat. Die Masse ist nun ungleich mächtiger als er. Nur so lange war er Herrscher, wie er die Masse auf Distanz halten konnte.

Das vom Massenerleben hervorgerufene Gefühl wird von allen Beteiligten geteilt. Es ist subjektiv und kollektiv zugleich. *Die Innerlichkeit des Einzelnen und seine Zugehörigkeit zu einer (neuen) Masse verhalten sich komplementär zueinander.* In den kollektiven Emotionen weiß er oder sie sich über alle individuellen Unterschiede hinweg mit der Masse einig. Ein Beispiel für die vereinigende Wirkung der Masse bietet Italiens neue, erfolgreiche Partei *Cinque Stelle*. Zu ihrer Strategie der Wählerwerbung gehört die Feier der Einigkeit mit Kundgebungen, auf denen Zehntausende die Eliten zum Teufel wünschten. In einem Bericht über eine ihrer Wahlversammlungen in der Kommune Marino in der Nähe von Rom heißt es: »Für die Lokalwahlen in Marino kommen Leute zusammen, die sich sonst in ihrem Leben nie begegnet wären. Nur die Formel einte sie. Wir und sie. (…) Ein pensionierter General der Armee machte mit, ein Klempner, ein hoher Beamter der italienischen Wettbewerbsbehörde, zwei Arbeitslose, ein Universitätsprofessor für Städtebau (…), eine Hausmeisterin, der Abteilungsleiter eines Supermarkts, ein Ingenieur, eine Primarlehrerin, ein Unternehmer, eine Studentin, ein Informatiker, Bürgerinnen und Bürger eben – die Bevölkerung.«[4] Der Bürgermeister beschwört die Einigkeit der Versammelten: »Der Feind ist nicht unter uns, er ist da draußen.« Zwischen den Beteiligten entstehen enge persönliche Beziehungen sowohl zu ihren Anführern als auch zwischen den Einzelnen in der Masse (der Bürgermeister redet sie als »fratelli e sorelle«, Brüder und Schwestern an). Die Masse wird im direkten Handeln zu einem *Wir*.

Viele verändernden Kräfte der Gegenwart sind Massen-phänomene. Heute heißen sie Facebook, Twitter, Amazon, Google; morgen können sie andere Namen haben, aber die Subjekte, die sie nutzen, und die Objekte, auf die diese sich richten, sind Massen. Ihr Herzstück ist die digitale Verarbeitung immenser Datenmengen, der Sinn ihrer Nutzer wird von Glauben und Emotionen gebildet – vom Glauben an die Verbindung der Menschen untereinander und vom Glauben an die emotionale Verbindung von Käufern und Waren. Die Kombination beider Strukturen zeigt an, dass Menschliches und Warenhaftes austauschbar geworden sind.[5]

Handlungssinn und Existenzgefühl

In Bourdieus Vorlesungen der Jahre 1983–86 gibt es einen bemerkens-werten Hinweis auf Franz Kafkas Roman *Der Prozeß:* K. erwartet sein Urteil. Um welches Vergehen es dabei geht, sagt der Text nicht. Es sei auch nicht sinnvoll, meint Bourdieu, darüber zu spekulieren. Es kommt einzig auf die Situation an, dass sich der Einzelne vor dem Gesetz befindet und auf sein Urteil wartet. Das allgemeinste Urteil, das Menschen über sich erhalten können, ist: Welchen Sinn können wir unserem Leben beilegen? Wenn wir es erfahren, fühlen wir uns existieren.[6] Auf die neuen Massen übertragen besagt dieser Gedanke: Der Einzelne erhält in der Masse durch die Gemeinsam-keit des Handelns, der Ziele, der Anstrengung einen Sinn und ein Gefühl seiner Existenz. In dieser Perspektive kann das Han-deln in einer Masse seine existenzielle Frage – jedenfalls vorläufig – beantworten.

Nach Pierre Bourdieus soziologischer Theorie ist die Distinktion ein wesentliches Prinzip unserer gesellschaftlichen Organisation und unserer Konstitution als Individuum. Sie hebt die soziale *und* indivi-duelle Besonderheit jedes Einzelnen hervor. Andreas Reckwitz geht so weit, sie als dessen »unverwechselbares Profil« zu bezeichnen.[7] Unverwechselbarkeit des Einzelnen bedeutet seine Einzigartigkeit. Wenn man diesen Gedanken weiter denkt, würde sich der Einzelne in seiner Einzigartigkeit einem Vergleich mit anderen entziehen. Der Begriff der Distinktion gibt hingegen zweierlei an: einmal, dass sich jeder Einzelne von den anderen abgrenzt; zum anderen, dass auch diese anderen sich von dem Einzelnen abgrenzen. Es ist gerade das Streben danach, ein besonderes Individuum zu sein, das die Mitglieder der breiten Mittelschichten unserer Gesellschaft *einander gleich* macht. Was die Einzelnen bei allen Bemühungen um Abgrenzung miteinander verbindet, ist nach Pierre Rosanvallon die gegenseitige Anerkennung dieses Strebens.[8]

Die Darstellungen von Rosanvallon und Reckwitz vermitteln den Eindruck, als seien in unserer Gesellschaft überall Künstler am Werk, die in solitärem Schaffen ihr *Ich* erschaffen. Diese etwas romantische Sicht des sozialen Akteurs als solitären Schöpfer seiner selbst wird von Rosanvallon durch eine Bemerkung relativiert: »Jeder ist auf gleiche Weise einzig«, *chacun est pareillement unique*.[9] Das Sichunterscheiden macht heute das Gesellschaftliche aus. Es hält die Gesellschaft zusammen, insofern die Einzelnen *die anderen brauchen, um sich zu unterscheiden*. Was die Einzelnen miteinander verbindet und zu einer neuen Masse macht, ist die gegenseitige Anerkennung ihres Strebens nach Einzigartigkeit. Anstelle eines Kampfes um Anerkennung finden wir die gegenseitige Anerkennung ihres Strebens – also eine Unterstützung des Glaubens an ihre Einzigartigkeit. Dieser Glauben ist heute die Energie, die die Produktion von sozialer Distinktion vorantreibt. Die gegenseitige Anerkennung sichert die Maßstäbe, das gegenseitige Vergleichen und objektiviert dessen Ergebnisse, also die Sozialstruktur der »feinen Unterschiede«.

Die Einzelnen sind besondere Individuen; ihre Besonderheit kann mit einer »objektiven« Matrix angegeben werden, in der ihre individuellen Positionen als kleine, oft infinitesimale Unterschiede zu den anderen erscheinen. Es ist diese in Gemeinsamkeit mit den anderen hervorgebrachte Matrix, die den Einzelnen ihre besondere Existenz zusichert. Den Glauben und den besonderen Sinn unseres Handelns erzeugen wir nicht aus uns selbst; er ist ein in unseren Tätigkeiten mit anderen fundierter Glauben. Den Sinn der eigenen Existenz gewinnt man in einer sozialen Umgebung, die den Einzelnen in einen dichten Kontext von Handlungen, Diskursen und Werten integriert.

Die Besonderheit des Einzelnen und die Erfahrung in der neuen Masse stehen nicht im Widerspruch zueinander. Im Geschehen einer kulturellen Masse, die in eine spektakuläre Kunstausstellung drängt, kann der Einzelne den Sinn seiner Handlung und das Gefühl seiner Existenz erfahren. Im Streben nach Besonderheit ist er geradezu darauf angewiesen, *kein isoliertes Subjekt* zu sein: Die Existenz in der Masse hält mögliche Zweifel am Sinn seiner Handlung und der Qualität seiner Erfahrung von ihm fern. Sie versichert ihn seines Besitzes an kulturellem Kapital, das ihn – wie die meisten anderen – zu dem Besuch der Ausstellung mobilisiert hat. Er teilt mit anderen Individuen den gleichen sozialen Geschmack.[10] Bei diesen Überlegungen geht es um die Unterstützung, die kulturelle Massen dem Einzelnen bei seinem Streben nach Wert und Existenzgefühl geben. Das Beispiel des Ausstellungsbesuchers bezieht sich ausdrücklich nicht auf genuine Kunstkenner; sie würden die Masse der Ausstellungsbesucher möglicherweise eher meiden und eine Gelegenheit suchen, sich ungestört mit den Kunstobjekten zu beschäftigen.

A. Reckwitz kennzeichnet die soziale Struktur der einzigartigen Einzelnen als »das Milieu der Akademiker, der Hochschulabsolventen und Hochqualifizierten (…), (das) seit den 1980er-Jahren immer weniger eine kleine Elite (bildet), sondern (…) in den westlichen Gesellschaften – mit wachsender Tendenz – etwa ein Drittel der Bevölkerung aus(macht): Sie *ist* die neue Mittelklasse«.[11] Mithilfe von statistischen soziologischen Daten lässt sich dieses

Milieu als eine »Klasse auf dem Papier« kennzeichnen, wie P. Bourdieu einen solchen Befund in Anlehnung an Marx nennt. Realität gewinnt sie erst, wenn man sie im sozialen Handeln ihrer Mitglieder erfasst. Sie wird lebendig dadurch, dass diese ihren Lebensstil und sozialen Geschmack in Gemeinsamkeit mit anderen verwirklichen. In vielen Fällen ist es den Einzelnen nicht bewusst, dass sie dabei Teil einer Masse sind, während diese Tatsache dem Beobachter offensichtlich ist.

Masse ist ein *performatives* Konzept. Zu den Bedingungen ihrer Existenz gehört wesentlich die materielle, körperliche Aufführung. In neuerer Zeit ist die Möglichkeit hinzugekommen, *virtuelle* Massen zu bilden und die Präsenz ihrer Mitglieder zu simulieren. Kein anderer Begriff, der soziale Zusammenschlüsse bezeichnet – Klasse, Gruppe, Gemeinschaft, Verein – verlangt eine performative Dimension. Ein anderes Feld sozialen Handelns, das wie die Masse an eine Aufführung gebunden ist, ist die Religion im Sinne eines praktizierten Glaubens. Wie die Masse beruht sie auf einer Mobilisierung, die sich an Kirchenbesuchen, an rituellem Handeln, an gemeinschaftlichen Akten zeigt. Bei jungen, militanten Sekten wie bei der Evangelikalen Bewegung in Brasilien kann religiöses Handeln im Gottesdienst ekstatische Züge annehmen und zu Kontrollverlust führen.

Auf die religiösen Wurzeln des Begriffs der Person mit ihrer Einzigartigkeit haben Marcel Mauss,[12] Louis Dumont,[13] Charles Taylor[14] und Jean-Pierre Vernant[15] hingewiesen. Die Verbindung des Personenkonzepts mit der Masse ist bisher noch kaum exploriert worden. Beide hängen enger zusammen als vorher vermutet. So sind es die neuen Massen, die die Person bestärken, sie erhöhen, ihr Sinn und Wert verleihen können – dies jedoch ohne Dogma, ohne Theologie, allein durch ihre Mobilisierung und Emotionalität. Die Wirkung der »wilden« Praxis der Religion ist ebenso wie jene der Massen in der Erregbarkeit, Empathie und den Gefühlen des Körpers fundiert.

Historisch überkreuzen sich beide Phänomene: Von Religionen sind Massen hervorgebracht worden, Religionen haben von Massenbewegungen ihre Verbreitungsdynamik erhalten. Sigmund Freud hatte ein gutes Gespür, als er die hypnotischen und libidinösen Vorgänge der Religion als ein Modell für das Massenhandeln wählte. Allerdings bezog er sich auf die institutionalisierte Kirche. Es ist aufschlussreicher, den Vergleich dort zu suchen, wo das Religiöse noch im Fluss oder sogar im Entstehen ist. Ebenso wie die Beteiligung von Massen einer Religion Lebendigkeit verleiht, mischen sich religiöse Elemente in das Handeln einer Masse, deren Mitglieder nach Sinn und Erhöhung streben.

Homogenisierung und Pluralisierung

Was sagt es über die Gegenwart, dass wichtige Prozesse der Meinungsbildung, des Zusammenhalts und der inneren Konflikte der Gesellschaft von neuen Massen ausgehen? Wenn jeder »auf gleiche Weise einzig« ist, hat jeder Einzelne für sich, das heißt: in seiner Wahrnehmung, die Macht, die zuvor nur einige wenige hatten: der Masse eine Richtung zu geben. In den neuen Massen übernimmt er die Rolle, die in den klassischen Massen die Führer innehatten. Sie sind Massen, in denen jeder ein Führer ist, oder was auf dasselbe hinausläuft, Führermassen ohne Führer.

Von diesem Wandel wird die weitverbreitete Ansicht entkräftet, unsere pluralistische und heterogene Gesellschaft würde keine Massenbildungen mehr hervorbringen. Pluralisierung und Massenbildung schließen einander nicht aus. Während in der »Massengesellschaft« der 50/60er-Jahre der größte Teil der Bevölkerung *einer* Masse zugerechnet wurde, ist seitdem eine Vielfalt von Teilmassen entstanden. Politisch äußert sich diese Entwicklung in den schwindenden Wähleranteilen der beiden großen »Volksparteien« CDU und SPD und in der Entstehung kleinerer neuer Bewegungen (wie die »5 Sterne« in Italien). Eine ähnliche Entwicklung kann man bei der zunehmenden kulturellen Diversifizierung feststellen. Pluralisierung führt nicht zu einer Atomisierung der Gesellschaft, sondern zu einer Vielfalt neuartiger Zusammenschlüsse.

Das Fehlen *allgemein* verbindlicher Normen, das die Pluralität begünstigt, *fördert* die Bildung neuer Massen: Orientierungen finden die Einzelnen in ihrer sozialen Umgebung, in dem vertrauten Milieu, in dem sie leben. Dies geschieht in der individuellen Biographie durch die Bildung eines Habitus, aber auch durch die Teilnahme an speziellen Massen, die ihrem sozialen Geschmack entspricht. Auch das Engagement in Massenaktionen kann gerade den jungen Teilnehmern, neben dem Erwerb eines klassenspezifischen Habitus, ein gefestigtes Selbstbild geben. Neue Massen sind heute nur noch in seltenen Fällen Mobilisierungen der ganzen Gesellschaft. Ihre Wirkungen hängen jedoch nicht so sehr von ihrer Größe, sondern eher von der Kraft ihrer Mobilisierung und der gemeinsamen Intentionalität ab.

Die neuen Massen mögen kleiner sein als die alten; sie sind aber oft dichter und erreichen einen höheren Intensitätsgrad als die klassischen, insofern sie Rudimente eines Habitus, also Lebensstil-Elemente enthalten. Ihre geringere Mitgliederzahl führt dazu, dass sie geschlossener agieren. Zugespitzt lässt sich formulieren: Je *heterogener* eine Gesellschaft, desto *homogener* die Teilmassen, die sich in ihr ausbilden. Der Bedeutungsverlust der großen Parteien führt nicht zu einem Zerfall des politischen Feldes oder zu einem Abgleiten in Beliebigkeit; er schärft vielmehr die politischen Differenzen. Die »Volksparteien« müssen durch ihren Anspruch, einen möglichst großen Teil der Gesellschaft zu vertreten, ein breites Wählerspektrum ansprechen; sie funktionieren inklusiv und haben das Problem, die verschiedenen Parteiflügel integrieren zu müssen. Die kleineren Parteien oder neuen Bewegungen, die sich in Konkurrenz zu ihnen gebildet haben oder aus Abspaltungen von ihnen entstanden sind, definieren sich dagegen durch die Abgrenzung – von anderen Parteien, vom »Establishment« oder vom gesamten politischen »System«. Sie müssen sich für weniger Interessen öffnen, brauchen weniger Rücksichten zu nehmen; sie können insgesamt einfacher und schneller Massen für ihre Sache mobilisieren. Dadurch entsteht die für neue Massen typische hohe Intensität und gemeinsame Intentionalität. Auf ähnliche Weise bilden auch die neuen kulturellen Massen kleinere, aber umso dichtere Zusammenschlüsse, die oft sehr strikte, spezifische Codes ausbilden – Codes, die nur jene erkennen, die Teil eben dieser Masse sind. Wenn das Referenzsystem einer neuen Masse nur noch »von innen«, also durch die Masseteilnehmer selbst entschlüsselt werden kann, ist eine geschlossene Masse entstanden. Hier hat sich eine Einzel-Masse gebildet, die sich selber genügt. Eine Kommunikation mit anderen Massen wird schwierig bis unmöglich.

Wie ist es möglich, dass gerade die gesellschaftliche Pluralisierung zu einer solchen Homogenisierung von Einzel-Massen führt? Ein Grund ist das Fehlen eines verbindlichen Diskurses, der die Konflikte oder das Auseinanderdriften der Einzel-Massen moderieren könnte. Er ist entstanden aus dem Verlust einer die Gesellschaft übergreifenden Öffentlichkeit. Es gibt nicht mehr die *eine* Bühne, auf der die wichtigen Fragen eines Landes entschieden werden, sondern eine Vielzahl von Plattformen. Sie begünstigen die Entstehung spezifischer homogener Einzel-Massen. Ihnen gegenüber befindet sich eine Vielzahl kleinerer Massen; von ihnen müssen sie sich abheben und ihr Identitätsangebot attraktiv machen. Das ist der zweite Grund, warum kleine Massen gegenüber noch kleineren ständig »ihr Profil schärfen«.

Was diese Entwicklung über die Zukunft sagt – ob sie eher destruktiv enden wird, was die Warnungen vor »Parallelgesellschaften« motiviert, oder ob sich die neuen Massen vielmehr als Experimentierstätten neuer Ansichten und Lebensformen erweisen –, diese Frage bleibt offen. Es scheint aber festzustehen, dass die Bedeutung der neuen Massen in der Gegenwart das Konzept der Person nicht unverändert lassen wird. Die Trennlinie zwischen sozialer und subjektiver Identität wird zunehmend verwischt.

Literatur

Giorgio Agamben (2005), *Profanierungen*, Frankfurt a. M.

Myriam Aït-Aoudia/Antoine Roger (Hg.) (2015), *La logique du désordre. Relire la sociologie de Michel Dobry*, Paris.

Günther Anders (2002), »Die Antiquiertheit der Masse«, in: *Die Antiquiertheit des Menschen. Band 2. Über die Zerstörung des Lebens im Zeitalter der dritten industriellen Revolution*, München, S. 79–90.

Hannah Arendt (1967), *Vita activa oder Vom tätigen Leben*, München.

Hannah Arendt (1986), *Elemente und Ursprünge totalitärer Herrschaft. Antisemitismus, Imperialismus, totale Herrschaft*, Frankfurt a. M. (amerikan.: 1951).

Stefan Aust (2017), *Hitlers erster Feind. Der Kampf des Konrad Heiden*, Berlin.

Hannes Bahrmann/Christoph Links (1994), *Chronik der Wende. Die DDR zwischen 7. Oktober und 18. Dezember 1989*, Berlin.

Hannes Bahrmann/Christoph Links (1995), *Chronik der Wende 2. Stationen der Einheit. Die letzten Monate der DDR*, Berlin.

Roland Barthes (1967), *Mythen des Alltags*, Frankfurt a. M. (franz. 1957).

Roland Barthes (1968), »L'écriture de l'événement«, in: Communications 12, S. 108–112.

Georges Bataille (1975), »Die Aufhebung der Ökonomie«, in: *Das theoretische Werk. Band 1*, München.

Charles Baudelaire (1966), *Mein entblößtes Herz. Tagebücher*, Frankfurt a. M.

Charles Baudelaire (2008), *Le spleen de Paris. Pariser Spleen*, zweisprachig, Stuttgart.

Justus Bender (2017), *Was will die AfD? Eine Partei verändert Deutschland.* München.

Walter Benjamin (1974), »Das Kunstwerk im Zeitalter seiner technischen Reproduzierbarkeit«, in: *Gesammelte Schriften. Band 1.2*, Frankfurt a. M.

Gottfried Benn (2003), »Züchtung 1«, in: *Gesammelte Werke, Band 2, Essays und Aufsätze*, Frankfurt a. M.

Manuela Beyer, Christian von Scheve, Sven Ismer (2014), »The social consequences of collective emotions; national identification, solidarity and outgroup derogation«, in: Gavin Brent Sullivan (Hg.), S. 67–79.

Pierre Bourdieu (1982), *Die feinen Unterschiede. Kritik der gesellschaftlichen Urteilskraft*, Frankfurt a. M. (franz.: 1979).

Pierre Bourdieu (1984), *Homo academicus,* Paris.

Pierre Bourdieu (1998), »Die scholastische Sicht«, in: Ders., *Praktische Vernunft. Zur Theorie des Handelns.* Frankfurt a. M., S. 201–218 (franz.: 1994).

Pierre Bourdieu (2015), *Sociologie Générale, Vol. 1. Cours au Collège de France (1981–1983),* Paris.

Pierre Bourdieu (2016), *Sociologie Générale, Vol. 2. Cours au Collège de France (1983–1986),* Paris.

Maurice Brinton (2014), *Mai 68. Die Subversion der Beleidigten.* Wien.

Erik Brynjolfsson/Andrew McAfee (2017), *Machine, Platform, Crowd.* New York.

Karl Bücher (1909), *Arbeit und Rhythmus,* Leipzig (zuerst 1899).

Heinz Bude (2016), *Das Gefühl der Welt. Über die Macht von Stimmungen,* München.

Judith Butler (2016), *Anmerkungen zu einer performativen Theorie der Versammlung,* Frankfurt a. M. (amerik.: 2015).

Elias Canetti (1976): *Masse und Macht. Erster und zweiter Band,* 2. Aufl. München (zuerst 1960).

Elias Canetti (1980), *Die Fackel im Ohr. Lebensgeschichte 1921 – 1931,* München.

Elias Canetti (2012), *Die Blendung,* Frankfurt a. M.

Christopher Clark (2013), *Die Schlafwandler. Wir Europa in den Ersten Weltkrieg zog,* München.

Daniel Cohn-Bendit (1975), *Der große Basar,* München.

Daniel Cohn-Bendit (2001), *Wir haben sie so geliebt, die Revolution,* Berlin.

Gilles Deleuze (1979), »Nomaden-Denken«, in: Ders.: *Nietzsche. Ein Lesebuch von Gilles Deleuze.* Berlin (franz. 1973), S. 105–121.

Gilles Deleuze (1997), *Das Bewegungs-Bild. Kino 1,* Frankfurt a. M. (frz. 1983).

Gilles Deleuze/Félix Guattari (1992), *Tausend Plateaus. Kapitalismus und Schizophrenie,* Berlin (franz. 1980).

Michel Dobry (2009), *Sociologie des crises politiques,* 3. Auflage, Paris.

Mary Douglas (1985), *Reinheit und Gefährdung. Eine Studie zu Vorstellungen von Verunreinigung und Tabu,* Frankfurt a. M.

Daphne du Maurier (2008), »The Birds«, in: Dies., *Don't Look Now. Stories selected and with an introduction by Patrick McGrath,* New York, S. 59–100 (zuerst: 1952).

Louis Dumont (1983), *Essais sur l'individualisme. Une perspective anthropologique sur l'idéologie moderne.* 2. Aufl., Paris.

Émile Durkheim (1981), *Die elementaren Formen des religiösen Lebens,* Frankfurt a. M. (franz. 1912).

Meister Eckhart (1903), *Mystische Schriften,* Berlin.

Walter Ludwig Ehrenstein (1952), *Dämon Masse,* Frankfurt a. M.

Walter Ludwig Ehrenstein (1952), *Die Entpersönlichung. Masse und Individuum im Lichte neuer Erfahrungen*, Frankfurt a. M.

Hanns Eisler (1976), *Materialien zu einer Dialektik der Musik*, Leipzig.

Mircea Eliade (1957), *Das Heilige und das Profane. Vom Wesen des Religiösen*, Berlin.

Norbert Elias (1978), *Über den Prozeß der Zivilisation. Soziogenetische und psychogenetische Untersuchungen. Erster Band. Wandlungen des Verhaltens in den weltlichen Oberschichten des Abendlandes*, Frankfurt a. M.

Norbert Elias (1991), *Die Gesellschaft der Individuen*, Frankfurt a. M.

Norbert Elias/John L. Scotson (1993), *Etablierte und Außenseiter*, Frankfurt a. M. (englisch: 1965)

Friedrich Engels (1972), »Zur Lage der arbeitenden Klassen in England«, in: Marx/Engels, *Werke, Band 2*. Berlin (zuerst: 1845).

Hans Magnus Enzensberger (1992), *Die Große Wanderung*, Frankfurt a. M.

Hans Magnus Enzensberger (1978), *Der Untergang der Titanic. Eine Komödie*, Frankfurt a. M.

Didier Eribon (1999), *Michel Foucault. Eine Biographie*, Frankfurt a. M. (franz.: 1989).

Didier Eribon (2016), *Rückkehr nach Reims*, Berlin (franz.: 2009).

Iring Fetscher (1991), »»Masse und Macht« und die Erklärung totalitärer Gesellschaften«, in: John Pattilo-Hess (Hg.), *Verwandlungs-Verbote und Befreiungsversuche in Canettis Masse und Macht. Canetti-Symposion*, Wien, S. 9–20

Kurt Flasch (2010), *Meister Eckhart. Philosoph des Christentums*, München.

Gustave Flaubert (1869), *L'Éducation sentimentale*, Paris; dt.: Ders. (2005), *Lehrjahre des Gefühls*, Frankfurt a. M.

Michel Foucault (1987), »Warum ich Macht untersuche: Die Frage des Subjekts«, in: Hubert L. Dreyfus/Paul Rabinow: *Michel Foucault. Jenseits von Strukturalismus und Hermeneutik*, Frankfurt a. M. (zuerst: 1982), S. 243–261.

Michel Foucault (2004), *Geschichte der Gouvernementalität I. Sicherheit, Territorium, Bevölkerung. Vorlesungen am Collège de France, 1977 – 1978*, Frankfurt a. M. (franz.: 2004).

Sigmund Freud (1982a), *Massenpsychologie und Ich-Analyse*. In: Ders., *Studienausgabe*. Bd. IX, *Fragen der Gesellschaft. Ursprünge der Religion*, Frankfurt a. M., S. 61–134.

Sigmund Freud (1982b), *Totem und Tabu. (Einige Übereinstimmungen im Seelenleben der Wilden und der Neurotiker)*. In: Ders., *Studienausgabe*. Bd. IX, *Fragen der Gesellschaft. Ursprünge der Religion*, Frankfurt a. M., S. 287–444.

Peter Gay (2004), *Freud. Eine Biographie für unsere Zeit*, Frankfurt a. M., 5. Auflage (amerik. 1987).

Gunter Gebauer/Christoph Wulf (1992), *Mimesis. Kultur – Kunst – Gesellschaft*, Reinbek.

Gunter Gebauer/Christoph Wulf (1998), *Spiel – Ritual – Geste. Mimetisches Handeln in der sozialen Welt,* Reinbek.

Gunter Gebauer (2013), »Gesellschaft als Universum des Geschmacks. Pierre Bourdieus Kultursoziologie der bürgerlichen Gesellschaft«, in: Pierre Bourdieu, *Kunst und Kultur. Kultur und kulturelle Praxis. Schriften zur Kultursoziologie 4.* Hg. von Franz Schultheis und Stephan Egger. Konstanz, S. 643–670.

Gunter Gebauer (2016), *Das Leben in 90 Minuten. Eine Philosophie des Fußballs,* München.

Robert Gewarth (2017), *Die Besiegten. Das blutige Erbe des Ersten Weltkriegs,* München.

René Girard (1961), *Mensonge romantique et vérité romanesque,* Paris.

René Girard (1978), *Des choses cachées depuis la fondation du monde,* Paris.

Hans Ulrich Gumbrecht (2004), *Diesseits der Hermeneutik. Die Produktion von Präsenz,* Frankfurt a. M.

Hans Ulrich Gumbrecht (2012), *Präsenz.* Hg. v. Jürgen Klein, Berlin.

Jürgen Habermas (1962), *Strukturwandel der Öffentlichkeit. Untersuchungen zu einer Kategorie der bürgerlichen Gesellschaft,* Neuwied/Berlin.

Peter Handke (1969), »Ratschläge für einen Amoklauf«, in: Ders.: *Die Innenwelt der Außenwelt der Innenwelt,* Frankfurt a. M.

Peter Handke (1969), »Veränderungen im Laufe des Tages«, in: Ders.: *Die Innenwelt der Außenwelt der Innenwelt,* Frankfurt a. M.

Michael Hartmann (2018), *Die Abgehobenen. Wir die Eliten die Demokratie gefährden,* Frankfurt a. M.

Martin Heidegger (1993), *Sein und Zeit,* Tübingen (zuerst: 1927).

Martin Heidegger (2000), »Bauen Wohnen Denken«, in: *Gesamtausgabe, Band 6, Vorträge und Aufsätze,* Frankfurt a. M.

Regine Herbig/Hubert Knoblauch (2014), »Die Emotionalisierung der Religion«, in: Gunter Gebauer/Markus Edler (Hg.), *Sprachen der Emotion. Kultur, Kunst, Gesellschaft,* Frankfurt a. M., S. 192–210.

Hans-Hermann Hertle (1996), *Chronik des Mauerfalls. Die dramatischen Ereignisse um den 9. November 1989,* Berlin.

Franz Hessel (2012), *Spazieren in Berlin,* Berlin (zuerst: 1929).

Ronald Hitzler (2011), *Eventisierung. Drei Fallstudien zum marketingstrategischen Massenspaß,* Wiesbaden.

E. T. A. Hoffmann (1996), *Des Vetters Eckfenster,* Stuttgart (zuerst: 1822).

Max Horkheimer/Theodor W. Adorno (1988), *Dialektik der Aufklärung. Philosophische Fragmente,* Frankfurt a. M. (zuerst: 1944).

Eva Horn (2014), *Zukunft als Katastrophe,* Frankfurt a. M.

Gerd Hortleder (1977), »Massenhandeln. Canettis Beitrag zur Analyse kollektiven Verhaltens«, in: Hans Lenk (Hg.), *Handlungstheorien – interdisziplinär.*

LITERATUR

Sozialwissenschaftliche Handlungstheorien und spezielle systemwissenschaftliche Ansätze, München, S. 273–289.

Alfred Hugenberg (1928), »Brei oder Block«, in: *Berliner Lokalanzeiger,* Berlin.

Eva Illouz (2018) (Hg.), *Wa(h)re Gefühle. Authentizität im Konsumkapitalismus,* Frankfurt a. M.

Ernst Jünger (1981), *Der Arbeiter. Herrschaft und Gestalt,* Stuttgart (zuerst: 1932).

Siegfried Kracauer (1963), *Das Ornament der Masse. Essays,* Frankfurt a. M.

Beate Krais/Gunter Gebauer (2002), *Habitus,* Bielefeld.

Wolfgang Kraushaar (2018), *1968. 100 Seiten,* Ditzingen.

Christopher Lasch (1995), *The Revolt of the Elites and the Betrayal of Democracy,* New York/London.

Gustave Le Bon (1982), *Psychologie der Massen,* Stuttgart (franz.: 1895).

Claude Lévi-Strauss (1968), *Das wilde Denken,* Frankfurt a. M. (franz.: 1962).

Michael Makropoulos (2008), *Theorie der Massenkultur,* München.

Stine Marg, Lars Geiges, Felix Butzlaff, Franz Walter (Hg.) (2013), *Die neue Macht der Bürger. Was motiviert die Protestbewegungen?,* Reinbek.

Karl Marx (1960), »Der Achtzehnte Brumaire des Louis Bonaparte«, in: Marx/ Engels, *Werke, Band 8,* Berlin.

Karl Marx/Friedrich Engels (1977), »Das Kommunistische Manifest«, in: Marx/Engels, *Werke, Band 4.* Berlin.

Steffen Mau (2012), *Lebenschancen. Wohin driftet die Mittelschicht?,* Berlin.

Steffen Mau (2017), *Das metrische Wir. Über die Quantifizierung des Sozialen,* Frankfurt a. M.

Marcel Mauss (1978), »Eine Kategorie des menschlichen Geistes: Der Begriff der Person und des ›Ich‹«, in: Ders., *Soziologie und Anthropologie.* Bd. 2, Berlin u. a., S. 221–254 (franz.: 1950).

Carl Misch (1952), *Deutsche Geschichte im Zeitalter der Massen,* Stuttgart.

Alexander Mitscherlich (1972), *Massenpsychologie ohne Ressentiment,* Frankfurt a. M.

Edgar Morin (1957), *Les stars,* Paris.

Edgar Morin (1968), »Pour une sociologie de la crise«, in: Communications 12, S. 2–16.

Serge Moscovici (1984), *Das Zeitalter der Massen.* Eine historische Abhandlung über die Massenpsychologie. Mit einem Nachwort von Carl Friedrich Graumann, München (frz. 1981)

Jan-Werner Müller (2016), *Was ist Populismus? Ein Essay,* Berlin.

Antonio Negri/Michael Hardt (2002), *Empire. Die neue Weltordnung,* Frankfurt a. M. (engl.: 2000).

Friedrich Nietzsche (1988), *Die Geburt der Tragödie.* In: Ders., *Kritische Studienausgabe,* hg. von Giorgio Colli/Mazzino Montinari, Bd. 1, Berlin.

Friedrich Nietzsche (1988), *Fröhliche Wissenschaft.* In: Ders., *Kritische Studien-ausgabe,* hg. von Giorgio Colli/Mazzino Montinari, Bd. 3, Berlin.

Friedrich Nietzsche (1988), *Genealogie der Moral.* In: Ders., *Kritische Studien-ausgabe,* hg. von Giorgio Colli/Mazzino Montinari, Bd. 5, Berlin.

Friedrich Nietzsche (1988), »Ueber Wahrheit und Lüge im aussermoralischen Sinne«, in: Ders., *Kritische Studienausgabe,* hg. von Giorgio Colli/Mazzino Montinari, Bd. 1, Berlin.

José Ortega y Gasset (2012), *Der Aufstand der Massen,* München (spanisch: 1930).

Ovid (1992), *Metamorphosen,* München.

Mona Ozouf (1976), *La fête révolutionnaire. 1789 – 1799,* Paris

Robert E. Park (2007), *La foule et le public,* Lyon (ursprünglich deutsch, Diss. Heidelberg 1904).

Edgar Allan Poe (1922), »Der Mann der Menge«, in: Ders.: *Gesamtausgabe, Band 3,* Berlin (amerik.: 1840).

Ezra Pound (2006), *Sämtliche Gedichte 1908 bis 1921.* Aus dem Amerikanischen von Eva Hesse, Zürich.

Jacques Rancière (2011), »Auf dem Schlachtfeld. Tolstoi, die Literatur, die Geschichte«, in: Ders., *Politik der Literatur.* 2. Aufl. Wien (franz.: 2007), S. 91–99.

Andreas Reckwitz (2017), *Die Gesellschaft der Singularitäten,* Berlin.

Howard Rheingold (2000), *Smart Mobs. The Next social Revolution,* New York.

David Riesman mit Reuel Denney und Nathan Glazer (1958), *Die einsame Masse. Eine Untersuchung der Wandlungen des amerikanischen Charakters,* Reinbek (amerikan. 1950).

Pierre Rosanvallon (1992), *La crise de l'Etat-providence,* Paris (zuerst: 1981).

Pierre Rosanvallon (2011), *La société des égaux,* Paris.

Pierre Rosanvallon (2015), *Le bon gouvernement,* Paris.

Jean-Jacques Rousseau (1964), *Du Contrat Social.* In: Ders., *Oeuvres complè-tes III,* Paris. Dt. Übersetzung: Jean-Jacques Rousseau (1977), *Vom Gesell-schaftsvertrag oder Grundsätze des Staatsrechts,* Stuttgart.

Jean-Jacques Rousseau (1971), *Émile ou de l'éducation.* In: Ders., *Oeuvres complè-tes IV.* Paris. Dt. Übersetzung: Jean-Jacques Rousseau (1977), *Emil oder Über die Erziehung.* 4. Auflage, Paderborn.

Sven Rücker (2013), *Das Gesetz der Überschreitung. Eine philosophische Geschichte der Grenzen,* München.

J. Rupnik (2008), »Zweierlei Frühling: Paris und Prag 1968«, in: Transit. Euro-päische Revue 35, S. 129-137.

Carl Schmitt (1963), *Theorie des Partisanen. Zwischenbemerkung zum Begriff des Politischen,* Berlin.

Carl Schmitt (2015), *Der Begriff des Politischen,* Berlin (zuerst: 1932).

LITERATUR 321

John Searle (1991), *Intentionalität. Eine Abhandlung zur Philosophie des Geistes,* Frankfurt a. M. (engl.: 1983).

Richard Sennett (1995), *Fleisch und Stein. Der Körper und die Stadt in der westlichen Zivilisation,* Berlin (amerik.: 1994).

Jean-Jacques Servan-Schreiber (1968), *Le réveil de la France. Mai/Juni 1968,* Paris.

Scipio Sighele (1892), *La foule criminelle,* Paris.

Scipio Sighele (1897), *Psychologie des Auflaufs und der Massenverbrechen,* Dresden/Leipzig.

Peter Sloterdijk (1999), *Sphären 2. Globen. Makrosphärologie,* Frankfurt a. M.

Peter Sloterdijk (2000), *Die Verachtung der Massen. Versuch über Kulturkämpfe in den modernen Gesellschaften,* Frankfurt a. M.

A. Smolar (2008), »1968 – Zwischen März und Mai«, in: Transit. Europäische Revue 35 (Sommer 2008), S. 142–154.

Oswald Spengler (1923), *Der Untergang des Abendlandes. Umrisse einer Morphologie der Weltgeschichte,* München.

Gavin Brent Sullivan (Hg.) (2014), *Understanding Collective Pride. New Directions in Emotion Theory, Research and Practice,* New York.

Gabriel Tarde (2003), *Die Gesetze der Nachahmung,* Frankfurt a. M. (franz.: 1890).

Gabriel Tarde (2015), *Masse und Meinung,* Konstanz 2015 (frz. 1901).

Charles Taylor (1996), *Quellen des Selbst. Die Entstehung der neuzeitlichen Identität,* Frankfurt a. M. (amerikan: 1989).

Klaus Theweleit (1978), *Männerphantasien, 2. Band, Männerkörper. Zur Psychoanalyse des weißen Terrors,* Frankfurt a. M.

Leo Tolstoi (2010), *Krieg und Frieden. Erster und zweiter Band.* Neu übersetzt von Barbara Conrad, München (russisch: 1886).

Francois Truffaut (2003), *Mr. Hitchcock, wie haben Sie das gemacht?,* München (franz. 1993).

Jean-Pierre Vernant (1987), *Sur l'individu,* Paris.

Volker Weiß (2017), *Die autoritäre Revolte. Die neue Rechte und der Untergang des Abendlandes,* Stuttgart.

Peter Wensierski (2017), *Die unheimliche Leichtigkeit der Revolution. Wie eine Gruppe junger Leipziger die Rebellion in der DDR wagte,* München.

Ludwig Wittgenstein (1984), *Philosophische Untersuchungen.* In: Ders.: *Werkausgabe,* Band 1, Frankfurt a. M.

Stefan Zweig (1985), *Die Welt von Gestern, Erinnerungen eines Europäers.* 2. Auflage, Berlin/Weimar (zuerst 1944).

Filmographie

Sergej Michailowitsch Eisenstein (1925), *Panzerkreuzer Potemkin*, Sowjetunion, Erstes Studio des Goskino.

Sergej Michailowitsch Eisenstein (1944), *Iwan der Schreckliche*, Sowjetunion (zweiter Teil 1958).

Bryan Forbes (1972), *Die Frauen von Stepford (The Stepford Wives)*. USA, Palomar Pictures (Remake: 2004).

Alfred Hitchcock (1963), *The Birds (Die Vögel)*, USA, Universal.

Terry Jones (1979), *Das Leben des Brian*, Vereinigtes Königreich, Handmade Films, Warner Bros.

Fritz Lang (1927), *Metropolis*, Deutschland, UfA.

Fritz Lang (1931), *M. Eine Stadt sucht einen Mörder*, Deutschland, Nero-Film.

Sergio Leone (1968), *Once Upon a Time in the West (Spiel mir das Lied vom Tod)*, Italien/USA, Paramount.

Leni Riefenstahl (1935), *Triumph des Willens*, Deutschland, Transit-Film.

Leni Riefenstahl (1938), *Olympia – Fest der Völker*, Deutschland.

Nicholas Ray (1955), *Denn sie wissen nicht, was sie tun (Rebel without a cause)*, USA, Warner Bros.

George A. Romero (1968), *Night of the Living Dead (Die Nacht der lebenden Toten)*, USA.

Anmerkungen

Einleitung

1 P. Rosanvallon (2011), *La société des égaux*, S. 359–370.
2 G. Le Bon (1982), *Psychologie der Massen*.
3 J. Ortega y Gasset (2012), *Der Aufstand der Massen*.
4 SPIEGEL 36, vom 1.9.2018.
5 P. Sloterdijk (2000), *Die Verachtung der Massen*, S. 19.
6 Siehe dazu: M. Makropoulos (2008) *Theorie der Massenkultur*.
7 G. Tarde (2003), *Die Gesetze der Nachahmung*.
8 J. Rancière in einem Vortrag zum Thema 1968 im Berliner Centre Marc Bloch am 19.1.2018.
9 D. Riesman (1958), *Die einsame Masse*.
10 G. Anders (2002), »Die Antiquiertheit der Masse«.
11 Diesen Ausdruck übernimmt auch A. Reckwitz (2017) in seinem Buch *Die Gesellschaft der Singularitäten*.
12 Siehe P. Bourdieu (1998), »Die scholastische Sicht«.
13 H. Bude (2016), *Das Gefühl der Welt. Über die Macht von Stimmungen*.
14 Zum Begriff der Intentionalität siehe J. Searle (1991), *Intentionalität*.
15 E. Canetti (1980), *Die Fackel im Ohr. Lebensgeschichte 1921 – 1931*, S. 92.
16 Ovid (1992), *Metamorphosen*, I, 1-18.
17 E. Canetti (1976), *Masse und Macht*, S. 14.
18 H. M. Enzensberger (1978), *Der Untergang der Titanic. Eine Komödie*, Vierzehnter Gesang, S. 51f.
19 E. Canetti (1976), *Masse und Macht* S. 15.

I Wie entsteht eine Masse?

1 D. Du Maurier (2008), »The Birds«.
2 Alfred Hitchcock (1963), *The Birds (Die Vögel)*. USA, Universal Film.
3 F. Truffaut (2003), *Mr. Hitchcock, wie haben Sie das gemacht?* S. 289.
4 Ebd., S. 285. Hitchcock spricht hier von »Raben«. Es sind aber tatsächlich dressierte Krähen.
5 Ebd., S. 277f.

6 P. Handke (1969), »Ratschläge für einen Amoklauf«, in: *Die Innenwelt der Außenwelt der Innenwelt*, S. 19.

7 E. Canetti (1980), *Die Fackel im Ohr*, S. 80.

8 E. Pound (2006), *Personae. Sämtliche Gedichte 1908–1921.*

9 Dies sind Merkmale eines typisch menschlichen Nachahmungsverhaltens. In der Geschichte des europäischen Denkens werden sie unter der Bezeichnung »Mimesis«, »Nachahmung« zusammengefasst; vgl. Gebauer/Wulf (1992), *Mimesis. Kultur – Kunst – Gesellschaft*, und Gebauer/Wulf (1998), *Spiel – Ritual – Geste.*

10 Tagesspiegel vom 11.6.2016.

11 Die folgende Beschreibung beruht, soweit sie von der Darstellung des *Tagesspiegels* abweicht, auf eigenen Beobachtungen.

12 Der Ausdruck war in den USA bei einer Demonstration afroamerikanischer Studenten aufgekommen, die in einem Restaurant mit Rassentrennung an einer für Weiße reservierten Theke Platz genommen hatten und sich weigerten, diese zu verlassen.

13 Siehe Edgar Morin (1968), »Pour une sociologie de la crise«, 1968.

14 Zur Situation in Nanterre im März 1968 siehe den ausführlichen Bericht in *Liberation* vom 24./25.3.2018.

15 Zur folgenden Darstellung siehe H. Bahrmann/Ch. Links (1994), *Chronik der Wende. Die DDR zwischen 7. Oktober und 18. Dezember 1989*; H. Bahrmann/Ch. Links (1995) *Chronik der Wende 2*; H.-H. Hertle (1996), *Chronik des Mauerfalls.*

16 H. Bahrman/Ch. Links (1994), *Chronik der Wende. Die DDR zwischen 7. Oktober und 18. Dezember 1989*, S. 8. Die Autoren fahren fort: »Michail Gorbatschow, der sehr wohl weiß, was er von den inszenierten Jubelveranstaltungen zu halten hat, war tags zuvor zum Reformunwillen der DDR-Führung befragt worden und hatte den Journalisten diplomatisch, aber unmißverständlich erklärt: ›Wer zu spät kommt, den bestraft das Leben.‹«

17 Zur Vorgeschichte der Leipziger Ereignisse siehe die eingehende Darstellung von Peter Wensierski: Die unheimliche Leichtigkeit der Revolution. Wie eine Gruppe junger Leipziger die Rebellion in der DDR wagte, München: DVA 2017.

18 H. Bahrmann/Ch. Links (1994), *Chronik der Wende. Die DDR zwischen 7. Oktober und 18. Dezember 1989*, S. 17.

19 Ebd., S. 30.

20 Ebd., S. 33.

21 Ebd., S. 36.

22 Ebd., S. 45.

23 Ebd., S. 54.

24 Ebd., S. 77.

25 H.-H. Hertle (1996), *Chronik des Mauerfalls*, S. 104.

26 H. Bahrmann/Ch. Links (1994), *Chronik der Wende*, S. 81.

27 Ebd., S. 88.

28 Für eine detaillierte Darstellung der Ereignisse siehe H.-H. Hertle (1996), *Chronik des Mauerfalls*, S. 118–148.

29 H. Bahrmann/Ch. Links (1994), *Chronik der Wende*, S. 92.

30 H.-H. Hertle (1996), *Chronik des Mauerfalls*, S. 148.

31 H. Bahrmann/Ch. Links (1994), *Chronik der Wende*, S. 92.

32 Die West-Berliner, die sich am Abend des 9. November an den Grenzübergängen versammelten, hatten aus den Medien von der Maueröffnung gehört – ein Ereignis, das noch gar nicht eingetreten war. Schon bevor der erste DDR-Bürger die Grenze passieren durfte, wartet auf der anderen Seite eine Willkommens-Masse. Bereits in der ARD-Tagesschau von 20 Uhr wird, wie bei NBC von einem »historischen Ereignis« gesprochen.

33 H.-H. Hertle (1996), *Chronik des Mauerfalls*, S. 261.

34 Ebd., S. 262.

35 Frankfurter Allgemeine Zeitung vom 9.12.2016.

36 J. Rancière (2011), »Auf dem Schlachtfeld. Tolstoi, die Literatur, die Geschichte«.

37 Ebd., S. 91.

38 Ebd., S. 92.

39 Ebd., S. 93.

40 Ebd., S. 95.

41 Ebd., S. 92.

42 Ebd., S. 96.

43 Ebd., S. 96.

44 Ebd., S. 94.

II Wie funktionieren Massen?

1 Siehe M. Foucault (2004), *Geschichte der Gouvernementalität I. Sicherheit, Territorium, Bevölkerung.*

2 Diese und die folgenden Thesen entwickelt Le Bon in G. Le Bon (1982), *Psychologie der Massen.*

3 É. Durkheim (1981), *Die elementaren Formen des religiösen Lebens.*

4 G. Le Bon (1982), *Psychologie der Massen*, S. 73.

5 Zur Kennzeichnung der Massenseele siehe G. Le Bon (1982), *Psychologie der Massen*, S. 11 ff.

6 Ebd., S. 16 f.

7   Ebd., S. 42.

8   Ebd., S. 47.

9   S. Freud (1982a), *Massenpsychologie und Ich-Analyse*.

10   Ebd., S. 69.

11   Ebd.

12   Ebd., S. 65.

13   Zitiert nach Peter Gay (2004), *Freud. Eine Biographie für unsere Zeit*, S. 454.

14   S. Freud (1982a), *Massenpsychologie und Ich-Analyse*, S. 68.

15   Ebd., S. 78; auch die folgenden Eigenschaften der Masse befinden sich an diesem Ort.

16   Ebd., S. 78 f.

17   Ebd., S. 85.

18   Ebd.

19   Ebd., S. 88 f.

20   Ebd., S. 90.

21   Ebd., S. 98 f.

22   Ebd., S. 106. Von der Einübung Hitlers in die Fähigkeit, Massen zu hypnotisieren, berichtet der Journalist Konrad Heiden, der dessen erste Versuche aus der Nähe beschrieben hat. »Wenn die vernachlässigte, fast bucklig wirkende Gestalt sich plötzlich strafft und unversehens wie ein Erzengel daherflammt, dann ist es so, als ob ihm Hände und Füße mit unsichtbaren Schnüren an die unsichtbaren Hände und Füße eines Vorbildes gefesselt wären, das ihn zieht. (...) Die Massen wurden durch Hitlers Suggestivkraft dazu gebracht, zu sehen, was sie nicht sahen, und nicht zu sehen, was sie sahen.« (Heiden zitiert nach Stefan Aust, *Hitlers erster Feind. Der Kampf des Konrad Heiden*, S. 142 f. Auch Hitlers Selbstinszenierung als entsexualisierter Asket, der mit den Massen vermählt ist (»Meine Braut heißt Deutschland«), zeigt, wie wichtig seine affektive Bindung an die Masse für ihn war.

23   Ebd., S. 107.

24   Ebd., S. 112.

25   Ebd., S. 108.

26   Ebd.

27   Sigmund Freud (1982b), *Totem und Tabu*.

28   S. Freud (1982a), *Massenpsychologie und Ich-Analyse*, S. 119.

29   Ebd., S. 133.

30   Vgl. dazu das Kapitel 4, *Populismus*. Dort den Abschlussabschnitt *Die »liebenden Massen«*.

31   M. Kerrou (2017), »Der ›arabische Frühling‹ – eine europäische Erfindung?«, S. 303.

32   C. F. Graumann in S. Moscovici (1984), *Das Zeitalter der Massen*, S. 482.

ANMERKUNGEN 329

33 Der Grünenpolitiker J. Hilje in der Frankfurter Allgemeinen Sonntags-
    zeitung vom 13.11.2016.
34 S. Freud (1982a), *Massenpsychologie und Ich-Analyse*, S. 96.
35 St. Zweig (1985), Die Welt von Gestern, S. 240 f.
36 St. Zweig (1985), Die Welt von Gestern, S. 241 f.
37 Siehe C. Clark (2013), *Die Schlafwandler. Wie Europa in den Ersten Welt-
    krieg zog.*
38 M. Horkheimer und Th. W. Adorno wenden gegen Freuds Konzeption ein,
    dass »in der Psychologie der heutigen Massen« »der Führer nicht sowohl
    den Vater mehr darstellt als die kollektive (…) Projektion des ohnmächtigen
    Ichs eines jeden Einzelnen« (M. Horkheimer/Th. W. Adorno (1988), *Dia-
    lektik der Aufklärung*, S. 251 f.). Anstatt vom »Zerfall der Individualität aus-
    genommen« zu sein, wird der Führer zur Verkörperung des Zerfalls. Ein
    anderes Massengeschehen als jenes, das zum Zerfall von Individualität führt,
    wird von Horkheimer und Adorno nicht einmal in den Blick genommen.
39 Im Folgenden beziehen wir uns auf F. Nietzsche (1988), *Fröhliche Wissen-
    schaft*, insbesondere auf die Aphorismen 110 (»Ursprung des Erkennens«)
    und 335 (»Hoch die Physik!«).
40 E. Canetti (2012), *Die Blendung*, S. 509.
41 N. Elias (1991), *Die Gesellschaft der Individuen*, S. 31.
42 Ebd., S. 47.
43 Ebd., S. 61.
44 É. Durkheim (1981), *Die elementaren Formen des religiösen Lebens*.
45 Zu Begriff und aktueller Bedeutung von Präsenz siehe H. U. Gumbrecht
    (2004), *Diesseits der Hermeneutik* und H.U. Gumbrecht (2012), *Präsenz*.
46 Vgl. G. Tarde (2003), *Die Gesetze der Nachahmung*.
47 Zum Konzept der Mimesis siehe G. Gebauer/Ch. Wulf (1992), *Mimesis.
    Kultur – Kunst – Gesellschaft*.
48 E. Brynjolfsson/A. McAfee (2017), *Machine, Platform, Crowd*.
49 E. Canetti, *Masse und Macht*. Bd. 1, S. 83.
50 Gerd Hortleder (1977), »Massenhandeln. Canettis Beitrag zur Analyse kol-
    lektiven Verhaltens«, S. 286.

III Doppel-Massen

1 E. Canetti (1960), *Masse und Macht*, S. 15.
2 Ebd.
3 Ebd., S. 71
4 Ebd.
5 G. Sorel (1969), *Über die Gewalt*, S. 185.

330   ANMERKUNGEN

6   C. Schmitt (1963), *Theorie des Partisanen. Zwischenbemerkung zum Begriff des Politischen*, S. 87.

7   E. Canetti (1982), *Die Fackel im Ohr. Lebensgeschichte 1921-1931*, S. 239 f.

8   E. Canetti (1960), *Masse und Macht*, S. 71.

9   Ebd.

10 Vgl. M. Heidegger (1993), *Sein und Zeit*, § 23. *Die Räumlichkeit des In-der-Welt-Seins.*

11 Das meint zum Beispiel Judith Butler (in ihren »Anmerkungen zu einer performativen Theorie der Versammlung«). Es gebe, so Butlers Argumentation, keine Inklusion, die nicht zugleich eine Ausgrenzung wäre. Damit verkennt sie jedoch die Spitze der merkelschen Formulierung.

12 Vgl. G.W.F. Hegel (1970), *Phänomenologie des Geistes*, S. 259.

13 E. Canetti (1960), *Masse und Macht*, S. 71.

14 Das Konzept des mimetischen Verhältnisses und der mimetischen Rivalität wird ausführlich dargestellt in: R. Girard (1978), *Des choses cachées depuis la fondation du monde.* Siehe G. Gebauer/Ch. Wulf (1992), *Mimesis. Kultur – Kunst – Gesellschaft.* S. 327–335. In der Theorie der *Mimesis* von René Girard gibt es wenige Bezüge zu Massen. Seine Beispielfälle sind im Wesentlichen mythologischen und literarischen Texten entnommen. Rivalität entfaltet sich hier zwischen einzelnen Figuren, wie mythischen Anführern, Romanhelden, Dramen- und Erzählpersonen (in R. Girard [1961], *Mensonge romantique et vérité romanesque*).

15 M. Foucault (1987), »Warum ich Macht untersuche: Die Frage des Subjekts«.

16 Süddeutsche Zeitung, vom 22./23.7.2017.

17 Süddeutsche Zeitung, ebd.

18 G.W. F. Hegel (1970), *Phänomenologie des Geistes*, S. 425.

IV Populismus

1   H. M. Enzensberger (1992), *Die Große Wanderung*, S. 27 f.

2   Frankfurter Allgemeine Zeitung vom 3.9.2015.

3   Vgl. die Ausführungen über die Befindlichkeit des Daseins in: M. Heidegger (1993), *Sein und Zeit*.

4   G. Le Bon (1982), *Die Psychologie der Massen*, S. 43.

5   So tingelte Trump, bevor er sich in das Feld des Politischen begab, durch alle Sparten des Unterhaltungsfernsehens. Auf die harte Tour hat er die Sprache und die Inszenierungsformen des White-Trash gelernt, die er nun im politischen Feld einsetzt.

6   Im Folgenden wird »das Volk« (in Anführungsstrichen) verwendet, um die populistische Konstruktion des Volkes zu kennzeichnen.

ANMERKUNGEN 331

7 Vgl. Canettis Unterscheidung von offener und geschlossener Masse, in E. Canetti (1976), *Masse und Macht*, S. 10 f.

8 G. Deleuze (1979), »Nomaden-Denken«.

9 F. Nietzsche (1988), *Genealogie der Moral.*

10 Zitiert nach J. Bender (2017), *Was will die AfD? Eine Partei verändert Deutschland*, S. 45.

11 Zum Konzept des »mimetischen Begehrens« siehe Anm. 14 in III.

12 Siehe V. Weiß (2017), *Die autoritäre Revolte. Die Neue Rechte und der Untergang des Abendlandes.*

13 Jan-Werner Müller (2016), *Was ist Populismus?*, S. 44.

14 Jean-Jacques Rousseau (1964), *Du Contrat Social.*

15 Volker Weiß (2017), *Die autoritäre Revolte*, S. 25.

16 Die Sehnsucht nach der starken Hand taucht schon in der traditionellen Massentheorie von Le Bon auf: Die Masse spreche und verstehe nur die Sprache der Gewalt. Sie kenne keine gewaltlosen Zustände, sondern nur den Unterschied zwischen Gewalt-Ausüben und Gewalt-Erleiden: »Stets bereit zur Auflehnung gegen die schwache Obrigkeit, beugt sich die Masse knechtisch vor einer starken Herrschaft. Ist die Haltung der Obrigkeit schwankend, so wendet sich die Masse, die stets ihren äußersten Gefühlen folgt, abwechselnd von der Anarchie zur Sklaverei, von der Sklaverei zur Anarchie.« (G. Le Bon [1982], *Psychologie der Massen*, S. 57).

17 N. Elias/J. L. Scotson (1993), *Etablierte und Außenseiter.*

18 Ebd., S. 9.

19 Ebd., S. 8.

20 Ebd., S. 12.

21 Ebd., S. 13.

22 Ebd., S. 16.

23 Zitiert nach V. Weiß (2017), *Die autoritäre Revolte*, S. 99.

24 N. Elias/J. L. Scotson (1993), *Etablierte und Außenseiter*, S. 18.

25 Ebd., S. 19.

26 Ebd., S. 22.

27 Ebd., S. 29.

28 Ebd., S. 45.

29 Ebd., S. 55.

30 Frankfurter Allgemeine Zeitung, zitiert nach V. Weiß (2017), *Die autoritäre Revolte*, S. 141.

31 G. Tarde (2015), *Masse und Meinung*, S. 45.

32 Ebd., S. 44.

33 Ebd., S. 45.

V Masse und Raum

1   R. Sennett (1995), *Fleisch und Stein. Der Körper und die Stadt in der westlichen Zivilisation*.
2   Ebd., S. 401.
3   Ebd., S. 406 f.
4   Ebd., S. 409.
5   El Lissitzky (1923), »Demonstrationsräume«. In: *Ausstellungskatalog der Großen Berliner Kunstausstellung 1923*, S. 4.
6   H. Arendt (1967), *Vita activa oder Vom tätigen Leben*, S. 193.
7   J. Butler (2016), *Anmerkungen zu einer performativen Theorie der Versammlung*, S. 16 f.
8   M. Heidegger (2000), »Bauen Wohnen Denken«, S. 150.
9   Ebd., S. 155.
10 Ebd., S. 156.
11 Siehe dazu das Video-Archiv des Aufstands mit ungeschnittenem Video-Material im Internet unter »858.ma«.
12 M. Heidegger (2000), »Bauen Wohnen Denken«, S. 156.
13 E. Canetti (1960), *Masse und Macht*, S. 15.
14 Ebd.
15 M. Eliade (1957), *Das Heilige und das Profane. Vom Wesen des Religiösen*, S. 15.
16 Ebd.
17 Ebd., S. 17.
18 E. Canetti (1960), *Masse und Macht*, S. 19.
19 M. Eliade (1957), *Das Heilige und das Profane. Vom Wesen des Religiösen*, S. 35.
20 Siehe G. Agamben (2005), *Profanierungen*, insbesondere das 9. Kapitel.
21 R. Barthes (1976), *Mythen des Alltags*. Barthes' Beschreibung bezieht sich zwar auf die 50er-Jahre – es ist aber erstaunlich, wie sich alle beobachteten Verhaltensweisen bis heute auf Automessen zeigen.
22 Ebd., S. 76.
23 Ebd., S. 77.
24 Ebd., S. 78.
25 J. Ortega y Gasset (2012), *Der Aufstand der Massen*, S. 9.
26 Ebd., S. 8.
27 Ebd., S. 13.
28 P. Sloterdijk (1999), *Sphären 2. Globen. Makrosphärologie*, S. 838.
29 J. Ortega y Gasset (2012), *Der Aufstand der Massen*, S. 71.
30 T. Adorno/M. Horkheimer (1988), *Dialektik der Aufklärung*, S. 144.
31 Ebd., S. 145.
32 Vgl. Frankfurter Allgemeine Zeitung vom 11.8.2016.

ANMERKUNGEN   333

33   Der folgende Bericht wird zitiert nach: 11 Freunde, # 176, Juli 2016, S. 30.

34   Ebd.

35   Ebd.

36   Ebd., S. 35.

37   R. Hitzler (2011), *Eventisierung. Drei Fallstudien zum marketingstrategischen Massenspaß*, S. 86 f.

38   Ebd., S. 87 f.

VI   Eros und Isolation
Beschreibungen der Masse in der Großstadt

1   E. T. A. Hoffmann (1996), *Des Vetters Eckfenster*, S. 3.

2   Ebd., S. 5.

3   Ebd.

4   Ebd., S. 6 f.

5   Ebd., S. 9.

6   Poe (1922), *Der Mann der Menge*, S. 11.

7   Ebd.

8   Ebd.

9   Ebd., S. 16.

10   Ebd., S. 12 f.

11   Ebd., S. 14 f.

12   Ebd., S. 16.

13   Ebd.

14   Ebd., S. 21.

15   Ebd., S. 22.

16   Ebd., S. 11.

17   Ebd.

18   Poe (1922), *Der Mann der Menge*, S. 16.

19   So der Titel einer Erzählsammlung E. T. A. Hoffmanns.

20   Engels (1972), »Zur Lage der arbeitenden Klassen in England«, S. 256.

21   Ebd.

22   Ebd.

23   Ebd., S. 257.

24   Ebd.

25   Ebd.

26   Ebd., S. 264.

27   Aus Engels' Bericht: »Bei Gelegenheit einer Totenschau, die Herr Carter über der Leiche der 45jährigen *Ann Galway* am 14. November 1843 abhielt, erzählen die Journale folgendes von der Wohnung der Verstorbenen. Sie

hatte in Nr. 3, White Lion Court, Bermondsey Street, London, mit ihrem Mann und ihrem 19jährigen Sohne in einem kleinen Zimmer gewohnt, worin sich weder Bettstelle oder Bettzeug noch sonstige Möbel befanden. Sie lag tot neben ihrem Sohn auf einem Haufen Federn, die über ihren fast nackten Körper gestreut waren, denn es war weder Decke noch Betttuch vorhanden. Die Federn klebten so fest an ihr über den ganzen Körper, dass der Arzt die Leiche nicht untersuchen konnte, bevor sie gereinigt war, und dann fand er sie ganz abgemagert und über und über von Ungeziefer zerbissen. Ein Teil des Fußbodens im Zimmer war aufgerissen, und das Loch wurde von der Familie als Abtritt benutzt. Montag, den 15. Januar 1844 wurden zwei Knaben vor das Polizeigericht von Worship Street, London, gebracht, weil sie aus Hunger einen halbgekochten Kuhfuß von einem Laden gestohlen und sogleich verzehrt hatten.« (F. Engels [1972], »Zur Lage der arbeitenden Klassen in England«, S. 262).

28 Engels (1972), »Zur Lage der arbeitenden Klassen in England«, S. 270.

29 Marx/Engels (1977), »Das Kommunistische Manifest«, S. 470.

30 Ebd., S. 472.

31 Marx (1960), »Der Achtzehnte Brumaire des Louis Bonaparte«, S. 161.

32 Ebd., S. 198.

33 Ebd.

34 Marx/Engels (1967), *Werke, Band 37*, S. 260.

35 Ebd., S. 260 f.

36 Baudelaire (2008), *Le spleen de Paris. Pariser Spleen*, S. 234.

37 Ebd., S. 235.

38 Ebd., S. 235 f.

39 Ebd., S. 237.

40 Ebd., S. 49.

41 Ebd.

42 Baudelaire (2008), *Le spleen de Paris. Pariser Spleen*, ebd.

43 Baudelaire (1966), *Mein entblößtes Herz. Tagebücher*, S. 9.

44 In seinen Tagebüchern grenzt Baudelaire beides in gewohnt drastischer Manier voneinander ab: »Je mehr der Mensch die Künste pflegt, je weniger steht er ihm. (...) Nur dem Lümmel steht er gehörig, und das Ficken ist der Lyrismus des Volkes. Ficken, das heißt danach streben, in einen andern einzudringen; der Künstler hingegen geht niemals aus sich heraus.« (Ch. Baudelaire (1966), *Mein entblößtes Herz. Tagebücher*, S. 71).

45 Baudelaire (2008), *Le spleen de Paris. Pariser Spleen* S. 49 f.

46 Mit Baudelaire hat sich ein ästhetischer Typus herausgebildet, der wie kein anderer die lustvolle Seite von Massenerfahrungen verkörpert, der Flaneur. Er ist das Gegen- und zugleich das Spiegelbild der Masse. Mit dem Anspruch,

ein einzigartiges Individuum zu sein, repräsentiert er dennoch die Masse als ästhetisches Phänomen – damit wird er zum Vorläufer der neuen Massen, die gerade die Einzigartigkeit ihrer Teilnehmer forciert und ausstellt. Spätestens der Erste Weltkrieg vernichtete die sozialen und ökonomischen Grundlagen seines Müßiggangs, die eigentümliche Langsamkeit seines Lebens und den »Luxus seiner frei schwebenden Aufmerksamkeit« (Lothar Müller). Im Berlin der 20er-Jahre finden wir mit Franz Hessel, der von Paris nach Berlin übergesiedelt war, einen der letzten Vertreter des Flaneurs. Die Sammlung von Vignetten, die er in seinem Band *Spazieren in Berlin* 1929 veröffentlichte, ist eines der letzten Zeugnisse dieses untergegangenen Typus.

VII Virtuelle Massen

1 Vgl. dazu die Begriffsgeschichte in der *Einleitung* sowie Kapitel II, *Wie funktionieren Massen?*

2 Agamben (2005), *Profanierungen*, S. 18 f.

3 Ebd., S. 19.

4 Benjamin (1974), »Das Kunstwerk im Zeitalter seiner technischen Reproduzierbarkeit«, S. 481.

5 Ebd., S. 477.

6 Ebd., S. 480.

7 Ebd.

8 Vgl. dazu Morin (1957), *Les stars*.

9 Barthes (1967), *Mythen des Alltags*, S. 74.

10 Ebd.

11 Deleuze/Guattari (1997), *Tausend Plateaus. Kapitalismus und Schizophrenie*, Kapitel 7: *Das Jahr Null – Die Erschaffung des Gesichts*. »Der Kopf (muss) zu einem Gesicht gemacht werden. Das geschieht durch den durchlöcherten Bildschirm, durch das System Weiße Wand-Schwarzes Loch.« (S. 233).

12 Vgl. Deleuze (1996), *Das Bewegungs-Bild. Kino 1*.

13 Zum Einfluss der neuen Medien auf die Massenbildung vgl. Brynjolfsson/McAfee (2017), *Machine, Plattform, Crowd*.

14 Frankfurter Allgemeine Sonntagszeitung vom 23.4.2017.

15 Tarde (2015), *Masse und Meinung*, S. 9.

16 Ebd., S. 13.

17 Ebd., S. 10.

18 Ebd., S. 14.

19 Ebd., S. 29.

20 Vgl. Spiegel 2, 2016.

VIII Kritik der Massenkultur

1 Vgl. dazu auch Kapitel V, *Masse und Raum*.

2 Vgl. Warhols (selbstverständlich nicht selbst verfasste) Autobiografie *From A to B and Back again (The Philosophy of Andy Warhol)*.

3 Süddeutsche Zeitung vom 7./8.4.2018.

4 Ebenso wie im Zuge des britischen Brexit-Volksentscheids. *Cambridge Analytica* war auch in den großen Datenskandal 2018 von *Facebook* verwickelt. Nach massiver Kritik hat sich die Firma mittlerweile aufgelöst, allerdings nur, um unter anderem Namen weiterzumachen.

5 Tageszeitung (TAZ) vom 17./18.12.2016, S. 7.

6 Ebd.

7 Wir beziehen uns auf den Habitusbegriff von Pierre Bourdieu; vgl. B. Krais/G. Gebauer (2002), *Habitus*.

8 Zum Begriff des sozialen Geschmacks bei Bourdieu siehe G. Gebauer (2013), »Gesellschaft als Universum des Geschmacks. Pierre Bourdieus Kultursoziologie als Morphologie der bürgerlichen Gesellschaft.«

9 Süddeutsche Zeitung vom 4.4.2017: »Voll das Leben«.

10 Ebd.

11 O. Spengler (1923), *Der Untergang des Abendlandes. Umrisse einer Morphologie der Weltgeschichte*, S. 44.

12 Ebd., S. 43.

13 Ein umstrittener, aber treffender Begriff Armin Mohlers.

14 M. Heidegger (1993), *Sein und Zeit*, S.118.

15 Ebd., S.125.

16 Ebd., S 126.

17 Ebd., S. 128.

18 Ebd., S 126 f.

19 Ebd., S 128.

20 Ebd., S. 262.

21 E. Jünger (1981), *Der Arbeiter. Herrschaft und Gestalt*, S. 101.

22 Ebd., S. 233.

23 Ebd., S. 115.

24 Ebd., S. 117.

25 Ebd., S. 98 f.

26 Ebd., S. 103.

27 Ebd., S. 101 f.

28 Ebd., S. 172 f.

29 Ebd., S. 179.

30 Ebd., S. 181.

ANMERKUNGEN   337

31   Ebd., S. 178.

32   Ebd., S. 284.

33   Ebd., S. 292.

34   »Eine militante Transzendenz, Richtertum aus hohen, wehrenden Gesetzen, Züchtung von Rausch und Opfer, (…) Form aus Schatten! (…) Militante Transzendenz: – der neue deutsche Mensch, nie rein irdisch, nie rein formal.« G. Benn (2003), »Züchtung 1«, in: *Gesammelte Werke, Band 2, Essays und Aufsätze*, S. 782 f.

35   »Es ist möglich geworden, dass heute Kriege geführt werden, von denen keine Kenntnis genommen wird, weil sie der Stärkere etwa als friedliche Durchdringung oder als Polizeiaktion gegen Räuberbanden zu bezeichnen liebt.« (E. Jünger [1981], *Der Arbeiter. Herrschaft und Gestalt*, S. 194).

36   H. Eisler (1976), »Über moderne Musik«.

37   H. Eisler (1976), »Gesellschaftliche Grundfragen der modernen Musik«, S. 173.

38   Ebd., S. 182.

39   H. Eisler (1976), »Die Erbauer einer neuen Musikkultur«, S. 60.

40   Ebd., S. 114.

41   H. Eisler (1976), »Avantgardekunst und Volksfront«, S. 143.

42   H. Eisler (1976), »Unsere Kampfmusik«, S. 81.

43   H. Eisler (1976), »Fortschritte in der Arbeitermusikbewegung«, S. 55 f.

44   Ebd., S. 55.

45   H. Eisler (1976), »Unsere Kampfmusik«, S. 73 f.

46   Seine Gegenüberstellung entwickelt Eisler in: H. Eisler (1976) »Gesellschaftliche Umfunktionierung der Musik«, S. 126.

47   M. Hardt/A. Negri (2002), *Empire. Die neue Weltordnung*, S. 11.

48   Ebd., S. 87.

49   Ebd., S. 383.

50   Ebd., S. 401.

51   Ebd., S. 403.

52   Ebd.

53   P. Sloterdijk (2004), Sphären. Plurale Sphärologie. Bd. III, Schäume.

54   Howard Rheingold unterhält zu diesem Thema eine Website: *smartmobs.com*

IX Strukturen der Masse

1   Die Begriffe »Intention« und »Intentionalität« werden im Folgenden verwendet in Anlehnung an J. Searle (1991), *Intentionalität. Eine Abhandlung zur Philosophie des Geistes.*

2   P. Bourdieu (1982), *Die feinen Unterschiede. Kritik der gesellschaftlichen Urteilskraft.*

3 M. Dobry (2009), *Sociologie des crises politiques*; M. Ait-Aoudia/A. Roger (2015) (Hg.), *La logique du désordre. Relire la sociologie de Michel Dobry.*

4 Siehe E. Canetti (1980), *Die Fackel im Ohr. Lebensgeschichte 1921–1931*, S. 230–37.

5 H. Arendt (1986), *Elemente und Ursprünge totalitärer Herrschaft.*

6 Ebd., S. 247.

7 R. Gewarth (2017), *Die Besiegten. Das blutige Erbe des Ersten Weltkriegs.*

8 H. Arendt (1986), *Elemente und Ursprünge totalitärer Herrschaft*, S. 247.

9 Ebd., S. 703.

10 Ebd., S. 673.

11 Ebd., S. 696.

12 Zum dem von Pierre Bourdieu geprägten Begriff des Habitus siehe B. Krais/G. Gebauer (2002), *Habitus.*

13 Siehe die Aufzeichnungen von Bourdieus Vorlesungen, in: P. Bourdieu (2016), *Sociologie Générale, Vol. 2.*, S. 153–280.

14 Den Ausdruck »Milieu« verwendet Bourdieu in seinen Vorlesungen selber, weitgehend als Synonym für das soziale Feld. Insofern er weiter gefasst ist als das Feld, ist er für eine Anwendung auf soziale Massenphänomene gut geeignet.

15 Vgl. die Angaben in W. Kraushaar (2018), *1968*, S. 38 f.

16 S. Kracauer (1963), *Das Ornament der Masse.*

17 So schreibt Joachim Güntner in der Neuen Zürcher Zeitung über die Angriffe von Dortmunder Fans gegen Anhänger von RB Leipzig: »Der Mob ist eine temporäre Organisation von Individuen, die sich Ausdrucksformen erlauben, welche sie sich normalerweise nicht gestatten würden.« Mit der Klassenlage der Beteiligten hätten die Gewalttaten wenig zu tun, viel wichtiger seien »kommunikative Einflüsse«, unter die sie geraten seien. Der Ultra im Fußball »lässt sich in etwas hineinziehen«, er fühlt die »Resonanz einer Gruppe«; er »will mit den anderen mitschwingen. Mob, das ist die Verlockung der Verschmelzung«. (Joachim Güntner in der *Neuen Zürcher Zeitung* vom 14.02.2017).

18 Zwei Jahre nach den Ereignissen im Mai 1968 erklärte General de Gaulle, der während dieser Unruhen abgetaucht war und nach seiner Rückkehr nach Frankreich seine Position wieder einnehmen konnte, seinen Rücktritt.

19 Siehe 11 Freunde vom Mai 2017.

20 Bericht der Süddeutschen Zeitung vom 19.7.2017.

21 Siehe Eintrag Wikipedia: Abdel Majed Abdel Bary.

22 R. Hitzler (2011), *Eventisierung*, S. 33.

23 Ebd.

ANMERKUNGEN

24 Ebd., S. 37.

25 Ebd., S. 38.

26 Ebd., S. 40.

27 Ebd., unsere Hervorhebung, G. G./S. R.

28 Ebd.

29 R. Herbig/H. Knoblauch, »Die Emotionalisierung der Religion«.

30 Ebd., S. 206.

31 Ebd.

32 Ebd., S. 207.

33 Ebd.

34 Siehe R. Hitzler (2011), *Eventisierung*; der Abschnitt »High-Professional-Event versus Do-it-Yourself-Gemeindefest«, S. 32–34.

Abschließende Überlegungen

1 H. Bude (2016), *Das Gefühl der Welt. Über die Macht von Stimmungen*, S. 55.

2 Siehe Kapitel II, *Wie entstehen Massen?*

3 G. Flaubert (1869), *L'Éducation sentimentale*, Paris.

4 »La casta. Sie. Und wir«, in der Süddeutschen Zeitung vom 12.2.2018.

5 Siehe E. Illouz (2018) (Hg.), *Wa(h)re Gefühle Authentizität im Konsumkapitalismus*.

6 P. Bourdieu (2016), *Sociologie Générale, Vol. 2. Cours au Collège de France (1983–1986)*, S. 182.

7 A. Reckwitz (2017), *Die Gesellschaft der Singularitäten*, S. 107.

8 P. Rosanvallon (2011), *La société des égaux*, S. 369 (eigene Übersetzung).

9 Ebd., S. 359.

10 G. Gebauer (2013), »Gesellschaft als Universum des Geschmacks. Pierre Bourdieus Kultursoziologie der bürgerlichen Gesellschaft«.

11 Andreas Reckwitz (2017), *Die Gesellschaft der Singularitäten*. S. 275.

12 M. Mauss (1978), »Eine Kategorie des menschlichen Geistes: Der Begriff der Person und des ›Ich‹«.

13 L. Dumont (1983), *Essais sur l'individualisme. Une perspective anthropologique sur l'idéologie moderne*.

14 Ch. Taylor (1996), *Quellen des Selbst. Die Entstehung der neuzeitlichen Identität*.

15 J.-P. Vernant (1987), *Sur l'individu*, Paris.

Register

A

AfD 133 ff., 136, 138 ff., 140, 143, 146, 240

Agamben, Giorgio 173, 215 ff., 218

Agenda 2012 146

American Dream 16

Arabischer Frühling 9, 47, 53, 87, 88, 234, 236, 289, 292

Arendt, Hannah 166 ff., 278 ff., 280 ff.

Autorität 19, 32, 47, 54 ff., 79, 86 ff., 89 ff., 94, 96, 98, 147, 168, 236, 276, 280, 283 ff.

B

Bankenkrise 20

Barthes, Roland 174 ff., 176, 219, 221

Baudelaire, Charles 188, 200, 210 ff., 212 ff., 214

Benjamin, Walter 216 ff., 218 ff., 220

Benn, Gottfried 260

Berlin 9, 23, 35, 49, 54, 58 ff., 60, 62, 64 ff., 67, 108, 123, 129 ff., 161, 165, 194, 247, 296, 298, 300, 305

Blair, Tony 111, 145

Bloch, Ernst 13

Bloch, Marc 71

Bohley, Bärbel 61

Bon, Gustave Le 9 ff., 12, 14, 15, 21, 27, 32, 36, 67, 74 ff., 94, 119, 133, 135, 147, 156, 170, 235, 266

Bosch, Hieronymus 215, 218

Bourdieu, Pierre 20, 32, 152, 246, 284, 307, 310

bürgerlich 19, 93, 147, 175 ff., 187, 194, 217 ff., 219, 255 ff., 257 ff., 259, 261 ff., 263 ff., 265, 280

C

Canetti, Elias 27, 31, 32, 39, 45, 85, 92, 93, 104, 107, 109, 118, 136, 167, 170 ff., 222, 239, 251, 266, 277 ff.

Chemnitz 10,

Clinton, Bill 145, 233, 244 ff.

Christus 82 ff.

D

De Gaulle 57

Deutschland 14, 20, 49, 54, 119, 124, 133, 138 ff., 146, 223, 240, 294

DDR 57 ff., 60 ff., 62 ff., 64 ff., 108, 119, 131, 140, 156, 271

Deleuze, Gilles 138, 221 ff.

Deutschland 14, 20, 49, 54, 119, 124, 133, 138 ff., 146, 223, 240, 294

Doppel-Masse 26, 30, 32, 108 ff., 110 ff., 112 ff., 114 ff., 116 ff., 118 ff., 120 ff., 122 ff., 124 ff., 126 ff., 129, 131 ff., 136 ff., 139 ff., 143, 156, 158, 276

Dresden 59, 61, 118 ff., 154, 281

Durkheim, Emile 75 ff., 98, 99

E

Einzel-Masse 313

Einzigartigkeit 9, 24, 197, 217, 245,
247, 301, 308, 310
Eisler, Hanns 261 ff., 263 ff., 265
Elias, Norbert 27, 31 ff., 33, 39, 45, 85,
92, 94 ff., 96, 107, 109, 136, 148, 152,
155 ff., 167, 170, 222, 246, 277
Elite 130, 176 ff., 178, 180, 262, 279,
283, 306, 309
Emotion 10, 15 ff., 29 ff., 41, 75 ff., 88,
99, 100, 102, 157, 181, 224, 271, 277,
287 ff., 302 ff., 307, 310
Engels, Friedrich 188, 202 ff., 205 ff.,
207 ff., 209 ff., 211 ff., 225
Enzensberger, Hans Magnus 38,
133 ff.
Ernst, Max 242
Erster Weltkrieg 15, 89, 90, 165, 252,
279
Existenzgefühl 307, 309

F

Facebook 10, 89, 103, 227, 230, 233 ff.,
236, 244 ff., 248, 304, 307
Febvre, Lucien 71
Festmasse 32, 89, 93 ff., 157 ff., 159
Flashmob 12, 234, 236, 269
Flaubert 305
Flüchtlingskrise (2015) 9, 133, 134
Flüchtlingsmasse 135, 137
Foucault, Michael 73, 128, 246, 294
Frankfurter Schule 51, 241
Französische Revolution 11 ff., 14,
73
Freud, Sigmund 27, 32, 67, 80 ff., 84,
86, 89, 91 ff., 94, 101, 155, 170, 189,
209, 214, 274, 288, 296, 298 ff., 311

G

Gefühl 30 ff., 41, 52, 67, 76 ff., 79,
83 ff., 85, 90, 92 ff., 99 ff., 101 ff.,
113, 121, 134, 148 ff., 151, 155, 179 ff.,

181 ff., 194, 220, 238, 265, 272, 275 ff.,
287 ff., 290 ff., 292 ff., 299, 302 ff.,
304, 306 ff., 309 ff.
G8-Gipfel 124
G20-Gipfel 22, 26, 126, 160, 277
Gefühl 30 ff., 41, 52, 67, 76 ff., 79,
83 ff., 85, 90, 92 ff., 99 ff., 101 ff.,
113, 121, 134, 148 ff., 151, 155, 179 ff.,
181 ff., 194, 220, 238, 265, 272, 275 ff.,
287 ff., 290 ff., 292 ff., 299, 302 ff.,
304, 306 ff., 309 ff.
Gegen-Masse 63, 93, 98, 138, 141,
151, 157
Gehlen, Arnold 51
Genesis 34
Gesellschaft 15, 21, 23, 25, 42, 53,
81 ff., 94, 96 ff., 100, 103 ff., 109,
112, 121 ff., 143, 146, 156, 172, 187, 197,
204 ff., 208, 217, 222, 228, 255, 257,
259, 261 ff., 278, 280 ff., 283, 289,
291, 301 ff., 303, 308, 311 ff.
Girard, René 128 ff.
Glaube 42, 76, 95, 99 ff., 150, 279,
284, 293 ff., 295 ff., 299, 307 ff.,
309 ff.
Gorbatschow, Michael 58, 65
Graumann, Carl Friedrich 88
Gruppe 14, 23 ff., 27, 29, 41, 57 ff., 63,
77, 86, 95, 97, 99, 108, 118, 124, 129,
142, 148 ff., 150 ff., 152, 155, 162,
165, 229, 233, 244, 246 ff., 261, 269,
271 ff., 273 ff., 276 ff., 281 ff., 287,
290 ff., 310
Gruppe, soziale 246, 273, 291

H

Habitus 32, 245 ff., 282 ff., 284 ff.,
286, 288 ff., 291 ff., 293 ff., 295 ff.,
299, 312
Hager, Kurt 59, 62
Handke, Peter 45

Hegel, Georg Wilhelm Friedrich 108, 125, 131
Heidegger, Martin 16, 116, 135, 168 ff., 216, 250 ff., 252 ff., 254 ff., 260, 264
Heym, Stefan 62
Hierarchie 95 ff., 196, 222, 224, 226, 283, 290, 297 ff.
Hitchcock, Alfred 41 ff., 44, 109
Hobbes, Thomas 205
Hoffmann, E. T. A. 188 ff., 194 ff., 200, 201, 207, 211, 212
Homogenität 16 ff., 25, 35, 110, 172
Honecker, Erich 58, 60, 63
Hugenberg, Alfred 35
Hugo, Victor 70
Hypnose 74 ff., 78, 80 ff., 82

I/J
Ich-Ideal 84 ff., 88, 101
Identität 34, 91, 93 ff., 100, 104, 108 ff., 110, 112 ff., 116, 118, 138, 151, 172, 199, 233 ff., 248 ff., 266, 293, 295, 313 ff.
Individuum 20, 23, 27, 41, 81, 86, 91 ff., 94 ff., 101, 179, 245 ff., 251, 255 ff., 258, 260, 262, 264 ff., 281, 307 ff.
Individualismus 2, 6, 9, 184, 241, 246, 248, 254, 280
Individualität 15 ff., 31, 35, 101, 124, 170 ff., 172, 205, 232, 242, 245, 248 ff., 252, 255 ff., 260, 270
Instagram 227, 301
Institution 25, 68, 82, 97, 102, 156, 274, 278, 282, 284 ff., 302
Internet 21, 26, 143, 222 ff., 224 ff., 226 ff., 229, 231 ff., 233 ff., 236 ff., 240, 244 ff., 293, 295
Isolation 188 ff., 192, 194, 201, 205, 211, 213, 224 ff.

Istanbul 9, 16, 161, 168, 291
Jünger, Ernst 16, 24, 250, 254 ff., 260 ff., 262, 264

K
Kairo 16, 87, 161, 234, 292
Kalte Krieg, der 110
Kerouac, Jack 18
Kirche 28, 58 ff., 82, 83, 84, 95, 96, 97, 149, 191, 262, 267, 274, 282, 296 ff., 310, 311
Köln 110, 296
Kohl, Helmut 65
Kollektiv 11, 14, 27, 30, 73 ff., 76, 79, 97, 246, 257, 265 ff., 267, 269 ff., 290
Kommunistisches Manifest, 62, 141, 208, 237
Krenz, Egon 60, 61, 62, 63
Kulturkritik 22, 51

L
Le Pen, Marine 143
Leipzig 53, 58 ff., 60 ff., 63, 67, 117
Leipziger Montagsdemo 53, 59, 63
Leitkultur 150 ff.
London 9, 148, 164, 194, 198, 203, 209, 294

M
Macht 7, 9, 15 ff., 23, 27, 31, 39, 41, 47, 50, 52 ff., 54, 56 ff., 60, 64 ff., 71, 78 ff., 88 ff., 91, 96, 109 ff., 114, 118, 121, 128, 139, 141, 149 ff., 151 ff., 154, 169 ff., 223, 230 ff., 250, 272, 275 ff., 284 ff., 286, 289, 292, 302, 304 ff., 306, 311
Marx, Karl 187, 208 ff., 280, 310
Masse, bürgerliche 187, 255, 264
Masse, formierte 119, 135, 209, 258, 260, 285

Masse, kulturelle 22, 25, 179, 180, 309, 313
Masse, offene 107, 138, 233, 261
Masse, populistische 10 ff., 16, 137, 142, 144, 147, 156, 253,
Masse, reale 54, 224 ff., 233 ff., 239, 240, 273, 295
Masse, spirituelle 299
Masse, studentische 52, 285
Masse, unstrukturierte 95, 97, 280
Masse, virtuelle 77, 79 ff., 81 ff., 83, 86, 94, 102, 156 ff., 158 ff., 215 ff., 223, 233 ff., 235 ff., 239, 251
Massenaktion 271, 312
Massenanalyse 91
Massenbewegung 9, 12, 14, 18 ff., 38, 54, 58, 64, 67, 91, 118, 137, 145, 162 ff., 170, 218, 221 ff., 238 ff., 293
Massenbewusstsein 49
Massenbildung 32, 36, 44 ff., 48, 81, 83, 85 ff., 90 ff., 100, 109, 111, 117, 140 ff., 158, 172, 208, 217, 223 ff., 226, 233 ff., 236, 238, 261, 264, 270, 274, 287, 311
Massendemonstration 56, 60, 63, 168
Massendynamik 54, 225
Massenereignis 10, 15, 17, 52 ff., 67, 102, 184, 288, 303
Massenerfahrung 33, 91, 202
Massenexistenz 249, 252 ff., 255 ff.
Massengeschmack 176, 180, 241 ff., 243 ff., 251
Massengesellschaft 13, 16 ff., 18 ff., 25, 249, 251, 253, 280 ff.
Massenkonsum 51
Massenkrawall 123, 129, 161
Massenkultur 11, 180, 184 ff., 218 ff., 241 ff., 243, 245, 248, 252 ff., 256, 259 ff., 262, 264 ff., 270

Massenmedium 6, 23, 216, 222, 228 ff.
Massenmusik 263
Massenphänomen 11, 15, 20, 25, 37, 49, 75, 83, 102 ff., 217, 225, 241, 248 ff., 256, 277, 289, 293
Massenpsychologie 80 ff., 88, 298
Massentheorie 12, 14 ff., 16, 20, 26 ff., 36, 67, 80 ff., 83 ff., 86, 133, 147, 155, 170, 195, 214, 225, 235, 266, 276
Massenversammlung 167, 263
Masur, Kurt 59, 60
Medien 12, 14, 17, 21 ff., 26, 61, 88 ff., 98 ff., 143, 154 ff., 173, 181, 216 ff., 223, 225 ff., 230 ff., 232, 235 ff., 237, 279, 283 ff., 298, 304
Menschenansammlung 33, 87, 198, 270, 303
Merkel, Angela 111, 119, 134, 146
metaphysisch 257, 260
Milieu 13, 124, 146, 282, 285 ff., 287, 289 ff., 291 ff., 294 ff., 297, 304, 309, 312
Misch, Carl 27
Modrow, Hans 61
Moscovici, Serge 88
Müller, Jan-Werner 144
Mussolini 78
Mystik 94, 199, 213
Mythologie 173, 175, 267

N
Napoleon 78
nationalsozialistisch 280
Nietzsche, Friedrich 71, 91 ff., 138, 178, 189

O
Occupy 9, 167, 170

Öffentlichkeit 2, 15, 21, 60, 68, 88, 141, 167, 174, 184, 220, 227 ff., 235, 276, 279, 284, 286, 313

Ortega y Gasset, José 10, 27, 51, 176, 241

Ostdeutschland 10, 119, 138, 153

Ostermärsche 19

P

Pantheismus 213

Papst 296 ff.

Paris 46 ff., 53 ff., 55 ff., 66 ff., 69, 81, 108, 158, 161 ff., 163 ff., 168, 177, 188, 210 ff., 243, 286, 304 ff.

Pegida 118 ff., 138, 147 ff., 150, 154, 167, 236, 238, 281, 303

platonisch 140, 144, 201

plurale Ontologie 104

Pluralisierung 25, 228, 232, 235, 311

pluralistische Gesellschaft 21, 23, 25

Pluralität 267, 312

Poe, E. A. 188, 194 ff., 196 ff., 199 ff., 201 ff., 203, 207, 211 ff., 214

Pompidou, Georges 56, 57

Populismus 10 ff., 25, 135 ff., 138 ff., 140 ff., 142, 144 ff., 147 ff., 156 ff., 159, 253, 261, 281

Populisten 135 ff., 137 ff., 139 ff., 141, 143, 145, 150, 157 ff.

Pound, Ezra 46

Pro Chemnitz 10

Protestmasse 62, 65, 100, 170, 237, 271, 281, 283, 285, 292, 303

R

Rancière, Jacqes 69

Rassismus 51, 137, 142

Reckwitz, Andreas 307, 308, 309

Religion 15, 75, 90, 99, 108 ff., 171, 173, 267, 299, 310 ff.

Riesman, David 18

Rosanvallon, Pierre 20, 308

Rousseau, Jean-Jacques 145, 247

Russische Revolution 38

S

Schabowski, Günter 61, 62, 63

Schelsky, Helmut 51

Schmitt, Carl 109, 112, 146, 151, 260

Schröder, Gerhard 111, 145, 146

SED 59 ff., 61 ff., 63, 65, 117, 131, 271

Sennett, Richard 162, 165

Seoul 9, 16, 65 ff., 67, 281

Sighele, Scipio 73

Sloterdijk, Peter 11

Social Media 233, 245, 305

Sozialstaat 248

Soziologie 74, 75, 102, 103, 246, 283, 301

Spengler, Oswald 249 ff., 253

Studentenmasse 283

Studentenprotest 129, 282

Stuttgart 21 98

Subjekt 11, 17, 20, 31 ff., 35, 68, 91, 93, 97, 102, 104, 122, 197, 199, 202, 205, 208, 212, 214, 221, 243, 246 ff., 248, 250 ff., 265, 267, 282, 284, 286, 307, 309

Subjektphilosophie 91

Südkorea 65

T/U

Tarde, Gabriel 9, 12, 14, 15, 21, 27, 32, 36, 67, 74 ff., 77, 79 ff., 81 ff., 83, 86, 94, 102, 156 ff., 158 ff., 235 ff., 251

Thanatopie 292, 293

Thierse, Wolfgang 58

Tolstoi, Lew 69 ff.

Trump, Donald 144, 233, 244

Twitter 89, 143, 227, 230, 233 ff., 236, 304, 307

USA 12 ff., 16, 51, 64, 118, 143

V

Verelendung   187, 207, 212
Vietnamkrieg   19, 50
Volk Israel   36, 37

W

Warhol, Andy   242 ff.
Weltjugendtag 2005   296
Wir-Gefühl   79, 288
Wittgenstein   271
Wolf, Christa   62, 63

Y

YouTube   225, 237

Z

Zarathustra   108, 109
Zivilisation   10, 78, 80, 204 ff., 246,
   249
Zweig, Stefan   89

Zweiter Weltkrieg   15

»Man sollte den Fußball so ernst nehmen wie möglich. Aber auch nicht ernster.«

ISBN
978-3-570-55266-7

Dieses Buch
ist auch als E-Book
erhältlich

Dieses Zitat von Albert Einstein, leicht abgewandelt, dient Gunter Gebauer als Anleitung, das Fußballspiel als eine Art philosophisches Denken zu betrachten. Gegen die traditionelle Auffassung von Philosophie setzt Gebauer eine Philosophie des Körpers und der Praxis. Im Kern steht dabei die Frage, was der Fußball für unser Mensch-Sein und im Speziellen für uns Deutsche bedeutet. Ein Buch nicht nur über Sport und Spiel, sondern auch über Denken und Handeln.

»Die Krönung des deutschen Fußballdenkens.« *Die Welt*

www.pantheon-verlag.de

Eine unterhaltsame Reise durch die europäische Geistesgeschichte

ISBN
978-3-421-04803-5

Dieses Buch ist auch als E-Book erhältlich

Bei Platon war es die Begegnung mit Sokrates, bei Hegel eine Bergwanderung, bei Tschechow ein Brief. Otto A. Böhmer versammelt die besonderen Erkenntnismomente großer Dichter und Denker und stimmt den Leser zugleich auf die Ideen, das Werk und das Leben dieser Persönlichkeiten ein.

»In Böhmers Texten klingt alles neu und unverbraucht, sorgfältig wahrgenommen, elegant durchdacht.« *Deutschlandradio*

DVA

**Ausgezeichnet als
bestes Sachbuch des Jahres**

ISBN
978-3-421-04810-3

Dieses Buch
ist auch als E-Book
erhältlich

In ihrem vielfach preisgekrönten Bestseller zeigen die beiden Politologen Steven Levitsky und Daniel Ziblatt mit Blick auf die USA, Lateinamerika und Europa, woran wir erkennen, dass demokratische Institutionen und Prozesse in Gefahr geraten. Und sie sagen, an welchen Punkten wir eingreifen können, um diese Entwicklung zu stoppen.

»Ein unaufgeregt nüchternes und zugleich eindringliches Buch«
ZDF »aspekte«

»Ein brillantes Buch« *Welt am Sonntag*

DVA